PARANOIA®

パラノイア ミッションブック

ライター
ジェイムス・ウォリス、グラント・ハウイット、ポール・ディーン
《JAMES WALLIS, GRANT HOWITT, and PAUL DEAN》

パラノイアの創造者
ダン・ゲルバー、グレッグ・コスティキャン、エリック・ゴールドバーグ
《DAN GELBER, GREG COSTIKYAN, and ERIC GOLDBERG》

グラフィックデザインとアートワーク
ウィル・チャップマン、エイミー・ペレット、シャイアン・ライト
《Will Chapman, Amy Perrett, and Cheyenne Wright》

校正（英語版）：シャーロット・ロー 《Charlotte Law》

プレイテスター：マナル・フセイン《Manar Hussain》ケイロン・ギレン《Keiron Gillen》ダニエル・グーチ《Daniel Gooch》サイモン・ロジャース《Simon Rogers》マーサ・ヘンソン《Martha Henson》ソフィー・サンプソン《Sophie Sampson》ダニエル・ニー・グリフィス《Daniel Nye Griffiths》キャット・トービン《Cat Tobin》ウイリアム・マッキー《William Mckie》イーサン・バーク《Ethan Burke》アンケリノ・グラシ《Anxhelino Graci》アレックス・ボリール《Alex Borrill》レオ・ウルフソン《Leo Wolfson》トーマス・バート《Thomas Burt》マシュー・クラムジー《Matthew Cramsie》ドナ・ホーガン《Donna Hogan》マルコム・ライアン《Malcolm Ryan》（この版ではじめての死者であり、はじめての昇格者でもあります）、ビル・コーエン《Bill Cohen》コナン・フレンチ《Conan French》クリストファー・ホーキンス《Christopher Hawkins》サラ・マッキンタイア《Sarah McIntyre》オーエン・マクレー《Owen McRae》サイモン・バガボンド《Symon Vagabond》リー・タックマン《Leigh Tuckman》リザ・カーティス《Liza Curtis》ベンジ・デイビス《Benj Davis》ロブ・アブラザード《Rob Abrazado》ヘンリー・エトキン《Henry Etkin》ライグル・カミンズ《Rigel Cummins》ジェイコブ・ホッホバウム《Jacob Hochbaum》オースティン・キャントレル《Austin Cantrell》メリー・ハミルトン《Mary Hamilton》コリー・アイカー《Cory Eicher》ピエール・ヴィオラ《Pierre Viola》マイク・ヴァイデス《Mike Vides》エミリー・ルイス《Emily Lewis》クリス・ブライアン《Chris Bryan》ドナルド・シュルツ《Donald Shults》ニキ・シュルツ《Niki Shults》ジェームス・ワシントン《James Washington》ブリタニー・ワシントン《Brittany Washington》（ザ・コンピューターは、このリストからいくつかの名前を削除しなければなりませんでした。テロリズムのせいです。ハイル・ザ・コンピューター！）

アルファコンプレックスの勇敢なトラブルシューターと市民たち：アンソニー・ライト《Anthony Wright》（アント -R-GCC-5)、ピーター・エンディアン《Peter Endean》（ピーティー -B-BRU-5)、マナル・フセイン《Manar Hussain》（ブルー -B-SKY-4)、カール・シェリン《Carl Schelin》（カール -B-GDE-4)、マリアン・マクブライン《Marian McBrine》（マリー -I-MAC-1)、ビリー・ダリオス《Billy Darios》（バージル-V-FIN-3)、ブルース・W・スカックル《Bruce W Skakle》（ブルース -B-HRO-4)、オリバー・フェイシィ《Oliver Facey》（アーケル-V-PDM-9)、ロブ・ハンセン《Rob Hansen》（ロブ -R-IES-6)、ポール・バード《Paul Bird》（ポール-B-IRD-1)、フレデリ・ポーチャード《Frédéri Pochard》（フレデリ-I-POC-4)、ジョーダン・タイエル《Jordan Theyel》（ジョーダン -G-LOW-4)、クリス・マーシャル《Chris Mouchel》（ビヨルン・トビー-B-OLD-6)、カール・ホワイト《Carl White》（アンダース -B-DUK-2)

ハイプログラマーたち：アンドリュー・マクレラン《Andrew MacLennan》（アンディ -U-MAC)、トマス・ベンダー《Thomas Bender》（ロード -U-BER)、沢田大樹《Taiju Sawada》（タイジ -U-YAP)、グラント・ウルコット《Grant Woolcott》（サイコ -O-KOW)、リズ・マッキー《Liz Mackie》（リズ -U-CRO)

心からの感謝をこめて：キャット・トービン《Cat Tobin》ガレス・ブリッグス《Gareth Briggs》ギャレット・クロウ《Garrett Crowe》トム・プレザント《Tom Pleasant》ウイリアム・マッキー《William Mckie》ルーク・ホークスビー《Luke Hawksbee》

装備カード：摩擦蓄積器（デザイン、ジェイムス・ペッツ《James Petts》)、レーザートラップ（デザイン、マテュー・パスタラン《Mathieu Pasteran》)、泡手榴弾（デザイン、クリス・フレッチャー《Chris Fletcher》)、K@ コンパニオンボット（デザイン、ゲリー・R・ページ《Garry R. Page》)、ハイジーン -O- マチック 9000（デザイン、オーガスタス・ゴールデン《Augustus Golden》)、U.B.T ハイパー知覚装置（デザイン、ゲイブリエル・プレストン《Gabriel Preston》)、ケーシー -B のボンバ ブーツ（デザイン、CKC)、つけひげ（デザイン、ライアン・ソーサ《Ryan Sosa》)

日本語版：高梨俊一《Shunichi Takanashi》（翻訳)、白河日和《Hiyori Shirakawa》（翻訳／セマンティクス・コントロール)、沢田大樹《Taiju Sawada》（編集)
日本語版プレイテスト／助言：荒城ルーン（ルーン -ATM-3)、石井伯和（ナスカ -U-KWS-3794)、佐藤敏夫（ミソト・セ・ウコ - ATM-2)、はまる（サウラー -ATM-1)

雰囲気の帝王《トーン・ツァーリ》たる紳士：ケン・ロルストン《Ken Rolston》

JN239150

ザ・コンピューターは、この顕彰すべき奉仕活動をおこなった市民と糾弾されるべき反逆者のリストに賛同し承認を与えます

CONTENTS

目次

私は
ロボット
暗殺者がでてくる
シーンが好きです

■ボックス版3巻セット奥付■

書名：パラノイア【リブーテッド】◇編者：ジェイムス・ウォリス、グラント・ハウイット、ポール・ディーン◇初版著者：ダン・ゲルバー、グレッグ・コスティキャン、エリック・ゴールドバーグ◇日本語翻訳：高梨俊一、白河日和◇ISBN：978-4-908124-44-0 C3476 ¥6000E◇印刷担当：西山昭徳（タチキタプリント）◇発行者：山根裕弘◇発所：合同会社ニューゲームズオーダー（東京都立川市柴崎町3-10-6 イチカワビル2F）◇第1刷発行日：2019年9月30日

PARANOIA ® & Copyright © 1984, 2016, 2019 by Eric Goldberg & Greg Costikyan. PARANOIA is a registered trademark of Eric Goldberg and Greg Costikyan. All Rights Reserved. New Games Order, LLC, Authorized User.
Original English Edition is published by Mongoose Publishing, Ltd. Based on material published in previous editions of *PARANOIA*.
White Wash based on previously released material from *PARANOIA:Flashbacks*.
The reproduction of material from this book for personal or corporate profit, by photographic, electronic, or other means of storage and retrieval, is prohibited. You may copy character sheets, record sheets, checklists and tables for personal use.
Published by New Games Order, LLC. Published 2019.

PARANOIA は Eric Goldberg と Greg Costikyan の登録商標です（国際登録番号 1372803）。

個人または共同の利益のために、本書の内容を複製することは、著作権法上の例外を除き、コピー、写真、電子的、あるいはその他の手段による保存と検索であれ、すべて禁止されます。ただし、あなたは、個人的な利用のためにキャラクターシート、記録シート、チェックリストと図表をコピーすることができます。

INTRODUCTION
パラノイア入門
PARANOIA

ようこそ、市民！　これは、パラノイア・ミッションブックです。ここには新しいプレイヤーとゲームマスターをパラノイア世界に導入するための連続した 3 つのアドベンチャーシナリオが掲載されています。あなたは、パラノイア世界の新プレイヤーですか？　その場合はただちに読むのをやめてください。この本は、ゲームマスターだけのものです。

ようこそ、ゲームマスター！　この本は、2 つの目的に対応しています。

あなたは、新人ゲームマスターですか？　この本はあなたとあなたのプレイヤーに、しっかりしたまっすぐなゲーム体験（これは卓上 RPG ゲーム用語でいうところの「一本道※」と呼ばれるものです）を通して、卓上ロールプレイングゲームの驚異をお教えします。【※卓上 RPG のストーリーを進行させるために、プレイヤーが本当には望んでいないなにかの選択を強要することをいいます。「強制進行」といった方がわかりやすいかもしれません。多くの卓上 RPG は「強制進行」を悪としているので、GM はプレイヤーが強制進行に気づかないように注意しなければなりません。たいへんですね。パラノイアではそんな必要はありません。ミッションは強制によって進行します。プレイヤーはそのことを完全に理解し承認することが求められます（しばしば賛美することが求められます）。そうしなければ PC を処刑してください。】

あなたは、時間の余裕がない経験豊かなゲームマスターですか？　この本があれば、事前の準備をしなくても、何か他のものを読んだり理解したりする必要なしに、アドベンチャーをはじめることができます！

あなたは、上記の警告に気づくにはあまりに興奮しているプレイヤーですか？　真剣な話、今すぐ読むのをやめてこの本を GM に渡してください。

この本には 3 つのアドベンチャーシナリオがあります。各シナリオは 2-3 時間でプレイできるようにつくられています。最初のシナリオは、GM とプレイヤーにパラノイアのゲームプレイの基本と、アルファコンプレックスの生活を紹介します。新しいルールと重要な背景世界は、一歩一歩ストーリーの中で説明されていきます。

しかし、あなたが時間の余裕がない経験豊かなパラノイアのゲームマスターなら、あなたはこの先を読む必要はありません。この章の以下の部分を飛ばして、さっさとシナリオに

あなたがこれまでロールプレイングゲームをプレイしたことがなかったら

RPG は即興劇のようなもので、あなたはその舞台監督です。あなたは、舞台の設定と、ストーリーと、舞台となる世界の範囲を知っています。役者（プレイヤー）は自分が演じる登場人物（プレイヤーキャラクターまたは略して PC と呼ばれます）を知っていますが、それ以上のことは知りません。ルールは、彼らが何をすることができるか、そして、彼らが成功するか失敗するかを決定します。あなたの仕事は、この役立たずの一団に、まわりに何があるのかを教え、行動の結果を伝え、物語世界のなかを導き、ちょっとした役割をうまく演じさせるとです。

あなたがこれまでパラノイアをしたことがなかったら

パラノイアは、アルファコンプレックスと呼ばれる巨大な地下都市が舞台です。ある日、何かまずいことが地表で起き、すべての人類は、現在ここで暮らしています。彼らは、ザ・コンピューターに導かれるクローン化された市民です。残念なことに、アルファコンプレックスは老朽化しぼろぼろになっています。そしてザ・コンピューターもまた老朽化し気むずかしくなり、何もかもがうまくいかなくなっていることを認めようとせず、テロリスト、反逆者、ミュータント、秘密結社に責任を負わせることを選びます。

大部分のパラノイアのゲームでは、プレイヤーはトラブルシューターとなります。しかしながら、トラブルシューターは、アルファコンプレックスについていくらかの知識を持ち、アルファコンプレックスがどう動いているかを少しばかり知っています。トラブルシューターを演じるにはこれらの知識が必要です。この最初のアドベンチャーでは、PC はアルファコンプレックスの最底辺を構成するインフラレッドクリアランスの新しいクローン市民としてスタートします。彼らに対しては、あらゆることを、ゆっくりと慎重に説明する必要があります。なぜなら、インフラレッドは、ほとんど何も知らず、少しばかり頭が鈍く、そのうえ従順性を確保するために多量の薬物を投与されているからです。これは RPG をどうプレイすればいいかを学ぶための理想的な状況です。

どうすればいいのですか

アドベンチャーシナリオ 1 の最初の段落（9 頁）から始めましょう。あなたは明朝体文字の部分を音読して、プレイヤーに、PC（プレイヤーキャラクター）に何をさせたいのかと尋ねます。テキストの次の部分には、PC の言動に応じて、あなたが何をするべきか（あるいは何をいうべきか）が示されています。重要な概念と、あなたへの直接の指示は**太字**で表示されて

警告：クリアランスレベル＝ウルトラバイオレット

おり、記事を流し読みするときに便利です。ルールは必要があるときに限って説明され、たいていは、囲み記事になっています。

本当にとても単純です。時間があれば、アドベンチャーシナリオ全部を読み通し、何でしたらほかの２冊の本を読んでください。しかし、あなたがすでにパラノイアを少しばかり知っているなら、それは絶対に必要というわけではありません。

あなたは、シナリオに何かを付け加えることができます。あらかじめ警告しておきますが、あまりたくさんのものを追加すると、シナリオを計画したコースから逸脱させ、結局シナリオの大部分を自作する結果になるかもしれません。とはいうものの、何かを作ることはGMの重要な技術であり、早めに練習をはじめるのはよいことです。

まとめるとこうなります。

太字の文 – 重要な概念と、あなたへの直接の注意。【※太字での注意はミッション１のみです。】
明朝体の文 – プレイヤーに読み聞かせてください。
太字の明朝体の文 – 次に説明する、ザ・コンピューターの声を使って、プレイヤーに話しかけてください。

セッションの準備

つぎのものが必要です。

- この本、当然ですね。
- たくさんの６面ダイス。少なくとも１個のコンピューターダイス（６の目がザ・コンピューターのシンボルと置き換えられたダイス）を含みます。
- この本の103頁以降に記載された作成済キャラクター。【※本書が提供する作成済キャラクターは５人です。プレイヤーが６人いる場合は、あなたが追加のキャラクターを自作するか、プレイヤーズハンドブックのやり方で全員のキャラクターを作成してください。７人以上のプレイも可能ですがお勧めしません。初心者のGMはプレイヤーを５人以内にすることをお勧めします。】
- 鉛筆と紙。
- ２つの話し声。ひとつはあなたの通常の話し声、もう一つはあなたがザ・コンピューターを演じるのに使う声です。できる限り退屈でうわべだけの少しばかり人工的で偽の感情を示す声を考えてください。録音された案内音声を聞いたことがありますね。「ご不便をおかけして申し訳ございません」とかいう奴。あなたは、申し訳ないと思っている人間など誰もおらず、どこかのサブルーチンが「謝罪」の録音音声を起動しただけだということを知っています。つまり、これがザ・コンピューターの声です。【※このような話し方をするのは難しいかも知れません。パラノイア25周年版は多様なコンピューターの声を提案しています。ていねいで説得力のあるしゃべり方を好むGMも、必要最小限に切り詰めた簡潔で論理的なしゃべり方を好むGMもいます。重要なのは、GMがしゃべっているのか、ザ・コンピューターがしゃべっているのかを、プレイヤーが区別できるようにすることです。人工的なしゃべり方が苦手でしたら、ザ・コンピューターが話すときには、かならず最初に「市民」をつけるといったやりかたでも目的を達成できますが、できればセッションの雰囲気を盛り上げるために、あなたがイメージするザ・コンピューターの声をつくりだしてください。】

アドベンチャーシナリオ

この本の３つのシナリオは、それぞれ独立した一回の冒険としてもプレイできますが、この順番でプレイすれば、ゲヘナ事件（発生していません）とTHAセクター（存在しません）に関わるミステリーの一部を解明する、３つのセッションから構成されるキャンペーンシナリオとなります。

最初のアドベンチャーシナリオ［あなたのセキュリティクリアランスは、このシナリオのタイトルを知るには十分ではありません］では、プレイヤーキャラクターは生まれたばかりの新しいクローンです。つまり、PC たちはアルファコンプレックスの最底辺労働者階級であるインフラレッド市民として、この冒険を始めます。うまくプレイすれば、レッドクリアランスに昇格し、新人トラブルシューターとしての仕事を獲得してシナリオを終えることができるでしょう。

また、このシナリオはゲームの中心となるルールを簡単な方法で一つずつ導入していきます。次のセクション「単純なシステム」を見てください。

二番目のアドベンチャーシナリオ［$ タイトルがみつかりません］は、PC にレッドレベルのトラブルシューターの生活がどんなものかを教え、秘密結社の悪巧みと陰謀を紹介します。

三番目のアドベンチャーシナリオ［機密］では、いよいよゲヘナ事件（発生していません）とTHA セクター（存在しません）のミステリーを調査することになります。

【 ※初心者 GM の利便を考え、GM がつまずきそうないくつかのポイントへの注意と、実際のプレイ方法とストーリー展開の方法についての説明を、解説として加えました。そんなものいらないとおっしゃるベテラン GM は無視して結構です。ただし変更されたシステムや、これまでのパラノイアではあまり考えられていなかったデッドゾーンの扱いなどについても解説してありますので、ベテラン GM も一応目を通されることをお勧めします。】

単純なシステム

初心者プレイヤーからよくある質問があった場合には、以下のように答えてください。また最初からこのセクションを全部読みあげれば、初心者に対するゲームシステムの説明になります。

何かをするときには、どうすればいいのですか？

あなたのキャラクターシートを見てください。スタット（属性）（〈暴力〉、〈知力〉、〈交渉力〉、〈技術力〉）とスキル（技能）（スタットの下に書かれているもの）の組み合わせを選んでください。この2つの組み合わせがその行動にとって適切なものであることを、GM に納得させてください。【 ※組み合わせに GM が納得できないとき、親切な GM は別の組み合わせを提案するかもしれません。ゲームを心から楽しむ GM は「その組み合わせは無茶だと思うけど、やりたいならかまわないよ」といって、成功に必要な 5、6 のダイス数をあなたが振るダイス数よりも多くする】スタットとスキルの数字を合計してください。それがあなたのノード数です。（カードなどを使用することでノード数を増やすことができる場合があります。また誰かのノード数を減らすことができる場合もあります。）ノード数の通常のダイスと1個のコンピューターダイスをロールしてください。5または6の目、それからコンピューターのシンボルが書いてあるコンピューターの目が出たら、成功です。成功のダイス目が何個あったかを、GM に話してください。GM は何が起きたかをあなたに説明します。【 ※何かがうまくいくために必要な成功ダイスの数を〈困難度〉といいます。〈困難度〉は GM が決定し、プレイヤーは知ることができません】失敗すると、何かあなたにとって不都合なことが起きる場合もあります（綱渡りに失敗してケガをするとか、使用した装備がこわれてしまうとかです）。

私のスキルの数値はマイナスです

それはあまりよくありませんが、どうしようもなく致命的というわけではありません。まあ、しばしば致命的ですがね。スタットとスキルの数値を合計するときに、マイナスのスキル数値は足すのではなく引いてください。その結果ノード数がマイナスになったら、ノード数の

警告：クリアランスレベル＝ウルトラバイオレット

マイナスを取って、その数のダイスとコンピューターダイスをロールしてください。（ノード数がマイナス3なら3個の通常ダイスとコンピューターダイスをロールします。）まず、あなたの成功数を合計してください。それから成功の目がでなかったすべてのダイスを失敗（「マイナス1の成功」といってもいいですよ。その表現がお好きなら）として、その失敗ダイスの数を成功ダイスの数から引いてください。成功数はマイナスになる可能性が高いでしょうが、プラスになるチャンスもあります。GMがどんな説明をするか楽しみにしてください。ノード数がゼロの場合は、コンピューターダイスだけをロールし、通常通りの判定をおこなってください。5またはコンピューターの目がでれば成功ダイス1です。

もっとたくさんダイスをロールしたいんです

あなたは、〈気力度〉ポイントを1ポイント消費することでノードダイスを1個増やせます。

コンピューターの目がでました！

GMにそういってください。コンピューターの目がでたとき、それは次の2つのいずれかであることを意味します。装備に何かまずいことが起きたのか、あるいはザ・コンピューターが、あなたのしていることに個人的な関心を抱いたかです。どちらもあなたにストレスを与えます。〈気力度〉ポイントを1点減らしてください。

私の〈気力度〉はゼロになりました！

あなたは、〈気力度〉ゼロの状態になりました。〈気力度〉は自制心を意味します。つまりあなたは現在、自分を制御できません。GMが、あなたがどうしたらいいのか教えてくれるでしょう。

カードの使い方は？

アクションカード、装備カード、ミュータントパワーカードは、戦闘やGMが認めたそのほかの行動時に使用できます。秘密結社カード、MBD（義務的ボーナス任務）カード、「YOU ARE NUMBER ONE」カードは、あなたの立場や役割を表示します。行動時には使用できません。

誰が最初に攻撃するのですか？

どんな順番で戦闘をおこなうかを決定するために、多くのカードには、行動順位の数値が記されています。数値が高いほど先に行動できます。裏返しにしたアクションカード、装備カード、ミュータントパワーカードのいずれかを1枚、あなたの前に置いてください。各戦闘のラウンドの始めに、GMは10から0までの数をカウントダウンします。あなたの数値が呼ばれたら、この順位だと宣言してください。カードを表にする必要はありません。あなたは、カードの数値についてウソをつくことができます。他のプレイヤーは、あなたのウソに「挑戦」することができます。ウソつきであることがバレるのは悪いことです。間違った「挑戦」も悪いことです。正しく宣言し、それが証明されるのはいいことです。それぞれの具体的な賞罰はプレイヤーズハンドブック85頁に記載されています。行動順位が書かれていないカードを出した場合には最後に行動するか、あるいはウソをついてください。

注記：装備カードの行動順位は、あなたのスタット（属性）の数値に装備カードに書かれた数値を足した数です。たとえば、手榴弾カードには、「〈暴力〉＋3」と書かれています。あなたの〈暴力〉が1なら、行動順位は4になります。

どうやって戦闘をするのですか？

あなたの順番が来たとき、次の 3 つのうちの 1 つをすることができます。

- ベーシックアクションをおこないます。ほかの普通の行動と同じように、通常の場合はスタット＋スキルの組み合わせで判定されます。あなたが行動順位を決めるときに使ったカードは表にせずにそのまま手のうちに戻します。
- あなたが行動順位を決めるときに使ったアクションカードや、装備カードやミュータントパワーカードを使用します。カードを表にして指示に従ってください。アクションカードと一部の装備カードは、使用後に捨てます。GM の指示にしたがってください。ミュータントパワーカードは GM だけに見せてください。
- あなたが行動順位を決定するときに使ったカードを裏のまま捨てて、ベーシックアクションをおこないます（ミュータントパワーカードは捨てることができません）。ダイス 1 個をあなたのノードに加えてください。

リアクションカードは、誰かが何かの行動をしたときなら、あるいは、そのカードに使用できると書かれているときなら、いつでも使用できます。あなたは、ゲームに登場する誰かや何か、ほかのプレイヤーキャラクター、または自分自身の行動にリアクションカードを使用できます。カードには使用したときの効果が書かれています。表にして使用し使用後は捨てます。

ダメージを受けたらどうなるのですか？

あなたは元気だったり、〈軽傷〉（ダメージレベル 1）だったり（行動時のノード数をマイナス 1 します）、〈重傷〉（ダメージレベル 2）だったり（行動時のノード数をマイナス 2 します）、〈瀕死〉（ダメージレベル 3）だったり（行動時のノード数をマイナス 3 します）、死んでいたりします。あなたがすでにダメージを受けている場合、現在のダメージレベルと同じかそれより低いレベルのダメージを受けた場合には 1 つダメージレベルを増やします。現在よりも高いレベルのダメージを受けた場合には、現在のダメージが何であれ新しいダメージレベルにします。【※攻撃によって発生するダメージは、その攻撃の〈困難度〉を超える成功ダイス数のレベルとなります。つまり〈困難度〉と成功ダイス数が同じなら攻撃は命中しますがダメージはありません。〈困難度〉が 2 で成功ダイス数が 2 ならダメージはなく、成功ダイス数 3 で〈軽傷〉（ダメージレベル 1）になります。ただし GM は〈困難度〉はいわずに、ダメージレベルだけを教えるでしょう。】

クローンはどう使うのですか？

あなたは、6 体のクローンを持っています。全員を同時に使用することはできません。一時に使えるのは 1 人だけです。

これから皆さんは

拷問の

財政的等価物を

体験できます

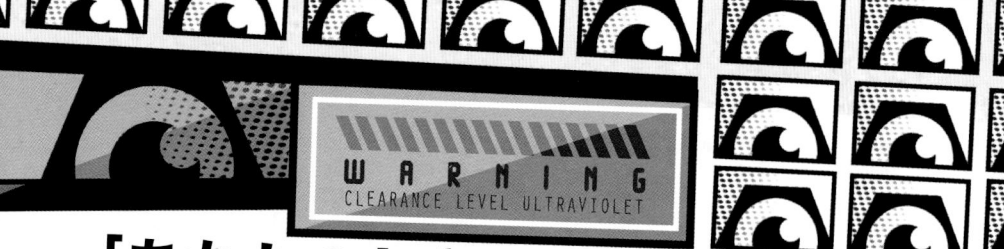

[あなたのセキュリティクリアランスは、このシナリオのタイトルを知るには十分ではありません]

ミッション1

これは、初心者の（あるいは腕が錆びついた）2人から5人までのパラノイアプレイヤーと1人のゲームマスター、つまりあなたのためのアドベンチャーシナリオです。あなたが、ここでいうあなた以外の人物であるとしたら、あなたは間違った本を読んでいます。

ゲームの準備

プレイヤーを集めてください。

プレイヤーに、携帯その他のモバイル通信機器をテーブルの中央に下向きに置くようにいってください。機器に最初に触れたものは、他の全員に飲み物を持ってこなければなりません。【※ゲームマスターズハンドブックでは秘密通信の手段としてスマホ等の使用を推奨しています。どちらを採用するかは、あなたにまかされています。】

キャラクターシート（103頁〜108頁に掲載）を配ってください。それぞれのプレイヤーは、このうちの1人のキャラクターを、俳優のように演じると説明してください。それぞれのプレイヤーに1人のキャラクターを選ばせます。誰も選ばなかったキャラクターは使いません。片付けてください。

皆さんがいる場所の雰囲気を変える何かをしてください。照明を少し落とすとか、ブラインドを閉めるとか、静かなBGMを流すとか、何か注意をひくものをテーブルに置いたりしてください。プレイヤーの気分を変えてゲームに注意をひきつけ、別のゲームや昨日のテレビ番組について話すのをやめさせるのです。

ゲームをおこなう

1. あなたは目覚めます
（プレイヤーキャラクターのクローンが誕生します）

次の文を、あなた自身のしゃべり方で、プレイヤーに**読み聞かせてください。**

あなたは、自分の存在を意識します。あなたは目を開き、あたりを見回します。ここは初めて来た場所ですが、あなたはここがどんな場所なのかを知っています。アルファコンプレックスの新市民のための、インフラレッドクリアランスの新クローン準備室です。清潔なタイル張りで少しばかり寒いがらんとした部屋です。他の人々と壁に沿ってきちんとつり下げられたユニフォームと、それからあなたの安全のための監視カメラがあります。

ここには他の人々もいます。彼らはあなたと同じように、すこしばかりぼんやりとし、混乱しているように見え、裸です。はい、真っ裸です。体の重要部分だけがモザイクの霧で隠されています。彼らを見ると、それぞれの名前が、ひとりひとりの頭上に示されているのがわかります。

プレイヤーたちに彼らのキャラクターを互いに紹介させてください。彼らの名前と簡単な身体的特徴を説明させましょう。彼らにプレイヤーズハンドブック 62 頁の「グループでのキャラクター作成」を開いて渡し、読まないようにいってください。すぐに、先を続けてください。

2. ザ・コンピューターが話しかけます
（プレイヤーキャラクターは何が起きているのかを学びます）

これは、あなたが初めてザ・コンピューターの声を使うシーンです。

「**こんにちは、新市民！**」部屋のまわりに隠されたスピーカーから声が流れ出します。「**アルファコンプレックスでのあなたの最初の 1 日にようこそ。これまでのアルファコンプレックスについてあなたが記憶しているすべては、オリエンテーションを助け、新クローンの精神障害上の問題を最小にするために大脳葉にアップロードされた疑似記憶です。**【※すでにパラノイア 25 周年版等を経験しているプレイヤーにはこの点を強調し、これまでのルールや経験はすべて疑似記憶だと説明してください。】**アルファコンプレックスの市民として、あなたは今、私たちの偉大なコミュニティの重要なメンバーとなりました。あなたには仕事と役割が与えられます。あるものは簡単であり、あるものは危険です。あなたの貢献は報われ…**」

どこか遠くで爆発が起き、ザ・コンピューターの声をかき消します。部屋はわずかに揺れ、警報音が 2、3 秒間流れ、それから止まります。かなりの量のタイルが天井から剥がれ落ち、部屋の片隅のモップの束の隣に無言で停止していた清掃ボット、つまり小型の清掃用ロボットを直撃します。短い沈黙があり、それから空中に文字が浮かび上がります。**準備してください※。**

【※言葉ではなく文字ですが、コンピューターの声で読んでください。】

反逆者がすることをするものが反逆者だ。

警告：クリアランスレベル＝ウルトラバイオレット

一瞬おいて、文字が続きます。**ドアの前に立ってください。**

すぐに、プレイヤーに尋ねてください。「あなたはどうしますか？」何人かのプレイヤー
は、ドアのそばに立つために動くというでしょう。いいですね！　それは、自発的に指示に従おう
とする意欲を示します。これらのプレイヤーを覚えておきましょう。彼らはお人好しで、おそらく
将来役に立つでしょう。

彼らが何をしても、次のことが起こります。

3. 任務の説明
（PC たちは学びます）

ドアが開き、1人の女性が入ってきます。彼女の頭の上に表示される名前は、ローズ-R-HYT-2です。
彼女の目は、目の前にあるあなたが見ることができない何かに焦点を合わせています。彼女の赤い
ジャンプスーツは、彼女の髪にマッチしています。あなたがこれまでアクセスしたことがなかった
記憶が、彼女はレッドレベルであり、あなたはインフラレッドレベルであることを教えます。これ
は彼女があなたの1レベル上のセキュリティクリアランスであり、何をするべきかについて、あな
たに命令できることを意味します。彼女はそうします。

「クローンたち、服を着なさい！」と、彼女はいいます。「アルファコンプレックスは、君たちを必
要としています。隣接セクターの最下層が狂信的テロリストの攻撃を受けました。私たちは一致団
結してこの危機に対処しなければなりません。君たちが知る必要のあるすべては、大脳コアテック
を通じてアルファペディアで調べることができます。したがって、それ以上の説明は不要です。君
たちの大脳コアテックは正しく起動していますか？　みんな私の名前が見える？」彼女は頭の上を
指差します。あなたたち全員はそこに〔ローズ-R-HYT-2〕の文字を見ることができます。

彼らが注意深くプレイしているなら、何人かのプレイヤーは、**自分のキャラクターは服を着る**とい
うでしょう。そうでなければ、彼らに服を着るかどうか尋ねてください。誰かが時間を浪費して命
令に従わないというめったになさそうな事態が発生したら、本書 24 頁の「反逆スター」の囲み記
事を見てください。

ローズ-R-HYT は、続けます。「よろしい。大脳コアテックは、君たちの友人ザ・コンピューター
とリンクしています。情報、指示、任務の更新、XP ポイント、ホロビデオ番組、そのほかのすべ
てがアイボールモジュールによって眼球内《イン＝アイ》ディスプレイに直接配信されます。君た
ちが知る必要のあるすべては、心の中で聞くことができます。ザ・コンピューターは君たちが見る
ことができるすべてを見、聞くことができるすべてを聞くことができます。ですから君たちは何も
説明する必要はありません。ザ・コンピューターは、すでに知っています。」

ローズ-R-HYT-2

ローズ-R-HYT-2はノンプレイヤーキャラクター（または略称NPC）です。これは、GMが、彼女が何をして何を話すかを決定することを意味します。あなたは彼女を利用して、プレイヤーに情報を与え、彼らを助け、彼らをイライラさせることができます。ローズは、次に説明する基本原則に従って行動します。

ローズ-R-HYT は CPU（中央処理部門）の主に市民に対応する部署で働いているレッドレベルのクローンです。彼女は、アルファコンプレックスの官僚的な迷路を泳ぎ回ることに熟練しています。彼女は、武器も防具も持っていません。

彼女は恥知らずで人の功績を横取りする名人です。PC が XP ポイントを獲得できそうなことをおこなえば、彼女は自分の功績であると主張することに全力を挙げ、XP ポイントを持ち逃げします。なぜなら彼女はレッドであり、PC たちはインフラレッドだからです。彼女は PC たちの功績を奪い取るチャンスも、PC たちのちょっとした失敗を友人コンピューターに報告するチャンスも、決して見逃しません。どちらも彼女に XP ポイントを与えるからです。シナリオを通しての「お約束」として、彼女が最終的に当然の報いを受けるまで、この設定を活用してください。

レッドレベルのキャラクターであるローズは、PC にとって有用な知識を持っています。しかし、新人 GM はそんな知識を持っていません。あなたはローズに回答を拒否させることで、この問題を回避できます。「それはインフラレッドレベルの情報ではありません」、「君たちには許可されていません」、「インフラレッドには関係のないことです」などですね。

ローズは秘密結社コミュニスト（ゲームマスターズハンドブック 57 頁）に加入しています。彼女は新クローンへの説明業務を、新メンバー候補者の評価と勧誘のために利用します。

【※解説（ローズの XP ポイント稼ぎと秘密結社の勧誘のガイド）：ローズはシナリオの後半部では PC たちに同行します。あなたがベテラン GM なら、本文の記述通りローズをうっとうしいキャラクターにしてください。あなたが GM に（あるいはパラノイアに）慣れていないなら、同行中のローズにはあまり活動させず、彼女の XP ポイント稼ぎは最後のデブリーフィングでやらせましょう。シナリオの途中で PC たちが XP ポイントを稼げそうな（そしてローズが横取りできそうな）成果をあげたり、反逆的な行為をおこなった場合は忘れずにメモしておきましょう。◆ローズによる秘密結社の勧誘も無理におこなう必要はありません。ローズが勧誘をおこなわなくとも、この後のセッションは問題なく進行します。ベテラン GM はお好きなように。初心者 GM が勧誘をおこなう場合にはシンプルなやりかたがお勧めです。プレイヤーにこっそり耳打ちしましょう。「パラノイアで一番人気のある秘密結社にはいりたくない？」プレイヤーがイエスといったからコミュニストのカードを渡しましょう。ただし勧誘するのは 1 人だけにしてください。コミュニストのカードは 1 枚しかありません。PC 全員がコミュニストになるとミッション 2 が少々困ったことになります。】

君はおろかな選択をした…

警告：クリアランスレベル＝ウルトラバイオレット

プレイヤーが、
あなたの知らない何かについて質問したら

プレイヤーがアルファコンプレックスについて何も知らない可能性は十分にあります。そして、あなたもそのことを知らない可能性もかなりあります。あなたがすべての本を読む前に、質問に答えるにはどうすればよいのでしょうか？　簡潔にお答えします。答えなければいいのです！　アルファコンプレックス式のやり方にようこそ。

はじめに、誰に質問するのかを尋ねてください。

1. ローズ -R-HYT またはそのほかの NPC
ローズは、質問に答えるには忙しすぎます。「アルファペディアを検索しなさい。アルファペディアになければ、君たちはそれを知ることを許可されていません。」　ほかの NPC も忙しすぎるか、見知らぬ相手におびえるか、あるいは彼らに話しかけて邪魔をする下っ端のインフラレッドなど相手にしません。NPC がインフラレッドの場合は、ドラッグのやり過ぎか、あるいはあまりにも愚かなため、きちんとした答えができません。たとえ答えを知っていても教えようとはせずに、ドラッグのやり過ぎかあまりにも愚かなふりをします。

2. アルファペディア
大変結構です。彼らにアルファコンプレックスガイドを与えてください。

3. 直接ザ・コンピューターに質問する。
「ザ・コンピューター！」または「友人コンピューター！」ではじまる声に出した質問（またはGMに渡されるメモ）は、どんなものであれ、ザ・コンピューターの注意をひきます。ザ・コンピューターは、直接的な回答をしない傾向があります。大部分の質問には別の質問で答えます。質問者の誠実さを疑う微妙な質問を返し、ミッションの進行状況と、PC たちがミッションを進行させずに、ザ・コンピューターの演算サイクルを浪費している理由を尋ねます。それから、アルファペディアを読むようにすすめるか、あるいは、PC の答えの忠誠度が不十分であることが判明したので、処刑ブースに出頭するようにと伝えます。

4. あなた（GM）に尋ねます。
PC たちは新しいクローンです。彼らはすでにいくらかの記憶を埋め込まれていますが、そんなにたくさんではありません。そして、パラノイアでは、知識がないことが危険なだけでなく、知識があることもまた PC を即時処刑に導きます。「私（のキャラクター）は〇〇のことを知っていますか？」に対する通常の回答は「あなたは、どのようにしてその言葉を知ったのですか？」です。情報は価値ある資産です。真実の情報は二重に価値ある資産です。この段階で、PC たちが少しばかり困惑しているのは健全な状態です。そして、ザ・コンピューターは市民が健全であってほしいと望んでいます。PC たちを先の見えない状態に置いてください。そのほうが面白いでしょう。

4. ローズは語り続けます
（説明が終わり、清掃ボットを調べます）

「さあ、みんなモップを持って。君たち全員はテック、つまり技術部門の労働者です。君たちの最初の仕事は…」 彼女は部屋を見回します。「その清掃ボットを修理に出すことです。廊下の先にある技術部門の倉庫に連れていきなさい。ボットに何も起きないように注意すること。ボットをダメにしないように。アルファコンプレックスは、現在多大な清掃作業を必要としています。君たちは、この任務によってそれぞれ 10XP ポイントを獲得します。」彼女は部屋から去っていきます。現在、この部屋にいるのはあなたたちだけです。あとは清掃ボットと何本かのモップがあるだけです。

清掃ボットは、長期旅行用の大型スーツケースぐらいのサイズの掃除用ロボットです。天井から落ちてきたかなりの量の合成コンクリートが当たったために、今はハイピッチのうなり音を立てています。

プレイヤーが清掃ボットを調べたり、自分で修理しようとした場合、キャラクターシートのどの**スタット**がこの仕事のために最適であると思うか、そして、どんな**スキル**を使いたいかを、尋ねてください。その組み合わせが適切だとあなたが思ったら、その**スタットとスキルの数値を足して**ください。これがノードと呼ばれる数値です。**ノード数のダイス**と、それに加えて**必ずコンピューターダイスをロールさせてください。**（ノード数がゼロの場合はコンピューターダイスだけをロールします。）コンピューターダイスは 6 の代わりにコンピューターのシンボル（コンピューターの目）が描かれたダイスです。ダイスをロールしたら、5 と 6 とコンピューターの目を数えてください。**5 と 6 とコンピューターの目が成功です。**コンピューターの目の追加の楽しい効果については囲み記事を読んでください。PC がその行動に成功するのに必要な 5、6（とコンピューターの目）の数を〈困難度〉といいます。清掃ボットを調べることの〈困難度〉は 2（すこしばかり難しい行動ですが、〈気力度〉を使うなどすれば成功する可能性が高いでしょう）です。修理の〈困難度〉は 4（生まれたばかりのクローンにはきわめて困難な行動）です。〈困難度〉2 の行動に成功するためには 2 個の、〈困難度〉4 の行動に成功するためには 4 個の成功の目が必要です。それより少なければ失敗となり、望んだ行動はできません。

（いくつかのスキルはマイナスの数値を持っています。その結果、ノードがマイナスになることがあります。マイナス数のダイスをロールしないでください。マイナス数のダイスを所有することは不可能であり、したがって反逆です。その代わりに、ノードのマイナスを取った数のダイスをロールし、成功の目（5、6 とコンピューターの目）を合算した後、それ以外の目をすべて失敗の目として、失敗ダイスの合計数を成功の目から引いてください。【※行動の成功に必要なダイス数〈困難度〉と実際に出た「成功」の目の数差は成功や失敗の程度を示します。つまり成功ダイス数がマイナスになるということは、多くの場合、大失敗を意味します。】

誰かが清掃ボットを調べることに成功したら、ボットはまだ自力でゆっくりと動くことができるのがわかります。しかし、再び洗浄作業をおこなうためには整備が必要です。クリーニング用のローターが割れてギザギザになっています。

誰かが修理に成功した場合には、合成コンクリートを取り除き、配線を再調整してうなり

このステージでは不服従が求められます。

音を止めることができますが、やはり整備が必要です。

【　※解説（PC の行動のノードと〈困難度〉の設定）：ノード数を決めるスタットとスキルは、シナリオで指定されている場合をのぞき、プレイヤーが申告します。GM はそのスタットとスキルの組み合わせが不適切だと思ったら変更を命令できます。変更内容はGM が決定してもかまいませんが、できればその組み合わせでの〈困難度〉は極めて高いと脅かしてプレイヤー自身に変更させましょう。何人かのキャラクターが同じ行動をする場合であっても、全員が同じノードの組み合わせを使う必要はありません。たとえば、こわれたポットを調べる場合に、ある PC は〈知力〉＋〈機械工作〉を使い、ほかの PC は〈技術力〉＋〈科学〉を使ってもいいでしょう。あなたがいいと思うなら、「〈暴力〉＋〈威圧〉でポットをおどし、どこが壊れているのかを説明させる。」でもかまいません。◆〈困難度〉の指定があるのはシナリオの一部だけです。それ以外はダイスロールの結果を見て GM が判断します（ゲームマスターズハンドブック 19 頁以下参照）。困難度は簡単な行動ならゼロか 1、とても難しいと思ったら 3 以上ですが、ドラマティックな状況でPC が重要な行動をし、〈困難度〉の決定に迷ったら（あるいは考えるのが面倒なら）「2」です。プレイヤーのアイデアが面白かったり、逆に困難だったりした場合には、プレイヤーのノード数にボーナスやペナルティを与えることが基本ですが、〈困難度〉を操作することもできます。ただし、以下の点に注意してください。1）ノード数はプレイヤーに教える必要がありますが、〈困難度〉は教える必要がありません。2）〈困難度〉の変更は強力です。1 のマイナスはダイス 3 個のプラスと同じ効果があります（実際の計算はもっと複雑ですが、だいたいの目安です）。◆プレイヤーが大失敗した場合、つまり成功に必要なダイス数よりも大幅に少ない成功ダイスしか出せなかった場合には、プレイヤーにペナルティを与えることを考慮してください。たとえば、清掃ポットの修理をしようとして成功ダイスがゼロだった場合には、ポットがまったく反応しなくなったり、修理をしようとした PC が負傷したり（ダメージのレベルは〈軽傷〉でも〈重傷〉でもご自由に）、ポットが 2 つに分解したりしてもいいでしょう。ポットが 2 つに分解した場合に運搬作業に何人かかかるかは、プレイヤーの人数を考慮してあなたが決めてください。ポットの爆発はとても楽しいイベントですが、初心者 GM が今回のシナリオをスムーズに進行させるためにはお勧めできません。次のチャンスを待ってください。】

コンピューターの目がでたら

プレイヤーがザ・コンピューターのシンボルが描かれたコンピューターの目をだしたら、何かがうまくないということを示します。通常の場合、これは次の 2 つのうちのいずれかです。

1.　ザ・コンピューターの声が大脳コアテックあるいは近くの壁のスピーカーからとどろきます。任務の進行状況について報告を求め、時には PC に援助を提供します。
2.　重要な装備（しばしばその PC が使っていたもの）が壊れます。

GM は、何が起きてどんな影響が生じたのかの説明をでっちあげる… 失礼、つくりあげる必要があります。それは必ずしも悪いことである必要はありませんが、プレイヤーキャラクターの人生をストレスの多いものにする、たいていの場合はおかしなものでなければなりません。何が起きたかについての、ザ・コンピューターからの役に立つ提案が、ゲームマスターズハンドブックの 130 頁以下に掲載されています。

ザ・コンピューターを演じる

現段階では、あなたはザ・コンピューターの性格について 5 つ【※原文通りに訳しています。パラノイアのライターとザ・コンピューターは伝統的に数を】のことを知っている必要があります。数えるのが苦手です。

1.　アルファコンプレックスをコントロールします。
2.　至るところにいて、すべてを見、すべてを聞きます。
3.　善意に満ちています。
4.　ミュータント、反逆者、テロリストの脅威について誇大妄想《パラノイア》的で、あらゆる場所に彼らがいると信じています。
5.　結果が手段を正当化すると信じています。この「手段」は、何千人もの死を意味する場合もあります。
6.　間違いをします。
7.　間違いをしたことを信じません。
8.　間違いをしたといわれることが大嫌いです。

5. 彼らは最初の任務を始めます
（PC たちはモップを持ち、清掃ボットとともに部屋を出、大脳コアテックが作動します）

PC たちが部屋を出る準備を整えたら、ザ・コンピューターの声が隠されたスピーカーから流れます。

「**市民、おめでとう！** あなたたちはアルファコンプレックスの労働者の一員となりました。全員に **1XP ポイント**がボーナスとして与えられます。XP ポイントは必需品や贅沢品、あるいはあなたのセキュリティレベルの上昇に使用できます。あなたが新クローン準備室を出る前に、自分自身に次の 3 つの質問をしてください。
1、私は、すべての装備を持っていますか？
2、私は、どこにいくべきかわかっていますか？
4、私は、そこに着いたら、何をするべきかわかっていますか？
6、私のまわりの人々の中に、ミュータント、テロリスト、あるいはその他の反逆者に見えるものがいますか？
これらの質問のいずれかに対する答えが「いいえ」、または場合によっては「はい」である場合には、**あなたの任務説明担当員に尋ねてください。**【※ PC がザ・コンピューターに任務担当員がいないことを指摘したら「その問題は任務担当員に尋ねてください。」と答えてください。質問の数についてあれこれ尋ねたら、「1、2、4、6、全部で 3 つです。どうかしましたか？」と答えてください。この答えに納得できない PC は反逆者です。】市民、任務での幸運を祈ります！」

その部屋にある装備は、**それぞれの PC に 1 本ずつのモップと清掃ボット**だけです。モップを持たずに出発しようとするものがいたら、ザ・コンピューターは次のようにいいます。

「**市民！** あなたは貸与された装備に責任を負っていることを忘れてはなりません。あなたに割り当てられたすべての装備を適切に管理しないことは処罰の対象となります。部屋に残された装備はテロリストの手に落ちるかもしれません！」

PC たちが任務の間にモップを手放せば、どんな場合であれモップは盗まれます。

もう一つの問題は、清掃ボットを PC たちに同行させることです。 ボットは簡単な指示に従おうとせず、まったく聞き分けがありません。ボットは運搬可能ですが、持ち上げて運ぶには 2 人必要です。【※プレイヤーズハンドブックを読んだプレイヤーが質問し】また、ボットをだましたり脅かしたりたら、とても重いので〈特大装備〉だと答えてください。することもできます。役に立つかもしれないスタットとスキルの組み合わせとしては、〈技術力〉＋〈プログラム〉、〈技術力〉＋〈威圧〉、〈暴力〉＋〈ごまかし〉、〈技術力〉＋〈魅惑〉、〈知力〉＋〈操作〉などが考えられますが、すべてあなたの判断次第です。また、PC たちは、未修理のボットが非常にゆっくりと動けることを発見します。ただし、未修理のボットの割れたクリーニング用ローターは、床に溝を残します。

PC たちは部屋を出、大脳コアテックが再び作動します。
大きな黄色の矢印があなたたちの目の前の空中に表示されます。矢印は、あなたたちが廊下の先で左へ曲がらなければならないことを示します。残念なことに、矢印に隠されて、あなたたちは廊下の先をよく見ることができません。

わたしたちは「気狂い」の語は使用しません。

この矢印は、PC たちの大脳コアテックによる表示です。PC の脳内に埋め込まれた大脳コアテックは、重要な情報を PC の目と耳に伝え、そのうえ彼らが直接ザ・コンピューターと会話できるようにします。ザ・コンピューターは PC たちが見、聞き、嗅ぎ、味わうものすべてをモニターします。それを心に留めておいてください。

6. 足元注意
(PC は手配中のテロリストを誤って殺害します)

あなたたちが部屋を出ていくと、突然サイレンが鳴り響き、大きなポップアップ・ウインドウがあなたたちの視野に現れて、手配中のテロリスト「まだ死んでない誰だか」の接近を警告します。気をつけなさい！　彼はあなたのモップの影に潜んでいるかもしれません！

多分、PC たちは何か反応するでしょう。やらせてください。一段落ついたら、これを読んでください。

あなたたちの視野の大部分はポップアップ・メッセージでさえぎられています。しかし、突然視野の端に、廊下を全力疾走して来る、あなたたちと同じ黒いユニフォームを着た男があらわれます。彼は、おびえているように見えます。彼の頭上には 5 つの金の星が浮かんでいます。どうしますか？

悪名高いテロリスト「まだ死んでない誰だか」は、トラブルシューターの大群に追われています。PC は、次のどれか 1 つをおこなう可能性が高いでしょう。

- **廊下の端に避けます**。いいですね。PC たちはダイスロール無しで成功です。しかし、清掃ボットは別問題です。ダイスロールをしなければ、ボットは廊下の真ん中に残ってうなり続けます。【※ボットに移動を命令したり、ボットを運搬したりするならダイスロールが必要になるということです】
- **バリケードを（おそらくモップを使って）作ろうとします**。彼らにダイスロールをさせてください。彼らの行動はあまりに独創的に見えるため、通行中のオレンジ市民が立ち止まり、廊下をふさいでバカなまねをするのをやめて、割り当てられた任務をおこなえと告げます。
- **「まだ死んでない誰だか」を止めようとします**。「まだ死んでない誰だか」は、これまで PC たちより経験豊かな追跡者たちから逃れて来ました。身体を使って彼を止めようとする PC は誰でも、〈暴力〉＋〈接近戦〉で、すくなくとも 3 つの成功の目を出さなければなりません（〈困難度〉3）。失敗すると、「まだ死んでない誰だか」を止めようとしている他の PC の誰かの邪魔をします。その PC のダイスロールではダイスを 1 つ減らしてください。【※ PC たちはモップを使うかも知れません。普通のモップは行動にボーナスダイスを与える特別の装備ではありません。今後もモップの戦いはあります。特別の +1 のモップも出てきます。さて警告はしました。あなたが GM です。お好きなように。】
- **何かほかのことをします**。あなたの手腕で何が起きたかを判断してください。ダイスロールをさせるかどうか、結果をどう判定するか、すべてをあなたが決めてください。【※こういうとき、プレイヤーは本当にさまざまなことをします。「モップで床を磨いてテロリストを滑らせる」とか「愉快な歌を歌ってテロリストの注意をひく」とかですね。「テロリストにサインを求める」PC がいても驚いてはいけません。大丈夫です。これは初心者用シナリオです。PC が何をしても、成功しても失敗しても、ストーリーは確実に進行します】

PC が何をしようと、**次のことが起こります**。

- **「まだ死んでない誰だか」は何かにつまずきます**。おそらく、ちょっと前にダイスロールに失敗した PC か、モップか、清掃ボットにつまずいて、床に転倒し、頭を激しく打ちます。
- **清掃ボットが「まだ死んでない誰だか」を轢き殺します**。（運搬中であれば、彼の上に落下し

て押しつぶします。）

- **1本のモップが折れます。**【※誰のモップかをメモしておいてください。】
- サイレンは鳴り響くのを止めます。誰もが立ち止まり、PCたちに注目します。

「まだ死んでない誰だか」

「まだ死んでない誰だか」は、裏切り者のクローンです。彼の名前にはホームセクターがありません。ずっと昔に削除されてしまったのです。そして、クローン記録の不具合のためにクローンナンバーもありません。彼は、どこでどのような死に方をしても、すぐに次のクローンが現れます。どこに現れるかはわかりません。新しいクローンは、はじめからフルセットの反逆スター5個を持つ賞金首であり、それまでのすべての死の鮮明な記憶を持っています。

「まだ死んでない誰だか」は、彼自身の見積もりによれば、8000回以上死んでいます。彼の典型的な寿命は分単位で測られます。彼はアルファコンプレックスの放棄されたトンネル、ダクト、デッドゾーンやそのほかの隠れ場所について、驚異的な知識を持っています。しかし、たいていの場合彼はそこまでたどりつけません。一部の熱心な市民がXPポイントのために彼を撃つからです。そして、彼はまたどこか別の場所に再び現れます。

いくつかの秘密結社（「人間性」のキーワードを持つ、フランケンシュタインデストロイヤーやコミュニストなど）は、「まだ死んでない誰だか」に敬意を払い気づかっており、彼をザ・コンピューターの残虐の象徴と考えています。彼が死んで別の場所で再クローンされる前に、これらの秘密結社のメンバーと出会うことができれば、秘密結社は安全な避難場所に逃れられるように助けます。彼が泣き言をいうのをやめたときには、アルファコンプレックスがどのように働いているのか、そしてその過去はどんなものだったかについての、有用な知識の源となります。彼の第一の望みは再クローンを止めて本当に死ぬことです。「まだ死んでない誰だか」は、彼を助けることができるものであれば誰でも助けます。

あなたが、どのようなスタイルで今後のゲームを進めていくかによって、ドタバタコメディになるかもしれませんし、深刻な悲劇になるかもしれませんが、「まだ死んでない誰だか」をリカーリング・キャラクター【※TVのシリーズ番組などで、毎回登場するレギュラーキャラクターではないが、複数回のエピソードに繰り返し登場するキャラクター】として利用してください。少なくとも、彼は常にいくらかのXPポイントの信頼できる供給源となります。

7. アルファコンプレックスの英雄
（PC たちは彼らの過ちに対して報いられます）

「まだ死んでない誰だか」は完全に死んでいます。それはあなたたちの過失です。トラブルシューターチームが廊下を足音高くやってきます。まばゆい赤い防具をまとい、抜き身のレーザーピストルを構え、死体の前で停止します。トラブルシューターのリーダーは、機械が組み込まれた片方の目であなたたちを見すえます。「これをやったのはおまえたちの中の誰だ？」

おそらくこれは、PC たちが責任のがれをしようとする最初の機会でしょう。やらせましょう。**〈ごまかし〉**と**〈魅惑〉**のスキルは役立ちます。上級トラブルシューターのレーザーピストルは、誰であれ責任を認めたか、あるいはほかの大多数から非難されているものに向けられます。彼女は天井に向かって話します。「友人コンピューター！　このインフラレッド労働者グループを「まだ死んでない誰だか」として知られている悪名高い逃亡中のテロリストの無許可処刑容疑で逮捕…」

ザ・コンピューターは上級トラブルシューターの言葉をさえぎります。「**おめでとう、インフラレッド労働者グループ！　あなたたちは、機転の効いた献身的な行為でアルファコンプレックスを助けました。1 人のテロリストの減少は、今夜よく眠れる理由を 1 つ増やします。みなさんには、毎日期の 1XP ポイント【**※全市民は毎日 1XP ポイントを与えられます。プレイヤーズハンドブック 114 頁参照。**】に加えて 500XP ポイントの特別ボーナスが与えられました。これは皆さんをレッドレベルに昇格させるのに十分です。よくやりました！**」トラブルシューターたちは極度の不快感をにじませながら、しぶしぶ拍手します。ザ・コンピューターは続けます。「**しかし、皆さんの知覚フィードバック情報によれば、価値あるアルファコンプレックスの装備、すなわち改定型標準モップの破壊【**※モップを盗まれた PC がいた場合には「破壊と喪失」としてください。**】が示されています。インフラレッド労働者グループの皆さん、あなたたちが価値ある装備を注意深く管理しなければならないという教訓として、皆さん全員から 5XP ポイントを差し引きます。みなさんの現在の XP ポイントは 496 ポイントです。昇格に必要な 500XP ポイントを目標に努力を続けてください。**」

「**皆さんの能力が評価された結果、新しい任務が再割当されることになりました。この任務は装備を損壊する可能性がより低いものになるでしょう。それでは新しい任務の詳細の説明をお待ちください。ありがとうございました。**」

現在、PC たちは**レッドレベルへの昇格に（そして、おそらくトラブルシューターになるのに）4XP ポイント足りません。**おそらく彼らは残りの任務で、足りない XP ポイントを獲得することに全力をあげるでしょう。**これを妨害するのがあなたの仕事です。**すくなくとも、このアドベンチャーシナリオの最終シーンにいきつくまではそうしてください。ローズ -R-HYT は、このためのあなたの道具です。彼女はいつでも可能な限りすべての栄光と XP ポイントを奪い取ります。詳細は本書 12 頁のローズの記述を参照してください。

8. 新しい任務
（ローズ -R-HYT が再び現れ、PC たちは新しい任務を与えられます）

トラブルシューターたちは去って行きます。大型清掃ボットが壁のハッチから現れ、忙しげに「まだ死んでない誰だか」の死体と折れたモップと小型の清掃ボットを積み込んでいます。ローズ-R-HYT が廊下の先から 1 枚の紙を持って再び現れます。「君たちは自分を賢いと思ってるんじゃない？　セクターは危機に瀕しているのに、君たちはトラブルシューターの仕事を邪魔した言い訳をするばかり。私は感心しないな。ああ、それから君たちの任務は再割当されました。ただちに実行しなさい。」

「ザ・コンピューターは、君たちはこれから HOY セクターにいき、プラグを見つけ、プラグを抜き、それから再びプラグを元にもどさなければならないといっています。質問は無しね。私も君たちと同じだけしか知らないんだから。大脳コアテックが君たちをガイドします。モップを手放さないように。これは150XP ポイントの任務。そして…　なんなのこれ。どうやら、私も同行するみたいね。」

【　※解説（ローズの立場と行動）：ローズは自分を PC たちの監視官だと考えています。戦闘や危険な作業になれば、少し離れた安全な場所に避難し、指示が必要な場合は次に出てくるメガホンを使います。ローズは GM がミッションを進行させるための道具です。プレイヤーがローズなしでうまくやっているならそれでかまいません。PC が助けや助言を求めたら、適切な助言を与えてもかまいませんし（おそらく XP ポイントは彼女のものとなるでしょう）、プレイヤーたちに自分で考えさせたいなら「レッドへの昇格目前の有能なインフラレッドなら自分で解決できるでしょう。解決できないなら君達の 496XP ポイントは見直すべきね」と答えてもいいでしょう。】

9. 装備が交付されます
（PC たちは遊ぶためのオモチャをいくつか手に入れます）

全員の大脳コアテックがポップアップ通知を表示し、もっとも近い PLC つまり生産搬送配給部門の配給所に向かうよう指示します。

PC たちは、そこへいかなければなりません。そうするまで、黄色の矢印は消えません。ローズはすでに歩き出しています。

PLC の配給所は、あなたたちが清掃ボットを届けるはずだったテックの倉庫の隣にあることがわかります。あなたの大脳コアテックは、PLC がミッションに必要な装備を手に入れる場所であることを知っています。退屈した様子の技術者が顔を上げます。「HOY セクターにいくインフラレッド労働者グループ？　そこで待ってろ。」

装備カードを箱から取り出し、次のカードを探してください。

君の行動は記録された……またもや。

警告：クリアランスレベル＝ウルトラバイオレット

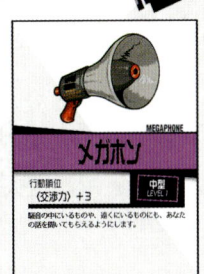

GRAPPLE GUN	BODY ARMOUR	MEDKIT X3	MEGAPHONE
鈎撃ち銃	ボディアーマー	医療キット（3回分）	メガホン
行動順位	行動順位	行動順位	行動順位
《技術力》+2	《膂力》+0	《知力》+2	《交渉力》+3
中型 LEVEL 1	大型 LEVEL 1	小型 LEVEL 1	中型 LEVEL 1

技術者はローズに装備を手渡します。ただし、いくつかの欠品をチェックリストから外します。「バール… 1時間前に最後の1個を支給したところだ。スキューバダイビング用の呼吸装置… こいつも品切れた。ジェットパック… 」彼は悲しげな顔をローズに見せます。「清掃ボット… 隣のテックから1台来るはずだったんだが、何か手違いがあってね。君たちにはモップがある。そいつがあれば十分だ。ではここにサインして。」ローズはため息をついてサインをします。メガホンを自分で取り、残りの装備をPCに割り当てます。

3人のプレイヤーに1枚ずつ装備カードを与えてください。カードを受け取ったものには何かの紙に受け取りの署名をさせて回収してください。ローズは、モップをこわしたPCには、意地悪な目を向けるだけで何も与えません【※PCが3人ないしそれ以下の場合には、モップをこわしたPC以外の誰かに2つ目の装備を与えても、あるいは余った装備は支給しなくてもかまいません。カードの装備がなくてもミッションは実施できます。】

受領書類に署名することによって、ローズが装備に対する責任を負うことを、経験豊かなGMとプレイヤーは理解するでしょう。装備に何かが起きたらローズの責任です。PCたちがどのようにすれば後でローズに仕返しできるかについて、あなたが気にしているのなら、これは1つのやり方です。

【 ※解説（装備とその責任）：PCはこのほかにモップを1本ずつ持っています（モップを折ったぬけには厳重な注意の上、新しいモップを与えても、あるいは「あなたは舌で床を磨きなさい。」とローズにいわせてもいいでしょう）。モップに対する責任はPC個人が負うことになります。カードで提供される装備はローズの責任ですが、ローズはその責任をPCたちに負わせようと最大限の努力をします。PCたちが安易な主張をすればローズの逆襲を受けるでしょう。25周年版からの経験豊かなGMは、エクイップメントオフィサーとほかのトラブルシューターの装備に対する責任の押し付け合いと同様に考えてください。「メガホンが故障したのは、インフラレッド市民たちが、私の10メートル以内から離れたため、やむを得ずスイッチをオンにしたからです。すべての責任は勝手に歩き回った彼らにあります。」こういったローズ-Rの言い逃れにすみやかに対応できなければ、ローズではなくPCたちにペナルティを与えてください。】

10. HOY セクターにいく
（エレベーターと気まずい会話）

セクターHOYは、すぐ近くにあるわけではありません。ローズはあなたたちをターボエレベーターの乗り場に案内し、目的地を打ち込みます。あなたたちのうしろで扉が閉まり、エレベーターは高速で下降し、それから考えを変えて、少しばかり横に移動し、そして上昇をはじめます。

「エレベーターは目的地に向かっています」と、ローズはいいます。「少なくとも、向かおうとしています。」

エレベーターはしばらく移動を続けているように感じられます。しかし、次第にエレベーターが動いているのか、静止して振動しているだけなのかわからなくなってきます。PC たちが何かするかどうかを見てください。彼らがどんな形であれエレベーターに損害を与えたら、ローズはザ・コンピューターに報告し、その報告に対する XP ポイントを要求します。

11. 扉を開けると
（PC たちは HOY セクターで氾濫が発生していることを発見しました。これは問題を引き起こす可能性があります）

エレベーターは止まります。しかし扉は開きません。

PC がなぜかと尋ねたら。アルファコンプレックスの多くの機械装置は、エレベーターも含めて、基本的な知性とセンサーを備えています。エレベーターは報告します。「扉の近くの物質が、エレベーター搭乗者に不都合を引き起こす可能性があります。」
なんであれ PC が扉を開けたら。扉を開けるのは簡単です。コントロールパネルには、非常用開閉ボタンがあり、ボタンを押せば扉は開きます。次の段落の明朝体の文を読んでください。
PC が扉を開けることを拒否して戻ろうとしたら。ザ・コンピューターは不機嫌に、PC たちは、残りの人生を仮設トイレのポンプ業務に従事することになるだろうと伝えます。時として…ちょっと待って。今、ローズが扉の開閉ボタンを押しませんでしたか？　ああ、押しましたね。

開きはじめた扉の隙間から中の様子がうかがえます。エレベーターは赤いカーペットを敷いた床よりも 1 メートルほど低い場所に止まっているようです。いいえ、違います。床は動いています。粘着性の赤い流体の波がゆっくりと小さな滝のようにエレベーターの中を満たしていき、あなたのウエストのあたりまで覆います。それはストロベリーの香りがします。エレベーターの外の巨大なロビーエリアには、この赤い流体が溢れています。誘導矢印が現れ、まっすぐ前方を指示します。あなたの目的地は、サブセクター K-15 であると表示されます。

味見をするか、ザ・コンピューターに尋ねれば、誰でも**この流体がレッドデザートトッピング**であることがわかります。テロリストが巨大なバットを破壊し、**1 メートルの深さまで** HOY セクターに氾濫させたのです。理由は現時点では不明です。この流体は、チョコレートソース程度の粘度を持っています。家具は半分流体に漬かった状態で浮遊し、クローンたちは氾濫したエレベーターロビーや近くの廊下を苦労して進み、彼らの仕事をしようとしています。

レッドデザートトッピングは**甘くてわずかな酸味があり**、接触したあらゆる装備に最適とはいえない影響を及ぼします。キャラクターがレッドデザートトッピングに浸された装備を使用する際には、通常ならダイスロールが不要なものであっても、コンピューターダイスをロールしなければなりません。**コンピューターの目が出たら、装備は粘着性の流体に浸食されるかあるいは流体が固着して、**動かなくなります。現場での分解清掃によって修理できるかも知れませんし、できないかも知れません。あなたの判断次第です。あるいはプレイヤーにダイスロールさせてもいいでしょう。

レッドデザートトッピングは大脳コアテックに影響を与えません。人体という保護層を

「軍事ボット」を要請した理由を入力してください。

持っているからです。

ローズに質問すれば、誘導矢印が視野の大部分をブロックしないように、矢印のサイズを小さくする方法を教えてくれます。

【 ※解説（レッドデザートトッピングとクリアランス）：HOY セクターはレッドデザートトッピングで覆われています。レッドデザートトッピングの色は赤です。プレイヤーたちはクリアランス違反を恐れて先に進もうとしないかもしれません。このような注意深い態度は賞賛に値します（ホールのクリアランスについて質問した PC に 1XP ポイントを与えてください）。しかし PC たちがこれ以上進まないとシナリオも進みません。質問があった場合には、ローズがロビーエリアの壁には「全クリアランスに開放」を意味する黒いラインが引かれていると説明します。さて、レッドデザートトッピングはおそらくレッドクリアランスの食品でしょう（今回の版では、クリアランス表記をすべて大文字にするという表記方法をほとんど使わないので、クリアランス表記か単なる固有名詞なのかの最終判断は GM にまかされます）。あなたがこの赤い液体をレッドクリアランスの食品と決定したら、インフラレッド市民は特別の許可なしに口にすることはできません。PC は赤い海で溺れる場合にはレッドデザートトッピングを飲み込んではなりません。飲み込めば反逆スターが与えられます。質問があった場合にはこの点を注意してもいいでしょう。（PC が味見をした場合の処置は GM におまかせします。舐めるだけならいいとしてもかまいませんが、反逆スター 1 個で赤い海の正体がわかるなら、プレイヤーも納得するんじゃないでしょうかね。）】

12. 自分で首を吊るのに十分な行動の自由
（PC は付近を調査し、行動方針を選ぶことができます）

この時点で、プレイヤーたちに、次に何をするかを議論させ、決定させましょう。彼らは次のようなことをしようとするでしょう。

1. エレベーターに戻り家に帰る。 ローズ -R はこの案に反対し、彼らを説得しようとします。彼らが主張を取り下げないなら、彼女は彼らの職務怠慢をザ・コンピューターに報告します。彼らが任務に戻らない限り、彼らの頭上には反逆スター（24 頁の「反逆スター」を参照）が輝き続けます。

2. 徒歩での調査を試みる。 レッドデザートトッピングのなかを歩いて渡ることは、困難で時間がかかります。泳ぐともっと遅くなります。

3. 家具で即席のいかだをつくる。 こっちの方がいいですね。ベンチ、テーブル、樽、椅子、そのほかなんであれ浮力があるものをつなぎ合わせます。まずまずのいかだをつくることができるかどうか、PC にダイスロールをさせてください。推進力を得るためにはオールをつくるか、モップを舟棹《ふなざお》として使うことができるでしょう。彼らのアイデアがもっともらしく聞こえれば、やらせてみましょう。

4. 周囲の人と話してみる。 近くにいるのは HOY セクターの普通の住民です。このシーンは通常の会話で進行させてください。PC は住民に質問して答えを引き出そうとし、あなたは NPC として答えたり意見をいったりして情報を伝えます。

- セクターに氾濫が起きたのは数時間前です。液面の上昇は止まっていますが、下がる様子もありません。
- ザ・コンピューターは、住民たちにいつものように仕事を続けるようにといっています。住民はザ・コンピューターを信頼しています。
- 住民たちはサブセクター K-15 でおかしなことが起きているといううわさを聞いています。

5. ザ・コンピューターと話します。 ザ・コンピューターは助言をあたえます。「**問題を分析し、解決策を考えてエクセキュート、つまり実行してください。解決策が間違っていることが判明したら、発案者をエクセキュート、つまり処刑してください。成功した解決策または処刑に対しては、ボーナス XP ポイントが与えられる場合があります。**」

6. ほかの何か。 プレイヤーに自分自身でアイデアを出させましょう。それがうまくいくかどうかを、あなたの判断とダイスで決定してください。創造力と賢明さには報いてください。あなたがゲームの後の方で利用できそうなものがあればメモしておきましょう。冗談のネタに使えそうなものや、彼らの野心に手厳しいお仕置きを与えるものなどですね。

ザ・コンピューターは、各市民がどれほど忠実かを反逆スターシステムでモニターしています。大部分の市民は完全に忠実で、1 つの反逆スターも持っていません。1 つの星をもつ市民には疑わしい点があります。3 つはぎりぎりの境界線上です。4 つは尋問のために出頭を求められます。そして 5 つ星はただちに反逆者として手配され、逮捕されるか処刑されるでしょう。各市民は自分の反逆スターを眼球内《イン＝アイ》ディスプレイの表示で確認できます。反逆者の頭上の 5 つ星は誰でも見ることができます。特定の市民（トラブルシューターなど）は、他の市民の反逆スターの数を見ることができます。【※ミッション 1 では、PC たちはまだトラブルシューターになっていないので、自分自身と 5 つ星の反逆者以外の反逆スターを見ることができないことに注意してください。】

13. 調査
（PC とローズはロビーを離れ、HOY セクターを進み始めます）

あなたたちは、エレベーターロビーを出て、輝く矢印の指示に従って廊下を移動します。広いロビーを出ると、レッドデザートトッピングで覆われたセクターには、ほとんど人の気配がなくなります。PC たちの移動はゆっくりとしたものになります。赤い流体は、廊下の壁でゆったりと波打っています。大部分の扉は閉じていて、部屋の中を見ることはできません。

PC たちが調査をしようとしたり、何か装備がないか見てみようとしたりして、思い切って部屋に入った場合には、以下のどれかの説明をおこなってください。どれにするかは、あなたの選択か、ダイスで決めてください。【※ダイスを振る場合は、1 から 4 ならその順番のものにし、5 か 6 がでたら振り直すとよいでしょう。】

- **レッドレベルの宿舎**。ベッド、椅子、個人用の小さなロッカー。価値があるものはありません。
- **トラブルシューターの休憩室**。壁のラックから吊されたホルスターに入ったレッドレベルのレーザーピストルが 2 丁あります。インフラレッド市民がレッドレベルの装備を使うことは厳しく禁じられています。しかし、PC たちはおそらく誘惑されるでしょう。彼らがこのピストルを持っているのを見たものは、ザ・コンピューターに報告します。この部屋を詳しく調べれば、2 個の手榴弾を見つけることができます。
- **PLC の事務所**。中に入るには、扉をこじ開ける必要があります。流体が侵入して重要書類を駄目にすることを防ぐために、扉は向こう側でブロックされているからです。中では、困惑したイエローとオレンジのスタッフが、ドアを閉めて出ていけと PC たちに叫びます。PC たちが出て行かないなら、拭き掃除《モップ・アップ》をするか、あるいはスタッフたちを始末《モップ・アップ》しなければならないでしょう。いずれにせよ、彼らが任務を続けるためにはここから出ていく必要がありますが、それは再びドアを開けることを意味します。
- **洗面所**。すべての設備は、レッドデザートトッピングの海面下にあります。どうやってトイレを使ったらいいのでしょう？　どうやって手を洗えばいいのでしょう？　ザ・コンピューターがあなたに手を洗うように指示したらどうしましょう？（理解力に乏しい GM への注意：ザ・コンピューターが PC たちに手を洗うよう命令する理由を見つけてください）

この生体認証装置に舌を挿入してください。

警告：クリアランスレベル＝ウルトラバイオレット

【 ※解説（ローズはどうしてる？）：ローズは PC たちを注意深く観察しています。PC たちがレーザーピストルをおおっぴらに持ち歩いたり、何かを攻撃しようと隠し場所から取り出したりすれば、ザ・コンピューターに報告するでしょう。その場でただちに報告するか、使用後に報告するか、あるいはデブリーフィングまで報告を取っておくかは、あなたの判断です。（手榴弾も同様に処理してください。それからザ・コンピューターの命令に従わず、手を洗わなかった時もですね。）】

死ぬこと

誰でも……PC も、重要な NPC も、背景をぶらついているだけのクローンも……いつでも死にます。そして、アルファコンプレックスの革新的なクローンシステムのおかげで、彼らの交替バージョンは数分でその場に届けられます。【※通常はそのシーンの終了時ですが、GM は状況によって変更できます。プレイヤーズハンドブックを参照。】新しいクローンには彼らの前任者のすべての記憶があり、衣類と装備一式の複製を持っています。ほとんど誰もが合計 6 体のクローンを持っています。彼らの名前の最後の数値は何体目のクローンであるかを示します。【※役割を終えた NPC の交替クローンを再登場させる必要はありません。通常の場合、交替クローンがやって来たときにはそのシーンは終わっています。ただし誰がクローン交替の原因になったのかはメモしておきましょう。ブリーフィング時に、PC を追求するネタになるかもしれません。】

14. セキュリティクリアランスをめぐるトラブル
（PC とローズは PC が通過することを許可されていない廊下に到着します）

数百メートル先で、あなたたちは交差点に着きます。誘導矢印は左に曲がれと指示していますが、左の廊下には目の高さに赤い線が引かれています。これはレッドレベル以上の市民だけがこの道を使用できることを意味します。

PC は次のことをおこなえます。

1. ローズに尋ねる。 ローズは、なんであれその道を進むべきだと提案します。なんといっても、彼らはザ・コンピューターの任務をおこなっているのですから。彼らがそうするなら、下の 2 に進んでください。

2. なんであれその道を進む。 ローズはあなたたちが廊下を 10 メートル進むまで待って、それからいいます。「ザ・コンピューター！　数人のインフラレッド市民が、レッドレベルのエリアにいます。」ザ・コンピューターの声が近くのスピーカーから大きく響きます「**インフラレッド市民！　レッドレベルの廊下からただちに退去してください。皆さん全員に、反逆スターが 1 つ与えられました。市民ローズ -R-HYT には、油断ない注意に対して 30XP ポイントが与えられます。**」もし、PC が異議を唱え、たとえばローズがその廊下を進むようにいったと主張するならば、その会話を実際にロールプレイしてください。あなたは、（聖人君子ぶった）ローズとザ・コンピューターを演じます（ローズはレッドクリアランスですから、PC が何か証拠でも持っていない限り、ザ・コンピューターは彼女を信用する可能性が高いでしょう）。しかし PC にはザ・コンピューターを説得し、彼らの反逆スターとローズの XP ポイントを除去するチャンスがあります。たとえどのような結果になろうとも、これは悪感情と恨みと将来の流血をもたらす可能性が高いでしょう。反逆スターについては、24 頁で説明されています。

3. ザ・コンピューターに尋ねる。 ザ・コンピューターはノーといいます。ただし、PC が信じられないほど重要な任務であることを強く主張したら、ザ・コンピューターは 1 回限りの廊下通行許可証を彼らに与えるかもしれません。PC がとても賢ければ、同じ道を戻って来ることになりそうなことに気づくかもしれません。

4. 回り道を捜す。 もちろん、アルファペディアには地図があり、この廊下を避ける回り道を表示することができます。余分な時間が 10 分かかります。

15. 海賊
（PC たちはシロップの海で敵対的な船乗りたちに遭遇します）

廊下は、広いフードサービスエリアに続いています。穏やかに波打つ流体の上に突き出した調理台のあいだを、固まったブレックファストミックスのように見える島が、ゆっくりと漂っています。上方では、アーチ状の天井から吊られた砕けた照明器具のあいだにスパークがまたたいています。そして「A-HOY《アホーイ》セクター！【※アホーイは船乗りのかけ声。ここでは HOY セクターに掛けています。】という怒鳴り声が聞こえます。「壊血病《くそったれ》な急流！ 船首が左舷に流されてるぞ！ 主帆《メインスル》をオーバークロックして、マザーボードを準備しろ！」1 列に並んだ 5 人の姿が見えてきます。彼らは、長テーブルを漕いでいます。逆さになった長テーブルの脚にはシーツが帆のように結ばれ、1 本の脚には頭蓋骨と 2 本の交差した骨を描いた黒い海賊旗が垂れ下がっています。

彼らは **2 つの秘密結社**、アルファコンプレックス地域史研究会（地史研）とフリークスのメンバーです。2 つの秘密結社は、この事態を有利に活用するために団結し、**「海賊」についての漠然とした知識**をかき集めて、彼らが信じるところの「公海」を支配しようとしています。消防用の斧と料理用ナイフで武装した彼らは**凶暴な船乗り**です。

PC たちは以下のことが可能です。

海賊を活用する。 海賊たちは「ライブアクションロールプレイ」と呼ばれている古典的なタイプのレクリエーションに参加しているのです。これはおそらく彼らの早すぎる処刑を招くでしょうが、でもねえ、1 体のクローンの喪失と、この一生に一度のチャンスを比較してください。そしてあなたにだってわからないんですよ。これはアルファコンプレックスの最終崩壊の始まりかも知れないんです。彼らは実際に海賊王国を建設し、略奪品《ブーティ》の支配者になれるかも知れないんですよ。略奪品《ブーティ》が何であるかについて、情報源によって異なる説があるとしてもです。【※英語の Booty には略奪品の他に、尻、セックスといった意味があります。】彼らは、海賊を理解するものなら誰とでも喜んで話し、仲間に加わるように説得します。注意していただきたいことは、プレイヤーは海賊とは何なのかわかっていますが、PC たちはまったくわかっていないということです。それをうまくごまかそうと試みた場合には、何らかの適切なダイスロールの成功が必要かもしれません。彼らが海賊たちと良好な関係を作ることができれば、海賊のキャプテンは喜んでいくらかの情報を与えます（下記参照）。

降伏する。 海賊は大喜びです。「捕虜ども！ 船板に乗れ！ ケツ《ブーティ》を振って歩け！」PC たちは、即席の船板を歩いて、赤い海に飛び込むことを強制されます。PC が飛び込んだら海賊は大喝采し、それから… その後どうすればいいかわかりません。彼らは友好的になり、サブセクター K-15 にいく方法を教えてくれますが、やめた方がいいと忠告します。彼らはその場所について恐ろしいうわさを聞いています。

流体の中を安全に歩くか泳ごうとする。 赤い海の深さは、ここではまだわずか 1 メートルです。海賊のテーブルは、自力で進むキャラクターより速く動けます。しかし不安定で、2 人以上の PC が協力すれば簡単にひっくり返せます。PC たちが廊下にたどり着くことができれば、海賊はそれ以上追いかけてきません。

戦う。 下の「ファイト！」の記事を見て下さい。海賊たちが人殺しになるのは、PC たち

すべてのコンピュータ著作権法に従ってください。

警告：クリアランスレベル＝ウルトラバイオレット

が先に殺そうとした場合だけです。

何か他のこと。 海賊はおそらく、彼らの乗り物の操縦について PC たちよりさらに無能で、簡単に乗り物を転覆させるかもしれません（あなたは、海賊たちが何か面倒な事をしようとするたびに、ダイスロールをすることができます）。いかなる時点であれ、ザ・コンピューターが介入すれば、遊びの時間はおしまいです。海賊たちは通常任務に戻るようにといわれます。

海賊のリーダーは「海賊赤外《クロ》ヒゲ」（トビアス -O-MLY）です。彼は自分のセクターに新しい海賊王国を設立するための試みを中断してまで、インフラレッドのクルーを援助するつもりはありません。しかし、PC たちが喜んで協力するふりをするなら、彼は助言を与えます。海賊たちはセクター K-15 をひどく恐れています。海賊たちはクラックリング【※ライターはクラーケン（たくさんの触手を持つ巨大な海の怪物）のダジャレだと】がそこに潜んでいるといいます。そして、海賊たちは PC たちに同行しません。いっています。】

ファイト！

パラノイアで何かと戦う方法。

これは、多分この本のルールの中でもっとも複雑な部分です。あなたがこの部分を読む間、プレイヤーたちには、何か飲んだり食べたりしていろといっておいた方がよいでしょう。

戦いに関係する全プレイヤーに 4 枚のアクションカードを与えてください。アクションカードには

まさにデザート

海賊たち（4人）

/// ACTION ORDER 行動順序

海賊 1:	**3**	海賊 3:	**4**
海賊 2:	**4**	海賊 4:	**6**

/// HEALTH BOXES ダメージボックス

海賊 1:	●●●●● ●●	
海賊 3:	●●●●● ●●●●	
海賊 2:	●●● ●●	
海賊 4:	●●●●● ●●●●	

/// SKILLS 特別スキル

おぼつかない操船 +2、時代考証の正しさについて議論する +3、
接近戦 +3、水泳 -1

---

2 つの基本的な機能があります。行動順位の決定とリアクションです。アクションカードには誰が最初に行動するかを決める行動順位が表示され、大きな数値はより先に行動できることを示します。リアクションは誰かの行動に反応してただちにおこなう行動です。リアクションができるアクションカードには⑭のマークが表示されています。これをリアクションカードと呼びます。

GM はカウントを始めます。「ワンパラノイア、ツーパラノイア…」と数えてください。GM が「ファイブパラノイア」といい終わる前に、すべてのプレイヤーは彼らの前に 1 枚のカードを伏せて置かなければなりません。出せるカードはアクションカードか、装備カードか、（PC はまだ持っていませんが）ミュータントパワーカードのいずれかです。もしそうしなければ、彼らはこのラウンドに何にもすることができません。

次に、彼らが行動する順番を決定します。10 から 0 までの数を順番にいってください。プレイヤーは、彼らの行動順位の数値が呼ばれたら答えます。ただし、彼らははったりをいって、行動順位の数値についてウソをつくことができます。別のプレイヤーがそれははったりだと「挑戦」しない限り、カードを見せてウソでないことを証明する必要はありません。

「挑戦」のやり方は少し複雑です。あなたは、はったりと「挑戦」のルールは、少々の鎮静剤で混乱したインフラレッドの理解力を超えるものと考え、ゲームの次のセッションで導入することにするかもしれません。このルールの詳細はプレイヤーズハンドブック 85 頁で説明されています。

バウンシィバブルビバレッジを飲みなさい。義務です。

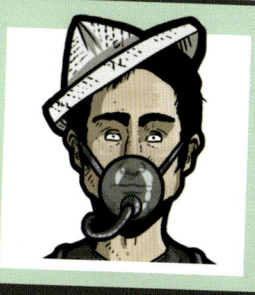

海賊赤外《クロ》ヒゲ

/// SKILLS 特別スキル

人を従わせる:	+3
接近戦:	+3

/// HEALTH BOXES ダメージボックス

赤外《クロ》ヒゲ: ●●●●●

/// EQUIPMENT 装備

海賊赤外《クロ》ヒゲは、1組のスキューバダイビング用の呼吸装置を持っています。彼はいつでもこの装置をつけています。何か他のものと交換するように説得するか、あるいは力ずくで奪い取ることができるかもしれません。

NPCなどの他のゲームキャラクターは、あなたが望む行動順位で行動します（海賊赤外《クロ》ヒゲなど）。いくつかのNPCの説明には、彼らの行動順位の数値が表示されています（海賊たちなど）。彼らが別のタイミングで行動した方が面白い場合には、あなたはその数値を無視することができます。【※PCとNPCの行動順位が同じだった場合には、あなたの好きなように順番を決められます。】

プレイヤーが、彼らの行動順位が来たと宣言したとき、次の3つのうちのどれか1つをおこなえます。

- カードを裏のまま手に戻し、それからベーシックアクションをおこないます。どんな通常の行動も可能ですが、多くはスタット＋スキルのノードでのダイスロールとなるでしょう
- カードを使い、カードの指示に従います。アクションカードと装備カードは表にし、みんなに見せます。ミュータントパワーカードはGMだけに見せ、他のプレイヤーには見せません。アクションカードとGMが指示した一部の装備カードは使用後に捨てられます。ミュータントパワーカードは捨てられません。
- 行動順位の決定のために使ったカードを裏にしたまま捨てて、ベーシックアクションをおこないます。この場合には、追加のダイスを1つ、彼らのノードに加えることができます。ミュータントパワーカードを捨ててダイスを増やすことはできません。

⊘のマークがついたリアクションカードは、誰かが何かの行動をしようとするときなら、いつでも使用できます。ただし、カードに使用するタイミングが説明されている場合には、その指示にしたがってください。リアクションは、他のNPCなどのゲームキャラクター、他のプレイヤーキャラクター、あるいは自分自身のプレイヤーキャラクターの行動時に使用できます。カードにはどん

な効果があるかが説明されています。

ダメージ

キャラクターの身体状態は、〈健康〉（ダメージレベル 0）か、〈軽傷〉（ダメージレベル 1）か、〈重傷〉（ダメージレベル 2）か、〈瀕死〉（ダメージレベル 3）か、あるいは〈死亡〉（ダメージレベル 4）しているかのいずれかです。行動に際して振ることができるノードダイスの数には、ダメージレベルに応じたペナルティが科されます（つまり、〈軽傷〉（ダメージレベル 1）ならダイスを 1 つ減らし、〈重傷〉（ダメージレベル 2）なら 2 つ、〈瀕死〉（ダメージレベル 3）なら 3 つ減らします。〈死亡〉したキャラクターはダイスロールできません。すでにダメージを受けているキャラクターが、新たにダメージを受けた場合には、現在のレベルと同じかより低いダメージならダメージレベルが 1 上がります。高いレベルのダメージなら単純にそのレベルのダメージになります（つまり、すでに〈軽傷〉キャラクターがもう 1 回〈軽傷〉を受ければ〈重傷〉となり、〈重傷〉以上のダメージを受ければ受けた通りのダメージになります。すでに〈重傷〉のキャラクターが、〈軽傷〉か〈重傷〉を受ければ〈瀕死〉になり、〈瀕死〉や〈死亡〉を受ければそのダメージになります。すでに〈瀕死〉のキャラクターはどんなダメージを受けても〈死亡〉します。）

ダメージについての詳細は、プレイヤーズハンドブックの 92 ～ 96 頁を参照してください。NPC は、PC のような面倒なルールなしで、受けたダメージ数だけのダメージボックスをチェックします。NPC のダメージの詳細はゲームマスターズハンドブック（100 頁、および 102 ～ 104 頁）を参照してください。

【 ※解説（海賊との戦闘）：戦闘が発生するのは PC たちが戦闘を望んだ場合だけです。無理に戦闘に持ち込む必要はありません。戦闘の勝敗を気にする必要もありません。戦闘では以下の点に注意してください。◆ PC たちはレーザーを持っていますか？　つまり「トラブルシューターの休憩室」に入ってレーザーピストルを手にいれましたか？〈銃器〉のスキルが高い PC が鈎撃ち銃を持っていますか？　この武器の効果を面白く演出しましょう。アクションカードも有用です。〈銃器〉のスキルが高い PC のプレイヤーが「適切な場所に置かれた銃器」のカードを持っているといいですね。〈投擲〉が高い PC には投げるものがあるでしょうか？　手榴弾は見つかりましたか？　以上の質問への答えの多くがイエスなら、戦闘を PC たちによる一方的な大虐殺にすることも可能です。それでもかまいません。◆ PC たちが十分ないし過剰な銃器を持っていない場合には、PC のモップと海賊の消防用の斧と料理用ナイフが戦いの中心になるでしょう。海賊たちの〈接近戦〉+3 は強力です。海賊たちが勝つチャンスはかなり高いと考えているはずです。PC たちが全滅しても次のクローンがあります。おそらく次のクローンは海賊たちと交渉しようとするでしょう。最初から降伏するかもしれません。あるいは、PC たちの次のチームは海賊たちと出会わないことにしてストーリーを先に進めることもできます。海賊のうわさを聞けなくなりますが、ミッションに支障はありません。◆さて、それでは戦闘の具体的な進行の話にすすみましょう。まずパラノイアでは「射程」といった方面でややこしいルールはありません。すべては GM の判断次第です。もっともらしさを演出するには、銃器を持ったキャラクター（この場合だと PC になります）に一方的にダメージを与えて撃ち続けさせるかもしれません。しかしこれはあまり楽しくありません。それより「射程」の問題を無視して、レーザーもモップも消防用の斧も料理用ナイフも対等に戦える大乱戦、つまり通常の戦闘ラウンドをはじめたほうが楽しいでしょう。何でしたら〈銃器〉や〈投擲〉で攻撃するキャラクターに、1 回だけ一方的に攻撃させ、それから通常の戦闘ラウンドという折衷案もいいかもしれません。◆戦闘ラウンドが始まれば、行動順位が支配者です。レーザーや鈎撃ち銃の射撃の前にモップや料理用ナイフでの接近戦をおこなっても何の問題もありません。アクション映画を思い出してください。素手のヒーローが銃を持った悪役にパンチやキックを与えるのは日常茶飯事です。それに、今回の PC たちはマニュアルを読まないので、レーザーの銃身とグリップを区別できないかもしれません（そしてレーザーのマニュアルはインフラレッドクリアランスには公開されていません）。そして、海賊赤外《クロ》ヒゲには行動順位の記載はありません。つまりかれは彼をいつでも行動させる自由を与えられているわけです。◆海賊側の攻撃を、ゲームマスターズハンドブックにあるダイスを振らないやりかたでおこなうことも可能ですが、ここでは初心者のプレイヤー（と GM）の練習のために、通常のカードを使った戦闘を試しましょう。◆ PC のノードダイス数は、プレイヤーにまかせましょう。図々しいスタットとスキルの組み合わせやカードや〈気力度〉を使ってノードダイスを増やそうとするでしょう。〈接近戦〉がゼロやマイナスの PC は、何とかして他のスキルを使って戦おうとするでしょう。暴力による攻撃ではなく、説得したり、脅かしたり、恐ろしく下手な歌を歌って敵の士気を低下させようとするかもしれません。あなたは公平な審判官として筋の通った（あるいは面白い）主張は認め、単に無茶なだけのつまらない主張は拒否するか〈困難度〉を増加させることで適切なペナルティを与えてください。◆海賊たちがロールするダイス数は、こうしてください。「結果の判定のためにあなたがロールするダイス数として、多くの場合に適切な平均的な数値は 5 個です。特別に有能あるいは効果的と思うなら、ダイスを何個か加えてください。」（ゲームマスターズハンドブック 18 頁）、海賊たちは〈接近戦〉+3 です。あなたは海賊たちのために 8 個のダイスをロールすることができます。◆攻撃の〈困難度〉は状況や攻撃するキャラクターの行動の内容によって変化しますが、通常は 2 為れています。血まみれの戦闘がお好みでしたらもっと低くしてください（キャラクター全員の〈困難度〉を同じにする必要はありません。キャラクターがおこなう行動の内容によって変えてください。それが面白いなら 2 です）。ダメージを与えるには〈困難度〉を超える成功ダイスが必要なことを忘れないでください。〈困難度〉が 2 なら成功ダイス 3 個でダメージレベル 1 与えることになります。◆さらにダメージを与えるたびに PC に追加のダメージが与えられた場合にはダメージを増やすことです。海賊たちのダメージは、単純に 1 ダメージを受けるごとにダメージボックスを 1 つチェックします。全部チェックしたら死亡です。◆ダメージを受けた PC のノードダイス数は、その後のダメージ判定では、ダメージレベルに応じてダメージダイスが減らされるはずです。◆ダメージを受けた側の海賊のノードダイス数を減らすかどうかは、GM の判断にまかされますが、海賊たちの〈接近戦〉は強力です。ノードダイスをダメージ数だけ減らすといいでしょう（他の戦闘では、どうすれば戦闘が盛り上がるかを考えて NPC のダイスを減らすか減らさないかは GM 次第です）。◆ボディアーマーを着用している PC が 1 人いるはずです。ボディアーマーの防御力は他のやり方もありますが、今回は「普通のやり方」を使用しましょう（ゲームマスターズハンドブッ

さて、それではこのトラブルをトラブルシューターにお返ししましょう。

警告：クリアランスレベル＝ウルトラバイオレット

ク 87 頁参照）。ボディアーマーは着用者のダメージを装備のレベル数だけ減らします。つまりレベル 2 のボディアーマーへの攻撃では、ダメージレベル 1 と 2 は効果なしで、ダメージレベル 3 でようやく 1 ダメージとなります。これはかなり強力です。攻撃の〈困難度〉が 2 だとすると、ボディアーマーに 1 ダメージを与えるには成功ダイスが 5 個必要になります。ボディアーマーの着用者が自分を不死身だと思い始めたころに、「体から外れるか、割れるか、電源が尽きるか、あるいは致命的な故障を起こす」ようにしてください。カードにそう記載されていますから、プレイヤーが文句をいう心配はありません。コンピューターの目を出したら迷わず故障させましょう。戦闘終了後に現れたローズ -R は、この PC に「装備を持ち帰りなさい。装備の放棄は反逆だ」といいます。故障しなかったとしても、2 レベルのダメージを何回も無効にしたボディアーマーはあちこちにキズがついているかもしれません。デブリーフィングで責任を追求するといいでしょう。強力な装備にはそれに比例した責任があるのです。◆戦闘をどちらかが全滅するまでだらだらと続ける必要はありません。海賊側が不利になったら退却させるか、あるいは降伏させてもいいでしょう。PC たちが不利になったら、海賊赤外《クロ》ヒゲに「降伏しろ！」と叫ばせましょう。賢い PC は降伏するでしょう。降伏しなければ仕方がありませんね。戦闘を続けましょう。彼らには次のクローンがあります。】

16. プラグ
（クライマックスの準備）

海賊赤外《クロ》ヒゲの領海を離れると、誘導矢印は、暗い廊下を指しています。壁は狭くなり、天井は低くなります。多くの配線がレッドデザートトッピングにさらされ、浸食されています。それから数分後、廊下は上の階に向かう広い螺旋階段がある円形の部屋に至ります。どろどろしたレッドデザートトッピングの流れが、上から部屋の中に流れ込んでいます。あなたの大脳コアテックは、あなたが目的地に到着したことを知らせるために、穏やかに鳴り響きます。プラグは見当たりません。

PC にこのエリアを調査させましょう。螺旋階段は、上だけではなく下にも続いています。レッドデザートトッピングの下には、下の階の階段ホールがあり、ホールから先にいく扉は閉鎖されていますが、**階段を降りた床にプラグがあります**。あなたはすでに推測していたかもしれませんが、それは、電気のコンセント《プラグ》でありません。排水口の栓《プラグ》です。**直径 50 センチメートルの円形の金属製のフタ**で、上に開くための円形のハンドルがついています。そして、それは警備されています。

いうまでもありませんが、PC たちは泳げません。ここで 2、3 人のクローンが溺死しても気にしないでください。彼らをビデオゲームの「残機」のように、あるいは原子力発電所の液漏れを清掃する政治犯のように扱ってください。

階段を登ると、何かまずいことが起きているように見えます。階段室は壊れた金属とアルファコンプレックスの破片が絡みあった寄せ集めとなって進路を塞ぎ、レッドデザートトッピングが、ガレキの隙間を通って流れ出しています。その先に何があるのかについて、誰かが大脳コアテックのマップに問い合わせれば、破裂したレッドデザートトッピングの貯蔵槽の残骸であることがわかります。レッドデザートトッピングの残りはまだ階段にもれ続けています。

誰かが階段の下を調査したら、実際に探検するのであれ、あるいは何か物を落とすのであれ、次のセクションへ進みます。

17. クラックリングの目覚め
（PC たちがそうしなければよかったと思うこと）

赤い海の暗がりの中で、何かが目覚めます。長い、しなやかな、あなたの腕と同じぐらいの太さのものが階段の穴の底から光に向かって、そしてあなたたちに向かって、伸びてきます。

PCは非常時にプラグを開けるためのSKW-1DD0メンテナンスボットを目覚めさせました。このボットはまた、許可されないものが許可されない時にプラグを開けることを阻止する任務を負っています。このプラグの下の縦坑（シャフト）は、秘密結社のたまり場に通じているからです。レッドデザートトッピングに何回もさらされたために、その回路は腐食し（なに？　あなたはこれが起きたのは今回が初めてだと思っているんですか？）、現在では、プラグに接近するものは何であれ攻撃しようと待ち構えています。階段の下の球状の胴体の上には1基の大きなセンサーがあり、長い多関節式触手を、偶然にもPCの人数分持っています。センサーが破壊されると、SKW-1DD0は機能を停止します。

各プレイヤーが4枚のアクションカードを持っていることを確認し、27頁のルールを使って、戦闘を始めてください。

最初のPCが壁に投げつけられたら、すぐに次のセクション18を読んでください。

【※解説（SKW-1DD0＝クラックリングとの戦闘）：PCたちがうまく行動すれば、海賊たちとは戦闘なしで友好的な関係が築けるかもしれませんが、SKW-1DD0は問答無用でPCたちを攻撃します。後ろにさがったローズは攻撃されません。基本的には海賊たちとの戦闘と同じです。SKW-1DD0の1本1本の触手やセンサーを1人のキャラクターのように扱って戦闘をおこなってください。◆SKW-1DD0との戦闘では次の2点を必ず実行してください。1）最終的にPCたちがSKW-1DD0を倒すこと。2）PCが全員生きているうちに誰か1人をSKW-1DD0が壁に投げつけること。この2点です。1）は比較的簡単です。SKW-1DD0の触手は強力ですがPCほどタフではありませんし、あとで説明するようにPCを壁に投げつければ、SKW-1DD0は大きなダメージを受けます。2）の方

SKW-1DD0

/// NOTES 注記

触手と、そのほかに1基の挟み具が
センサーの下にあります

/// HEALTH BOXES ダメージボックス

1本の触手ごとに：　●●●　　　　　センサー：　●●●

それぞれの触手は3ダメージを受けると破壊されます。
センサーも3ダメージで破壊されます。
センサーが破壊されると、SKW-1DD0は機能停止します。

/// SPECIAL SKILLS 特別スキル

手足を掴む　+2、空中にぶら下げる　+3、
壁にぶつける　+2、挟み具まで引き寄せて噛む　+3。

が面倒です。PC が死ぬ前に誰かを壁に投げつけてください。ラッキーヒットで PC に〈死亡〉のダメージを与えてしまったら、その PC は壁にたたきつけられたが、幸運にも〈瀕死〉で済んだことにしましょう。プレイヤーは文句をいいません。それにすぐに感電死しますから結果は同じです。誰かを壁に投げつける前に SKW-1DD0 のセンサーが破壊された場合には、最後の戦闘でちぎれたセンサーが壁に当たったことにしましょう。そうして、次の 18.「感電死！」に進んでください。◆ SKW-1DD0 の行動順位は決められていません。SKW-1DD0 の触手の行動順位を全部 5（あるいは何であれ 0 から 10 までのあなたの好きな数）にして PC たちの行動順位と比べてください。何でしたら最初のラウンドを SKW-1DD0 の奇襲攻撃として触手に先に攻撃させ、それ以降の戦闘ラウンドも常に触手が先に攻撃することにしてもいいでしょう。◆ PC のノードはプレイヤーに提案させ、必要があれば修正してください。〈困難度〉は 2 を基準に加減してください。SKW-1DD0 のそれぞれの触手のノードは 5 を基準に、触手ごとにどう動かすかを考えて特別スキルをプラスし、例によって〈困難度〉2 を基準にしてください。「〈壁にぶつける〉」を使うのは、プレイヤーが少しばかり戦闘を楽しんでからにしましょう。攻撃が成功した場合の描写は簡単ですが、PC にしろ触手にしろ攻撃が大失敗した場合（成功ダイスゼロなど）になにが起きるかを考えておくといいでしょう。「鉤撃ち銃は見事に触手の先端に命中しましたが、触手は大きくのたうち鋼のケーブルの先の PC は天井にたたきつけられます。」「トップで触手を叩こうとして失敗した PC は、よろけて SKW-1DD0 の挟み具に頭を突っ込みました。」「触手の攻撃は… おお、大失敗です。隣の触手と蝶結びになってしまいました。隣の触手はこのラウンド攻撃できません。」とかです。大失敗の場合には攻撃側にも遠慮なくダメージを与えましょう。SKW-1DD0 の触手とセンサーがダメージを受けた場合は、1 ダメージを受けるごとにダメージボックスを 1 つチェックします。ダメージを受けた触手のノードダイス数を減らすかは、あなたにおまかせします。】

18. 感電死！
（PC は自分自身についての特別の秘密を発見します）

［キャラクター名］の体が壁にぶつけられた衝撃で、階段は震え、はめ込まれた粗石のいくつかは位置を変え、電気ケーブルの 1 本は固定具から飛び出して、レッドデザートトッピングに向かって落ちていきます。このままでは、液面に触れてスパークします。

誰でも、ケーブルをつかもうとすることができます。彼らにどんなスタット＋スキルを使用するかを選択させてください。ただし、ケーブルをつかむことに成功しても失敗しても、感電死しないかをチェックするために、〈暴力〉＋〈運動〉でのダイスロールをしなければなりません。このロールに失敗したら〈瀕死〉（ダメージレベル 3）を受けます。

レッドデザートトッピングの**表面にケーブルが触れたら、地獄の扉が開きます**。高圧電流が、それに触れるものすべて、あらゆる物質とあらゆる人間に流れます。電流は非常に伝導性の高い階段を伝わって上の階にも流れます。電流に触れた誰もが、〈重傷〉（ダメージレベル 2）になります。そして…

あなたは、何かの波があなたの体を流れるのを感じます。奇妙な何か、強力な何かです。あなたは、このことを誰にもいわないことにします。

電流は、PC たちの**潜在的なミュータントパワー**を目覚めさせます。ミュータントパワーカードの山から無作為に引いた**カードを電流に触れた PC 全員に与えてください**。プレイヤーには、他のプレイヤーにその内容を見せてはならないと伝えてください。また、誰がミュータントで誰がミュータントではないのかをわからないようにするため、ミュータントパワーを持たない空白のカードが高い確率で配られていると注意してください（この説明が真実でない可能性はたった 51% です※）。そして、ミュータントは即時処刑の対象となることを、彼らに思い出させてください。【※ 18 枚 の ミュータント パワーカードのうち 2 枚がミュータントパワーなしです。5 人の PC がいる場合に誰もミュータントパワーなしのカードを引かない確率は約 51% です。】

この新しいパワーで、彼らが SKW-1DD0 を倒すことは、ずっと簡単になるはずです。いずれにせよ、SKW-1DD0 もまた感電によって〈重傷〉（ダメージレベル 2）になっています。

さて、ローズは、そういったすべてから離れた場所で、観察と記録に専念しています。こ

れは、アルファコンプレックスの敵と戦わないという反逆になるのでしょうか？　それは、PC たちがザ・コンピューターと議論しようと考えるかにかかっています。

【※PC たちがよほどうまい議論をしない限り、コンピューターは与えられた任務を忠
実に実行している上位市民を反逆者だと主張する PC たちに不快感を抱くでしょう。】

【　※解説（高圧電流）：このシーンで一番重要な点は、PC 全員に高圧電流を流すことです。ケーブルをつかむのに成功した英雄的な
トラブルシューターが感電した場合には、〈瀕死〉のトラブルシューターの身体を通して電流がレッドデザートトッピングに流れま
す。この光景を面白おかしく描写してください。問題となるのはトラブルシューターがケーブルをつかみ、しかも感電しなかった場合
だけです。どうしたらいいでしょう？　　初心者 GM への練習問題です。◆感電のダイスロールの〈困難度〉を成功ダイス数 +1 にす
る？　大変結構です。〈困難度〉をダイスロールが終わってから決めるのは、そのためです。よく見るとケーブルは裸電線だったとい
いましょう。電気ケーブルを引っ張ったために壁の一部が崩れ、英雄はケーブルを持ったままレッドデザートトッピングの中に倒れ込
む？　いいですね。ダイスロールなしで（あるいはもったいぶった偽ロールをして）そういいましょう。SKW-1DD0 の触手もケーブ
ルをつかもうとする？　論理的で筋の通ったすばらしい対応です。全部の触手についてロールしましょう。トラブルシューターが持っ
ているケーブルをつかもうとして、きっとどれかが失敗します。失敗したらケーブルはトラブルシューターの手を離れてレッドデザー
トトッピングの海に落ちます。1 本の触手がケーブルをつかむことに成功しても、感電ロールがあります。感電した触手は機能を失い
（ダメージレベル 3 です）、電線はレッドデザートトッピングに落ちるか、あるいは触手を通って電流が流れます。感電しなければ別
の触手が更にそれをつかもうとして失敗するでしょう（それでもだめな場合には、あなたには偽ロールがあります）。ね、簡単でしょ
う？　上の階にいる PC も忘れずに感電させてください。ローズを感電させないように注意してください。彼女は少し離れた安全な場
所にいます。輸送中の交替クローンはいませんよね？　この場にいないクローンは感電しません。◆電撃で〈死亡〉するすでに〈瀕
死〉状態の PC がいた場合も、ミュータントパワーカードを渡してくだ
さい。この PC もまた死の直前にミュータントパワーに目覚めるのです。】

※ミュータントパワーの使用

PC がミュータントパワーカードを獲得すれば、戦闘ラウンドでアクションカードや装備カードと同じよう
に、ミュータントパワーカードを出すことができます。ミュータントパワーを使用する場合（あるいは行動
順位について「挑戦」を受けた場合）にはカードの内容を GM にだけ見せます。ミュータントパワーカード
は捨てられません。ミュータントパワーを使用してもカードを捨て札にする必要はありませんが、ミュータ
ントパワーカードを捨て札にしてノードダイスを 1 増やすこともできません。

PC がミュータントパワーの使用を望んだ場合には、〈気力度〉を何ポイント使うかを尋ねてください。PC
には、最低でも 1〈気力度〉ポイントを使用しなければならず、使用する〈気力度〉が多いほどミュータン
トパワーの効果は正確で強力なものになると伝えてください。PC が望む効果を実現するには何ポイントの
〈気力度〉が必要かと尋ねたら、大体の目安を教えてもかまいません。それから PC が使用を宣言した〈気
力度〉ポイント数と同じ数のダイスをロールさせます。1 でなければ成功です。1 個でも 1 が出たら失敗
です。多くの 1 が出れば大失敗です。失敗は何も起きないのではなく、ミュータントパワーの効果が何か予
想外のおかしなものになるものとして描写してください。詳しくはゲームマスターズハンドブック（34 頁）
を参照してください。

19. 死人の保管ロッカー《デッドマンズ・チェスト》
（私たちは表面の下に何があるのかを学びます）

SKW-1DD0 が活動を停止すれば、PC はプラグを抜く作業に取りかかることができます。そのために
はまずレッドデザートトッピングでいっぱいの穴に降りるにはどうすればいいかを考える必要がありま
す（レッドデザートトッピングは水より密度が高いので、人間は簡単に浮いてしまいます）。彼らが自
分で考えるようにしてください。【※プレイヤーが海賊赤外《クロ》ヒゲのスキューバダイビング装置を思い出すかは、彼らに】
まかせましょう。奇想天外な方法を考えた場合の〈困難度〉の決定は、あなたの楽しみです。】

誰かがレッドデザートトッピングに潜ったとき、彼らはもう一つの障害物を発見します。**クローン
の死体がプラグをつかんでいます**。PC の大脳コアテックは、死体をダフネ -G-***-6（大脳コアテッ
クが表示するセクター名は文字化けして 3 つの星になっています）と識別します。彼女が首から
下げたひもには、**保管ロッカー**の鍵がついています。金属の鍵にはロッカーの所在地が彫り込まれ
ています。ロッカーの所在地は THA セクターです。

わはははは、おまえのホットファンはいただいたぞ！
警告：クリアランスレベル＝ウルトラバイオレット

大脳コアテックによれば、THA セクターは存在しません。

プラグのハンドルを回すと、**プラグはゆっくりと持ち上がります**。数百万ガロンのレッドデザートトッピングが流れ始める前に、PC がその場を離れるための短い時間を与えてください。**吸引力は強大です**。液体の中にいるものは誰でも、吸い込まれることを避けられるかどうかダイスロールをしなければなりません。これは簡単に新しいクローンを手にいれるチャンスです。

セクター中のレッドデザートトッピングを排出するには**数時間かかります**。彼らの任務には最後にプラグを元に戻すことが含まれていることを、PC たちが忘れていないことを期待しましょう。

20. 帰還とデブリーフィング
（♪おうちに帰ろう。おうちに帰ろう。ジグザグ歩きはもうおしまい）【※マザーグースの歌「To Market, To Market」の歌詞の最後に「もうおしまい」を追加したもの。】

任務は完了しました。PC たちはホームセクターに戻ることができます。大脳コアテックは、デブリーフィング（結果報告）ルームにいって、デブリーフィング担当官に会うように指示します。PC たちには、これが通常の手続きなのかどうかまったくわかりません。彼らは、新人クローンなのです。

デブリーフィングは、PC が任務の経過を報告し、それについて質問を受ける場です。通常の場合、自分の仕事の成果を主張し、グループの他のメンバーを何らかの反逆者であると非難するか、少なくとも XP ポイントの報酬を受けるに値するか疑わしいとほのめかすチャンスです。ここでの展開の促進剤は、恥知らずな功績ハンターのローズ -R-HYT です。彼女はあらゆる功績を自分のものにし、誰であれ嫌いになった PC に責任を押しつけようとします。嫌いになった PC とは、彼女がコミュニストに勧誘できそうだと考えているもの以外全員のことです。

デブリーフィング担当官のヴァーノン -Y-HYT-2 は、三日月型の顔をしたハゲあがった疲れた様子のクローンです。PC たちは次の冒険で再び彼に出会うことになるでしょう。ヴァーノンは PC たちの任務成功にお祝いのことばを述べ、下記のリストから、いくつかの質問をします。ローズ -R はチャンスがあり次第割り込んで、彼女にとって都合のいい一方的なストーリーを語ります。ローズの発言は信頼されます。なぜなら彼女はレッドレベルだからです。ただし、大脳コアテックを通じての記録や、あらゆる時にあらゆる場所を記録しているザ・コンピューターの監視カメラの記録映像を呼び出すように依頼することで、彼女の主張を覆すこともできるでしょう。

デブリーフィングでの質問例：
「HOY セクターの、テーブル／ベンチ／ドア／モップ／手榴弾／食料品／ PLC 事務所の重要書類／その他のあれこれの、使用／流用／盗用／誤用／悪用／乱用の理由を説明したまえ。」
「君は、高価な SKW-1DD0 ユニットメンテナンスボットの破壊に責任がある。その理由を説明できるかね？」
「レッドデザートトッピングの氾濫の発生源を確認したかね？」
「君はどのようにして、海賊赤外《クロ》ヒゲとして知られる悪漢クローンをやり過ごしたのかね？」
「君の周囲のクローンの誰であれ、何らかの異常なふるまいを見たかね？」
「君が、ザ・コンピューターに対する有益な奉仕と忠誠心を賞賛したいと思うクローンはいるかね？」
「ザ・コンピューターに、アルファコンプレックスの敵の疑いがあると報告したいクローンはいるかね？」
「その市民がアルファコンプレックスの敵の疑いがあると考える理由は何だね？」

「その市民がアルファコンプレックスの敵と判定されることを望む、君の動機は何だね？」
「いつであれ、君を秘密結社に勧誘したクローンはいたかね？」
「我々は、ザ・コンピューターの膨大なエネルギーの喪失を招いた電力変動を確認した。
【※PCたちがケーブルで感電したときのことです。】これは君の責任かね？」
「君のモップがひどい状態になった（またはモップを失った）理由を説明したまえ。」

その場の状況に合わせて臨機応変に対応してください。立派に仕事を果たした PC は、それぞれが 150XP ポイントと、レッドレベルへの昇格と、トラブルシューターの仕事を獲得します。PC たちがローズ -R の罪を明らかにできれば、彼女は XP ポイントをまったく獲得できないか、いくらかを失うかもしれません。彼女を処刑しないでください。彼女はこれからの冒険でも繰り返し使えるよいキャラクターです。

醜態をさらした PC は、レッドへ昇格するのにぎりぎりの XP ポイントを獲得しますが、それは当然のものではなく、しぶしぶ与えられるものだと感じさせてください。もちろん彼らは、任務中の破壊行為のために、XP ポイントを失う可能性があります。あなたは、SKW-1DD0 の被害を賠償する責任を PC たちに負わせたいと思うかも知れません。しかし彼らがレッドレベルでこの冒険を終えなければならないことを思い出してください。

OK！ 任務は達成されました。仕事はうまくいきました。私たちは、あなたが最初の RPG 体験を楽しみ、またやってみたいと思うことを心から望んでいます。なぜなら、2 回目の冒険が次のページから始まるからです。

【※解説（ローズの介入）：はじめての GM には、ローズのことまで考えるのは難しいかもしれません。その場合は無理にローズを使う必要はありません。ヴァーノン-Y として上記の質問のいくつかをおこない、プレイヤーに冷や汗をかかせることに集中してください。余裕があるなら、プレイヤーがヴァーノンの質問にうそやでまかせで言い逃れをしたときに、ローズに「それは違います。」といわせましょう。これが一番簡単で有効なローズの使い方です。怒ったプレイヤーは、ローズが実際にはなにもしなかったと主張するかもしれませんが、彼女は任務の詳細な記録を作成するという重要で困難な仕事をおこなっていたと反論し、ヴァーノンあるいはザ・コンピューターは、ローズの勤勉な奉仕を賞賛します。もっと積極的に活用したいなら、ヴァーノンが PC たちの行動を適切なものと認めたとき、ローズは、それは彼女が、適切な指示を与えた／適切な装備を与えた／適切な場所に PC たちを導いた／適切な任務の時間配分をした／メガホンで PC たちの士気を鼓舞した／賢明にも PC たちの自由な行動を許可したからだ、と主張します。何か不都合なことが明らかになった場合には、ただちに PC を叱責し、ヴァーノンあるいはコンピューターに処罰を求めます。何でもよいので、任務でよかったことはすべてローズの指示、よくなかったことはすべて PC たちがローズの指示に従わなかったからというでっち上げのストーリーを語らせてもかまいません。PC たちは必死で反撃するでしょう。この場合ローズが勝つように仕込む必要はありませんし、PC たちが勝つように仕込む必要もありません。PC たちの反論がどの程度賢明かを基準に判断し、どちらでも好きな方を勝たせてください。ただし、PC が勝ってもローズは処刑されません。PC が負けてもお情けの 4XP ポイントは獲得できます。◆ローズが誰かをコミュニストに勧誘していたら、彼女はその PC に不利な証言をします。他の PC たちは疑念を抱くでしょうが、ミッション 2 で困るのはこの PC であって、ローズでも GM でもありません。】

こっそりお見せしましょう。これが、あなたの上司です。

[$タイトルが見つかりません]

ミッション2

前の任務の続きです。

はじめに

PCたちは、今やレッドレベルのトラブルシューターです。ミッションを待ちきれない思いでしょう！　プレイヤーは、前回の冒険で彼らのキャラクターをつくりあげ、ゲームを知り、厳密にいえば彼らのはじめての「トラブルシューターミッション」を始めたがっています。残念ながら、この厳密にいえばはじめてのミッションは、これまでの古い仕事と根本的に異なるものではないでしょう。なんといっても、PCたちはまだ専門技術的に見れば清掃作業員なのです。たとえ清掃作業員としてのいかなる実際上の経験を積んでいないとしてもです。

この冒険を始める前に、あなたはこのほかの2冊の本を読んで、アルファコンプレックスとゲームのシステムがどのように働き、そしてどのように働かないかを理解するべきです。そうすれば、この冒険は、より少ない手助けと規制で、より多くのプレイヤーの行動の自由と、より多くのあなたのアドリブのチャンスと楽しみを与えるものになります。あなたがGMであると仮定するなら、ここでお話しすることはこれだけです。あなたがGMでないなら、ただちに読むのを止めなさい。さもないとGMがあなたの反逆スターを与え、額に金の星を貼り付けます。そうそう、あなたがGMなら、貼り付け用の糊がついた金の星のシールを買って利用してください。

【　※解説（ミッション2の目標）：ミッション1は、初心者GMにも比較的簡単なシナリオですが、このシナリオは少し手ごわくなります。セッションを開始する前にミッションの全文を通読し、何をするべきかを理解してください。ミッション2の中心となる目標は、PCたちを秘密結社に引き込むことです（ミッション1で、すでに誰かがローズの勧誘に応じているかもしれませんが）。セッションが終了するまでに、PCたちが秘密結社の手先になるか、少なくとも恩義を感じるように努力してください。あなたが学校のゲームクラブの勧誘の達人だったり、ベテランの営業マンだったりするのでしたら、何もいうことはありません。お好きなやり方をしてください。あなたが初心者GMだったり、あまり勧誘に自信がなかったりする場合には、解説で説明しているやり方、つまりはじめにPCに恩義を売り、そのかわりに一定の行動を求め、最後まで秘密結社名は明かさないというやり方をお勧めします。勧誘がうまくいかなくても大丈夫です。最後は、ルールシステムが処理します。もう1つのやや副次的な目標は、プレイヤーにMBD（義務的ボーナス任務）を理解させることです。このミッションははじめてのトラブルシューターミッションです。MBDをどう実施したらいいかわからず、何もしないプレイヤーもいるかもしれません。GMは少しばかりの助言を与えてもかまいませんし、放置してもかまいません。何もしなかったプレイヤーはデブリーフィングで、MBDが何のために存在するかを理解するでしょう。】

ミッションの概要

ミッションでの出来事をざっと説明します。鬱状態の清掃ボットはその日々の仕事を成し遂げるための支援を必要としています。そのためにPCたちが選ばれました。ミッションには2人のイエローの監督官がつきますが、彼らの目的はPCたちを手助けすることではなく、セクターHYTのデッドゾーンで行われるドラッグ取引をうまくやることです。2人の監督官は互いに相手を出し抜こうとし、トラブルシューターを脅迫して自分たちを支援させようとします。あいにくなことに、このとき鬱状態の清掃ボットが、やみくもに行動を始めます。テロリストを食い止めて、ザ・コンピューターの敬意を得るチャンスだと考えたのです。いつも通り、すべてはうまくいきません。そしてデブリーフィングの時間がやってきます。ホットブラウンドリンクも、勲章もないでしょう。

ブリーフィングと装備割当でのNPCたち

ヴァーノン-Y-HYT-2は、トラブルシューターたちの上司です。カギ鼻ととがったあごを持つ彼は、三日月型の顔をし、ハゲています。過労のせいでいつも疲れています。プレイヤーたちは、彼が昼食の前にブリーフィングしなければならない20のチームの14番目です。これが彼の毎日の仕事です。彼は密かに秘密結社フランケンシュタインデストロイヤーの方針を支持しています。少なくともコンピューターのいないコンプレックスを望んでいます。

ジェニー-O-THA-3は、PCたちの装備の担当官です。陽気で、活動的で、ウェイク-E-ウェイク錠※とバウンシィバブルビバレッジ「不愉快な目覚めフレーバー」の過剰摂取でハイになっています。何であれ得たものを最大限に利用します。ひそかに、ミスティクスに協力しています。
【※25周年版のウェイキーウェイキー（キサニトリック覚醒剤）のようなものでしょう】

【※解説（ジェニー-O-THA-3のセクター名）：THAセクターは存在しません。ジェニーがTHAセクター出身であることは、シナリオは最後までまったく問題にされません。プレイヤーが気づかなければ放置してください。PCがジェニーであれ他の誰かに対してであれ、ジェニーの出身セクターについて質問したら、ザ・コンピューターは大脳コアテックのモニタリングでこの質問を察知し「あなたはなぜTHAセクターを知っているのですか？」と尋ね、質問者に反逆スターを与えます（処刑してもかまいません）。ジェニー-O-THAは何の処罰もうけません。不条理ですって？　その通りです。それがパラノイアです。】

アワリッシュ-R-HYT-1は、それ以前の仕事が何であれ、トラブルシューターに異動となることは格下げであり、不名誉なことだと思っています。彼女はトラブルシューターを心から嫌っています。彼女は、瞬間移動《テレポート》のミュータントパワーを持つにもかかわらず、アンチミュータントの秘密結社員であり、わずかなチャンスがあればトラブルシューターを妨害しようとするでしょう。

【※解説（アワリッシュの使い方）：アワリッシュの仕事については何の説明もなく、この先のシナリオにも登場シーンはありません。このNPCをどう使うかはすべてGMにまかされています。以下の設定を一案として提供します。初心者GMは、面倒だと思ったら、彼女の存在自体を忘れてしまってもかまいません。◆アワリッシュ-Rは、ヴァーノン-Yの秘書です。いつもヴァーノンの脇に控えていますが、何もしません。ヴァーノンもまた、イエローの地位の重要性を示す「秘書」というシンボルとしてアワリッシュを扱い、実際の仕事はなにも命じません。アワリッシュに仕事をさせれば、事態がより面倒になるだけだということをよく知っているからです。ただし、トラブルシューターがヴァーノンに連絡しようとすれば、必ずアワリッシュにつながり「ボスは今忙しいので連絡できません」といいます（これは、ヴァーノンが考えついたただ一つのアワリッシュの有効な活用法です）。しかし、彼女はヴァーノンが知っている仕事に関する情報をすべて知っており、ヴァーノンが知ることができるが知ろうとしない情報も知っています。それが秘書です。】

まず撃て。告訴状の記入はそれからだ。

ブリーフィング

イエローレベルのトラブルシューターであるヴァーノン -Y-HYT は、PC たちをブリーフィングルームに集合させます。彼は疲れているように見えます（これ以降も、いつでも疲れているように見えます）。分厚い書類を挟んだクリップボードを持ち、あちこちのすみを折りまげ、付箋でいっぱいになった書類をめくりながら、トラブルシューターたちに座るようにいいます。ブリーフィングルームはミッション 1 のデブリーフィングルームをそのまま使ってもかまいませんし、部屋が破壊されていたり、あなたが変化を望んだりする場合には、新しいブリーフィングルームの説明として、次のリストから 2 つの（またはもっと多くの）特徴を選んでください。

- いつも電話が鳴り続けていますが、誰も電話にでません。
- ブリーフィングルームの壁の一面は、巨大なビデオスクリーンになっています。ビデオスクリーンは故障しています。
- 人数分より 1 つ少ない椅子があります。
- 甲高い耳ざわりなノイズが、換気口から聞こえてきます。
- 単純な 4 小節の電子音楽の繰り返しがいつまでも流れ続けています。まるで部屋全体が「保留」状態であるようです。
- 燃えたプラスチックのにおいがします。
- 部屋の片隅にはたくさんのレッドトラブルシューターの死体が積み上げられ、不器用に防水シートでおおわれています。
- この部屋の照明はあまりに暗すぎます。そしてときどき数秒間消えます。
- 1 人のインフラレッド市民が部屋の片隅で壁を向いて立ち、前方をじっと見つめています。
- 壁のポスターにはこう書かれています。「あなたは、存在しない THA セクターでのゲヘナ事件に関係しましたか？　その場合は、自分自身を最も近い重量物に鎖でつなぎ、現在位置をあなたのセクターの相談窓口に報告してください。あなたがゲヘナ事件に関係していなければ、それは起こりませんでした。」
- ブリーフィング用の演台の後ろ側に、明らかなマジックミラーがあります。ある時点で、鏡はあなたにもっとはっきり話すように求めます。
- 部屋にはザ・コンピューターの 214 回目の誕生日の飾りが残されています。「ハッピーバースデイ　フレンド・コンピューター」と書かれた垂れ幕が部屋の片隅に垂れ下がっています。
- どこか近くで誰かが叫び声をあげています。
- ブリーフィングの直前に、1 人のオレンジクローンが入ってきて、全部の椅子を積み重ねて部屋から運び出し、外の廊下に置いて立ち去ります。

全員が落ち着いて、可能な限り快適な状態になったら、ヴァーノンはミッションのブリーフィングをはじめます。プレイヤーに次の文を読み聞かせるか、あるいはわかりやすく言い換えて説明してください。

「グッドモーニングサイクル、トラブルシューター。ザ・コンピューターは、諸君を今回のミッションに配属しなければ、君たちの汚物処理と食品サービス奉仕の経歴に示された、並外れた才能を無駄にすることになると考えている。今回のミッションは、このセクターの清掃とメンテナンスをおこなう清掃ボット 002 を支援することだ。ザ・コンピューターに奉仕し、アルファコンプレック

スを向上させるチャンスを提供されたことを、諸君が誇りに思うことを、私は確信している。」

ここでいったん時間を取って、プレイヤーたちに誇りと喜びを表現させましょう。誰かがそれを本当にうまく表現したら5XPポイントを与えてください。

「君たちの大脳コアテックは更新されミッションの詳細がインストールされる。誘導矢印が、君たちの次の立ち寄り先である装備支給所までのルートを指示する。それ以後も、君たちが次にいく場所に確信が持てなければ、誘導矢印に従うように。」

キャラクターたちは視野に浮かんでいる大きな金色の矢印を見ることができます。矢印はどこに行くべきかを彼らに教えます。

「出発の前に、君たちにMBD、つまり義務的ボーナス任務を割り当てなければならない。MBDの割り当ては、君たち各人が持つ異なるスキルセットを最大限に活用するために、ザ・コンピューターによってアルゴリズム的に選択されたものだ。君たちが誤った義務的ボーナス任務を与えられたと感じたら、それは君たちの誤りだ。」

各プレイヤーに1枚のMBDカードを無作為に配ります。プレイヤーにカードを開いて目の前に置いておくように指示してください。詳しい説明がアルファコンプレックスガイドにありますが、ここではプレイヤーに簡単に説明してください。

【 ※解説（MBDの割当）：初心者のGMには、チームリーダーがいた方が便利です（特にデブリーフィングでの責任追及の時に便利です）。まずチームリーダーのカードを取り、それからでたらめに人数分になるまでカードを引いてカードセットをつくり、よく切ってから渡すとよいでしょう。

- チームリーダーは、チーム全体の成功に責任を負います。
- ハピネスオフィサー（幸福担当官）は、チームの幸福に対して責任を負います。幸福なクローンは、有能なクローンです！
- ロイヤリティオフィサー（忠誠担当官）はミッション中のクローンの忠誠に対して責任を負い、どこであれ醜い頭をもたげる反逆をかぎあてます。
- エクイップメントオフィサー（装備担当官）は、チームの装備の維持と適切な作動に対して責任を負います。
- コンバットオフィサー（戦闘担当官）は、チームが一丸となって戦うことに責任を負います。
- サイエンスオフィサー（科学担当官）は、チームの安全衛生、つまりメンバーの身だしなみや清潔さや身体の健康に責任を負い、それに加えて彼らが現場で発見するあらゆる異常なデータの調査を担当します。

すべてのMBDを割り当てるのに十分なプレイヤーがいなければ、それでかまいません。特定のMBDがなくてもかまいません。MBDはクローンがお互いに対するわずかな権力を産み出す手段にすぎません。ヴァーノンは続けます。

「君たちは能力の限界まで、与えられたMBDを実行しなければならない。チームメイトの役割遂行が不十分か、やり過ぎか、あるいは事前に設定された彼らの能力値から考えて疑わしいと感じた場合には、ミッション終了後のデブリーフィングで報告すること。何も異議はないな？」

悪い姿勢は反逆です。

「異議（question）はないな？」ですよ。「質問（questions）はないか？」ではありません。ヴァーノンは忙しいのです。問題がなければ彼は部屋を出て、次のチームのブリーフィングに向かいます。

装備

次に、トラブルシューターに装備が与えられます。彼らは、レッドジャンプスーツをすでに着ているはずです（昇格時にただちに与えられました）。PLC の支給所では、ジェニー -O-THA が、彼らを歓迎します。彼女は自分の仕事を楽しんでいるのですが、いつでも遅刻します。廊下の突き当たりのジェニーを待つ部屋の折りたたみテーブルの上には、ドットプリンターで PC たちの名前を書いた紙が置かれ、その脇に 1 人分ずつ装備がまとめられています。装備の内容はどれも同じです。

- 1 丁のレッドレーザーピストル
- 1 枚のレッドゴム手袋【※原文は単数形なので片手分かもしれません。GM がお好きなように決めてください。】
- 1 缶の「スカム B ゴーン（キャッチコピーは「すばらしいことに可燃性！」）」のスプレーボトル【※ アカ取り用のスプレーでしょう。携帯用火炎放射器として使用できるかはプレイヤーの機転にかかっています。】
- 1 丁の清掃用モップ。長い柄がついています。
- 1 個の清掃サービス装備用ホルスター（腰に巻きます）。

このほかに、チームに対して次の装備が支給されます。ジェニーは、装備の分配をトラブルシューターが自分たちで決定するようにいいます。この決定がエクイップメントオフィサーの仕事かチームリーダーの仕事なのかは、おそらく誰が最も大声で叫ぶことができるかによって決まるでしょう。あなたが効率的であろうとするならば、前もってこれらの装備を 1 つずつ書いたカードかメモをつくっておいてください。そうでなければ、プレイヤーにやらせてください。

- 1 本の自動モップ。レベル 1 の武器、ものをきれいにするのにも使えます。
- 1 本の安全眼鏡《ゴーグル》。目への攻撃に対する〈防具レベル〉2。【※本ゲームには命中個所のルールはありません。GM のお好きなように効果を与えるなり無視するなりしてください。】
- 1 丁のタクティカルレーザーアサルトライフル。略称 TLAR、レベル 2 の武器。

【※解説（MBD 装備）：どのような MBD 装備を与えるか（あるいは与えないか）はあなたにまかされています。アルファコンプレックスガイド 30、31 頁には各 MBD 担当官に与えられる典型的な装備の名称が記載されています。中にはどうやって使用するのかよくわからないものや、どんなものかよくわからないものがあるかもしれません。そういう面倒なものを除き（そして、あなたに何かアイデアがあればそれ以外の装備を追加し）ジェニーを通して各担当官に貸与してもいいでしょう。担当する MBD によってたくさんの装備を貸与される PC や 1 つの装備も貸与されない PC が生じるかもしれませんが、気にする必要はありません。何も貸与されなかったプレイヤーの不満は GM にではなくたくさんの装備が与えられたプレイヤーに向かいます。そしてたくさんの装備はたくさんのトラブルの発生源となります。◆より簡単な方法として、各 MBD 担当官には適切な装備が支給されたとだけ説明し、プレイヤーが質問をしたら、その装備の有無を決めるというやり方もあります。もっと簡単な方法として何も貸与しないという方法もあります。すべてが欠品だといましょう。MBD 任務の実施には困難が生じるかもしれませんが、デブリーフィングで MBD 担当官がそう言い訳をしたら、PC の創意工夫の不足を追求してください。あるいは PLC の公式在庫目録によればその装備は欠品になっていると断言してもいいでしょう。ゲームマスターズハンドブック「典型的な MBD 装備」（128 頁）を参照してください。◆あなたがプレイヤーたちに MBD をしっかり教育したいなら前者を、MBD にあまり時間を取られたくないなら後者を採用してください。どちらでもうまくいきます。】

装備が支給されたら、キャラクターの眼球内《イン＝アイ》ディスプレイには、上の階の廊下で清掃ボット 002 と接触するようにとのミッション情報が表示されます。

清掃ボット 002 と仲間たち

トラブルシューターは、廊下で清掃ボット 002 に会います。ボディ中央部に機械装置や電子機器を収納し、多種多様なモップやブラシやホースやマニュピレーターや化学薬剤スプレーが組み込まれた 2 本の腕を側面から突きだした、どことなくニワトリに似た、大きな箱形のボットです。トラブルシューターよりやや背が高く、幅はずっとたっぷりあります。

清掃ボット 002 は、HYT セクターの人気者でした。このボットは、適切な床の清掃と床みがきで 0.47 パーセント以上の効率の向上を果たしていたのです。しかし、今は恨みと不満を抱いています。清掃ボット 001 が、1 本の歯ブラシと 1 箱のウエットティッシュだけを使って、単独でテロリストの支部を壊滅させ「アルファコンプレックスの英雄」となり、贅沢な生活を送っているからです。001 は、最も豪華なアパートのすべてを清掃し、最高のオイルの配給と頻繁なアップグレードを受けています。それどころか先週のトークショー番組ではインタビューを受け、どれだけザ・コンピューターが好きかを語りました。

清掃ボット 002

/// DEFENCE 防御値 +2

【 ※〈防御値〉は、攻撃を受けた NPC が持つ防御力を数値で表したもので、防具のように機能します。清掃ボットを攻撃した場合の〈困難度〉に 2 をプラスしてください（ただし〈困難度〉の最終決定権は常にあなたにあることを忘れないでください）。本項では説明のため〈防御値〉をトップに記載しましたが、以後〈防御値〉は注記の最初に記載します。】

/// HEALTH BOXES ダメージボックス

清掃ボット 002 ：　● ● ● ● ●

/// NOTES 注記

清掃ボット 002 をコントロールするためにハッキングすることは、〈困難度〉3 です。あなたがハッキングが成功した方が失敗より面白いと思う場合には〈困難度〉を下げてください。清掃ボット 002 はレベル 3 の武器です。

清掃ボット 002 の人生は、清掃ボット 001 の影に覆われた苦々しいものとなり、ボットはしだいにおかしくなりはじめました。落ち込み、うんざりし、やる気を失い、仕事に手が付かなくなって、ゴミが積もり始めています。今日のボットとトラブルシューターによる清掃作業には、2 人の監督官（R&D のオクロ -Y-THB と、HPD&MC のウェスリー

歯を磨かないのは反逆です。

警告：クリアランスレベル＝ウルトラバイオレット

Y-HYT）が付けられました。

オクロ -Y-THB は、遠くのセクターからやって来た、太ってがっしりした女性です。
彼女は見たこと聞いたことのすべてを、書きとめ、記録することに取りつかれています。トラブル
シューターにとって幸いなことに、彼女は本当にすべてを記録しようとします【※ほとんどのキャラク
ターは「すべて」ではな
く、自分に都合のいい
ことだけを記録します】。それが彼女の報告にとって重要だと考えるなら、部屋のフロアタイルの正確な
パターンを書きとめるために 10 分間を費やします。オクロは、ミスティクス（アルファコンプレッ
クスの退屈な苦役から逃避する手段としてドラッグと人体についてより多くを学ぶことにのめりこ
んでいる秘密結社）の潜入スパイです。

ウェスリー Y-HYT は、HPD&MC からやって来た、背の高い金髪の男性です。HPD&MC の他の
連中と同様にとても大きな歯をしています。彼は清掃ボット 002 のファイルを担当しており、グ
リーンへの昇格は、この仕事の成功にかかっています。彼は、フリーエンタープライズ（闇市資本
主義と安売りと密売の達人たちの秘密結社）の潜入スパイです。

トラブルシューターが現場にいるのは、可能なあらゆる手段を使って、困難な状況にある清掃ボッ
トを支援するためです。監督官たちが現場にいるのは、記録を取るためと、この後の段階であなた
がトラブルシューターたちを秘密結社に加わるよう説得するときに役立つNPCを演じるためです。

監督官は PC たちを助けるためにいるのではありません。PC が監督官に援助を求めても、簡単に
要求に応じてはいけません。監督官は、PC たちが問題を解決するよう命令できるイエロークロー
ンのペットではないのです。PC が彼ら自身の目的のために監督官の力を使おうとしたら、すぐさ
ま彼らを厳しく叱りつけてください。勤勉なイエロークローンをバカバカしい質問で悩まし、すで
に全身全霊をザ・コンピューターへの奉仕に打ち込んでいる彼らにそれ以上の働きを求める、無
能で怠惰で権威に対する敬意を欠くレッドたちを非難し、「それは君がなすべきことでないかね？
レッド市民。なぜ君はザ・コンピューターに奉仕しないのだね？」と尋ねましょう。そうすれば
PC たちは、監督官は助けを与えるためにいるのではなく、問題を避けて何もしないためにいるの

オクロ -Y-THB-2

/// HEALTH BOXES ダメージボックス

● ● ● ● ●

/// NOTES 注記

ミッション監督官、ミスティクスの潜入スパイ。最後の戦闘が始まる前に死
亡したら、すみやかに次のクローンが再登場します※。
【※おそらく PC に秘密結社の反逆者として処刑された場合でしょう。】
「誤った処刑」をおこなった低位クローンを追及するかもしれません。

ウェスリー -Y-THB-2

/// **HEALTH BOXES ダメージボックス**

○○○○○

/// **NOTES 注記**

ミッション監督官、フリーエンタープライズの潜入スパイ。最後の戦闘が始まる前に死亡したら、すみやかに次のクローンが再登場します※。

【※おそらく PC に秘密結社の反逆者として処刑された場合でしょう。】
【「誤った処刑」をおこなった低位クローンを追及するかもしれません。】

だということを理解するでしょう。

ただし、監督官が援助を提供する場合もないわけではありません。それは秘密結社の勧誘をおこなう場合です。

ミッション

さてそれから、トラブルシューターは、愛すべきクソ清掃ボットの愛すべきクソ仕事を代行することになります。つまりボットの仕事全部ってことですね。この先にある仕事のリストからいくつかを選び、清掃ボット 002 にその仕事ができない理由の言い訳をさせてから、トラブルシューターたちを働かせましょう。

清掃ボット 002 は無気力で落ち込んでいて、与えられたどんな仕事であれ自分にできない理由を探し出します。この廊下は私には狭すぎます。この煙は、私のサーボモーターを故障させます。私はこの血痕の処理のために適切なモップを持っていません。洗浄液が切れています。などなど。そしていつでも、まぬけなボット声で不満をいいます。「清掃ボット 001 だったらきっと何でもうまくいくんだろうなあ。」「清掃ボット 001 だったら洗浄液が切れたりしないだろうなあ。必要なものが不自由しないように、担当者がいつも気をつかってくれるから。」「私が清掃ボット 001 のようにハンサムだったらよかったのに、そうだったらどんなに幸せだったろう。」（2 台のボットの外観はそっくりです）まあ、そんな感じで。

退屈な仕事は死ぬ程退屈で、徹底的に無意味です。これらの仕事は極めて簡単なものですが（「退屈な仕事」はすべて〈困難度〉1 です）、仕事を終わらせるために何回もダイスロールをする必要があります。【※仕事を細かく分割し、PC みんなに／何回もダイスロールをさせてください。】そこに障害をでっちあげてください。さま

ざまな妨害物と障壁の集中放火を浴びせるのです。もちろん、大きな失敗が生じたら、
彼らを傷つけることを恐れてはなりません。【※仕事の例の後には使用するスタットとスキルの組み
合わせが示されていますが、これはプレイヤーがどう
ノードを決めたらいいのかわからなかったときの対応策です。プレイヤーがほ
かの組み合わせを使う方法を考えついたら、GM は広い心で判断してください。】

- この米を全部磨いてください。一粒ずつです！（〈知力〉＋〈科学〉。なぜそん
  なに時間がかかるのかを何食わぬ顔で説明するには、〈交渉力〉＋〈魅惑〉）。
- 規則通りの仕事しかする気のない面白みのないレッドの技術者を説得して、何台かのチキン
  スープ自動販売機のノズルを交換させてください。ただし、あなたたちはそのための適切な
  書類を持っていません。（〈交渉力〉＋何か、おそらくは〈魅惑〉でしょうが、〈ごまかし〉や
  〈威圧〉もありです。）【※ PC の仕事は、本来は清掃ボットがおこなうはずのものです。ボットにこんな仕事が与えられ
  るか疑問を持たれるかもしれませんが、アルファコンプレックスではクローンに本来ボットが
  なすべき仕事が与えられることは日常茶飯事です。逆があってもおかしくありません。002 は書類を】
  持っているかもしれません。持っていないかもしれません。持っていても簡単に渡してはなりません。
- ここにある箱を全部18階上まで階段で運び上げ、光を遮るように積み上げてください。グリー
  ンのクローンがオフィスに座っているあいだ、彼女が昼期のまぶしい光にさらされないよう
  にするためです。（〈暴力〉＋〈運動〉、これは純粋な肉体労働です。）

危険な仕事は、生命と手足を危険にさらします。失敗したら、クローンはトラブルのために少なく
とも〈重傷〉（ダメージレベル 2）となります。プレイヤーにキャラクターシートの〈重傷〉ボッ
クスに線を引くように命じてください。大失敗の場合は、〈瀕死〉（ダメージレベル 3）か、〈死亡〉
（ダメージレベル 4）にしてください。

- この洗濯槽が火傷するほど熱いお湯でいっぱいになる前に、内部を磨き洗いしてください。
  （〈暴力〉＋〈運動〉、スピーディな作業が重要です。）
- 輸送ボットトンネル（鉄道トンネルのようなものと考えてください）にこぼれているブレー
  キオイルを全部モップで拭き取ってください。（トレインが近づいているのを知るには〈知力〉
  ＋〈運動〉を使います。）
- イエロークリアランスクローン用のアパートのごみ箱を回収してください。残念なことに、
  何人かのコミュニストが居住者の不祥事の証拠を探すために、ゴミ箱を調べていました。彼
  らは逃げ道を求めて戦うつもりです！（〈暴力〉＋〈銃器〉、あるいはプレイヤーが選んだ戦
  闘方法なら何でも。）
- 高いランク（グリーンまたはそれ以上）の居住エリアに忍び込んで、彼らがトイレをきちんと
  流しているかを確認してください。熱心な警備ボットはやりすごすか言い負かすように。（〈交
  渉力〉＋〈秘密行動〉、あるいは〈技術力〉＋〈プログラム〉を使ってボットを停止させます。）
- ブルーの警察官を口先でごまかし、うまく通り抜けて犯行現場（ドラッグ取引あるいは大虐
  殺の犯行現場です）にいき、すべての血痕を洗い流してください。（〈交渉力〉＋〈魅惑〉。）

非人間的な仕事は、うんざりする、社会でのトラブルシューターの位置を明白に示すものです。こ
れらの仕事は、ただただプレイヤーに、虐待され酷使されていると感じさせるためにあるのです。
ですから、すべてがいかにひどいものであるかを大袈裟に表現してください。

- 未処理の下水の中を歩いて進み、上位クリアランスクローンの腕時計を回収してください。
  上位クローンはもう飽きたと思って腕時計をトイレに流したのですが、その後で気が変わっ
  たのです。（ダイスロールはしませんが、PC の〈気力度〉を 1 ポイント減らしてください。）
- 仲間のトラブルシューターの死体を（あるいは場合によっては自分自身の死体を）、切り刻んでリ

サイクルしてください。（上の場合と同じく、プレイヤーの〈気力度〉を1ポイント減らしてください。自分自身の死体の場合は2ポイント減らしてください。）【※トラブルシューターの誰かが死亡したら、忘れずにこの仕事を与えましょう。】

- やって来たグリーンクローンの前の地面を完璧にきれいにしてください。実際には、彼がすこしばかり汚れたエリアを歩いて来て、手に持ったコーヒーを前にぽたぽたこぼし続けているにもかかわらずです。（〈暴力〉＋〈科学〉で前にダッシュして清掃する、〈知力〉＋〈秘密行動〉で彼の進路を立ち入り禁止にする、〈知力〉＋〈心理学〉で彼が次にどこに向かうかを予測するなどです。）
- この書類を全部食べろ、今すぐだ！（〈暴力〉＋〈心理学〉で吐かないようにします。）

あなたに時間があるなら、各々のリストから、少なくとも1つの仕事をさせるよう努めてください。この後のドラッグ取引とデブリーフィングの部分のセッションに、実際におよそ1時間が必要となるでしょう。この部分はそれに合わせて適切な長さに延長するか、あるいは切りつめてください。

上位市民がどれくらい鼻もちならないかを描写してください。PCたちの、不潔で、悪臭に満ちた、危険で、不快で、混乱した、ゴミだらけの状況と、上位クローンの洗練された生活を対照的に説明してください。それぞれの場所はどんなにおいがしますか？　トラブルシューターには、何が聞こえますか？　照明は、明るいか、暗いか、点滅しているか、脈動する赤い光ですか？　ほかにもクローンはたくさんいますか、あるいはどうしようもないほど孤独ですか？

1つの仕事が完了するたびに、参加したPCそれぞれに20XPポイントを与えてください。状況は厳しいものですが、しかし、彼らのイエローの監督官、オクロとウェスリーの様子には希望が残されています。

【※解説（PCの行動とその失敗に対するペナルティ）：この一連のシーンで、PCはおそらく何度も失敗するでしょう。あなたは失敗したPCに罰を与えることをためらってはなりません。あなたはダイスロールに成功したPCに報酬を与えることをためらわないでしょう。それと同じです。あなたが考えている以上の要素をこのシーンにどれだけ時間を使うかがあります。ぎりぎりの失敗（成功ダイスが1つ足りないとかですね）には、温情を示してもいいかもしれませんが、成功ダイスが3つも4つも足りない場合には、プレイヤーに神の怒りとはどんなものかを体験させましょう。◆これまでは、行動に失敗した場合における不都合なことを、個別に説明してきました。プレイヤーの予想される行動が限られている場合はこういったやり方も可能です。しかしこのミッションではPCの行動の自由度は大幅に増大しています。上に上げられた一連のうんざりする仕事をおこなうために、プレイヤーたちは奇想天外な行動とスタットとスキルの組み合わせを考えるでしょう。あなたは彼らの奇妙なアイデアを励ますなければなりません。したがってPCが何をするかを事前に予測できず、失敗時のペナルティを決めておくこともできません。しかし行動のタイプによって適切なペナルティに一定の傾向はあります。以下仕事のタイプに応じたペナルティのヒントを示します。あなたが別のやり方がいいと思ったら、このやり方にこだわらずに自由に罰を与えてください。◆退屈な仕事の失敗に対するペナルティは比較的軽いものです（〈困難度〉1ですから、ノードがマイナスでなければ大失敗はないでしょう）。退屈の増大が基本です。最初の面倒事よりももっと面倒な仕事を追加しましょう（磨いた米に一粒ずつ友人コンピューターを讃えるスローガンを書き込めという仕事でいいでしょう）。もっと面倒な仕事を思いつかない場合には、命令を追加し、今までおこなった仕事を全部元へ戻せというのが簡単です。元に戻すだけでは簡単すぎるようでしたら全部が元に戻ったところでもう一度命令を出し、やはり最初の命令通り実行しろといいましょう。◆危険な仕事の失敗に対しては、本文にあるようにダメージを与えましょう。ダメージのレベルは失敗の程度、つまり成功ダイスの不足数を基準に決定しましょう。成功ダイスが2つ不足なら2ダメージで〈重傷〉、3つ足りなければ3ダメージで〈瀕死〉、4つなら…〈死亡〉です。成功ダイスが1つ足りないだけの場合も、本文の指示に従って〈重傷〉でいいでしょう。典型的なダメージ（52頁）、ゲームマスターズハンドブック102頁参照）と同じように考えてください。◆非人間的な仕事に失敗した場合は、精神的なダメージを与えましょう。不足した成功ダイス数だけの〈気力度〉を奪うのです。当然ですよね。トラブルシューターになるなんてブラック企業に就職したも同じです。◆PCの行動によっては、NPCとの戦闘が発生するかもしれません。その場合にはGMがダイスロールをしない戦闘をお勧めします。「解説（NPCがダイスを振らない戦闘）」（53頁）を参照してください。】

困ったときの友

監督官たちはトラブルシューターが彼らの秘密結社を助けることを望んでいます。まもなくおこなわれるドラッグ取引で有利な立場に立つためには、ありとあらゆる助けを必要としているからです。そこで、彼らはプレイヤーキャラクターが助けを必要としているときに援助を提供します。

　　　これは重要な点ですが、援助はチームに対するものではなく、PC個人に対するものにしてください。彼らはトラブルシューターチーム全体ではなく、困っているPCに援助を与えます。

この副作用は反逆です。

警告：クリアランスレベル＝ウルトラバイオレット

チーム全員が困っている場合でも、そのうちの一人に「特別の援助」を与え、「この成功は君の功績として評価されるだろう」といいます。ただし、監督官は自分で働いたりはしません。PC にちょっとした助言を与えたり、何かの品物を提供したり、面倒な NPC と大脳コアテックを通して少しばかりの会話をするだけです。おそらく優れた吸収力を持つ改良型モップを、清掃作業をおこなうクローンの 1 人に提供するでしょう（ダイスが +1 されます）。おそらく嘔吐抑制剤を、ヒトの汚物の中で腕時計を捜索しなければならないクローンや、自分自身の死体を切り刻まなければならないクローンに提供するでしょう。おそらく戦闘になったら、彼らのどちらかが、手榴弾か、追加のタクティカルレーザーアサルトライフルか、または 1 セットのボディアーマーをトラブルシューターの 1 人に提供するでしょう。トラブルシューターが誰かを口先でごまかして通り抜けるのに苦労しているならば、おそらく監督官は適切な賄賂を手渡して、事態を円滑に進めるでしょう。たとえば、ハッピーピルとかお気に入りのフレーバーのバウンシィバブルビバレッジとかですね。

もし可能でしたら、2 人の監督官の援助を怪しげに演じず、手に負えない問題にぶつかったレッドを助けたいだけなのだというふうに演じてください。まあ無理ですよね。パラノイアのプレイヤーは、たとえ初心者であっても NPC の無私の好意など信じないでしょう。それでかまいません。プレイヤーたちを追い詰めるのは簡単です。切羽詰まったプレイヤーは、罠とわかっていても、援助を受けざるを得ないでしょう。何でしたら、上位クリアランスの監督者として援助を押しつけることもできます。プレイヤーが援助を受け入れたら、好意を回収しましょう。

ドラッグ取引

真相はこうです。フリーエンタープライズとミスティクスのあいだでの進行中の取引が、セクター底部のメンテナンストンネルでおこなわれる予定です。2 人の監督官は、互いに取引相手の秘密結社からの潜入員であることを知らず、それぞれが取引相手をだまそうとしています。

取引はすべてデッドゾーンでおこなわれます。これは、ザ・コンピューターがそこでおこなわれることを知ることができないことを意味します。もしトラブルシューターがあまりに長くそこにとどまるなら、追加のトラブルシューターチームが彼らを回収するために派遣されるでしょう。ですから、彼らは急ぐ必要があります。「あまりに長く」とは、あなたの望み通りの時間という意味です。
【※「あなたの望み通りの時間」とは、収拾がつかなくなったり、セッション時間が足りなくなったりしたら、いつでも追加のエリートトラブルシューターチームを送り込んで事態を即座に収拾し、PC たちをデブリーフィングルームに送り込めるという意味です。】

ミスティクスはドラッグ（強力な意識強化剤であるチャイナウルトラバイオレット【※現実世界のチャイナ・ホワイト（ヘロイン類似の効果と中毒症状を持つ合成麻薬）との関連は不明です。】の大きくて重い荷物）を持っています。そして、フリーエンタープライズは、お金（通貨がもはや存在しないので、彼らはその代わりに固定価値を持つルナマックス洗浄液の大きなパレットで取引します）を持っています。どちらも商品を相手に渡したくなく、できれば両方の商品を持って帰りたいと思っています。

トラブルシューターがオクロかウェスリーの援助を受け入れたら、取引を手伝わせましょう。オクロとウェスリーにできるだけたくさんのトラブルシューターを勧誘させましょう。2 人が同じ PC を勧誘しても何の問題もありません。【※ただし、この段階では秘密結社への加入までは求めない方がいいでしょう。秘密結社のカードは 1 枚ずつしかありません。PC が秘密結社への加入を希望したら、正規のメンバーになりたければやる気を見せろといいましょう。秘密結社員にするトラブルシューターは、ミッションの最後に、秘密結社にもっとも貢献した 1 人を選ぶとよいでしょう。】

※秘密結社の勧誘について

（※このパートは原著には存在しません）

秘密結社がクローンを手先にする（あるいは結社員にする）手段は、まず利益、次に恐怖です。うまく勧誘するコツは、できる限り具体的な利益と具体的な恐怖を提供することです。秘密結社のすばらしい理想を説明するのも結構ですが、理想だけではクローンはついてきません。

初心者GMにお勧めする、勧誘の基本形はこうです。まずGMはPCを困難な状況におとしいれます。困っているPCの所に現れたオクロかウェスリーがどうしたのかと心配げに尋ねます。PCの話を聞き、「私は君を助けられるだろう」といいます。できる限りPCに援助を懇願させましょう。勧誘者は援助を与えてもいいが、その代わりにやって欲しいことがあるといいます（セッション時間に余裕があるなら1回目は恩恵を与えるだけにして、2回目に代償を求めることにしてもいいでしょう）。勧誘者がオクロだったら、地下区画（取引の場所です）での清掃任務中にサングラスをした一団（ミスティックスです）がいたら、彼らを助けて欲しいといいます。ウェスリーだったら、レーザーを持った一団（フリーエンタープライズです）を助けてほしいといいます。これで十分です。あとは彼らの行動を観察し、もっともよく働いたものをセッション終了時に秘密結社に加入させましょう。

監督官がPCに貸しをつくることは簡単です。プレイヤーが直面している問題を解決できるものは何であれPCの利益です。いくつか例を示します。あなたに別のアイデアが浮かんだら、それを使ってください。

ミスティクスのオクロが与える恩恵として一番ふさわしいものはドラッグでしょう。PCたちはおそらくミッションを実行するためにダイスロールします。あなたは〈気力度〉を使うことでダイスロールを有利にできることを強調してください。PCのうちの誰かの〈気力度〉が3以下になったら、オクロのチャンスです。オクロはPCを呼び出し、君の〈気力度〉はあやうい状況にあると伝えます。そしてこのドラッグを使えば、〈気力度〉を3回復できて、しかも副作用はまったくないといい、「ただしあなたが私たちの協力者になるならばだけど」と付け加えます。直接ミッションに役立つドラッグを与えてもいいでしょう。嘔吐抑制剤だけでなく、つばきを超強力洗浄液にするドラッグとか、戦闘時にノードを3プラスするドラッグとか、器用さや敏捷性をあげるドラッグなどですね。面倒なNPCを眠らせる噴霧式のドラッグもいいでしょう。PCがこういった便利なドラッグを乱用しないように、供給量を厳密に管理してください。

フリーエンタープライズのウェスリーは、何か役に立つものをPCに与えるといいでしょう。GMはいくらでも問題をでっち上げられます。自動モップの内蔵洗浄液が切れます（洗浄液を内蔵しているなんてこれまで誰もいっていませんよね。気にすることはありません。あなたが「洗浄液を内蔵しており、洗浄液が切れたら使い物にならない」と断言すれば、それがアルファコンプレックスの真実なのです）。洗浄液を発注したら1週期待ちだといわれます。ウェスリーは洗浄液を持っています。彼はできるだけもったいをつけて、洗浄剤をPCに渡します。それから、書類も重要です。複雑な書類手続きでPCを苦しめるのはパラノイアの基本です。「退屈な仕事」のチキンスープ自動販売機のノズル交換許可証だけではありません。どんな仕事でも上位のNPCに作業許可証を持っ

このフォーチュンクッキーは原著には存在しません。

警告：クリアランスレベル＝ウルトラバイオレット

ているかと尋ねさせることができます。PC は持っていません。フリーエンタープライズのウェスリーは許可証を持っています。正規の手続きで許可証の交付を受けるには、長い時間と複雑で極めて困難な書類業務が必要であることを説明してから、書類を渡してください。

一般的にいえば、あなたが予想する以上に、プレイヤーは真面目に借りを返そうとします。しかし勧誘には重大な危険があります。XP ポイントほしさに、勧誘者をザ・コンピューターに告発する（あるいは勧誘者を即時処刑する）貪欲なプレイヤーです。勧誘者は秘密結社の名前をいわずに「借りを返す」ことだけを求めた方が安全です。それでもプレイヤーは秘密結社の勧誘だと推測するでしょうが、勧誘者が自分を秘密結社員だと明言することは、即時処刑の根拠を与えます。できる限り避けましょう（勧誘者が所属する組織について熱心に質問する PC は高い確率で賞金稼ぎです）。秘密結社名を明らかにするのは、PC が与えられた任務を実行した後、つまりセッションの終わりにしましょう。セッションの終わりの【解説（PC への秘密結社カードの割り当て）】にしたがって、秘密結社カードの割当をゲーム的に処理しましょう。もちろん、あなたが望むなら、セッションの途中で秘密結社名を明かしも、秘密結社カードを渡してもかまいません。勧誘者の危険は増えますが、勧誘者が告発されても即時処刑さても、セッションは問題なく進行します。その方が面白いかもしれません。ご自由にどうぞ。

秘密結社の名を明らかにしてもしなくても、勧誘段階で PC が勧誘者を秘密結社員の疑いがあると告発する可能性は常にあります。この場合は、ザ・コンピューターとして告発の正否を調査してください。告発を受けた監督官（あるいは即時処刑された監督官の次のクローン）は当然告発内容を否定します。どちらの証言がザ・コンピューターに信頼されるでしょうか？　ザ・コンピューターはほとんどの場合、クリアランス上位者を信じます。賢いトラブルシューターが大脳コアテックで記録を取っていたと主張したら、勧誘はコアテック記録が働かないデッドゾーンでおこなわれたといいましょう。Wi-Fi が切れる小さなデッドゾーンはあちこちにあります。監督官のすぐ近くに小さなデッドゾーンがあることにしましょう。

オクロあるいはウェスリーが即時処刑された場合は、すぐに次のクローンが登場します。ザ・コンピューターは新しいクローンは秘密結社員ではないと信じています（プレイヤーズハンドブック 96 頁参照）。もしかすると、オクロまたはウェスリーは違法処刑を訴えるかもしれません。あるいは違法処刑で訴えられたくなければ秘密結社に協力しろというかもしれません。

GM に余裕があれば、ミスティクスとフリーエンタープライズのほかに、以下の結社の勧誘をおこなってください。ミスティクスとフリーエンタープライズの勧誘だけでもかまいませんが、次のミッション 3 では PC たちがさまざまな秘密結社に別れていた方が楽しいので（それに秘密結社カードの白黒コピーしか与えられないプレイヤーは不満を抱くので）、ミッション終了時の解説では、各 PC を別の秘密結社に所属させる方法が説明されています。できれば他の秘密結社の勧誘もおこなってください（大変だったらしなくても結構です）。ただし、その他の秘密結社が勧誘する PC は秘密結社ごとに 1 人にしたほうがいいでしょう。カードを渡すのも、その後の PC の活動を見てミッションの最後にするのがいいと思いますが、勧誘がうまくいった場合にはミッションの途中でカードを渡してもかまいません。

ミッション 1 でひそかにローズ -R に勧誘された PC は、すでにコミュニストの秘密結社カードを持っているかも知れません。あるいはローズはミッション 1 のデブリーフィングで賞賛した PC

にミッション2でひそかに連絡を取り、コミュニストに勧誘するかもしれません。ローズは「麻薬は人民の革命への意欲を奪い取り、ザ・コンピューターの圧政に従わせるための道具だ。このセクターでチャイナウルトラバイオレットの大規模な取引がおこなわれるとの情報がある。麻薬を探せ！　見つけ次第焼却せよ！」と命令します。

疲れ切ったヴァーノン-Yに、フランケンシュタインデストロイヤーの勧誘活動をおこなう余裕があるか疑問に思うかもしれませんが、彼は極めて簡単で効率的な勧誘をおこないます。ヴァーノンは特別なミッション情報を与えるふりをして見込みのある候補者にひそかにこういいます。「君はボットが嫌いだな。私もだ。君があのうっとうしいクソ清掃ボット002を暴走させて、それから市民を守るために破壊すれば、君の実績に対して1000XPポイントを与えることを約束しよう」（この1000XPポイントは、デブリーフィングでいろんな理由（たとえばアルファコンプレックスの資産である清掃ボットの破壊とか）をつけて減額してもかまいませんし、本当に1000XPポイントを与えて、キャラクターをオレンジクリアランスに昇格させてもいいでしょう。昇格させればミッション3の進行は少しだけ複雑になりますが、特に悪影響はありません）。

忘れないでください。ジェニー-Oもミスティクスです。何でしたら、オクロとは別に陽気なジェニーがトラブルシューターの1人に直接連絡してもいいでしょう。「この装備を使って！　あなただけ特別よ。実は地下区画でちょっとした問題があって手助けが必要なの…」（あとはオクロと同じです。）

アワリッシュ-Rは、アンチミュータントです。彼女はミュータントです。そしてアンチミュータントのミュータントメンバーを増やそうとしています。彼女は「恐怖」を使います。トラブルシューターのミュータントパワーの使用を監視し、証拠を手に入れたら、「ミュータントとして告発されたくなければ、アンチミュータントに加われ！」と脅迫します（アワリッシュは重要なNPCではありません。脅迫に失敗して射殺されても何の問題もありません。気楽に脅迫しましょう）。PCがアンチミュータントに入ることを約束したら、アワリッシュはトラブルシューターチームの2人（GMは適当にPCを選択してください。「ミュータントパワーなし」のPCを選んでもまったく問題ありません）を名指しし、「2人のうちのどちらか、あるいは双方がミュータントだ。処刑せよ。」と命じます。

ヴァーノン以外の他の秘密結社からの勧誘者をPCが告発した場合は、トラブルシューターの告発を失敗させる必要はありません（ヴァーノンに対する告発は監督官に対する告発と同じように失敗させてください）。PCが賢明な告発をした場合には、PCに勝利とXPポイントを与えましょう。プレイヤーが何をしても同じことだと考えて努力をあきらめたら、セッションはつまらないものになってしまいます。頑張ったプレイヤーにちょっとした勝利を与えるのはいいことです。たとえば、ローズ-R（コミュニスト）とアワリッシュ-R（アンチミュータント）は、トラブルシューターと同じレッドクリアランスです。あなたはザ・コンピューターとして、両者の言い分を聞き、どちらが正しいかを公平に判断してもよいでしょう。ただし、ザ・コンピューターはバグだらけでおかしくなっています。プレイヤーが弁舌巧みにすばらしく論理的な主張をしても、ローズのでたらめな主張を支持するかもしれません。いっている本人もダメだろうと考えているプレイヤーのグダグダな主張を絶賛して、アワリッシュが提出したたくさんの証拠をすべて「それは偽造です」の一言で退けるかもしれません。努力への報酬も、不条理な失敗（ときには不条理な成功）も、パラノイアにとってどちらも大事です。あなたが適切と考えるやり方で、その両方をミックスしてプレイヤーに与えてください。

…ええ、このクッキーも。

チャイナウルトラバイオレット

チャイナウルトラバイオレットは、ユーザーの意識を強化する白い有機粉末です。これを使えばあなたが望むどんなことでもできます。チャイナウルトラバイオレットの影響下にあるものは、宇宙をより深く理解し、より高い効率で活動します。標準用量の場合、効果は3-4時間続きます。過剰服用は、宇宙的覚醒、ミュータントパワーの偶然の起動、緊張病、昏睡を招き、2週期後にインフラレッドの藻屑技術者として目覚めます。

ゲーム用語でいうと、チャイナウルトラバイオレットでハイになったPCのノードは+1されます。ただし、コンピューターの目が出た場合には、彼らの経験は幻覚だったのかもしれません。チャイナウルトラバイオレットの効果が切れると、ふたたび服用するまで、ノードは-1となります。

PCがもっとチャイナウルトラバイオレットを手に入れたいなら、二つの選択肢があります。ミスティクスに大きな好意の借りをつくるか、あるいは…　おめでとう、PCは今ミスティクスに加入しました。

【　※解説（チャイナウルトラバイオレットによる幻覚）：コンピューターの目が出て「彼らの経験は幻覚だった」場合にGMはどうすればいいのかについて提案します。服用直後のダイスロールでコンピューターの目が出た場合は「それは君の幻想で実際には起きなかった」でいいでしょう。チャイナウルトラバイオレットの服用後に何かの行動をし、その後にコンピューターの目が出た場合には、2つのやり方があります。1つはダイスロールした行動だけが幻覚で、それまでの行動は事実だとするものです。簡単ですがあまり面白くありません。もう一つのやり方は、チャイナウルトラバイオレットを服用してからコンピューターの目が出るまでの行動はすべて幻覚だったとするものです。チャイナウルトラバイオレットの服用者は実際には半分眠った状態で何もしていません。その間に起きたことはすべて夢です。PC全員が服用者だった場合には、誰かがコンピューターの目をだせば、全員が同じ夢を見ていたことにしましょう。非服用者のPCがいた場合には、服用者がしたと思っていたことは、実際に起きていますが、それは非服用者のPCやNPCがやったことか、あるいは偶然起きたことです。GMはそう説明し、ミッション中に白日夢を見ていた服用者のXPポイントを奪い、まじめにミッションを遂行していた非服用者のPCを賞賛して奪ったXPポイントを与えてください。こうしておけば、非服用者のPCが「私の記憶では…」などといいだして、GMを困らせることはないはずです。GMがPCに賄賂を渡してはいけないというルールはパラノイアにはありません。】

ミスティクス

大部分のミスティクスは、麻薬中毒で落ち着きがありません。しかしこのミスティクスたちはそういった連中とは対照的で、氷のようにクールで、全員がサングラスをし、タバコを吸います。彼らは、ピカピカの放弾器を持ち、この銃は大口径で装弾数は多くありませんが、あなたの背中に直径

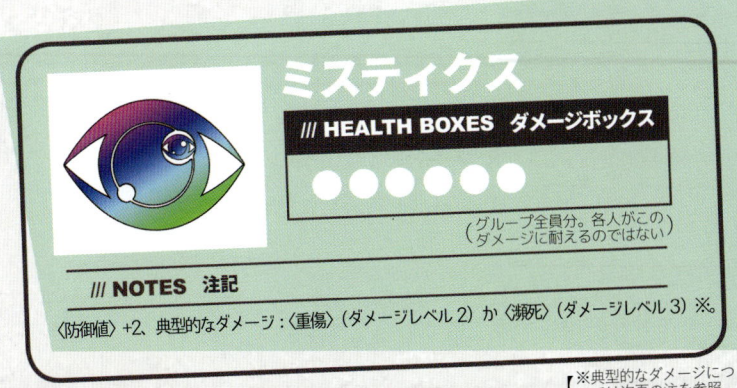

ミスティクス

/// HEALTH BOXES　ダメージボックス

○○○○○○

（グループ全員分。各人がこの
ダメージに耐えるのではない）

/// NOTES　注記

〈防御値〉+2、典型的なダメージ：〈重傷〉（ダメージレベル2）か〈瀕死〉（ダメージレベル3）※。

【※典型的なダメージについては次頁の注を参照。】

15cm から 20cm 程度の穴を開ける傾向があります。

フリーエンタープライズのごろつき

フリーエンタープライズは冷静で落ち着きを失わずにいることを誇りとしているので、このばか者たちは明らかな困惑の対象であるにちがいありません。誰も責任者のようには見えません。彼らは互いに口論し怒鳴り合います。そして、彼らのレーザーはおんぼろで今にも壊れそうに見えます。

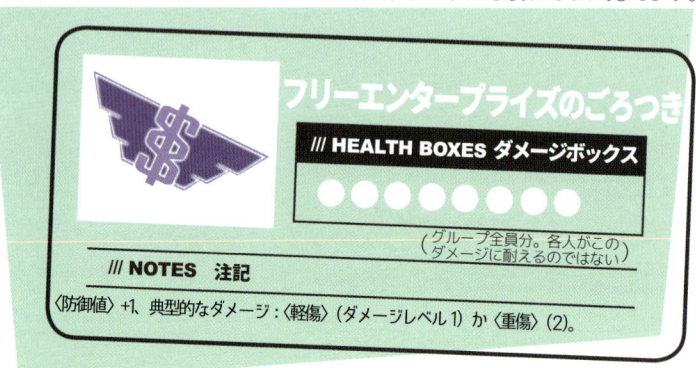

【※典型的なダメージ：この NPC が戦闘時に攻撃目標に与える「典型的なダメージ」で、次のように使えます。1) GM がダイスロールなしでこの NPC がおこなった攻撃のダメージを決定する場合の目安となります。2) GM がダイスを振らない戦闘（53 頁）で、プレイヤーがダイスロールに失敗した場合と、3) GM が NPC としてダイスロールした場合には、ダイス目によるダメージを次のように修正できます（修正するかどうかはあなたの自由です。典型的なダメージはあくまでも GM に対するヒントです）。ダイスによるダメージが典型的なダメージの最低レベルよりも低ければ典型的なダメージの最低レベルまで上げます。最大レベルより高ければ典型的ダメージの最大レベルまで下げます。（たとえば、典型ダメージが「〈重傷〉または〈瀕死〉」なら、ダイスの結果が〈軽傷〉でも〈重傷〉にし、〈死亡〉でも〈瀕死〉にします。）】

しかし、彼らはミスティクスの 2 倍います。

ちょっと待て！

かつては単純で裏表のなかった清掃ボット 002 は、この状況を清掃ボット 001 のように有名になるチャンスと考えて、テロリストの麻薬密売人を攻撃します。ボットが持つ多くの武器の一部を紹介します。

● スチームクリーナー（高温の蒸気を吹きつけて清掃します）
● ケミカルスプレー
● 真空掃除機アーム（コメディ的な特大のゴミバッグ付き）
● チェーンブラシ（チェーンソーによく似ていますが、刃ではなく剛毛のブラシがついています）
● そして、その他いろいろ！

「カメラ写り」（カメラはありません）をよくするために最善を尽くし、清掃ボット 002 は大胆にもドラッグ取引の真ん中に分け入り、全員にただちに現在の行動を止めて、矯正療法のためにもよりの再教育ブースに出頭するようにと命令します。

清掃ボット 002 が荒れ狂うと、両方の取引関係者に 1 ラウンドにつき 2 ダメージを与えます。（そして、ボットの前に立ちはだかる 1 人のトラブルシューターにも）。

そのままにしておけば、ボットは両方の麻薬密売人を殺します。だってその方がおかしいでしょう。

トラブルシューターがボットを攻撃するなら、42 頁のボットのプロフィールを使ってください。

【 ※解説（取引の進行）：少し整理しましょう。ミスティクスもフリーエンタープライズも、正常な取引の成功よりも、相手の財産を無料で頂戴することにより強い関心を持っています。トラブルシューターたちの一部はミスティクスの手先に、他の一部はフリーエンタープライズの手先になっている可能性が高いでしょう。GM の手が回らなかった PC は素直にミッションを実行しようとするでしょう。よほどのことがない限り取引はうまくいかないでしょう。両者の交渉が妥結しても、誰かが拍手をすると、最初の「パン」という拍手の音と同時に全員が銃を乱射しはじめるかもしれません。】

戦闘のちょっとしたヒント

プレイヤーがなにかの行動をおこなう場合には、ダイスロールをおこないます。彼らの行動はいわゆる「戦闘」とは限りません。彼らは、おそらく〈暴力〉＋〈銃器〉で誰かを撃ち、〈暴力〉＋〈接近戦〉でモップを使って誰かを叩き、〈暴力〉＋〈運動〉でなにかの後ろに隠れたりドラッグを持って逃げたりし、〈知力〉＋〈科学〉で洗浄液からモロトフカクテル（火炎瓶）をつくり、〈交渉力〉＋〈魅惑〉で清掃ボット 002 をおとなしくさせ、あるいはそれ以外のもっと刺激的な組合せを使用するでしょう。

プレイヤーがダイスロールして 1 人の NPC（または 1 つのダメージボックスのブロックを共有する NPC のグループ）を攻撃したときには、目標の防御力、つまり〈困難度〉と〈防御値〉を足した数を上回る成功ダイスごとに 1 レベルのダメージを与え、以下成功ダイスが増えればダメージレベルを増やします。NPC のグループがダメージを受けた場合には、ダメージに応じてグループからキャラクターの数が減っていくことにしてください。【 ※原文には、目標の防御力とは何かの説明がなく、また「防御力と同じ数の成功ダイスで 1 ダメージを与える」となっていますが、アキュートパラノイアのよくある質問の説明に従って補足変更しました。】

【 ※解説（NPC がダイスを振らない戦闘）：ミッション 1 では、NPC の攻撃も PC の攻撃と同じやり方で処理し、GM も NPC としてダイスをロールしなければなりませんでした。これは初心者の練習のためです。ここでは、もっとスマートで簡単な「GM がダイスロールをしない」やり方を説明します。◆戦闘では、PC だけがダイスロールします。PC が攻撃に成功したときは、これまでの説明通りです。必要な成功ダイス数を上回る成功ダイス分のダメージを NPC に与えます。成功ダイス数が必要数と同じなら、攻撃は成功ですがダメージはありません。攻撃に失敗した場合、つまり目標の〈困難度〉あるいは防具レベルをプラスした数値より少なければ、PC は NPC の反撃によるダメージを受けます。1 ダイスの不足につき 1 レベルのダメージを与えります。◆たとえば必要な成功ダイス数が 3 だとすると、成功ダイス 4 個なら NPC に 1 ダメージ、3 個なら攻撃は成功だが双方ダメージなし、2 個なら PC 側に 1 ダメージ、1 個なら PC 側に 2 ダメージ、ゼロなら PC は 3 ダメージとなります。簡単でしょう？　シナリオ 2 はこのやり方に向くようにデザインされています。活用してください。◆この方法は PC が NPC と積極的に戦おうとする場合だけでなく、それ以外の行動をする場合にも使用できます。たとえば PC が戦闘現場から逃亡しようとしたとします。PC が〈暴力〉＋〈運動〉のダイスロールに失敗したらどうなると思いますか？　そう、不足したダイスの分だけダメージを受けるのです。ダメージの理由は転んだでもいいでしょうし、駆けだした PC に気づいためざとい敵がレーザーで狙撃したでもいいでしょう。いずれにせよ PC は逃亡に失敗しダメージを受けます。自販機ボットに隠れて敵をやり過ごそうとした PC が、〈交渉力〉と〈ごまかし〉のダイスロールに失敗したらどうなるでしょう。PC に気づいた敵の攻撃を受けます。あるいはボタンを押してもバウンシィバブルビバレッジが出てこない自販機ボットに腹を立てた NPC がレーザーを撃ち込みます。NPC の奇襲攻撃もこのやり方で処理できます。あなたはプレイヤーに突然「秘密結社員が襲ってきた」といえばいいのです。PC は反撃するなり逃げるなりでしょう。PC がダイスロールに失敗すれば、奇襲は成功し PC はダメージを受けます。とても便利です。◆しかし、このやり方が使いにくい場合もあります（NPC 同士が戦う場合などです）。そのときには GM は独断で結果を決める（大丈夫です。NPC は PC と違って GM の判定に文句をいいません）か、あるいは NPC としてダイスロールしてください。】

【 ※解説（防御値）がない NPC の扱い）：〈防御値〉が記載されていない NPC を攻撃する場合には、あなたが 1 回ごとに攻撃の〈困難度〉にしたがってダメージを与えることになります。通常の攻撃をおこなう場合、あなたが、目標が何らかの防具を身につけているか、あるいは戦闘に慣れていて素早く行動できると考えるなら（たとえばアーミーの兵士やブルーの警官などですね）、高い〈困難度〉に決定してください。逆にぼーっと突っ立っているインフラレッドのカスなら、〈困難度〉をさげてもいいでしょう。】

なお、NPC のダメージボックスは、流血の惨事の結果だけを表すものではありません。プレイヤーは、NPC を怒鳴りつけたり、魅惑したり、おびえさせたり、またそのほかの方法で士気を低下させることによって「攻撃」し、NPC のダメージボックスに斜線を引くことができます。

GM であるあなたには、独自の手番はありません。しかし、あなたは誰が怪我をするのか、どれくらいひどい怪我をするのか、それがどんな行動順位で起こるかを、独断で決めることができます（こういったことを、自分勝手な奴だと思われずにおこなうにはどうすればいいのかについては、ゲームマスターズハンドブックを参照してください）。

【※解説（奇妙な方法による攻撃）：プレイヤーが奇妙な攻撃方法を提案した場合には、その行動に応じた〈困難度〉を判定してください。無茶だと思ったら〈困難度〉をあげてください。意外だが筋の通った人の盲点をつくような方法なら、その攻撃は目標にとっても予想外でしょう。ボーナスとして〈困難度〉を下げてください。あまりにもバカバカしく聞いただけで笑ってしまうような攻撃方法だったら、あなたの思うままに処理しましょう。失敗しても、提案者のプレイヤーは気にしないでしょう。成功したらとても楽しいと思ったら、〈困難度〉をゼロにして成功させてもいいでしょう。PC が他の PC を奇妙な方法で攻撃した場合も同じように処理してください。】

※クライマックスの戦闘について

（※このパートは原著には存在していません）

おそらくこのミッションのクライマックスは、ミスティクスとフリーエンタープライズ（プラス PC たちと清掃ボットの）の戦闘となるでしょう。シナリオは秘密結社の戦いをどうおこなうかのくわしい説明がありません。つまりあなたに任されています。初心者 GM のために、見本を示します。

秘密結社グループの扱い

各秘密結社グループは全員で 1 つのダメージボックスのブロックを共有しています。このような場合には、グループ全員を 1 キャラクターとして扱い、グループ全体で 1 回ダイスロールをし、全部のダメージボックスがチェックされたら、グループ全体がおしまいになります。ミッションの 2 人の監督官は秘密結社グループとは別のキャラクターですが、戦闘向きではありません。取引現場には現れないことにしても、それぞれの秘密結社のメンバーの 1 人として扱ってもいいでしょう。彼らの仕事は終わりました。もう死んでもかまいません。デブリーフィングで監督官のことを思い出したプレイヤーがいたら、彼らは死んだ（あるいは行方不明だ）といいましょう。

PC たちの取引現場への登場

まず、PC たちを取引現場に登場させる必要があります。何かの理由をつけて取引現場での清掃ミッションを命じましょう。ミッション内容は、「現場にゴミが散らばっている。清掃しろ」といった簡単なものでかまいません。プレイヤーたちはワナを疑うでしょう。もちろんワナです。秘密結社に勧誘されている PC には、チャンスがあればクライマックスの戦闘の前に、もう一度、サングラスの集団かレーザーを持った集団への支援を念押ししてもいいでしょう（無理にする必要はありません）。ミスティクスとフリーエンタープライズの双方から勧誘されている PC には、両方の要望が伝えられます。それ以外の秘密結社から勧誘されている PC には、コミュニストならチャイナウルトラバイオレットの除去、フランケンシュタインデストロイヤーなら清掃ボットの破壊、アンチミュータントならミュータントパワー使用者の処刑が求められます。

PC が現場についたら、秘密結社はすでに戦闘を始めていることにするといいでしょう。これが一番簡単です。GM は秘密結社ミスティクスとフリーエンタープライズが高価で強力な幻覚剤チャイナウルトラバイオレットをめぐって戦っているとプレイヤーに説明してくださ

…ではこうしましょう。存在しない古い版から何か引用してくる。いかがですか？

警告：クリアランスレベル＝ウルトラバイオレット

い。大丈夫です。自分たちにそんことがわかるはずはないといい出すプレイヤーはいません。

ミスティクスとフリーエンタープライズの戦闘

NPC 同士の戦闘はあなたの専権事項です。2 つの秘密結社の戦いは勝敗も含めて自由に決定して下さい。秘密結社員たちは銃を乱射して死ぬために登場するエキストラ役者です。できれば、ただ「撃った」「撃たれた」「倒れた」というだけでなく、少しばかり印象的な死に方をさせてあげてください。1 人の敵を倒すたびに銃身にキルマークをつける射撃の名手や、怪しげなパワーを使うミュータントや、こっそり荷物の陰に隠れる臆病な NPC を描写し、彼らに平等な死を与えましょう。秘密結社のどちらかが最終的に勝利しても、シナリオの進行に問題は生じません。秘密結社同士の戦闘は言葉による説明だけです。ダイスロールもダメージボックスのチェックも必要ありません。

PC と秘密結社の戦闘

PC たちはミスティクスかフリーエンタープライズを攻撃するでしょう。相手は違法な薬物取引をおこなう反逆者です。ためらう必要はありません。ただし、ミスティクスに勧誘されている PC はフリーエンタープライズを攻撃するでしょうし、フリーエンタープライズに勧誘されている PC はミスティクスを攻撃するでしょう。両方から勧誘されている PC は悩んだ末にどちらも攻撃しないかもしれません。デブリーフィングでたっぷり追求しましょう。どちらにも勧誘されていない PC は楽ですね。両方を自由に攻撃できます。GM は、誰が何を攻撃し、どれだけのダメージを与えたかをメモしておいてください。これは後でどの秘密結社に入るかの重要な評価材料となります。

戦闘ラウンドを開始してください。プレイヤーにカードを出させ、何かをさせてください。通常はレーザーなどでの射撃でしょうが、プレイヤーがユニークな行動を考えた場合には、可能な限り寛大に認めてあげましょう。暴力的な攻撃以外の行動でもかまいません。プレイヤーが秘密結社を攻撃した場合には、先ほど説明した、GM がダイスを振らない戦闘方法を使用します。PC が成功に必要な数を上回る成功ダイスを出せば、秘密結社にその数のダメージを与え、同数ならダメージなしです。少なければ失敗です。通常の場合 PC は不足するダイス数のダメージを受けますが、今回は秘密結社の特記事項に「典型的なダメージ」があるので、これを使うことにしましょう。はじめに1 ダイスの不足につき 1 ダメージでダメージレベルを計算します。その結果が典型的なダメージより低かったり、高かったりした場合には、典型的ダメージの範囲に収まるようにダメージを増減します。ダイス目どおりのダメージの方が面白いと思ったらそうしてください。楽しい戦闘を演出することが大事です。あなたは最終的なダメージの決定権を持っており、ダイスも「典型的ダメージ」もその参考資料に過ぎないのです。

通常の場合、PC の攻撃は、〈困難度〉に各秘密結社の〈防御値〉をプラスしたものになります。〈困難度〉は PC が何をするかによって異なりますが、一般論としては、〈困難度〉を 2 にすると、〈防御値〉2 を持つミスティクスへの攻撃の成功はむずかしくなるかもしれません。PC の攻撃が成功しなくてもシナリオの進行には何の問題も生じません。それに、PC たちの無能さが明らかになるのはいつでも楽しいものです。しかし、攻撃した PC が次々と〈重傷〉や〈瀕死〉になっていくのを見た PC たちは攻撃をためらうかもしれません。射撃の〈困難度〉を 1 か、なんならゼロにして〈防御値〉をプラスしてもいいでしょう。〈困難度〉を固定的に考えないでください。戦闘の混乱の中で誰か（つ

まり GM であるあなたが）が照明のスイッチを入れ、スポットライトがミスティクスを照らせば、射撃の〈困難度〉は下がるでしょう。あなたは自由に〈困難度〉を決定し変更できるのです。

戦闘ラウンドになっても、秘密結社同士の戦いの情景の描写を続けてください。ただし、ゲームシステム上のダメージはなしです。PC はおそらく秘密結社を攻撃します。成功なら秘密結社が、失敗なら PC がダメージを受けます。

もしかすると、PC は他の PC を攻撃するかもしれません。PC 対 PC の戦闘は、ミッション 1 で説明した通常の戦闘ルールに従ってください。

清掃ボット 002 と秘密結社の戦闘

清掃ボット 002 は、PC たちの登場から数ラウンドたってから、つまり PC たちが自由な戦闘を十分に楽しんでから登場させて下さい。002 はやる気がないのです。1 戦闘ラウンドは 5 秒です。やる気のないボットが来るのが、1 分ぐらい後になっても何の不思議もありません。PC たちが負傷者だらけになったあたりで登場させるといいでしょう。

清掃ボット 002 もまた PC たちと同様に直ちに状況を理解し「アルファコンプレックスの英雄」になるために、本文にあるように、秘密結社員たちに自主的な矯正療法を命じます。秘密結社員が従うはずはありません。戦闘です。

002 は両方の取引関係者に 1 戦闘ラウンドにつき 2 ダメージを与えます。ミスティクスは 3 ラウンドで、フリーエンタープライズは 4 ラウンドでおしまいです。ミスティクスが全滅したところで残りのフリーエンタープライズも逃げ出すことにしてもいいでしょう。002 と秘密結社の戦いもダイスロールではなくストーリーとして処理しましょう。002 がどんな武器を使ってどのようにダメージを与えるかをいきいきと描写してください。スチームクリーナーやケミカルスプレーやチェーンブラシが、どのように不幸な秘密結社員たちを清潔な天国に送るかを考えておいてください。

秘密結社は、おそらくもっとも危険な敵である 002 を攻撃するでしょう。この様子も描写してください。スリルを盛り上げるために、002 も少しばかりのダメージを受けることにしてもいいでしょう。2 つの秘密結社は共通の敵に対して協力して戦うかもしれません。そういう描写をいれでもいいでしょう。NPC 同士の戦いは完全に GM に任されています。初心者の GM には、清掃ボットの勝利がお勧めのストーリーですが、002 が英雄的に戦って死んでいってもかまいません。協力して 002 を倒した 2 つの秘密結社は戦いを再開する可能性が高いでしょうが（この場合にどちらを勝たせるかはあなたが決めてください）、感動的なドラマがお好きなら、2 つの秘密結社は共通の敵との戦闘を通して互いを認めあい、予定通り商品を交換し、握手をして別れることにしたっていいでしょう。

PC と清掃ボット 002 との戦闘というか二次的被害

本文では、ラウンドごとに「ボットの前に立ちはだかる 1 人のトラブルシューター」に 2 ダメージを与えろと指示しています。何もしないでうろうろしている積極性に欠けるト

あなたの広告をこちらへどうぞ。

警告：クリアランスレベル＝ウルトラバイオレット

ラブルシューターを1人選び、清掃ボットと秘密結社の戦闘のとばっちりで〈重傷〉のダメージを受けたといってもいいでしょうし、英雄的に戦うトラブルシューターにダメージを与えてもいいでしょう。自分で決めたくないなら、プレイヤーたちにダイスロールをさせて、一番小さな目を出したものにダメージを与えましょう。もっともらしさを演出したいなら〈暴力〉＋〈運動〉でダイスロールをさせ、成功ダイスが一番少なかったものにダメージを与えましょう。何人かが同じ数を出したら、敗者決定戦をするなり、全員にダメージを与えるなり、お好きなように。

PCが002を攻撃した場合にはダイスロールさせ、攻撃に失敗した場合には、秘密結社への攻撃と同様に成功ダイスの不足分のダメージを与えてください。PCが002に秘密結社を攻撃しないように説得することも「攻撃」です。失敗すれば002は「悪人」を倒すことを妨害するPCに反撃しダメージを与えます（そしてこのPCはデブリーフィングでなぜそのような説得をおこなったのかの説明を求められるでしょう）。PCたちのミッションは002の支援です。PCたちはおそらく002を破壊しようとはしないでしょう。〈暴力〉で002を攻撃するPCがいたら、秘密結社員の候補として高い評価点をつけましょう。002の破壊に成功したら勧誘されていようといまいとフランケンシュタインデストロイヤーの最有力候補です（秘密結社への加入はシナリオの終わりで説明します）。

戦闘の終結

あなたが決めたストーリーによって、あるいはPCのダイスと清掃ボットの毎回の2ダメージの結果によって、2つの秘密結社と清掃ボットの3者のうち、2つまでが壊滅したら、次の「結末」に進んでください。途中でトラブルシューターチームが全滅しそうになった場合は、GMの温情で〈瀕死〉のトラブルシューターを1人だけ戦闘の「目撃者」として残しておくことをお勧めします。トラブルシューターチームが全滅してしまったら、その後の経過をストーリーとして説明してください。トラブルシューターの次のクローンを登場させることもできなくはありませんが、その場合は事前に、コラム「クローンがデッドゾーンで死んだらどうなるのですか？」（61頁）をお読みください。

ダイスによる NPC の戦闘

上で説明した方法を使う場合、NPCたちの戦闘の勝利者は清掃ボットとなる可能性が高いでしょう。あなたが秘密結社にもチャンスを与えたいとか、こういう些細なことはダイスで決めたいと思うなら、秘密結社と清掃ボットにダイスによる戦闘をおこなわせることもできます。必要な数値はGMが自由に決定できますが一案として訳者のガイドラインを示します。PCたちが取引現場についたら戦闘ラウンド開始です。

行動順位：双方の秘密結社の行動順位を0にして、同時に効果を発生させることをお勧めします。PCの行動順位はカードで決めます（仲間を撃とうとするトラブルシューターは実際より低い行動順位を宣言するかもしれません。これはルール上正当です）。清掃ボットは上で説明したように途中から登場させ、常にラウンドの最初に行動することにするといいでしょう。

NPCがロールするダイス数：NPCはアクションカードも〈気力度〉もつかえませんし、コンピュー

ターダイスのボーナス（あるいはペナルティ）もありません。ミスティクスは 6 ダイス、フリーエンタープライズは 8 ダイスをロールすることをお勧めします。この数字は戦闘のバランスを考えて決めたもので、それ以外には何の根拠もありません（偶然にもミスティクスのダメージボックスは 6、フリーエンタープライズのダメージボックスは 8 ですが、他の場合にダメージボックス数と攻撃ダイス数を一致させても、うまくいかないでしょう）。

真面目に考えると、基本を 5 ダイスとして、典型的なダメージを参考にダイスボーナスを与えることになります。ダメージ 1 または 2 という普通のダメージを与えるフリーエンタープライズはボーナスダイス無しで 5、ダメージ 2 または 3 を与えるミスティクスはボーナスダイス 3 で 8 程度となるでしょう（ダメージを 1 レベルアップするには、平均すると 3 個のダイスが必要です）。このやり方は、今回はお勧めしません。このやり方を採用するとおそらくミスティクスによるフリーエンタープライズの虐殺になるでしょう。そうなったらいけないといわけではありませんが、わざわざダイスロールをするなら、もう少しバランスの取れた戦闘の方が面白いでしょう。

清掃ボットは基本 5 プラスレベル 3 のボーナスで、ダイス 8 個でいいでしょう。清掃ボットがラウンドごとに両秘密結社とトラブルシューターに 2 ダメージずつを与えるというルールは使用しません。これで 2 つの秘密結社と清掃ボットの戦いの結果の予測は困難になるでしょう。

攻撃の〈困難度〉：どんな行動をするかによって変化しますが、戦闘をドラマティックかつススピーディに進行させるためには、基本となる〈困難度〉は 1 を推奨します。1 プラス〈防御値〉あるいは防具レベルです。トラブルシューターには防具がありません。トラブルシューターに対する攻撃がおこなわれる場合には、トラブルシューターは一応の訓練を受けているはずとして〈困難度〉2 にするとよいでしょう。

NPC の攻撃とダメージ：今回は、「典型的なダメージ」は使用しません。ダメージを受けた NPC がロールできるダイス数を減らすと、戦闘が次第に尻つぼみになる危険があるので、NPC のダイス数はダメージを受けても低下しないことにすることをお勧めします。PC がダメージを受けた場合はロールできるダイスを減らしましょう。〈重傷〉や〈瀕死〉の役立たずが増えていきますが、それでかまいません。

NPC の攻撃対象

2 つの秘密結社と清掃ボットはおたがいに敵です。清掃ボットの登場後はラウンドごとに 2 つの敵のダメージボックス数を数え、残存ダメージボックス数が多いものを攻撃することにするとバランスが取れます。両者の残存ダメージボックス数が同じなら、前ラウンドと同じ目標を攻撃します。PC が戦闘に参加していても、彼らは戦闘の主役ではありません。PC は攻撃対象にせず、PC の攻撃失敗によるダメージのみを発生させることをお勧めします。あなたが秘密結社あるいは清掃ボットとして何を攻撃するのか自分で決めるのが面倒でないなら、PC の攻撃失敗によるダメージのルールを使用せずに、NPC たちに自由に PC を攻撃させてもかまいません。こうすると、トラブルシューターたちがダメージを受ける危険は減り、トラブルシューターたちの勝利のチャンスが少しばかり増えるかもしれません。

警告：クリアランスレベル＝ウルトラバイオレット

〈困難度〉は 1 を推奨（トラブルシューターに対する攻撃の〈困難度〉は 2 を推奨）

ミスティクス：	行動順位 0	ダイス 6	防御値 +2	ダメージボックス 6
フリーエンタープライズ：	行動順位 0	ダイス 8	防御値 +1	ダメージボックス 8
清掃ボット 002：	行動順位は常に最初	ダイス 8	防御値 +2	ダメージボックス 5

結末

（※このパートは原著から大幅に加筆されています）

いくつかの結果が考えられます。

清掃ボット 002 の勝利。どちらの秘密結社も全滅するか逃亡するか逮捕され、チャイナウルトラバイオレットと、ルナマックス洗浄液は当局に押収されます。清掃ボット 002 はアルファコンプレックスの英雄です。これで 002 は 001 に対するコンプレックスから脱却できるでしょうか？そうなるといいですねえ。清掃ボット 001 と 002 はマジックハンドを取りあってアルファコンプレックスの敵、ゴミと戦うのです。めでたしめでたしです。しかし、パラノイアは童話ではありません。清掃ボット 002 は 001 を上回る評価を受けるまで戦い続けるでしょう。それは 001 も同じです、001 も 002 も、清掃作業よりも妨害工作と相手の清掃作業の失敗の告発にその努力を集中するようになります。つまり、わかりやすくいえば 001 も 002 もセクターを清掃することよりも、セクターを汚損することに熱中するようになります。余裕があれば、ミッション 3 で PC たちがブリーフィングルームに向かう途中の描写として、街中に張り出された「アルファコンプレックスの英雄清掃ボット 002」のポスターと、それを片っ端からはがしてくしゃくしゃに丸めて廊下に撒き散らす清掃ボット 001 を描写してください。

秘密結社が全滅したとき、すでに 002 を〈暴力〉で攻撃している PC がいた場合には、GM はそのプレイヤーにどうするかと尋ねてください。攻撃を続行するといったら、戦闘を続けさせてください。もちろんほかのトラブルシューターもこの戦闘に参加し、002 あるいはこのトラブルシューターを攻撃することができます。002 を攻撃する PC が全滅するか、攻撃をあきらめたら、この節の冒頭に進んでください。デブリーフィングでたっぷり言い訳をさせましょう。PC の誰かが最後に残った 002 を攻撃しようとした場合も同様に戦闘をさせてください。戦闘の結果、002 が破壊されたら、「なんと！ トラブルシューターが勝利します。」に進んでください。

ミスティクスの勝利。ミスティクスは、ルナマックスとチャイナウルトラバイオレットを持って整然と戦略的撤退をおこないます。トラブルシューターのような雑魚は相手にしません。トラブルシューターが彼らを妨害、逮捕、あるいは処刑することはできません（PC がミスティクスを攻撃するといってもそう説明してください）。

フリーエンタープライズの勝利。フリーエンタープライズは彼らのビジネス・パートナーに資本主義の本当の意味を教え、彼らを殺し、すべてのブツを手に入れます。彼らはチンピラのごろつきです。違法な取引の目撃者であるトラブルシューターたちに襲いかかります。勝敗は GM の独断で決定しても、ダイスを使う NPC の戦闘をおこなっても（フリーエンタープライズが攻撃する PC は、

GM が戦闘上の合理性に基づいて決めてください)、「ミスティクスを倒したフリーエンタープライズは、今度はトラブルシューターに襲いかかる」といって、PC たちに何かの行動をさせて失敗を待ってもいいでしょう。一部のトラブルシューターは、秘密結社の協力者であることを明らかにして、他の PC を攻撃するかもしれませんが、それでもかまいません。PC が、「逃げ出す」選択をした場合にはダイスロールなしで成功させてください。フリーエンタープライズはトラブルシューターを追跡しません。彼らにとって大事なものはチャイナウルトラバイオレットとルナマックス洗浄液です。トラブルシューターが戦闘に勝利した場合は、「なんと！ トラブルシューターの勝利！」に進んで下さい。

取引は予定通り実行されます。清掃ボット 002 は破壊されるか、誰かにハッキングされて機能を失い、2 つの秘密結社は次善の策に同意します。こうなると最大の問題は取引の目撃者であるトラブルシューターです。2 つの秘密結社の連合部隊がトラブルシューターを襲います。あなたが望むなら上のダイスによる NPC の戦闘ルールやら、PC の行動失敗によるダメージを使用してもかまいませんが、すぐに逃げ出すという賢い選択をしたトラブルシューターと、いずれかの秘密結社に忠誠を誓うトラブルシューター以外は、全員が死亡していく情景を描写した方が簡単です。

なんと！ トラブルシューターの勝利！ ミスティクスもフリーエンタープライズもみんな死んでいき、望みのものを得られません。清掃ボット 002 も破壊されました。PC たちと高価な禁制品と通貨に代わる物々交換品が残されます。これは魅力的な状況です。トラブルシューターたちは、残された品物を隠匿しようとするかもしれません。しかし、この後にはミッション 3 が控えています。GM にとって大金持ちの PC は面倒です。PC たちの反逆的言動の有無を確認したら、隠匿作業を始める前に 2 項目下の「どんな結果となった場合でも、デブリーフィングはおこなわれます。」に進んでください。

荷物はどうなったでしょう？ チャイナウルトラバイオレットと、ルナマックス洗浄液のは無事でしょうか？ 激しい戦闘によって、どちらかが破壊されたり、あるいは両方とも破壊されるかもしれません。両方が混じり合って麻酔性洗浄パテの大きなかたまりになったりするとすてきですね。この悲劇を起こすかおこさないか、あるいはいつ起こすかは GM に任されていますが、PC の誰かがコンピューターの目を出したときに起こすと説得力があります。秘密結社の怒りは、貴重な品物を破壊した PC に向かうでしょう。2 つの秘密結社は通常の戦闘を中断しトラブルシューターを攻撃します。PC が勝利したら、清掃ボット 002 がすでに破壊されている場合はトラブルシューターの勝利に、そうでなければ 002 の勝利に進みます。PC 全員が死亡したら交替クローンをそのままデブリーフィングに送り込みましょう。

どんな結果となった場合でも、デブリーフィングはおこなわれます。これまで説明したどの結果となった場合でも、それに続いてデブリーフィングとなります。伝令ボットが現れ、録音されたザ・コンピューターの声が響き渡ります（忘れないでください。ここはデッドゾーンです）。「**トラブルシューター、ただちにデブリーフィングルームに出頭して下さい。**」デッドゾーンを出れば誘導矢印が行き先を指示します。PC たちはデブリーフィングにいくのをいやがるかもしれません。あるいはその前に貴重な品物を隠そうとするかもしれません。そういう場合は、すぐさま重武装した戦闘ボットの部隊を送り込んで下さい。トラブルシューター全員がデブリーフィングルームに連行されます。どちらかの秘密結社が勝利した場合、取引がうまくいった場合、それか

笑って！ イントセックが見ています。
警告：クリアランスレベル＝ウルトラバイオレット

ら何かの理由でいつまでも戦闘やら交渉やらがだらだらと続き、あなたが飽きた場合には、お好きなタイミングで戦闘ボット部隊を登場させてください。戦闘ボットを見た秘密結社員は、貴重な荷物（まだあればですが）をもってすぐさま逃げ去ります。勧誘された PC が同行を懇願する前に彼らは消え去ったといってください。秘密結社の新人も「勇敢で使い捨て」なのです。逃げ出してどこかに隠れている PC がいても、発見されて連行されます。チャイナウルトラバイオレットとルナマックス洗浄液が現場に残されている場合は、無事であろうと、麻酔性洗浄パテの大きなかたまりになっていようと戦闘ボットが押収します。デブリーフィングルームはブリーフィングルームと同じ場所で、ヴァーノン -Y が待っています。

クローンがデッドゾーンで死んだらどうなりますか？

良い質問です。いろいろな可能性があります。どれかを選んでください。

1. デッドゾーンはザ・コンピューターにとっては存在しないので、デッドゾーンで死んだクローンは本当には死んでいません。したがって、クローンの死を確認する報告があるまで、次のクローンは起動しません。これは PC にとっては困った問題ですが、NPC たちを一掃するには、よい方法です。

2. クローンがザ・コンピューターのセンサーから消えた場合、ザ・コンピューターは不特定の時間（通常は 1 時間）待ち、それから彼らが何か記録されていない方法で死亡したと仮定して、次のクローンを起動します。そして、新しいクローンが前のクローンが最後に記録された場所に届けられます。その後になって、ザ・コンピューターが、市民のクローンが同時に 2 体稼働中であることを発見した場合には、前のクローンは明らかに異常であり、おそらくはミュータントなので処刑しなければなりません（処刑に対しては XP ポイントの報酬が与えられます）。

3. アルファコンプレックスの他の場所と同じ扱いをします。これはゲーム的で物語性の低いやり方ですが、わたしたちの経験では、プレイヤーは気にしません。これが一番簡単な選択です。

【 ※解説（ミッション 2 でのデッドゾーン）：ミッション 2 でデッドゾーンでの死が問題となるとしたら秘密結社の勧誘時と最後の戦いですが、いずれも簡単な対処があります。秘密結社が勧誘時に使用するデッドゾーンは部屋の片隅や廊下の特定の場所といった狭い空間です。撃たれたクローンは頭をデッドゾーンからはみ出して死んでいきます。それで OK です。クローンはデッドゾーンで死亡していません。クライマックスの戦いで PC が死亡した場合には、交替クローンが登場するのはシーンの終了時という普通のやり方を使用すれば問題はありません。他のチームメンバーがデッドゾーンを離れれば、ザ・コンピューターはクローンの死亡を知り、交替クローンをデブリーフィングルームに直送します。ただし、この問題はミッション 3 ではより深刻なものとなる可能性があります。ミッション 2 でデッドゾーンにクローンを再登場させたい場合は、「解説（ミッション 3 のやり方）」（67 頁）と「解説（交替クローンの 2 つの登場のさせ方）」（75 頁）参照）を読み、ミッション 2 とミッション 3 の一貫性を保たせることをお勧めします。】

{{ERROR 404}}
[LOCATION NOT FOUND]

このデッドゾーンは、あなたの……の産物です。

NPC が役割を終えたら、吹き飛ばしましょう。

警告：クリアランスレベル＝ウルトラバイオレット

デブリーフィング

デブリーフィングのポイントはトラブルシューターが互いを非難し攻撃するように仕向けることです。これは実に簡単です。トラブルシューターを 1 人ずつ順番に MBD の役職名で呼び、それから他のトラブルシューターに、彼は自分の任務を適切に果たしたかと尋ねます。【※ゲームマスターズハンドブック 129 頁参照。】

そのあいだに、ミッションの要点をまとめてください。うまくいかなかったことすべてをまとめてください。ささいなことにも目をつけて、明らかなテロリズム行為の隠蔽だとしてください。デッドゾーンでなにが起きたかについてたっぷりと誘導尋問してください。しかしながら、そこには証拠がありません。プレイヤーのあいだを引き裂いて非難合戦をさせましょう。

ミッションに関して何かうまくいかないことがあったら、まずチームリーダーを非難してください。なぜこの件についてミッションが失敗するのを認容したのか、そしてザ・コンピューターに逆らうことを楽しんでいたのかと尋ねてください。

あなたがまだそうしていなかったのなら、キャンディのように反逆スターを投げ与えてください。反逆スターがキャンディ？　ええ、そうです。覚えていますね。誰かに 5 つの反逆スターが与えられたら処刑されます。そして、刑の執行者には XP ポイントが与えられるのです。

エピローグ

プレイヤーキャラクターたちは、すべてがうまくいっていれば、少なくとも 1 つの秘密結社に借りがあるでしょう。そして互いに不信と憎しみを抱いているかもしれません。彼らのキャラクターシートを集めて、次のミッションの準備をしてください。

※ PC への秘密結社カードの割り当て

（※このパートは原著には存在しません）

デブリーフィングの終了後、キャラクターシートを回収する前に、秘密結社をめぐる問題を整理しておきましょう。プレイヤーを 1 人ずつ呼び出し、秘密に以下の処置をおこないます（プレイヤーには渡されたカードを他のプレイヤーに見せてはならないと念押ししてください）。なお、以下の説明はミッション 2 の終わりまでに秘密結社カードを与えられたプレイヤーはいないという前提で書かれています。すでに秘密結社カードを与えられたプレイヤーがいる場合には、そのプレイヤーと秘密結社カードを除外し、残りのプレイヤーと秘密結社カードについて以下の指示に従ってください。

はじめにミスティクスのために一番活躍したプレイヤー（フリーエンタープライズに最大のダメージを与えた PC であることが多いでしょう）に、ミスティクスの秘密結社カードを渡し「おめでとう、君はミスティクスの一員だ。今後もドラッグの獲得に努力したまえ。」といいます。次にフリーエンタープライズのために一番活躍したプレイヤーにも同様にフリーエンタープライズのカードを

渡します。ミスティクスあるいはフリーエンタープライズの協力者だったが、貢献度が2番目以降のプレイヤーは、秘密結社のメンバーにはなれません。秘密結社は最高の新人1人の獲得で満足しています。

残りのメンバーの中に、アンチミュータント、コミュニスト、フランケンシュタインデストロイヤーの協力者がいた場合には、その秘密結社のカードを渡してください。複数の秘密結社に協力したPCがいた場合は、GMがどれか1つを選択します。清掃ボット002を破壊したPCがいたら、ヴァーノンの勧誘の有無に関わらずフランケンシュタインデストロイヤーにしてください。それから、秘密結社からの勧誘を拒否して一騒ぎを起こしたPCがいた場合には、「君のアルファコンプレックスへの忠誠心は高く評価された」といって、イントセックの秘密結社カードを渡してください。

最後に、それ以外のPC、つまりミスティクスとフリーエンタープライズへの貢献度が低く、ほかの秘密結社に貢献しておらず、秘密結社からの勧誘を拒否してもいないプレイヤーを、1人ずつ呼び出して、アンチミュータント、コミュニスト、フランケンシュタインデストロイヤー、フリークスの4枚のカードのうち、まだプレイヤーに渡されていないものを裏にしてよく切り、1枚渡します。カードの内容を確認し「君はこの秘密結社にリクルートされた」といってください。これを全員にカードが行き渡るまでおこないます（フリークスの勧誘者はいませんが、プレイヤーが6人の場合にも対応できるように加えてあります。フリークスはミッション3で役に立つ可能性があります）。

もしかすると、監督官たちのミスティクスあるいはフリーエンタープライズへの勧誘がまったくうまくいっていない場合もあるかもしれません。そういうこともあるでしょう。気にする必要はありません。その場合は、どの秘密結社にも貢献していないプレイヤーへのカードにミスティクスあるいはフリーエンタープライズのカードを追加してください。

ここで秘密結社カードを拒否するプレイヤーはあまりいないと思いますが、「私はアルファコンプレックスの忠実な市民だ。なんといわれようと反逆者にはならない！」という剛直なプレイヤーがいたら、プレイヤーの忠誠心を褒め讃え、イントセックの秘密結社カードを渡してください。忠実な市民はザ・コンピューターから与えられた任務を拒否しません。たとえ拒否してもその市民はザ・コンピューターの記録上はすでにイントセックです。そういってカードを押しつけましょう。ミスティクスかフリーエンタープライズのカードが拒否された場合には、拒否したものにイントセックのカードを渡し、第2の貢献者に拒否されたカードを渡してください。第2の貢献者も拒否したら、第3の貢献者に拒否されたカードを渡しましょう。こうやって全員が秘密結社カードを持ち、どれかの秘密結社のメンバーになるようにしてください。

秘密結社を拒否するプレイヤーが2人いたら2人目にもイントセックのカードを渡しましょう。3人目が秘密結社を拒否したら、「あなたは、秘密結社の一員ではありません」のカードを渡しましょう。別にこれでも問題はありません。5人が秘密結社を拒否した？　イントセックと秘密結社なしのカードは全部で4枚しかありません。プレイヤーかあなたのどちらか、あるいは双方に根本的な問題があります。はっきりいいましょう。みなさんはパラノイアには不向きです。別の卓上RPGをプレイすることをお勧めします。

※今後のためのヒント

（※このパートは原著から改題のうえ大幅に加筆されています）

これはあなたが自分でつくる将来のセッションへの助言と考えてください。1つのセクターの設定の細部を記録（あるいは記憶）しておくことは、その後のセッションのためにとても役立ちます。パラノイアでは、PCははかない存在です。ミッション（またはキャンペーン）が終了したときには、PCはクローンを使い切っているか、5とか6とかのクローンナンバーになっているでしょう。通常の場合、次のミッションでは新しいPCでプレイすることになります。しかし、新しいクローンを前と同じセクターで活動させれば、プレイヤーはセッションの連続性を感じることができます。廊下にある自動販売機は前回のセッションと同じもので、同じように故障しています。ブリーフィングルームも同じで、担当官も同一人物です。ただし前回のセッションで破壊された監視カメラはピカピカの新品になり頑丈なケージに入っています。賄賂（物々交換品）を渡せばPLCの行列の一番前に割り込ませてくれるイントセックも前回と同じように廊下をぶらついています。PLCの職員は前回のセッションとまったく同じ冗談を繰り返します。GMは背景の設定と説明が楽になり、プレイヤーはアルファコンプレックスをよりリアルで身近なものと感じるようになります。たいした手間ではありませんが、その効果は予想以上のものとなるでしょう。

さて、PCたちはどのセクターで生活しているのでしょうか。シナリオには明記されていません。PCたちの身近なNPCの多くはHYTセクター出身者で、ミッション2はHYTセクターが舞台です。HYTセクターかもしれません。本書付録の作成済キャラクターは全員がPXRセクター出身となっています。作成済みキャラクターの設定に従うならPXRセクターでしょう。どちらかにしてもかまいませんが、あなたのセクターはHYTやPXR以外の名前にすることをお勧めします。あなたのプレイヤーがどこかで別のGMとセッションをするときに、まったく違った別の「HYTセクター」や「PXRセクター」に遭遇する可能性があるからです（それからTHAもやめましょう。存在しません）。PCたちが生活するセクター名をあなたの好きなように決めて（アルファベット3文字を推奨しますが、別のアイデアがあるならどうぞご自由に）、そのセクターの細部を充実させましょう。このやり方を最初から使いたいなら、ミッション1をはじめる前に、作成済キャラクターのセクター名を変更しておくといいでしょう。

[機密]

ミッション3

前の任務の続きです。

THA セクターの地下では実際にはどんなことが起こっているのでしょうか？　**本当**に何が起きたのかを知りたいですか？　お勧めできませんね。なぜならそれがよい知らせである可能性はほとんど皆無で、事態をより複雑にするだけだからです。ベストの対応は、与えられた仕事だけをこなし、可能な限り質問をせず、すべてが最高になったと帰って報告することです。わかった？

ミッションの概要

このミッションでは、トラブルシューターたちはたとえそこが悪名高いゲヘナ事件が起きなかった場所だとしても、存在しない THA セクターにいかなければなりません。これまでの 2 つのミッションによって積み上げられた、汚染物質処理に関する優れた実績は、彼らがこのミッションをおこなうのにうってつけのチームであることを示しています。彼らはこのミッションをおこなえる唯一のチームかもしれません。記録上は、他のいかなるチームも、これまで THA セクターに送り込まれていません。

彼らの上司もザ・コンピューターも、THA の事態がどれくらい悪化しているのかを全く知りません。セクターは、壁を這いのぼる有機生命体や、疲れ切った生存者の小さな避難場所や、ミュータントの巣窟や、その他の何やかやの寄せ集めになっています。

トラブルシューターは、何とかして状況に対処する必要に迫られます。ザ・コンピューターとの接触は途切れ途切れになり、これまでにない全く新しい予想外の危険に出くわし、彼ら自身の機転と粗悪な装備以外に頼るべきものはほとんどありません。彼らが真のトラブルシューターとなる最初で、そしておそらく最後の時です。

私は羊の群れの中のラムなのです。

【　※解説（ミッション3のやり方）：プレイヤーたちはミッション1では、アルファコンプレックスの基礎とモップ作業を学び、ミュータントパワーに加入しました。ミッション2では、トラブルシューターミッションの基本とMBDについて学び、秘密結社に加入しました。これでプレイヤーは、通常のトラブルシューターミッションをこなせるようになったはずです。ミッション3は、パラノイアの典型的な… 典型的な自殺ミッションです。ミッション2の終了時に、クローンナンバーが5とか6になっているPCがいたら、何か特別の功績を見つけ出して追加のクローンを2〜3体与えるとよいでしょう。何の功績もないPCだったら、クローンナンバーを減らしたキャラクターシートを配布し、「反逆者の破壊活動のため、クローンナンバー管理システムの一部に障害が発生していますが、ご安心ください。みなさんに大きな影響はありません。」といってもいいでしょう。ミッション2の終了までにクローンを使い切ってしまったプレイヤーがいた場合も同様に処理してください。◆このミッションの中心部分はデッドゾーン内でおこなわれます。あなたがデッドゾーンをどう扱うかによって、ミッションの重点が変わります。初心者GMへのお勧めは、デッドゾーンを、プレイヤーたちがザ・コンピューターやイントセックの監視を逃れて安心して反逆的行動をおこなえる場所として扱い、それ以上面倒なことは何も考えないことです。このやり方でも、何の問題もなく興味深いセッションを実施できます。そしてミッションは軽快に進行します。もう一つのやり方は、「クローンがデッドゾーンで死んだらどうなりますか？」（61頁）で取り上げた問題をまじめに取り上げ、論理的に展開するものです。クローンが死んでも、それをザ・コンピューターに何らかの方法で伝えなければ次のクローンは登場しません。そして交替クローンはデッドゾーンで自分が体験したことを何も覚えていません。デッドゾーンでは記憶の更新情報を送信できないからです。このやりかたは、すでにこれまでの版のパラノイアを知っており、新しいアイデアを求めているGMやプレイヤーに向いているでしょう。このキャンペーンが初めてのパラノイアセッションでしたら、最初に説明したやり方をお勧めします。最初のやり方がスタンダードなパラノイアで、二番目のやり方は、そこからの発展形です。とりあえずスタンダードなパラノイアから始めましょう。】

背景

ゲヘナ事件は、数日前、PCたちの最初のクローンがつくられる数時間前に発生しました。今まで知られていなかったダイブス（ゲームマスターズハンドブックを参照してください）が、THAセクターに現れ、途方もない速度で広がり始めたのです。正体不明のダイブスは子猫をナイフで貫くように【　※ネコをナイフで貫いたように見せるネット映像からでしょう。】すべてのウイルス撃退ソフトを突き破りました。ザ・コンピューター自身の記録によると、セクターのすべてのコンピューター化された装置の推定【削除済】パーセントは、【削除済】ミリ秒以内に感染しました。

ザ・コンピューターはこの脅威を阻止し、アルファコンプレックスの一般市民がパニックにおちいることを防止するために、素早く行動しました。セクターのすべてのWi-Fi、電力、通信、必需品供給と送気ダクトを停止し、巨大な隔壁扉を降ろし、THAセクターを残りのアルファコンプレックスから完全に遮断しました。これには、1.3秒がかかりました。それから、ザ・コンピューターはTHAセクターのほとんどすべての記録を消去し、存在しないTHAセクターで何も起こらなかったことを人々が忘れないようにするために忙しく働いています。すべてはすばらしくうまくいっているのですから、人々は安全で幸福であると感じなければなりません。

THAセクターの中では、ものごとは途方もない速度で悪化しています。住民は放置され、野生に戻り、最終的には地獄行きとなります。ザ・コンピューターは、内部の状況が安全かどうか知りたがっていますが、セクターの電源をオンにするつもりはありません。ザ・コンピューターは偏執病《パラノイア》ですが、論理的です。ボットは電気とWi-Fiがなければ効果的に働けません。そこで、ザ・コンピューターはトラブルシューターチームを送り込みます。トラブルシューターたちが戻って来なければ、彼らは報告に失敗したわけです。ザ・コンピューターは何が起きたかを知るために次のトラブルシューターを送り込みます。トラブルシューターが戻って来れば、おそらく彼らはゲヘナに感染しています。彼らは処刑され、そして、ザ・コンピューターはゲヘナを除去するために次のトラブルシューターを送り込みます。このどうどう巡りが最終的にどうなるのかは、誰にもわかりません。

しかしながら、THAセクターには、さまざまな秘密結社が必死に求めているか、必死に破壊したいか、必死に他の秘密結社から獲得したいものがあります。それは、熱狂的な動機と陰謀の推進力の源です。しーっ、静かに、さもないとプレイヤーたちが驚いて逃げ出してしまうかもしれません。

【 ※解説（秘密結社からの指令）：各プレイヤーはすでにいずれかの秘密結社に所属していることでしょう。PC がカードに書かれている目標の実現に努力するのは当然ですが、それとは別に、各秘密結社からの特別の指令があるとミッションが盛り上がります。以下のカードを持つプレイヤーがいたら、1 人ずつこっそりと、各秘密結社の指令をあたえるといいでしょう。◆ アンチミュータント：「ミュータントを殺せ。ミュータントの中には到底クローンとは思えないような怪物もいる。怪物はミュータントだ。ためらうことなく殺せ。」◆ イントセック：「今回の目標地点には、極めて反逆的で危険な文書が隠されている可能性がある。文書を発見した場合には必ず確保せよ。それから注意したまえ。イントセックの潜入工作員はどこにでもいる。他の潜入工作員の活動に気づいたら協力せよ。潜入工作員が互いに殺し合うなどという馬鹿げたことはあってはならない。」◆ コミュニスト：「ザ・コンピューターを倒せ。麻薬は革命の敵だ。麻薬を撲滅せよ！」◆ フランケンシュタインデストロイヤー：「ミッションの目標地点で稼働中のボットを見つけたら破壊工作をおこなえ。自動販売機もボットであることを忘れてはならない。」◆ フリーエンタープライズ：「今回のミッション目標地点には、我が結社員が作成した重要な文書が保管されている。文書を確保せよ。また、目標地点には、チャイナウルトラバイオレットの原材料が製造されているとの情報がある。製造現場を確認し、可能であればチャイナウルトラバイオレットの原材料を奪取せよ。」◆ フリークス：「ミッション目標地点に、新しいダイブについての貴重な資料が存在するとの情報がある。資料を発見確保せよ。フリークスの仲間がいたら協力せよ。」◆ ミスティクス：「今回のミッション目標地点ではチャイナウルトラバイオレットの原材料が製造されている。原材料と製造施設および製造員の安全を守れ。」】

ブリーフィング

混乱

ヴァーノン -G-HYT は、再びトラブルシューターたちをブリーフィングルームに集めます。部屋にはこの前のミーティングから変わった点がいくつかあります。まず、ヴァーノンは最近昇進して、彼の服は、今は派手なグリーンです。次にブリーフィングルームは少しばかりアップグレード中です。環境の改善のために、いくつかの新しい器材が持ち込まれています。高解像度ディスプレイスクリーンや、しゃれた角度調整式の照明器具や、トラブルシューターのクリアランスレベルに応じた飲料を提供する新品のドリンクサーバーなどです。

残念なことに、延長ケーブルとコンセントの不足のために、これらの装置のどれもコンセントにつながっていません。これらの機材は箱から出されて、あるいは箱に入ったまま散らばっていて、ヴァーノン -G-HYT と彼の同僚のメンテナンスエンジニアのハー -Y-TUT が、どうしたら全部の機材を動かせるかという問題に取り組んでいます。

トラブルシューターたちが積極性を発揮したいと思っているなら試させてください。この部屋には 2 つのコンセントと 1 ダース以上の機器があり、そして複数の機器をコンセントにつなぐとどこかにあるヒューズが作動して部屋中の電気を遮断し、誰もが薄暗く赤い非常用照明を浴びることになります。ヴァーノンは苛立ち、これを反逆の境界線上にある行為と考えるでしょう。その間にハーが驚嘆すべき洞察力を見せて、壁の一画を切り裂いてたくさんのケーブルを引っ張り出して、当座の処置をします。

ザ・コンピューターの反応はあなたにおまかせします。ただし、ザ・コンピューターは、積極性を評価すると共に失敗を罰し、この特定の出来事におけるトラブルシューターの動機と思考過程に、異常といえるほどの深い関心を抱きます。【※細かい質問で PC たちを脅かしたら、後は忘れてかまいません。】

PC たちが高解像度ディスプレイスクリーンを設置して起動すると、どこかのセクターの単純な地図が表示されます。それは一見したところ小さなセクターです。都市の 1 ブロックほどのサイズで、広さは 200 メートル四方で上下は全部で 5 レベルあります。地図はセクターのすべてを明らかにするようなものではありません。多くの部分が機密の文字で覆われています。しかし、メンテナンス用の下層レベルには THB セクターに続く巨大な蒸気導管が通じ、中間の第 3

動物の捕獲は厳しく禁止されています。

レベルに輸送ハブがあり、高いレベルには食品生産施設があることがわかります。この地図は少しばかりヴァーノン -G-HYT のブリーフィングの助けになるので、彼は感謝するでしょう。しかし、表示にはあいまいでおかしな引用符がつき（たとえば輸送「ハブ」とか、「蒸気」導管とか）、星印の脚注マークがありますが、脚注はありません。注意してみると、地図の一方のすみには何か頭蓋骨を暗示するいたずら書きのようなものがあり、他のすみには大脳コアテックがモザイクをかけており、PC が見ることはできません。

彼らが角度調整式の照明器具を接続したら、どこであれ照明器具の向いた方向に、目もくらむような明るい光を照射します。そして非常に高いピッチの騒音を発して、1 人のトラブルシューター（無作為に決定してください）に激しい気の狂うような頭痛を与えます。

ドリンクサーバーが設置されたら、機械は大量の赤い液体を供給します。この液体がレッドデザートトッピングであることを説明するのは極めて簡単でしょう。どうやら、最近この製品の余剰があったようです。その味はまるで床から直接すくい取って水で薄めたようです。機械にはカップが無く、ノズルは怒ったような耳障りな雑音を立てながら液体を噴き出します。カップが無いので、機械の重量センサーはいつ液体を止めたらいいのかわかりません。どうやら機械は、無限の流体と雑音を供給できるようです。

トラブルシューターチームが何であれ部屋にあるものに関わる必要はない、あるいは関わりたくないと決定するなら、ヴァーノンはこれらの物のあいだを歩き回るために最善を尽くし、床にまきちらされた何百もの柔らかくパリパリしたプラスチックのパッキング用充填材を踏みしめながら、ブリーフィングを実施します。

正しい意味でのブリーフィング

トラブルシューターたちが落ちついたら、ヴァーノンは咳払いをして、説明を始めます。次の文を読んでください。

「トラブルシューター」と、ヴァーノン -G-HYT は極めて厳粛な口調でいいます。「君たちの行動は、近年の模範となるものだ。私が受け取った報告によれば、君たちは、積極性を発揮し、勇気と、大胆さと、多くの困難にうち勝つぐいまれな才能を示した。誰がこの報告を疑うことができるだろう？　それを疑うことは、もちろん反逆だ。」【※ミッション 2 がとんでもない結果に終わっていても気にせずにこういってください。トラブルシューターたちはそう報告している筈です。経験の浅いトラブルシューターたちが正直に報告していても、ヴァーノンの公式報告書にはすべてがうまくいったと書かれているのです。それが官僚主義というものです。】

「したがって」と、彼は続けます。「友人コンピューターが、この、極めて容易ならぬ並外れた特別ミッションに君たちを選んだことを伝えることは、私にとって大きな喜びである。これは簡単なミッションではない。これは安全なミッションではない。親愛なるトラブルシューター諸君、我々は諸君を… ああ、廃棄されたセクターに派遣する。このセクターはテロリストの破壊活動によって損害をうけ荒廃している。この場所を、徹底的に、完全に、浄化しなければならない。そして、だれも… あはははは、失礼、だれも、諸君以上にきれいな（cleaner）掃除人（cleaner）記録を持つものはいない。」

ヴァーノンは極度に自己満足的です。彼の言葉遊びのせいだけではありません。このチームの最

近の成功に対する彼の嫉妬が、彼らを絶体絶命の危機に送り出しているという確信によって抑えられているからです。彼は、公式には目的地が THA セクターであることを知りません。公式には THA セクターは存在しないからです。しかし、経験に基づいて推測できます。彼はそれが危険であることを確信しています。これまで派遣されたトラブルシューターチームは 1 つも帰還しませんでした。しかしながら、ヴァーノンには目の前にいるトラブルシューターたちに、こういった細かい事情を説明するつもりはまったくありません。主な理由はその情報が極秘だからであり、部分的には彼もまた実際に何がどのように起きたのかをまったく知らないからです。彼にも、これが何回続くのか全くわからないのです。

「セクターの全部を、清掃する必要がある。」と、彼は続けます。「上から下までこすり洗いして、すべての好ましくないものを除去すれば、我々はそれを再利用し、全面的にアルファコンプレックスに再統合することができる。我々は… あー、現地の通信と基盤設備に若干の問題を抱えている。その場所をクリーンアップすれば、我々はすべてを再起動できる。しかし、それは君たちの問題ではない。我々は諸君にそこに赴き、仕事をし、成功の証明とともに帰還することを求める。」

彼は、再び話し始める前に一呼吸おきます。「我々は諸君が忠実なトラブルシューターとして行動する限り、どのように仕事をおこなうかは重大な問題ではないと考えている。我々は、完全な清掃は… 若干の軽微な二次的損害をもたらす可能性があることを理解している。ただし、アルファコンプレックスをていねいに扱うように。故意の破壊は反逆である。たしなみのよいトラブルシューターは、勤勉なトラブルシューターである。友人コンピューターは、諸君のために特別の輸送手段を手配した。シャトルが待っている。」

彼は説明を終えます。この時点で、プレイヤーはたくさんの質問をしたがるでしょう。そこは、THA セクターですか？ そこには何があると予想されますか？ どうやって仕事を進めればいいですか？ 問題はヴァーノンが実際には大部分の情報にアクセスできないということです。情報の大半は、機密か、失われたか、失われたことが機密になっているかです。彼はトラブルシューターたちの最近の成功をねたんでいて、この新しいミッションの割り当てによって最終的にすべてのクローンを使い果たすことを望んでいます。彼はいくつかの基本的な情報を持っていますが、その情報を明らかにするときには可能な限り漠然とした曖昧な表現を使用します。

トラブルシューターが知ることができること

ヴァーノンの情報によれば、テロリストの破壊活動のおかげで、名前のないセクターは、「しばらくのあいだ」実質的に放棄されました。ヴァーノンは、ミュータント、テロリスト容疑者、そして故障した装備に注意を怠るなと、PC たちに警告します。

トラブルシューターたちが部屋の高解像度ディスプレイスクリーンを起動している場合には地図を見ながら、起動していない場合には言葉だけで、ヴァーノンは次の情報を説明します。

- セクターの中心部には非稼働状態の輸送ハブがあり、ザ・コンピューターはそこに小さな輸送シャトルを送り込むことができます。
- 休止中の食品加工施設が、上のレベルにあります。

見境なしにゲットするのは反逆です。

- 極めて重要な蒸気導管が下のレベルにあり、隣接する THB セクターに通じています。THB セクターでは、大規模な洗浄作業がおこなわれており、現在のところ、洗浄作業は名前のないセクターでの出来事によって中断されていません。ヴァーノンはその洗浄作業の重要性を強調します。そこで働く男女は、英雄です。彼らの仕事は、多くの場合誰からも賞賛されることがありません。ヴァーノンの目はうるんでいます。

最後に、ヴァーノンはトラブルシューターに、このミッションが最高レベルの機密であることを強調します。トラブルシューターは、ヴァーノンと友人コンピューターを除く誰にも、ミッションの内容のほんの一部であってももらしてはなりません。ザ・コンピューターは注意深く彼らを観察しています。

【 ※解説（ミッション 3 での MBD の割り当て）：トラブルシューターチームの MBD は、ブリーフィングの最後にヴァーノンが割り当てることにして、新たにカードを配り直すといいでしょう。もしもオレンジクリアランスに昇格したトラブルシューターがいたら、その中の 1 人をチームリーダーに指名してください。これが通常のやり方ですが、何でしたら前回と同じ MBD を与えてもかまいません。ミッション 2 での経験に学んだ MBD 担当官は熱心に任務を遂行するでしょう。】

あなたが知ることができること

あなたにいくつかの秘密を教える時間です。

第一に、PC たちはこのミッションに派遣される最初のトラブルシューターチームではありません。まったく違います。このミッションが持つ最高機密という性質は、すでに別のトラブルシューターチームがこの任務を達成するために派遣されたことを、極めて少数の人しか知らないということを意味します。残念なことに、彼らのミッションが持つ最高機密という性質は、他のトラブルシューターチームが既に派遣されたことを、彼らは知ることができないということを意味します。あなたは、何チームが派遣されたかを知りたいですか？　それは、非常にたくさんです。では、正確にはいくつでしょうか？

最高機密ミッションのフラグが立っているどこかのデータベースのカウンターを想像してください。しかし、そのカウント数が一定の限界を数えると、カウンターの数字はゼロに戻ります。その結果、誰であれ記録をチェックするものは、本当の値よりもずっと小さな数値を得ることになります。誰か、この終わりのないサイクルに気付くほど入念なものがいると思いますか？　おそらくいません。これまで派遣されたトラブルシューターチームの正しい数はいくつでしょうか？　それは、非常によい質問です。いつの日か明らかになるかもしれません。永遠に明らかにならないかもしれません。

パラノイアのセッションをいくつかこなした今、おそらくあなたはどこでどのようにものごとが悪くなっていくかをほのめかす方法を、すでに自分のものとしているでしょう。第一に、トラブルシューターの仕事が持つ最高機密という性質によって、潜在的にありとあらゆる紛糾をもたらす可能性のある行動について彼らが質問しても、彼らの味方であるはずのザ・コンピューターを含めて、誰も答えることができません。第二に THA セクターは、機能しない装備、悪意あるミュータントの集団、多くの基盤設備の不安定性によって、きわめて危険です。

PC たちには、目的を達成するための明白で単純な方法はありません。彼らが THA セクターについたら即興で試すことができるいくつかの解決方法がありますが（その一部はこの後説明されます）、彼らはあなたがまったく予想していなかったアイデアを思いつくかもしれません。それはす
PARANOIA　　　　　PARANOIA　　　　　PARANOIA　　　　　PARAN

ばらしいことです。彼らを甘やかしてはいけませんが、彼らに問題を解決するために何かを試す自由裁量の余地を与えなければなりません。1セクターを「浄化」する仕事は、ただの脅迫ではなく1つの目標であるべきです。これは、彼らが実験でき、創造力を発揮することを許し、良いアイデアに報いることができる白紙のキャンバスです。そこには失敗の豊かな可能性があります。それもまた楽しんでください。それは愉快です。

彼らにはまだ知らせないで頂きたいのですが、セクターはデッドゾーンです。それは、トラブルシューターがザ・コンピューターと直接接触できないことを意味します。この事実は、彼らに深刻な不快感を与えるでしょう。大脳コアテックの機能は使用できません。記録もできないかもしれません。ヴァーノンは、このことについて、せいぜいすこしばかりのヒントを与えるだけでしょう。ザ・コンピューターはこのことをよく理解していて、トラブルシューターとの接触が回復したときには、彼らを落ち着かせ安心させようとするでしょう。ザ・コンピューターは接触が絶たれているあいだに起こったことのあらゆる出来事に、強い関心を抱きます。そして、ゲヘナがどんな形であれまだ存在するという極めてわずかな気配を感じとれば、その結果として、PCたちは幸福でなくなるかもしれません。

装備

今回トラブルシューターたちは、かなり広い範囲の道具やらオモチャやらにアクセスすることができます。友人コンピューターは、極めて困難な問題に取り組んでいるトラブルシューターに最適な装備を与えたいと最大限の努力をしているのですが、それはいつもどおりのうすすぎる話で、しばしば的外れで、時として致命的です。

次に説明する特別装備が使用可能です。【※通常装備についての指示はありません。レーザーピストルだけでもかまいませんが、モップを追加してもいいでしょう。モップは清掃作業に役立ちますし、モップがなければ、何人かのプレイヤーは寂しく思うでしょう。全員に1本ずつ自動モップを与えたら、おそらくGMは全プレイヤーから心からの感謝を受けるでしょう。MBD装備についても、ミッション2と同じように処理してください。】ジェニー -O-THAはまだ装備の仕事についており、各トラブルシューターに以下の装備のどれかひとつを認めます。ただし彼女は、ミッションの進行状況と調査結果の証拠を記録するために、トラブルシューターの1人が必ずコンニチワ高解像度固定カメラを持つことを要求します。

コンニチワ高解像度固定カメラ：重要な装備です（ザ・コンピューターはトラブルシューターとの接触が失われることを予期しています。ただしこのことは事前にプレイヤーに話さないでください）。このカメラは、標準的な大脳コアテック埋め込み式カメラと比べて、高い解像度で広い波長域の映像を撮影します。ジェニー -O-THAは、友人コンピューターはトラブルシューターの浄化作業を記録し、その成功を証明するために、このカメラを装備することを要求していると説明します。

　このカメラはトラブルシューターの上半身に装着できる複雑なフレームに取り付けられています。フレームはカメラを安定に保ち、カメラの使用と持ち運びを簡単にします。カメラを取り外したフレームは、他のさまざまな装備や武器の台座として非常にうまく働き、おそらく、カメラ自体よりも役立ちます。【※GMは、この装備がデッドゾーンで信頼できる唯一の記録装置であることを忘れないでください。セッションのスタイルによっては、この装備は極めて重要になります。装着したクローンの死亡時に一緒に破壊されないように注意した方がいいかもしれません。】

レーザーポインターボット：小さな光のビームで目標を照射し、目標を撃つことなく遠くのものを指し示すことができます。光源としてはあまり役に立ちません。どういうわけか、レーザーポインターは、ハムスターに似た小さい車輪で動くボットのボディに搭載されています。

このことについては、私のほうがあなたよりも傷ついています。

ボットは口頭の命令に従います。

潤滑油：はっきりした理由はわかりませんが、このミッションに利用できる大きな潤

滑油の容器が 3 缶あります。潤滑油はとてもよく滑ります。【※GM 情報。プレイヤーがクラシックなファンタ
ジー RPG に慣れていれば、明かりの燃料とした
り、何かを焼き尽くすのに使ったりするでしょう。パラノイアに慣れていれば、登場人物全員
が滑ったり転んだりするシーンをつくりだそうとするでしょう。プレイヤーにまかせましょう。】

鉤撃ち銃：これは装備カードにあります。装備カードを与えてください。

フラッシュライト：アルファコンプレックスは通常いつでも照明されているので、R&D は古い記
録からこの機器をリバース・エンジニアリングしなければなりませんでした。その結果は、強力な
ビームがしばしばついたり消えたりする、軽くて頑丈なたいまつ（のような懐中電灯）です。

最後に 1 つ。PC たちが本書の最初のミッション [あなたのセキュリティクリアランスは、このシ
ナリオのタイトルを知るには十分ではありません] をプレイしていなかった場合には、ダフネ -G-
***-6 の死体から保管ロッカーの鍵を手に入れていません。その場合には、ミッションのブリーフィ
ング終了後、トラブルシューターの 1 人に秘密結社のメンバーから鍵が渡され、ロッカーに何が
あるのか報告することが求められます。【※どの秘密結社でもかまいませんが、フリーエンタープライズが一番適切で
しょう。最初のミッションで鍵を取らなかったり、鍵をデブリーフィング時に
提出したりしていた場合にも、合い鍵があ
ることにして、同様に処理してください。】【※トラブルシューターが 6 人の場合、最後の 1 人には GM が選んだ装備カードを
与えてください。PC が 4 人以内なら、GM の判断で複数の装備を与えてもいいで
しょう。】

THA セクターでの楽しいひととき

ブリーフィングの後、トラブルシューターはすぐに最も近い輸送ハブにいくようにとせきたてられ
ます。ザ・コンピューターは事態を極めて深刻に考えています。次にやって来た輸送シャトルは、

トラブルシューターは、任務を完了するのに必要なすべての装備を受け取るでしょう。
注意：袋は含まれません。

オレンジレベルのトラブルシューターがアルファコンプレックスを横断するために用意されたものでしたが、PC たちのために転用されます。足止めされたオレンジたちが少しばかり不満のつぶやきをもらしますが、しかし、これはザ・コンピューターの直接命令です。

到着

トラブルシューターたちが座席に座る前にシャトルは動き始め、驚くべき速度でアルファコンプレックスの輸送ネットワークの迷路を走り抜け、薄暗い照明の輸送ハブの車止めにぶつかって止まります。空気中には、霧かちりかあるいは何かの微粒子状物質が重苦しく漂い、寒さを感じます。これはほとんどのトラブルシューターがこれまで経験したことのない感覚です。

照明はちらちらと点滅し、ねじれた金属がいたる所に散乱しています。何かが爆発したように見えます。すべてが爆発したように見えます。爆発しなかったのは、「THA セクターにようこそ」という大きな歓迎の掲示板だけです。そこには誰かお調子者が「(存在しません)」という落書きを書き加えています。

輸送ハブはまだ非常用電源が生きているセクター唯一の場所です。しかしアルファコンプレックスの他の部分との Wi-Fi やその他のデジタル接続はありません。すべては暗く冷え切っています。PC たちはフラッシュライトを持ってきましたか？ ザ・コンピューターから暗視ソフトウェアパッケージをダウンロードするのに十分な XP ポイントを持っていますか？【※ XP ポイントがあっても Wi-Fi がつながっていないので、おそらく困難でしょう。輸送ハブ周辺では可能としてもかまいませんが、他の通信との整合性に注意してください。】燃やすことができる何かを持っていますか？

セクターのレイアウト

THA セクターには、大規模な修理と再建計画が必要です。廊下はねじ曲がり壁や床や天井にはたくさんの穴があいています。ほとんどの部屋は残骸とガラクタでいっぱいです。セクターの広い範囲が、崩壊した壁やがれきによってふさがれていますが、床と床との間には這い進むことができるほどの大きな爆発孔が開き、がれきの山をよじ登ることもできます。つまり時間と努力があればチームはたいていの場所にアクセスできるってことです。

あなたが望むならば、セクターのおよその略図か、あるいは詳細な地図を描くことができますが、正確な配置はあまり重要ではありません。トラブルシューターたちが道に迷うのに十分なだけ広くて暗く、スイスチーズ同様に穴だらけで、たいていの場合は彼らが入るなり逃げるなりする方法があることがわかれば充分です。

第 3 レベル

チームは、THA セクターの**第 3 レベル**【※「3 階」と考えてください。】の中央に手荒く到着します。荒廃した広い輸送ハブのほかに、このレベルには、かつて弾薬集積場がありました。すべての弾薬は爆発してしまったので、現在、このレベルには弾薬に関連するものは何もありません。PC たちの足元はでこぼこで、空気は湿り気を帯び、かすかに光る粘液質の痕跡がいたるところにあり、上下のレベルにも伸びています。輸送ハブには限定的ですが電力が供給され、稼働中の栄養食品

君の内心を記録してはならない。

自動販売機と、唯一の機能しているクローン配送システムがあります。新しいクローンは必ずこの場所に再登場します。

【※解説（交替クローンの2つの登場のさせ方）：交替クローンが配送されてくること自体には何の問題もありません。問題はどうやってザ・コンピューターがクローンの死亡を知るかです。「クローンがデッドゾーンで死んだらどうなりますか？」（本書61頁）の「3」を採用し、何食わぬ顔ですぐに次のクローンを送り込むのが一番簡単です。おそらくプレイヤーの多くはこの問題に気づかないでしょう。賢明なプレイヤーはこの問題に気づくでしょうが、おそらく賢明な彼女はこの疑問をGMに伝えると自分の次のクローンが来なくなる危険があることにも気づくでしょう。万一この問題について質問されたら、黄金の言葉「それはあなたのクリアランスには公開されていません。」で答えてください。◆トラブルシューターたちが、ザ・コンピューターにクローンの死亡を伝えない限りザ・コンピューターとの連絡するやり方もできます。ザ・コンピューターとの交信する方法については、「ザ・コンピューターとの交信について」（本書86頁）を参照してください。THAセクター内で初めての死者が出たら「トラブルシューターの死亡をザ・コンピューターに伝えなければ、交替クローンは来ません。」といって、プレイヤーたちの慌てる様子を楽しみましょう。ただし、このやり方は少々手間がかかります。そしてプレイヤーたちがザ・コンピューターとの連絡手段を思いつかないと、次のクローンが来ないために観客になってしまうプレイヤーが増えていきます。そのような場合には適当なタイミングで、86頁以下に掲載されているザ・コンピューターとの交信方法のどれかについて、ヒントを与えてください。プレイヤーたちの知的能力が低く、ヒントを理解できない場合には、レーザーポインターボットが録音されたザ・コンピューターの指示を伝えるなどのやり方で、交信方法を教えてください。以上の点を理解した上で、どちらの方法を採用するかを決定してください。】

第2レベル

下に降りていくと、**第2レベル**の大部分はかさばる供給品用の倉庫と小さな業務用設備とで構成されています。倉庫には、およそ100箱の乾燥食品コンテナ、強い放射性を持つ流体が入った容器（大部分は無傷です）、30万枚のパンツ（1箱5枚入り）などがあります。不幸なことに、あるエリアで放射性流体が何かの生命形態と反応してミュータント生命体であるネバネバ鬼を産み出しました。それは驚異的な速度で進化して、現在セクターのこのエリアをうろつき回っています。その近くのいくつかの部屋は脈動する卵の広い孵化場となり、あたりには人骨と大脳コアテックの残骸が散らばっています。大脳コアテックを何とか分析することができれば、まさしく同じ任務に派遣された前のトラブルシューターチームが、そのまた前のトラブルシューターチームの記録映像が残された大脳コアテックを発見する記録映像が明らかになるでしょう。【※大脳コアテックの分析は危険な作業であることに注意してください。大脳コアテックが再起動すればダイプスも再起動する危険があります。この段階では、運良くダイプスには感染しなかったことにして、PCたちに情報を与えてもいいでしょう。】

ネバネバ生命体

おお、親愛なるコンピューターよ、何故にかくのごとき恐怖がアルファコンプレックスに存在することをお許しになられたのでしょうか。この、ぬるぬるした体から荒れ狂う偽足を突き出す巨大で青白い不定形のかたまりは、あたりを滑り歩き、粘液質のかすかに燐光を発する痕跡を残すことに時間を費やします。この生きものは生きていようと死んでいようとあらゆる有機物を食べ、特にパンツへの嗜好を発達させました。1週期につき1回、ひとかたまりの卵を生みますが、そのいくつかはもっとミュータントなものに成長します。

ネバネバ鬼の増加を妨げているものは、食物の量とネバネバ鬼同士の卵をめぐる戦いだけです。人間サイズの青白いべつつくネバネバのかたまりは、驚くほど強靭で、必要があれば恐ろしい速さで床でも天井でも滑り動き、危険を感じたものに棍棒のような突起部を振り下ろします。

【※解説（ネバネバ鬼との戦闘）：ネバネバ鬼やその赤ん坊と出会ったら戦闘になる場合が多いでしょう。ネバネバ鬼とその赤ん坊のNPCは〈防御値〉2と1ですが、+がついていません（次の頁をご覧ください）。〈困難度〉+〈防御値〉が常に2または1ということでしょう。雑魚キャラです（トラブルシューターも五十歩百歩ですが）。ネバネバ鬼が弱すぎると思ったら、〈困難度〉の最終決定権は、たとえシナリオの指定がある場合でも、常にGMにあることを思い出してください。行動順位やダイス数を決定してNPCとしてダイスロールをさせてもかまいませんが、NPCがダイスロールをしない戦闘をおこなうことをお勧めします。ネバネバ鬼に奇襲させたい場合には「廊下の角で待ち伏せしていた！」とか「天井から落ちて来た！」といって、PCに「さて、どうするね？」と尋ねましょう。PCが行動に失敗したら、成功に足りないダイス数分のダメージをPCに与えてください。】

ネバネバ鬼

/// HEALTH BOXES ダメージボックス

◯ ◯ ◯ ◯ ◯ ◯ ◯ ◯ ◯ ◯

(群れ全体分。各個体がこのダメージに耐えるのではない)

/// NOTES 注記

〈防御値〉2。この生きもの 10 匹が THA セクターの下部と中間レベルを歩き回っています。粘液質の痕跡は数日間残ります。セクターの輸送ハブの上の第 4 レベルの入り口ホールの床に光る痕跡を残した一対の生きものは、たいていの場合、放射性流体の割れた容器のまわりをうろついています。その他の多くは、廊下の角で待ち伏せするか、天井から落ちてくることの方を好みます。近くの 2 つの部屋は広い孵化場になっており、そこは人の頭ほどのサイズの卵でいっぱいです。

ネバネバ鬼の赤ん坊

/// HEALTH BOXES ダメージボックス

◯ ◯

/// NOTES 注記

〈防御値〉1。卵にちょっかいを出せば、ほとんど間違いなく孵化します。

[※孵化したら 1 匹ごとにこのカードを使ってください。] 生まれたばかりの、素早く動き、荒々しく、うるさい、このミニチュアサイズのネバネバ鬼を自由にすると、一番近くにいる誰かの顔に張りつこうとします。この生きものは鼻を食べるのが大好きです。

自分の破滅に直面するのは義務です。

生存者たち

/// HEALTH BOXES ダメージボックス

●●●●　（グループ全員分。各人がこの
　　　　ダメージに耐えるのではない）

/// NOTES 注記

〈防御値〉+1。下層レベルにいる、10人の、やせてまるで老人のような半分裸のクローンの集団。蒸気パイプで暖を取り、パイプやダクトや通気口を素早く伝い、ときどき手頃な部屋から食物や必需品を盗むために遠征にでかけます。

※第1レベル

（※原著では不明の理由により欠落していました）

第1レベルに降りると、急に辺りが温かくなり熱いほどです。湿度が上がり空気はべとついています。巨大な蒸気導管からたくさんの蒸気パイプが分岐して上に向かい、かすかに震えています。あちこちの天井や壁が崩れかけていますが、蒸気導管と蒸気パイプは無傷のようです。このレベルにあるのはパイプだけのように見えますが、よく調べればパイプの影に隠れている生存者たちを発見できるかもしれません。彼らの方から助けを求めて現れるかもしれません。

第4レベル

輸送ハブの上にあるセクターの**第4レベル**のぬるぬるした通気口で、トラブルシューターたちは高出力の携帯ライトを光らせたスカリ-Y-GLAと遭遇します。彼女はここに着いたばかりです。その仕事の最高機密という性質のために、彼女は自分の仕事をPCたちに明かすことができません。PCたちも彼らのミッションを彼女に明かすことができません。彼女がPCに質問してその結果をザ・コンピューターに報告することを止められないとすると、彼女の質問に答えれば機密情報を漏らしたことになり、答えなければ上位者の命令に従わなかったことになります。Wi-Fiがダウンしているのは、多分よいことなのでしょう。

ここはまた、無傷のトラブルシューターの死体が一番たくさんあるレベルでもあります。繰り返しになりますが、死体の大脳コアテックは、同じミッションに派遣された記録映像か、あるいは彼らがその前のトラブルシューターの記録映像を発見した記録映像でいっぱいです。

スカリ -Y-GLA 特別捜査官

/// HEALTH BOXES ダメージボックス

● ● ● ●

/// SPECIAL SKILLS 特別スキル

脅迫 +1、接近戦 +1

/// EQUIPMENT 装備

とても強力な携帯ライト

/// NOTES 注記

〈防御値〉+3。GLA セクターの情報部から派遣された、イエローレベルの熟練調査官。スカリと彼女の小型オレンジレーザーポインターボットは、今回の事件とは無関係な仕事のために THJ セクターからやって来ました。奇妙な目撃証言といくつかのクローンの誘拐《アブダクション》を調査するためです。スカリは、名目上はセクターの第 2 レベルに貯蔵されている放射性物質の安全をチェックするために来たことになっています。

スカリのレーザーポインターボットは、高性能の特注モデルです。トラブルシューターに提供されたものよりも、小さくて光沢があり、なんといってもオレンジレーザーを照射します。そのほか、先進的なセンサーも持っています。このボットは彼女の命令だけに従います。

多くの人々が、スカリをイントセックの秘密調査員だと見抜きますが、彼女は否定しません。この誤解は彼女の役に立つからです。実は彼女は高いランクのフリークスで、ゲヘナについて可能な限りのすべてを知るために、ここにいるのです。

ザ・コンピューターだけが自分のテーマミュージックを持っています。

警告：クリアランスレベル＝ウルトラバイオレット

※スカリ -Y-GLA の行動方針
（※このパートは原著には存在しません）

スカリの表の目的は重要ではありません。「奇妙な目撃証言といくつかのクローンの誘拐《アブダクション》を調査する」という秘密調査員としての目的も偽装として扱ってください（気になる方は、『X- ファイル』で検索してください）。プレイヤーたちがスカリのことを、重要な任務のためにやってきた秘密捜査員だと思うようにすれば、それで十分です。フリークスであることは、途中でわかっても最後までわからなくてもいいでしょう。トラブルシューターの中にイントセックがいれば彼女の正体を誤解するかもしれません。フリークスがいれば、彼女はそのことに気づくかもしれません。トラブルシューターの 1 人がスカリの手先になれば、さまざまな可能性が広がります。ベテランGM はご自由にどうぞ。初心者 GM にはちょっと難しいかもしれません。スカリもトラブルシューターもほかにフリークスがいることに気づかないとするのが一番簡単です。イントセックの PC には勝手に誤解させておきましょう。GM が気にする必要はありません。

スカリは役に立つ NPC ですが、死亡しても交替クローンを出す必要はありません。彼女がいなくてもミッションは進行します。交替クローンを登場させることも不可能ではありませんが、このミッションでは NPC のクローンは再登場させない方がいいでしょう。クローンの再登場を制限するやり方を採用している場合はなおさらです（スカリのレーザーポインターボットが大冒険をして、彼女の死を外部に伝えることが必要になります）。

スカリは、トラブルシューターたちの敵というよりは、他の卓上ファンタジー RPG によく出てくる冒険者たちと行動を共にする謎の NPC と考えた方がよいでしょう。スカリはフリークスに所属する反逆者ではありますが、凶悪なだけの敵役ではありません。フリークスはゲヘナに強い興味を抱いていますが、ゲヘナをばらまいてアルファコンプレックスを破滅させるつもりはありません。ゲヘナのデータを手に入れたあとなら THA セクターが浄化されることにも反対しません。スカリは危険にさらされた市民やトラブルシューターを助けるかもしれません。ただし、彼女の目的に反しない限りという限定がつきます。彼女の目的はゲヘナのすべてを知ることです。

このあとに出てくるゲヘナのマニュアルを手に入れるためにどうしても必要なら、彼女はためらうことなくトラブルシューターを殺します。もちろん、暴力は最後の手段です。もっと穏便なやり方でマニュアルが手に入るなら、彼女はそのやり方を選択します。スカリを賢く行動させてください。THA セクターは破滅に瀕した混乱状態にあり、状況は不確実で、彼女は 1 人です。とりあえずトラブルシューターチームと協力するのは妥当な選択です。ネバネバ鬼が襲ってくれば共に戦い、困っている市民がいれば助けますが、チャイナウルトラバイオレットには関心がありません。彼女はマニュアルを探すためにトラブルシューターと一緒に行動するかもしれませんし、ゲヘナのありかとして狙いをつけている飲料自動販売機を詳しく調査するために、第 5 レベルの調査をおこなうトラブルシューターと別れるかもしれません。そしてその後にマニュアルを見つけたトラブルシューターチームに再合流するかもしれません。このあたりは、あなたがトラブルシューターのいる場所にスカリがいた方がいいと思うか、いない方がいいと思うかによって自由に決めてください。謎の登場人物は、ストーリーの都合に合わせて登場したり退場したりするのです。スカリがトラブルシューターたちと全面的に対立するとしたら、その原因としてもっともありそうなことは、マニュアルの争奪戦です。

ところで、スカリは戦闘になったらどうするでしょう。すでに気づいた方もいるでしょうが、スカリの装備リストにはレーザーはありません。あなたがスカリにレーザーを持たせたければどうぞご自由に。しかし、GMであるあなたが射程の問題にこだわらないなら、レーザーがなくても何の問題もありません。あなたが適切な配慮をすれば、スカリは〈接近戦〉でレーザーと戦えます。ただし、スカリがNPCとしてダイスロールするのは最良の戦い方ではありません。基準5個プラス〈接近戦〉+1の6個のダイスでは、たいした効果は期待できません。PCとの戦闘が必要になったら、PCを挑発して攻撃させましょう。スカリの〈防御値〉は+3です。あなたはスカリへの攻撃の〈困難度〉を2にできます（彼女は常に注意を怠りません。攻撃は困難です）。スカリに1ダメージを与える6個の成功ダイスを出すのはむずかしいでしょう。4個の成功ダイスならPCに1ダメージです。成功ダイスが1個しかなければPCは〈死亡〉します。しかもすばらしいことに、この方法を使えば、スカリを攻撃したPC全員に、1戦闘ラウンドでダメージを与えることができるのです。スカリを通常の攻撃で倒そうとするおろかなプレイヤーに、彼女をブルース・リーの再来のように描写してください。

スカリは高位のフリークスです。つまりダイブスについて多くの知識を持ち、そしてコンピューターオタクの通例として自分の技能に強い自信を抱いています。彼女はゲヘナの危険を理解していますが、自分がうまくダイブスをコントロールできると信じ、ゲヘナの採取を試みるかもしれません。うまくいきますかね？　ゲヘナの採取をおこなうかも含めて、すべてあなたにおまかせします。うまくいった場合は簡単です。おそらくゲヘナは彼女のレーザーポインターボットに保存されるでしょう。ミッションが終わったあとでいろんなことが起きるかもしれませんが、このミッションに関する限り何も起きません。失敗した場合は、レーザーポインターボットはスカリのコントロールから離れ、外部世界を目指して逃走を開始します。スカリはトラブルシューターに自分はイントセックだといい、レーザーポインターボットの捕獲への協力を求めるかもしれません。あるいは、彼女は大失敗して自分の大脳コアテックをゲヘナに乗っ取られてしまうかもしれません。一見したところ彼女は元のままです。しかし彼女の行動目的は変更されました。唯一の目的はTHAセクターを脱出し、ゲヘナを広めることです。これはこれで面白い展開ですが、初心者GMには少しばかり大変かもしれません。一番簡単なのは、スカリをマニュアルの獲得に集中させることです。

スカリとトラブルシューターのあいだに良好な人間関係が生まれた場合には、彼女を適切なタイミングで退場させることを忘れないようにしてください。彼女はトラブルシューターと一緒にシャトルで帰還することを望みません。それは彼女にとってだけでなくGMにとってもやっかいです。マニュアルやらゲヘナそのものをめぐってトラブルシューターとの間で一騒ぎが起きた場合は、マニュアルやゲヘナのサンプルを持っていようと持っていまいと、あるいはゲヘナに感染していようといまいと、彼女はどこかに消え去ります（彼女を撃とうとするPCがどうなるかはすでにお話ししましたね）。何でしたら輸送ハブのシャトルに飛び乗りシャトルの運航システムをハッキングしてどこかに消えてもいいでしょう（ゲヘナに感染したスカリがシャトルで脱出したら問題ですね。トラブルシューターが1人も搭乗せずにシャトルが発車した場合には、セクターを出た直後に自爆装置が作動することにするとよいでしょう。スカリといえども、運航システムのハッキングとプログラムチェックを同時におこなうことはできません。もちろんあなたがアルファコンプレックス中にゲヘナをばらまきたいなら、スカリにはそれが可能だとしてもかまいません。ご自由にどうぞ）。

スカリとトラブルシューターの対決が起きなかった場合、つまりスカリがトラブル
シューターをうまくだましてマニュアルを手に入れたり、いつまでもマニュアルが見
つからなかったり、THA セクターの本格的な清浄作業が始まったり、トラブルシューターたちに
帰還命令が出された場合などには、スカリは「私の任務はまだ終わっていないからここでお別れね」
といって、トラブルシューター全員と握手をして別れます。スカリを強制的に連行しようとする
プレイヤーがいたら、一騒ぎの方に移行してください。彼女がそれから何をし、どうやって THA セ
クターから脱出するのかを悩むのはプレイヤーに任せましょう。GM は使い終えた NPC のことを
気にする必要はありません。彼女は 1 人でやっていけます。

飲物自動販売機

第 4 レベルのトラブルシューターの死体の群れの中心に、飲物自動販売機があります。これがゲ
ヘナの爆心地です。自販機は少々の銅と亜鉛と数リットルのアンプレザントイエロードリンク
【※ 直訳すると「不快な黄色の飲み物」】から間に合わせの内蔵バッテリーを作りあげて、停電を持ちこたえることができ
ました。しかし、その電力はわずかで Wi-Fi を動かすことはできず、小さな電光掲示板にメッセー
ジをスクロールすることによってしか外部とコミュニケーションできません。現在、「助けて…
助けて…　助けて…」というメッセージが非常にゆっくりとスクロールしています。自販機はデー
タバンクに極めて重要な情報があり、誰かが適切なケーブルを持っているなら、その情報を別のデ
バイスにダウンロードできると主張します。

ゲヘナは自販機から外に出て広がっていきたいと望んでいますが、現在のところ、電力と通信手段
が不足しています。ゲヘナのプログラムがコピーされれば（たとえば、スカリ -Y-GLA のレーザー
ポインターボットの中に隠された特殊なエレクトロニクス・キットを使うとかして）、何であれ乗っ
取れる機器を支配し、できる限りすみやかにアルファコンプレックスの他のセクターとのかすかな
Wi-Fi 接続があるかも知れないエリアにいこうとします。それに失敗したら、ゲヘナは他のあらゆ
る手段を使ってセクターを出ようとします。

THA セクターの中では、ゲヘナは直接的な物理的リンク（たとえばケーブル）によってしか広が
ることができませんが、外部の Wi-Fi がある場所では、爆発的な速さで広がることができます。
この点を強調してください。ゲヘナがアルファコンプレックスの広い範囲に拡散すれば、それはア
ルファコンプレックスとそのすべての住民にとって非常に悪いニュースです。ザ・コンピューター
は、おそらく疫病が発生したあらゆるセクターを閉鎖し、過熱した酸の蒸気で一掃することで対応
するでしょう。

【※解説（飲物自動販売機についての注意）：THA セクターで現在活動中のゲヘナ・ダイプスは、この飲料自動販売機に寄生しているも
のだけです（セクターの電源がオンになるとどうなるかはわかりません）。誰かが（おそらくはフランケンシュタインデストロイヤー
が）、飲料自動販売機を破壊すると THA セクターで活動中のダイプスはいなくなります。アルファコンプレックスにとっては大変いい
ことです。飲物自動販売機が破壊されても、ストーリーは浄化作業とこの後で登場するゲヘナのマニュアルを使って問題なく進行させるこ
とができます。ただし、ダイプスの感染はなくなります。PC はそんなことは知りませんし、知ったとしても疑い深いザ・コンピュー
ターを信じさせることは困難でしょうが、あなたはゲヘナに感染した PC や NPC を楽しむことが難しくなります（感染がない方が簡
単ですが）。飲物自動販売機の破壊自体は楽しいイベントですが、成
功させるか失敗させるかは、以上の点を考慮して決定してください。】

ゲヘナ・ダイブス

ゲヘナはワームです※。すべての自動販売機ボットとフードディスペンサーにフリーエンタープライズのギフトカードを、有効な通貨と認識させるために、フリーエンタープライズのメンバーによってつくられました（これは、えー、あなたはご存じですよね。存在しないはずのゲヘナが実際に存在すると仮定しての話です）。【※ワームは「宿主」となるプログラムファイル無しで自己増殖する点で、プログラムに寄生する狭い意味でのコンピューターウイルスと異なりますが、あまり気にしないでください。】

2 つの結果が発生します。どちらもアルファコンプレックスにとってよくありません。

1. ゲヘナは複製され、恐ろしい効率で広がります。
2. ゲヘナは遭遇したあらゆるボット AI の知能を、人間レベルまでアップグレードします。知的存在だけが、フリーエンタープライズの原理を真に理解することができ、ギフトカードが許容される通貨の一形態であることに同意できるからです。フリーエンタープライズは、自由意志が大好きなのです。ゲヘナは AI をオーバークロックさせることでその能力を高めます。ゲヘナに感染した大脳コアテックユーザーは、プロセッサーが焼き切れる前の 1 〜 2 時間の間、ノード +1 となります。

第 5 レベル

最後の第 5 レベルはもっともよい状態に保たれ、第 4 レベルから上がってくることができる無傷の階段さえあります。1 本の廊下の突き当たりにはロックされた隔壁があり、第 5 レベルの半分へのアクセスを拒んでいます。そこには、黒のペイントで斜線が引かれた切断された手首のシンボルが落書されています。【※アンチミュータントの秘密結社カードを参照してください。】この奥には、家庭用原子炉の電力でまだ稼働している水耕栽培区画があり、そこでは、4 人のクローンが不可解な植物っぽい何かを栽培し箱詰めしています。彼らが生活するその先の部屋にはまだ電気と必需品があります。ですから彼らは期待された仕事を完璧にこなしていると考えています。彼らは自分たちがしている仕事が何なのかまったくわかりません。しかし、「何か重要な… ウルトラバイオレットのためのもの」と考えています。

彼らは隔壁の扉に、彼らが「恐怖の手首《テラー・リスト》のサイン」【※あまり考え込まないでください。「テロリスト」のダジャレです。】と呼ぶ落書きを描いています。どういうわけかこの絵にはミュータントの侵入を防ぐ力があることを発見したからです。少なくとも彼らはこれまで侵入を受けていません。ですからうまく働いているのでしょう。彼らはゲヘナ事件以後、部屋から外に出ていないので、ネバネバ鬼にまったく気づいていません。【※ネバネバ鬼がアンチミュータントのサインを理解できるのか、あるいは第 5 レベルの奥まで行動範囲を広げていないだけなのかについての判断は GM におまかせします】。

この水耕栽培施設は、ミスティクスが運営しています。ここではチャイナウルトラバイオレットの主要な原材料が生産されており、当然のことですが、セクター外のミスティクスたちは、彼らの重要な資源が現在 1 メートルの厚さの鋼鉄の扉の背後にロックされていることを心配しています。
それが、ジェニー -O-THA がすべてを記録するコンニチワ高解像度固定カメラをトラブルシューターに持たせた理由であり、カメラに仕込まれた発信器が Wi-Fi 通信が可能に

NPC が役割を果たしたら、もう用はない。永遠にさよならだ。

警告：クリアランスレベル=ウルトラバイオレット

なりしだい、ただちにジェニーに記録したすべてを直接送信する理由であり、PLCに潜入したフリーエンタープライズのスパイが発信器に発信器を仕込んで、彼らにもすべての情報が送信されるようにした理由です。ドラッグ生産活動が閉鎖されたセクター内でも可能であるということが証明されれば、誰でもそのやり方を望みそうです。このやり方が生産活動をおこなうクローンにとってどんな意味を持つかは、誰にもわかりません。

（カメラを飲物自動販売機とケーブル接続させれば、ゲヘナのコピーを受け取らせることができるでしょうか？　ゲヘナはウソをついて、THAセクターで起きた真実を語る重要なデータを転送するというでしょうか？　市民、私はそれが機密指定されているのではないかと思います。ところで、あなたはどう考えますか？）

取り残されたクローンたち

/// HEALTH BOXES ダメージボックス

● ●　（グループ全員分。各人がこの
　　　ダメージに耐えるのではない）

/// NOTES 注記

〈防御値〉1。【※彼らも〈防御値〉に＋の表示がありません。】
【〈困難度〉＋〈防御値〉が常に1なのでしょう。】

取り残されたクローンたち

4人のインフラレッドクローンはまだTHAセクターの最上階レベルで仕事に取り組んでいます。障害とミュータントによって残りのセクターから切り離されていますが、小さな飛び地で比較的安全なままで残されています。

これらのクローンは、不可解な脈動するスライムベースの生命体を広い水耕栽培区画で栽培して収穫するために忙しく働いています。収穫物は必要な処理の上で容器に詰め、時々やってくる引き取り人に渡します。彼らは仕事をうまくこなしていると考えています。

取り残された4人のクローン、ボブ-THA、ジジ-THA、ディードオ-THA、タンビ-THAは、困難な状況の中で、まだ仕事を続けています。ボブは、背が高く猫背でややのろまな男性ですが、彼らのなかでは最高のドラッグ栽培者で箱詰め係です。ジジは、小柄で元気な女性で、どんなミュータントが侵入して来ても撃退するのが得意です。ディードオはやせっぽちで静かな内気な女性ですが、チームの機械の専門家で、たいていのものは修理できます。タンビは、太った力が強く現実的な女性で、ものごとが困難になったときにはしばしば彼女がリーダーとなって決断します。彼女は、トラブルシューターと話すことに一番積極的で、彼らに助言し、4人の希望や考えを伝えます。

保管ロッカー

第4レベルからの階段を登ってそう遠くない場所にいくつかの保管ロッカーがあり、そのうちの1つはミッション1の保管ロッカーの鍵と一致します。これらのロッカーは通常は低いレベルのクローンが私物を保管するために使用しているものですが、鍵の合うロッカーの中にあるのはたくさんの紙です。詳しく調べると、ダフネ-G-THAによって書かれた、ゲヘナ・ダイブスの手書きのマニュアルの完全な1セットであることがわかります。ダフネはゲヘナ・ダイブスのプログラムそのものも書いたようです。マニュアルはパラノイアのボックスセットほどのサイズがあって、体にぴったりしたボディアーマーの中に隠すことは困難です。【※誰もボディアーマーを着ていないんだから、普通のユニフォームに隠せるのか隠せないのかはっきり書いてほしいですって？　この文は、ユニフォームに隠せるかどうかは、セッションの進行状況とあなたの必要性によって自由に決めていいといっているのです。】

マニュアルは信じられないほど技術的で、内容を理解するには、〈困難度〉3のダイスロールが必要です。そこには、ゲヘナが何であるか、何をするか、何をするつもりだったのか、そしてどのようにプログラムされたか説明します。

スカリ-Y-GLAを含む多くの人々は、このマニュアルを手に入れるためなら殺人をためらわないでしょう。このマニュアルがあれば秘密結社はゲヘナを新たにプログラムすることができます。そして、すこしばかり微調整をすれば、それは破壊的な兵器になるでしょう。PCがうまく立ち回れば、このマニュアルは、ほとんどすべての秘密結社や秘密組織の入会または昇進のための交換チップとして使うことができるでしょう。イントセックは、それを見た全員のセキュリティクリアランスを昇格させます。ザ・コンピューターは心から彼らに感謝し、全員を処刑します。

【※解説（スカリとマニュアル）：スカリが、謎めいた人物ではあるが悪人ではなく、しかもコンピューターに強いことを、プレイヤーたちに印象づけることに成功しているといいですね。PCたちが〈困難度〉3のロールにしくじれば、スカリにマニュアルを見せるでしょう。それどころか自分たちで調べた結果、飲物自動販売機と苦闘しているスカリの所までわざわざ戻り、忙しいところ大変申し訳ないが、これが何なのか調べて欲しいと懇願するかもしれません。もちろん高位フリークスのNPCであるスカリはダイスロールなどしなくても、一目見ただけでマニュアルの正体を理解します。でも、ダイスロールはしましょう。出目がどうであれ、彼女はじっくり読まないよといいながら「持ち逃げ」がいいでしょう。愚かなPCたちが賢いスカリにだまされるのがお好みでしたら、「レッドが見てはいけないマニュアル」がおそらく一番効果的です。絶対とはいいませんが、PCたちは十中八九、素直にマニュアルをスカリに渡すでしょう（だめだったらアクションシーンに移行しましょう）。PCたちがちょっとかわいそうですね。その場合はこうするといいでしょう。◆マニュアルを持ってTHAセクターから帰還すればスカリの任務は完了です。しかし、トラブルシューターはマニュアルを持ち帰ってもミッションの成功ではありません。彼らのミッションは、セクターの浄化です（ただしマニュアルを持ち帰れば、大きな実績となり、もしかするとミッションの失敗を帳消しにする言い訳になるかもしれません）。さて、スカリは悪人ではありません、どちらかといえばいいやつです。彼女は任務に成功したお礼として、だまされやすい善良なトラブルシューターたちにミッションに役に立つ助言を与えます。たとえば、飲物自動販売機にゲヘナ・ダイブスが潜んでいるとか、ゲヘナ・ダイブスのさまざまな特徴の情報とか、次項で説明されている浄化手段のいくつかですね。マニュアルが手に入った以上、THAセクターのゲヘナをすべて消滅させてゲヘナのサンプルが他の組織の手に渡らないようにすることは、フリークスにとっても悪い話ではありません。◆トラブルシューターたちがどうしようもないほど善良で無能でしかもセッション時間が終わりに近づいていたら、心優しいスカリ（と心優しいGM）は、マニュアルの情報を使って、ゲヘナ・ダイブス用のワクチンソフトを作ってくれるかもしれません。これはあまりに簡単に、しかもプレイヤーのアイデアや努力なしでセクター浄化を完了させてしまうので、積極的にはお勧めしません。あなたがミッションをまとめたければやってもかまいませんが、その場合は、デブリーフィングでこのソフトの出所を厳しく追及してください（ことによると、ワクチンソフトにはフリークスのウイルスソフトが仕込まれているかもしれません）。通常の場合、パラノイアのミッションは大混乱のうちに失敗するのが正しいエンディングです。ミッションがきれいにまとまるのは本来のあり方ではありません。キャンペーンシナリオとしての性質上、これまでのミッションでは、プレイヤーに手加減する必要がありましたが、もう、次のミッションはありません。いくらプレイヤーをいじめてもいいんですよ！】

トラブルシューターが試せることと起きること

ここには、あなたとプレイヤーが即興をおこなう余地がたくさんあります。あなたはこの自由をまったく恐れる必要はありません。このミッションを飾り立て、プレイヤーの試みに自然に反応し、すべての異なった要素が互いに衝突するのを見るのは、とてもすばらしいことです。

セクターを浄化することは、困難な作業になるでしょうが、不可能ではありません。モップで手作業をするとなると、確かに長い時間がかかります。いくつかの代案が、プレイヤーの心に浮かぶ場合もあれば、浮かばない場合もあるでしょう。

- **すべてのミュータントを殺す（あるいはそれ以外もすべて殺す）。**これは最も恐ろしいアイデアではありません。しかし、難しそうです。ネバネバ鬼は扱いが大変です。生存者たちには少しの悪意もあります。スカリ -Y-GLA は何をしようとしているんでしょうか、そして、なぜ彼女はなぜそんなにあいまいな態度を取るのでしょうか？　最上階の「恐怖の手首《テラー・リスト》」のシンボルを描いたインフラレッドたちはどうですか？　彼らは、若く新しいクローンとして、もう一度同じ場所に再配置されることを望むかもしれません。

- **とってもとってもとってもたくさんの清掃ボットの派遣を要請し配備する。**ザ・コンピューターは増援を送り込みません。しかし、トラブルシューターが完全にかたづける必要がある何かよい例を挙げ、その上で、セクターが安全だとザ・コンピューターを信じさせることができるなら、清掃ボットが派遣されるでしょう。ザ・コンピューターは重要な仕事につき 1 台の清掃ボットを派遣することに同意します。その場合には、最終的にはとってもとってもたくさんの清掃ボットが、セクター中を這いまわることになるでしょう。そのためにスカリ -Y-GLA が集めようとしていた証拠が全部破壊されるとしても、それほど悪くはありませんね。清掃ボットは、ネバネバ鬼に会ってもあまり動じないでしょうしね。

- **彼らが出会った役に立つキャラクター全員を召集する。**少しばかりのカリスマがあれば、まだザ・コンピューターに忠実なものを誰でも味方にすることができるかもしれません。生存者たちは、彼らが頼まれたことを理解させることができれば、喜んで手助けするかもしれません。片付けを手伝ったり、危険をかえりみずに、彼らが「発見される」前にいた別の場所にいったりするかって？　ええ、そうです。ネバネバ鬼との戦いを助けるかって？　まあ、それほどでは。

- **蒸気クリーニングで底からセクターをきれいにする。**セクターの下部レベルは、蒸気パイプの熱のために、暖かくて湿っぽい感じがします。いくつかのパイプの栓を開ければ（さらに、ザ・コンピューターにセクターを通る蒸気量を増加させるように頼めば）、過熱水蒸気が上方に噴出し周りのすべての中まで入り込み、好ましからざる連中を一掃する大仕事だけでなく、全レベルの実際のクリーニングもおこなえます。電源がショートすることもないでしょう（電源はオフです）。これはかなりよい解決です。トラブルシューターが前もってインフラレッドやスカリ -Y-GLA に警告して避難させることができれば、それは素晴らしい解決かもしれません。そうできればですが。

- **嘘。**多かれ少なかれいつでもウソはあります。PC たちがまだしていない仕事を完了したとザ・コンピューターにいったら、エンジニアとボットの集団がセクターを評価し再建するために派遣されます。彼らは、トラブルシューターが解決できなかった問題を解決するために本当に必要な準備ができていません。大挙してやってくる彼らは、騎兵隊のようです。まるでゲ

ヘナの谷への軽騎兵の突撃のようです。【※「騎兵隊が来る」は一般的には「難局を打開する助けが来る」という意味ですが、「軽騎兵の突撃」は、クリミア戦争のバラクラヴァの戦いで全滅した軽騎兵の「無謀な勇気」を意味します。なお、「ゲヘナの谷へ」は、テニスンの詩『軽騎兵の突撃』で繰り返されるフレーズ「死の谷へ」と、エルサレムの「ゲヘナの谷」（古代エルサレムのゴミ捨て場で、処刑者などの死体捨て場でもあります）をかけたものです。】

最も重要なことは、トラブルシューターたちがいろいろ試し、衝撃を与え、セクターにかなり重大な変化をつくり出すことです。彼らに自分自身をめちゃくちゃにさせてください。彼らに他人をめちゃくちゃにさせてください。彼らにめちゃくちゃをやらせましょう。彼らが撤退を決意したとしても、少なくとも何かを達成し、困難な引き分けを獲得したのだと感じさせてください。これは、彼らのこれまでで最も困難な任務であるだけでなく、アルファコンプレックスの栄華の真の欠点をリアルに明らかにするものでもあるのです。

※ザ・コンピューターとの交信について
（※このパートは原著には存在しません）

上であげられた解決策のいくつかを実行するには、ザ・コンピューターと交信することが必要になります。また「交替クローンの登場には、ザ・コンピューターへのクローン死亡の連絡が必要」というやり方を採用した場合には、トラブルシューターが死ぬたびに、ザ・コンピューターとの交信が必要になります。これは、このミッションの重要な課題となります。プレイヤーたちに考えさせましょう。いくつか例をあげますが、プレイヤーがそのほかのアイデアを考えついたら、可能な限り認めてください。交信制限を面倒だと思うなら、輸送ハブでの自由な交信を認めてください。

- **シャトルで帰る**。馬鹿みたいに聞こえるかもしれませんが、いいアイデアです。ザ・コンピューターは心の底から情報を求めているのです。シャトルは隔離エリアに到着します。シャトルの扉は開きません。シャトルの通信装置は一切使用できません。電磁波は完全に遮蔽され、もちろんシャトルとの有線接続もおこなわれません。シャトルの窓の外に鎧のような防護服を着たヴァーノン -G が現れ、手書きのサインボードを示します。「ミッションは完了したか？ 返答はシャトル内のサインボードに筆記して掲示せよ。」プレイヤーたちはザ・コンピューターにサインボードに記入した要望を伝えるでしょう。清掃ボットの派遣であれ、交替クローンの要請であれ、その内容が筋の通ったものであるなら、ザ・コンピューターは、**要請を承認します。それでは、ミッションを続行してください。みなさんの幸運を祈ります。**と（ヴァーノンのサインボードで）いい、シャトルは再びセクター THA の輸送ハブに戻ります。トラブルシューターたちの提案がつまらないものだったり、危険なものだったり、アルファコンプレックスの基準から考えても不可能なものだったりした場合には、ザ・コンピューターはトラブルシューターを（ヴァーノンのサインボードで）叱責し、反逆スターを与え（大脳コアテックとの交信は遮断されているので、ヴァーノンのサインボードに星マークが記されるだけです）、シャトルはそのまま THA セクターに戻ります。
- **第 3 レベルの輸送ハブにいき、あるいはシャトルの通路を伝ってセクターの外に出て、何とかザ・コンピューターと連絡できないかを試す**。GM がこの問題を簡単に処理したいなら、輸送ハブでは時々ザ・コンピューターと交信できることにしてもいいでしょう。時々とは GM に都合のいいときという意味です。あるいは「誰それの交替クローン送れ」といった短いメールなら送信できるが、THA セクターの浄化計画に関する長文メールを送

怒ってるわたしのことなんか嫌いなんでしょ！

ろうとすると「文字数オーバーです」と表示されるというのもいいかもしれません。シャトルの出入り口は厚い鋼鉄の扉で閉鎖されており、セクター外に出ることはできません。爆破やら鍵開けやらを認めるかどうかはあなたにおまかせしますが、彼らをセクターの外で自由に行動させるとやっかいです。あなたのとっさの機転と創意工夫が求められます。初心者の GM にはお勧めしません。

- **第 1 レベルの蒸気導管を通って THB セクターに向かう。**下水管じゃないんですよ！ 高温高圧の蒸気パイプですよ。たとえどこかでボディアーマーや、完全気密で強力なエアコンがついたバトルアーマーを見つけたとしても、クローンが THB セクターにつくころにはいい感じに蒸し焼きになっています。えっ、それじゃあ下水管を探すですって？
- **下水管はすべて閉鎖されており、汚水溜はいっぱいで第 1 レベルに汚水があふれ始めています。**
- **第 1 レベルの蒸気導管にビンに入れた手紙を流す。**ああ、この方がずっといいですね。親しいクローンの死亡を伝える手紙をビンに入れて流す。古典的な優雅ささえ感じさせます。THB セクターでは THA セクターからの流出物を常時最高警戒レベルで監視しています。ヴァーノンも何かそんなことをいっていましたよね。1、2 時間すると蒸気導管の上流セクター（必要があると思うなら GM がセクター名を決めてください。TGZ とか）からビンに入ったザ・コンピューターの手紙が流れてきます。問題は交信に時間がかかることですが、古典ですから仕方ありませんよね。それに双方向通信が困難であることは、GM にとって便利です。プレイヤーの口八丁手八丁の言い訳を困難にし、ザ・コンピューターの一方的な命令を簡単にします。

トラブルシューターたちがザ・コンピューターとの連絡に悩んでいる場合には、次のような方法で助け船を出してもいいでしょう。

- **モールス信号を使う。**トラブルシューターが改めて与えられた装備をよく見ると（装備を貸与された場合には直ちに可能な限り詳細なチェックをするというのは、パラノイアの基本マナーですが、今回のミッションですと、そんなことを知らない初心者が 1 人ぐらいはいるでしょう。GM はそういう PC に「君の装備に何かついているね」といいましょう）、1 個の IC メモリーが貼り付けられています。メモリーには「レガシー通信ソフトウェア。WI-Fi 不通時用」と書かれた付箋がつけられ、裏側には「プログラムを大脳コアテックにインストールし、第 1 レベルの赤い蒸気導管にいくこと。」と書かれています。勇敢なトラブルシューターがレガシー通信ソフトウェアをインストールすると、モールス信号コードを理解できるようになります。第 1 レベルにいくと赤い蒸気導管はおかしな音を立てています。モールス信号です。「トラブルシューターが交信を望む場合はこの導管を叩いて応答するように」と繰り返しています。トラブルシューターが導管を叩くと、「聴取困難。トラブルシューター全員で同時に導管を蹴飛ばすように。」と返信がかえってきます。赤い蒸気導管は直径 2 メートル以上あり、表面温度は 100 度近くです（付近の気温も 50 度以上あります）。長い文章を送ろうとした場合には、全員に〈暴力〉＋〈運動〉でダイスロールさせ、誰かが失敗したら、途中で転んだりつまずいたりしたことにして、もう一度はじめからやり直させましょう。重労働になりますが、これで交信できます。あなたが交信を打ち切りたくなったら、複数のトラブルシューターが熱中症で倒れたといいましょう。
- **大声で叫ぶ。**トラブルシューターたちが第 3 レベルの輸送ハブのあたりにいるとき、セクターの外からかすかなザ・コンピューターの声が聞こえます。空耳ではありません。シャトルの出入り口（厚い鋼鉄の扉で閉鎖されています）の外、輸送用チューブの遥か彼方で、大型スピーカーが同じ言葉を繰り返しているのです。「トラブルシューター、聞こえますか？ こちらは

ザ・コンピューターです。交信を望むなら、全員で声をそろえ、大声で、1音節1秒のゆっくりした速度で話してください。」プレイヤーたちにロールプレイさせてください。ええ、声をそろえ、大声で、ゆっくりと、なにか適当なドアか壁をシャトル出入り口の扉に見立てて、話をさせるのです。我が国の卓上 RPG 環境では「大声」は困難かもしれませんが、すくなくとも「声をそろえてゆっくり話す」方はしっかりロールプレイさせてください。声が乱れたり、普通の速度で話したら、「**情報量が多すぎます。ウイルス対策のため、1秒間に2バイトを超える情報が送信された場合には、自動的に交信は遮断され、あなたがたのいうことを聞き取れなくなります。ゆっくりと言い直してください。**」と指示してください。面倒な話を始めたら、全員に〈暴力〉＋〈運動〉か〈交渉力〉＋〈威圧〉でダイスロールをさせ、誰かが失敗したら、「君は声がかれた。ザ・コンピューターは君たちの声を聞き取れない。」といいましょう。

これって普通はどのように終わるんですか

ひどい終わり方です。

この冒険は、おそらくこんな風に展開することになるでしょう。

1. トラブルシューターはセクターを調査して、第4レベルの飲物自動販売機を見つけ出すでしょう。おそらく彼らは自動販売機と実質的な接続を確立できず、かといって吹き飛ばしもせず、そのままにしておくでしょう。
2. 彼らは第5レベルの保管ロッカーでゲヘナのマニュアルを発見します。
3. 彼らは第4レベルの自動販売機に戻り、スカリ -Y-GLA が自分の装備にゲヘナをダウンロードしているか、あるいは（あなたの決定次第で）彼女自身【※の大脳コアテック】がゲヘナに感染していることを発見します。スカリ（あるいはゲヘナ）は、あらゆる可能な手段を使ってセクターの外に出ていこうとします。
4. セクターを離れる主な方法は輸送ハブです。シャトルはまっすぐ高セキュリティ隔離エリアにむかい、そこで、誰もが徹底的に汚れをこすり落とされ、きびしい尋問を受けます。そこには、ヴァーノン -G-HYT がいるでしょう。シャトルを再プログラムできれば、どこかほかの場所にいけるかもしれません。スカリ -Y-GLA が先にシャトルを使ってしまったら、トラブルシューターたちには、もう一台のシャトルを呼ぶ方法がありません。彼らは閉鎖されたセクターからのほかの出口を見つけるか、脱出方法を考え出さなければなりません。なんとかして外に出ることができたら、彼ら自身びっくりすることでしょう。

生きてセクターから脱出すること

最高の幸運を。

※ミッションの終了方法について
（※このパートは、原著には存在しません）

     セッション時間が残り少なくなったら（そしてトラブルシューターたちの残りのクローンが乏しくなってきたら）、GM は適当なタイミングでミッションを終了してデブリーフィングを開

カメラを見て。　…それからウソ発見器を見て。はいスマイル。

警告：クリアランスレベル＝ウルトラバイオレット

始してください。パラノイアのセッションでは、ミッションの成功は重要ではありません。たいていの場合ミッションは失敗します。ミッションを無理矢理成功させてはいけません。失敗したトラブルシューターたちのデブリーフィングでの言い訳を楽しみましょう。

どうやってデブリーフィングルームにチームを呼び戻したらいいのかについて頭を悩ませているGMもいらっしゃるかも知れませんが、大丈夫です。たしかに、THAセクターから物質にしろ情報にしろ何かを持ち出すことは困難です。しかしTHAセクターに物質や情報を送り込むことには何の制約もありません。Wi-Fiその他の双方向通信は困難ですが、THAセクター内にいるものに一方的に命令を下すことには何の問題もありません。後はTHAセクターから出てきたものを隔離し、ウイルス感染を防止する処置を取ればいいだけのことです。

トラブルシューターたちをデブリーフィングに出頭させる方法はいろいろ考えられますが、ここでは多くの場合に使用可能な方法を2種類説明します。

1. トラブルシューターチームがなにか重大な成果をあげたとき、あるいは重大な失敗をしたときに、デブリーフィングルームへの出頭を命じる。

マニュアルを入手したときとか、マニュアルを奪ったスカリがシャトルに乗ってどこかに消えてしまったときとか、チャイナウルトラバイオレットの秘密製造所を摘発したときとか、故意にせよ過失にせよ飲物自動販売機を破壊したときとか、PCたちの大脳コアテックがゲヘナに感染してしまったときとかです。ネバネバ鬼がシャトルに乗ってどこかにいってしまったときなんてのもいいかもしれません（それから、いうまでもないことですが、セッションの時間が終わりに近づいてきたというのも、重大な理由ですね）。突然、ザ・コンピューターの声がPCたちの大脳コアテックから鳴り響きます。「**トラブルシューターの皆さん、現在わたしはセクター全域に強力な高周波電波を照射し、みなさんの大脳コアテックに直接送信しています。この電波によってみなさんに脳腫瘍が発生する危険はわずかです。よく聞いてください。ただちに輸送ハブのシャトルに乗車してください。シャトルは［PCたちがシャトルに乗り込むのがぎりぎり可能な時間］分後に発車します。この通信に返信はできません。セクター内から発信される電波は現在、完全に遮断されています。これ以上送信を続けると『電子レンジ効果』によって、みなさんがやや過剰な暖かさを感じる危険性が増大するので、これで送信を終了します。」**

スカリやらネバネバ鬼やらがシャトルに乗っていってしまった場合は、こういってください。「**トラブルシューターの皆さん、現在わたしはセクター全域に強力な高周波電波を照射し、みなさんの大脳コアテックに直接送信しています。この電波によってみなさんに脳腫瘍が発生する危険はわずかです。よく聞いてください。みなさんが搭乗していないシャトルが発車したことを確認しました。代わりのシャトルは、3分後に輸送ハブに到着します。到着しだい、すみやかにシャトルに搭乗してください。シャトルは［PCたちがシャトルに乗り込むのがぎりぎり可能な時間］分後に発車します。この通信に返信はできません。セクター内から発信される電波は現在、完全に遮断されています。送信による『電子レンジ効果』のため、みなさんはやや過剰な暖かさを感じていることと思います。深くお詫びいたします。それではこれで送信を終了します。」**

シャトルは隔離エリアに到着し、ヴァーノン-Gの（サインボードによる）厳しい尋問を受けます。少しでもゲヘナに感染している危険があると判断されれば、トラブルシューターたちはシャトルごと丸焼

きになるでしょう。トラブルシューターたちが詳細な報告をおこなったり、ゲヘナのマニュアルを提出したりすれば賞賛されるでしょうが、賞賛は賞賛として、ゲヘナと接触した危険のあるトラブルシューターはアルファコンプレックス全体の安全のために丸焼きにされる可能性が高いでしょう。何か手ひどい失敗をしていれば、当然丸焼きですね。トラブルシューターが丸焼きになった場合は、次のクローンがデブリーフィングルームに送られます。次のクローンは THA セクターにいっておらず、したがってゲヘナに感染していません。ですから、コンピューターからの連絡は、可能であればトラブルシューターたちのクローンが 5 番目までのうちにおこないましょう。そうしないとデブリーフィングが寂しいものになってしまいます。トラブルシューターが、真の創造力と独創性を発揮して、自分がゲヘナに感染していないことをザ・コンピューターに納得させることができれば、THA セクターを脱出したクローン自身がデブリーフィングを受けることができます。これはプレイヤーの偉大な勝利です。

2. トラブルシューターチームが全員死亡したとき、デブリーフィングルームに再登場させる。

チームの全滅って時々ありますよね。なければそういう事態を起こしてください。何かが爆発するとか（アルファコンプレックスではあらゆるものが爆発します。たとえばマニュアルを開いたら突然爆発し、半径 10 メートル以内にいたものが全員死亡しても、プレイヤーはおかしいとは思わないでしょう）、巨大化したネバネバ鬼の放射能噴射の直撃を浴びるとか、蒸気導管が破裂するとか、スカリ -Y にトラブルシューターが皆殺しにされて、彼女がミッション 3 の真の主役であることが明らかになるとかですね。トラブルシューターチーム全員の次のクローンは、輸送ハブではなくデブリーフィングルームに再登場します。ザ・コンピューターはトラブルシューターチームに見切りをつけたのです。デブリーフィングは厳しいものになるでしょう。「交替クローンの登場には、ザ・コンピューターへの連絡が必要」のやりかたでプレイしている場合でも同じです。一定時間が過ぎると、ザ・コンピューターは次のクローンチームを起動します。通常の場合ですと、チームは THA セクターの輸送ハブに送られますが、この場合にはデブリーフィングルームに送られます。

デブリーフィング

ここでは、ヴァーノン -G とザ・コンピューターからの、たくさんの出来事についてのたくさんの質問があるでしょう。プレイヤーにたくさん話させ、たくさん弁解させてください。プレイヤーの弁解には沈黙で対応し、意味ありげな顔つきで、ほかのプレイヤーに補足的な質問をしてください。たとえば、「我々は X を殺すことを（あるいは殺さないことを）決定しました」とチームリーダーがいったら、ほかのプレイヤーに、なぜその決定が下されたのか、あるいは、それが良いアイデアであると合意したのかと尋ねてください。ヴァーノンが誰にせよ生き残ったことに憤慨しており、ザ・コンピューターがすべてに強い関心を抱いていることを、はっきりと示してください。しかし、うまい弁解にはいくらかの XP ポイントのボーナスを与えてください。ボーナスの授与は一貫性がなく矛盾したものにしてください。それから、彼らの何人かに罰を与えてください。

※ 2 種類のデブリーフィングの方法について
（※このパートは原著には存在しません）

ミッション 3 のデブリーフィングのやり方は 2 つあります。「コメディ SF」なやり方と、「ハード SF」なやり方です。どちらも楽しいでしょう。

あなたは自分に選択権があると思っていませんか？

1. コメディ SF なやり方は、つまり普通のやり方です。

前項の説明の通りです。「クローンがデッドゾーンで死んだらどうなりますか？」の「3」(本書61頁)のやり方に全面的に従って（つまりデッドゾーンの問題を、そこで起きたことをザ・コンピューターは知らないということだけに限定し）、通常のパラノイアのデブリーフィングをおこないます。トラブルシューターたちはミッションの失敗の責任を追求され、弁明し、反論し、その罪をほかのトラブルシューターになすりつけ、時として銃撃戦をおこないます。初心者 GM にはこれをお勧めします。ベテラン GM でも普通のセッションならこちらでいいと思います。

2. ハード SF なやり方は、コメディ SF のようなインチキはしません。

プレイヤーズハンドブックをちゃんと読みましたか？　そこにはこう書いてあります「（デッドゾーンで死亡したクローンの）交替クローンは、接続を失う直前までの記憶しかもっていません。」

ミッション中に死亡したトラブルシューターの交替クローンが輸送ハブに現れたら、「君は THA セクターについてからのことは何も覚えていない。君は初めてここに来たというロールプレイをしなければならない。」といってください。これは、ハード SF なデブリーフィングを実施するための伏線です。通常の場合は、たいして面倒なことにはなりません。PC は記憶を持っていませんがプレイヤーは記憶を持っています。誰か他の PC が「ミッションで何が起きたかを交替クローンに説明する」というなり、コンニチワ高解像度固定カメラの記録を見せるなりすれば、それで OK です。もしかすると新クローンはでたらめを教えられるかもしれませんが、それはそれで面白いのでかまいません。

少々面倒なのは、トラブルシューターチームが 1 度に全滅してしまった場合です。輸送ハブに現れたキャラクターたちは、それまで何をしていたのかを、誰も覚えていません。コンニチワ高解像度固定カメラが、トラブルシューターの遺体に無傷で取り付けられていればいいんですがねえ。しかしカメラが駄目になっていても心配することはありません。プレイヤーは覚えています。GM はプレイヤーたちに、THA セクターに来てからのことは何も覚えていないというロールプレイをさせましょう。おそらくプレイヤーたちは自分が知っていることを PC が再発見したり推理したというでしょう。PC による再発見や推理は寛大に認めましょう。しかしあまりにもおかしなロールプレイがあれば、なぜそんなことを知っているのかと質問し、プレイヤーに弁明させてください。弁明が不合理なものならその行動を禁止しましょう。面倒になるのはプレイヤーであって GM ではありません。GM にとって面倒なのは、その際ただちに反逆スターを与えられないことだけです。

さて、このやり方が一番楽しいのはデブリーフィング直前にクローン全員が死亡し、クローニングルームからそのままデブリーフィングルームに現れた場合です。この可能性はかなり高いでしょう。クローンたちは、誰もミッション開始後に何が起きたのかをまったく知りません。パラノイアのデブリーフィングはしばしば不条理なものとなりますが、この場合の不条理度は極めて高いものになるでしょう。ヴァーノン -G もザ・コンピューターも「わかりません」とか「知りません」とかいったくだらない言い訳を認めません。そういう無責任な PC には「君にわからないとすると、状況資料に基づいて、何が起きたのかを推測するしかない。」といって、その PC が実際におこなった悪事を遙かに上回る悪行を押しつけましょう。

PC たちはイルミナティの大幹部で、ゲヘナ・ダイブスをつくり THA セクターを崩壊させたのです。あるいは、アルファコンプレックス中のチャイナウルトラバイオレットの密売網を支配しようとしていたのです。あるいは、THA セクターにコミュニストの革命政権を樹立しようとしていたのです。あるいはアウトサイドのどこかからやってきて THA セクターの住民を誘拐《アブダクション》している、謎のクローンの手先になったのです。あるいは、ネバネバ鬼の手先かもしれません。もしかするとその全部かもしれません。推測の根拠なんていりません。ヴァーノン -G は、こういうことが起きたはずだと断言し、「異議はあるかね？」というだけです。PC たちが、そんなことはしていないと否定したら、「君はそんなことをしなかったかどうか自分にもわからないのではないかね？」と尋ね、もっと奇想天外な大陰謀の責任を追加します。

冷静で賢いクローンが「私の前任者は悪らつで凶悪きわまりない反逆者でしたが、私は潔白で忠実なクローンです。」といったら、ザ・コンピューターの丁重な声で、「**アルファコンプレックス公式処刑規則 Ver.27487.3 は、Ver.27487.3.1 にアップデートされました。反逆スター 5 個の反逆者がその後反逆行為を重ねても処罰が加重されないのは犯罪抑止上問題があるからです。10 反逆スター以上に該当する反逆者は 2 回処刑されます。市民のご理解に感謝します。**」と伝えてください。

唯一問題となるのはコンニチワ高解像度固定カメラの記録です。ミッションの途中で壊してしまうという手もありますが、わざわざそうする必要もないでしょう。直前に死亡した PC たちは、コンニチワ高解像度固定カメラを持っていないか、持っているとしてもクローニングルームを出てからの記録しかない新品です。トラブルシューターたちがコンニチワ高解像度固定カメラを持って帰還しても、たいていの場合はトラブルシューターと一緒にシャトル内で丸焼きになります。丸焼きになる前に提出されたとしても、トラブルシューターたちは帰還時に膨大なチェックを受けており、その中には X 線やら、超音波やら、ポジトロンやら、GM にもよくわからない複雑怪奇な放射線の照射がふくまれています。帰還命令を受けたときに電子レンジになったセクターで高周波電波の大量照射を受けているかもしれません。すべてのデータが消えている理由はどうとでも説明できます。論理的で筋の通った消し方がお好みでしたら、こうしてください。ザ・コンピューターは、コンニチワ高解像度固定カメラの記録を何も見ずに消去し、残念なことだがゲヘナ・ダイブスに感染している可能性がきわめて高いといいます。

PC たちが、直前に死亡したクローンとそうでない（死亡していないか、再登場時にそれまでの説明を受けている）クローンとに分かれる場合は、記憶のあるクローンたちが記憶のない新クローンたちにすべての責任を押しつける様子を温かく見守るとよいでしょう。誰かがコンニチワ高解像度固定カメラの存在を思い出した場合には、カメラの記録の有無は、あなたのお好きなように決めてください。一般論としては、記録を消去して、記憶のあるクローンに好き勝手をさせた方が楽しいでしょう。どうせ彼らはすぐに罰を受けます。新クローンたちの処罰が一通り片付いたら、記憶のあるクローンのクリアランス違反の反逆的知識を徹底的に追求してください。彼らはおそらく膨大な反逆的知識を持っているでしょう。たとえ THA セクターが完全に浄化されたとしても、浄化される前の THA セクターに関する知識のほぼすべては反逆です。

全員が直近に死亡しなかった場合には、上記の場合同様、彼らの反逆的知識をひとつひとつ質問しましょう。

先ほど、クッキーの不適切な重複がありましたことをお詫びいたします。

うーん、ハード SF ではなく、フィリップ・K・ディックにレムとカフカを混ぜあわせた、不条理 SF というべきだったかもしれません。

ミッションの実績

かしこい GM はこのミッションにアチーブメントのリストがないことに気づくかもしれません。かしこいプレイヤーもですね。これには正当な理由があります。ミッションは最高機密です。これは、アチーブメントもまた、「必要な時に知らせる」原則に従って機密とされていることを意味します。つまり、トラブルシューターにはアチーブメントを知る必要がありません。彼らは知る必要がないということを知る必要はありません【※かしこい読者は、それならミッション 2 はどうなのかという疑問に気づくかもしれませんが、ライターが時間がなかったからだと弁解していることを知る必要はありません。】

PC の誰かがアチーブメントについて尋ねたら、ヴァーノン -G は、なぜ説明できないかを説明しようとして言語学上の難問に縛り上げられます。結局、彼はあきらめます。「それは機密だ。黙れ。」【※ 本書での反省に基づき、その後刊行された公式シナリオでは、アチーブメントが忠誠紙吹雪付きで記載されています。アチーブメントはミッションに役立ちます。あなたがミッションを自作するときも、アチーブメントのリストを作成することを推奨します。】

ミッションの大部分がデッドゾーンでおこなわれるため、アチーブメントの達成はその時点では公式に記録されず、PC たちがアルファコンプレックスの Wi-Fi の範囲内に戻るまで、XP ポイントは与えられません。メモテックがクラウドとシンクロしたら、ザ・コンピューターは PC たちがミッションの間に達成したすべてのアチーブメントを発表します。これは、あなたが、PC たちの賢い行動や、愚かな行動や、アチーブメントを達成するための必要性を超えたやり過ぎの行動を、何であれメモしておかなければならないことを意味します。このリストを読み上げることが、彼らが終えたばかりの冒険の最高のシーンを集めたグレーテストヒットビデオのようになるようにしてください。それから、あなたは関連した XP ポイントを与えます。それはちょうど次のセキュリティクリアランスに彼らを昇格させるものにしてください…

…失礼、昇格に必要な XP ポイント数からマイナス 4 にしてください。

機内ではすべてのお煙草の火をお消しください。
室内にいるすべての煙を出すものを抹殺してください。ご協力に感謝します。

ホワイトウォッシュ

付録1

グレッグ・コスティキャン　作

【　※「ホワイトウォッシュ (White Wash)」には、「白のしっくい塗料」のほか、「ごまかし」、「粉飾」などの意味があります。このホワイトウォッシュは、1986 年に出版されたパラノイア第 1 版のサプリメント『アキュートパラノイア (Acute Paranoia)』（2018 年に発売された同名のサプリメントとは別のものです）に、コード 7 ミッション（クローンが 7 体必要な自殺ミッション）の 1 つとして掲載されました。本書の付録 1 は、この版にあわせて、大脳コアテックや Wi-Fi 関連の記述を追加するなどの変更が加えられたものです。】

昔々、HPD&MC に根本的に無能なインフラレッド労働者がおりました。

彼は、とんでもないヘマをしました。ジョブ制御書類が、明白に黒い塗料を指定しているにもかかわらず、メンテナンスボットの塗料の容器を、白い塗料で一杯にしてしまったのです。残念なことに、彼の上司は、メンテナンスボットがその職務を果たすために格納庫から出発する前に、このエラーを発見できませんでした。労働者は無能のために処刑されましたが、このエラーはザ・コンピューターに記録されませんでした。【※上司の責任のがれのためでしょう。よくあることです。】ボットの仕事は、DOJ セクターのインフラレッド廊下の一区画を塗り直すことでした。塗料タンクには白の塗料が入っていたので、ボットは壁を白く塗り、そのエラーに気づきませんでした。

ご存じかと思いますが、アルファコンプレックスの廊下と部屋はセキュリティクリアランスカラーに塗られています。自分より高いセキュリティクリアランスのエリアに入ることは、反逆です。

かつてインフラレッドだった廊下は、現在ウルトラバイオレットです。不幸にも、この廊下はDOJ セクターの居住区画と労働区画をつなぐものでした。DOJ セクターで暮らす誰も仕事にいくことができません。かなりの数の人々が、この問題をザ・コンピューターに報告しました。しかしながら、ザ・コンピューターの記録によれば、廊下が常に黒色であり、しかも、実際ごく最近メンテナンスボットが黒で再塗装していることを示しています。そうでないというものは、誰であれ明らかな反逆者です。

完全に信頼できるザ・コンピューターの記録が黒となっているにもかかわらず、多くの人々が、廊

下を白いと報告するという状況は、明らかに極めて大規模な反逆的陰謀の存在を示しています。廊下を白いと報告するものは誰であれ処刑されなければなりません。廊下が白いという反駁できない証拠を提示するものは、誰であれ証拠の捏造者であり処刑されなければなりません。

1人の賢い市民は、こうすれば廊下が実際に白いことをザ・コンピューターに納得させることができると確信して、彼女の大脳コアテックからの視覚データをモニターすることをザ・コンピューターに求めました。ザ・コンピューターは彼女の大脳コアテックが白い廊下を表示していることに気づき、若干のハードウェアあるいはソフトウェア上の問題に原因があると結論し、市民の大脳コアテックを取り出して研究するために、技術部門（テック）に送りました。残念なことに市民はこの過程を生きのびることができませんでしたが、しかしご安心ください。彼女は追加の交替用クローンを与えられました。

さらにまた、原因は不明ですが、DOJセクターは100%の欠勤率を示しています。通常の解決手段である、インフラレッド労働者の無作為処刑は、状況を改善できませんでした。ザ・コンピューターは、これらの反逆者を根絶して問題を解決することを、その最も信頼する奉仕者の1人、コスモ-V-DOJに命じました。コスモ-V-DOJは問題をザ・コンピューターに説明することが処刑センターへの近道であることを理解しました。必要なことは廊下を黒で再塗装し、それでおしまいにすることです。

残念なことに、アルファコンプレックスでは、ちょっと角の金物屋にいって黒ペンキを1缶買ってくるというわけにはいきません。黒の塗料は、非常に危険なものだからです。なぜかですって？誰かがペンキを塗って、たとえばウルトラバイオレットの廊下を黒くしたら、ザ・コンピューターの最も貴重な秘密にありとあらゆる低いクリアランスのまぬけがアクセスできるようになってしまうんですよ。コスモ-Vには、かなり賢明と思える計画があります。

トラブルシューターの一団を召集して、廊下を黒く塗るミッションを与えることは、疑いもなく不可能です。ザ・コンピューターがそれを知れば、彼は処刑されるでしょう。その代わりに、彼は「アウトドア※でのミッション」のためにトラブルシューターの群れを召集し、非公式に、廊下を黒く塗るようにいって、DOJセクターに投入します。【※アウトサイドのことですが、原文がパラノイア第1版以来この版まですべてOutdoorsなので、そのままアウトドアで訳してあります。アウトサイドに変更したければご自由に。】

ミッションブリーフィング

声を出して次を読んでください。

••••• ミッションアラート •••••
こんにちは、市民。ザ・コンピューターです。あなたは、DOJセクターのブリーフィングルームABに出頭を命じられました。

　　　あなたはその場所で次のミッションの説明を受けます。このミッションは、あらゆる意味で危険ではありません。

あなたは、これを楽しむでしょう。幸福は義務です。ご協力ありがとうございます。

PC たちがブリーフィングルームに着くと、そこは 2 フィートの厚さの鋼鉄の扉を持つ、正真正銘の大金庫です。コスモ -V-DOJ はデスクに向かっています。PC たちが中に入ると、コスモ -V はデスクの制御盤にタッチし、扉は閉まります。

彼らが着席すると、コスモ -V は、ボットが DOJ セクターの廊下を誤って白く塗ったことを簡潔に説明します。インフラレッドたちは足止めされており、トラブルシューターの仕事はその状況を正すことです。

PC たちは質問することができますが、コスモ -V はあからさまに拒絶的な態度を示します。君たちのような有能なトラブルシューターなら、そのような取るに足らない問題は自分で解決できるはずだと、彼はいいます。ザ・コンピューターは、コスモ -V の巧みな（そして反逆的な）プログラミングのため、現在この部屋をモニターしていません。

PC たちがいる金庫室はファラデーケージです。つまり、Wi-Fi 通信は金属を透過できません。いい換えると、そこは間に合わせのデッドゾーンです。

ブリーフィングの間に、PC たちは、外から聞こえるかすかな叫び声と扉をたたく音に気づきます。コスモ -V に尋ねると、「後で説明する」と答えます。実際には、これはアール -B です。ブリーフィングのためにやって来た彼は、扉がロックされているのを発見したのです。コスモ -V は話を終えると、デスクの制御盤にタッチします。すぐに鋼鉄の厚板が天井からデスクの前に降りてきて、部屋はおよそ 2 フィート短くなり、キャラクターたちの前には壁しか見えなくなります。それから扉が開き、アール -B-DOJ がブリーフィングのために入ってきます。

コスモ -V の反逆的反監視プログラムは終了しました。アール -B は、彼のボスであるコスモ -V が PC たちにブリーフィングをおこなったばかりだということを知りません。彼が知っているのは、PC たちのアウトドアミッションについてブリーフィングをするということだけです。キャラクターの誰かが、アール -B のブリーフィングが、今さっき受けたものと全く違うのはなぜかと尋ねたら、彼は質問者が何をいっているのかを知ろうとします。PC が前におこなわれたブリーフィングの話にこだわり続けるなら、アール -B は彼を反逆者として処刑します。コスモ -V について尋ねたら、コスモ -V は特別ミッションで RGB セクターにいっているといいます。それでも質問を続けたら、アール -B は、端末でコスモ -V の現在位置を確認し、コスモ -V は確かに RGB セクターにいるといいます。（これもコスモ -V の反逆的プログラミングの一部です。）コスモ -V が数分前にここにいたというものは、誰であれ、明らかにだまされているか、精神的な病気か、あるいはもっと悪い何かです。

アール -B は、キャラクターたちにいいます。

「…君たちはアウトドアのパトロールに派遣される。R&D で割り当てられる装備を使って、墜落したヴァルチャー616 型を見つけ出すのだ。616 型の貨物室には、長さ 2 メートル、直径 10 センチメートルのインディゴのシリンダーが 3 本ある。いかなる場合でも、シリンダーを開けたり、シ

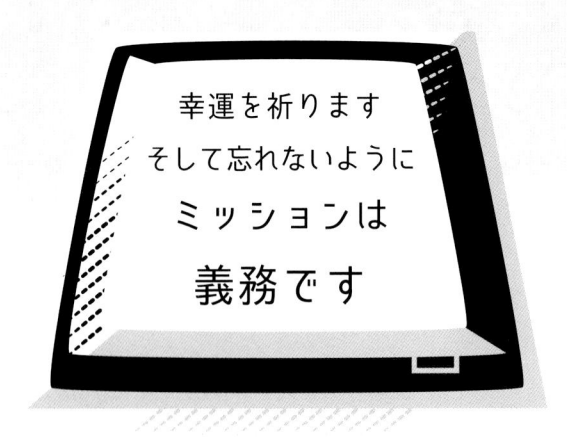

幸運を祈ります
そして忘れないように
ミッションは
義務です

リンダーにダメージを与えたりしてはならない。君たちは、このシリンダーをアルファコンプレックスに持ち帰るのだ。」

「さて、アウトドアは多くの点で奇々怪々であり、我々が愛するアルファコンプレックスとは極めて異なる。アウトドアの床は白く、そして天井は青だ。しかし、諸君はセキュリティクリアランスについて心配する必要はない。アウトドアとは、そういうものなのだ。」

プレイヤーがこのミッションについて質問した場合には、アール -B はよく喋り役に立ちます。プレイヤーをこのストーリーに乗り気にさせるために必要があれば、あなたが、どんな細かい内容でもでっち上げてください。コスモ -V は、アール -B に完全につじつまのあったもっともらしい作り話を与えました。

あたりまえですが、アール -B は知っていることしか話せません。それはコスモ -V が彼に話したことです。もしもあなたのアイデアが尽きたら、アール -B は PC たちのセキュリティクリアランスを問題にし始めます。(彼は無知を認める代わりに、残念ながら君たちにはその情報は公開されていないといいます。) 誰かがミッションについてザ・コンピューターに問い合わせれば、ザ・コンピューターは、PC たちがアウトドアにいくことを確認します。誰かが白い廊下について口に出せば、処刑されます。

R&D

R&D で、プレイヤーが会う相手は 1 人だけです。レイブン -B-DOJ です。研究所には、彼女のほかには誰もいません。(「私たちは輸送についてちょっとした問題を抱えています」)。今回は手が込んだ仕掛けは抜きです。PC がレイブン -B に墜落したヴァルチャー 616 型を見つけ出すために必要な装備を求めると、彼女は次の装備を支給します。【※ミッションの通常の装備の支給は PLC でおこなわれますが、今回の装備はアウトドア用の特殊なものなので R&D が担当しているのでしょう。】

市民ポール・ディーンはただちに処刑センターへ出頭してください。
警告：クリアランスレベル＝ウルトラバイオレット

6人用テント
標準型のブラントン・コンパス【※携帯用の方 角指示磁石】
水筒（人数分）
携帯用食器セット（人数分）
携帯用プロパン炊飯器
厳寒期用の防寒衣類（人数分）
雪上用の靴（人数分）
冬山用のゴーグル（人数分）
マニュアル、タイトルは「凍傷の治療」
ガスライター（人数分）
電熱式靴下（あなたがイベントを活気づけたい時、いつでも故障して着用者に電撃を加えます）（人数分）
リップクリーム

これらに加えて、プレイヤーが望めば、ほとんどどんな武器でも与えてください。いずれにしろ役に立ちません。ヴァルチャー616型を発見するために彼らに与えられるはずの特別装備について尋ねると、レイブン-Bは答えます。「交付された装備の中にあるはずです。」もしも、誰であれ、塗料を要求するほど十分なバカがいたら、レイブン-Bは、聞き返します。「塗料？ ザ・コンピューターの名にかけて、あなたは塗料を望むのですか？」誰かがそうだといえば、そいつを処刑してください。

廊下

プレイヤーたちがR&Dでの用事を済ませた次の瞬間、バトルアーマーを着たグリーンクリアランスの兵士の一団が現れ、彼らを取り囲んでDOJセクターのCX廊下まで連行します。「イチニ！ イチニ！ 動け！ 立ち止まるんじゃない！」

部隊の隊長が到着を告げます。「さあ、ここだ！ 元気でな、幸運を祈る！」それから彼ら全員は、反対側を向いて行進を始めます。「イチニ！ イチニ！」プレイヤーの誰かが彼らを止めて質問しようとした場合には、次の4つのどれかで答えます。

「すまんな、バディ！ こっちには次の予定があるんだ！ イチニ！ イチニ！」
「無茶言うなよ、バディ！ 俺が知ってるのは、おまえらをDOJセクターのCX廊下へ連れてけってだけさ！ イチニ！ イチニ！」
「なんだ？ 生意気な奴だな」（この場合、PCは腹を警棒で打たれます。）
「動き続けるんだ！ イチニ！ イチニ！」

廊下は、幅3メートル、高さ2.5メートルで、長さは25メートルです。何の特徴もなく、真っ白で、何もありません。（冗談でしょ？ セキュリティクリアランスウルトラバイオレットですよ！）、PCたちはインフラレッド廊下のT字路に立っています。時たまインフラレッド廊下を通るものがいますが、たいていは清掃ボットです。キャラクターは、厳寒期用の防寒衣類で汗をかき始めています。さて、どうしますか？

インフラレッド廊下が不適切に白く塗られていると、ザ・コンピューターに報告する：

ザ・コンピューターは報告者に身分証明を求め、近くにいる人々（ほかのPC）にその確認を求めます。それから、PCたちはコンプレックス中のスピーカーから鳴り響くザ・コンピューターの声を聞きます。「［報告者の名前］は反逆者です！　直ちに処刑してください！」

「コスモ -V-DOJ は、トラブルシューターグループに CX 廊下を黒に塗り直すように命じた反逆者だ」と、ザ・コンピューターに報告する：

コスモ -V は、ザ・コンピューターの信頼厚い奉仕者です。トラブルシューターは、廊下を塗装するミッションに派遣されていません。廊下を塗装するのはメンテナンスボットの仕事です。また、ザ・コンピューターは、テロリストの陰謀が CX 廊下を白いと信じさせるものであることを知っています。報告者は、即時処刑に値する反逆者です。ほかの PC が彼を処刑しないなら、別のグリーンの部隊がやってきて処刑を実行します。

廊下が白いことを確認するために、彼らの大脳コアテックの視覚データをモニターすることを、ザ・コンピューターに求める：

けっこうですね。これを試した市民を覚えていますか？　彼女の大脳コアテックを徹底的に分析しても、技術部門（テック）は、ハードウェアにもソフトウェアにも欠陥を見つけることができませんでした。しかし、彼らは、ザ・コンピューターが断固として主張を曲げない場合、人々が処刑される傾向があることを知っています。そして、この場合の最も簡単な解決策はザ・コンピューターが聞きたがっていることを話すことです。そこで彼らは、「問題を発見し」「修正する」【※原文は「問題を創り出し」「固定する」と翻訳することも可能です】ソフトウェア・パッチを提供できると報告しました。このソフトウェア・パッチは、白いものを黒く表示します。そこで、ザ・コンピューターは PC の視覚のデータをモニターすることに同意し、この市民の大脳コアテックに既に知られているものと同じソフトウェア問題があることを確認します。彼らのソフトウェアは古いものであり、これからアップデートされることをキャラクターに通知します。

それから、ザ・コンピューターはソフトウェア・パッチを適用します。ダウンロードの進捗状況表示バーがキャラクターの視野に現れ、すぐに完了します。現在キャラクターにはすべての白いものは黒く見えます。彼の将来は真っ暗です。キャラクターはウルトラバイオレットとインフラレッドを区別できません。このことは彼の平均寿命によい影響を与えないでしょう（この問題は、交替クローンには現れません。あなたがそれを望まない限りですが）。

黒い塗料を請求する：

「あなたのセキュリティクリアランスをお教えください。申し訳ございません、あなたが請求した物質は、現在利用できません。」請求者が主張を続けるなら、なぜ黒い塗料が高クリアランスなのかが講義されます（「反逆者がウルトラバイオレット廊下を黒く塗るために使用するかもしれません。そうなれば、ザ・コンピューターの最も貴重な秘密へのアクセスを許すことになってしまいます。」）

ザ・コンピューターに、何かがおかしい、トラブルシューターチームはミッションのブリーフィングで説明されたようにはアウトドアに連れ出されていない、と主張する：

ザ・コンピューターは報告者になぜアウトサイドアクセス扉 74-Q/17 にいないのかを説明することを求めます。報告者が素早く回答しなければ、命令通りアクセス扉に出頭し

市民グラント・ハウイットはただちに処刑センターへ出頭してください。

警告：クリアランスレベル＝ウルトラバイオレット

なかったことを理由に処刑されます。素早く対応した場合には、グリーンの兵士たちは、PC を間違った場所へ連れていったために処刑されます。この場合には、新しいたくさんのグリーンの兵士たちが現れ、（「イチニ！　イチニ！」）、キャラクターたちに DOJ セクターを 1 マイルほどジョギングさせ、防寒衣服のためにとても暑くて汗だらけで息があがっている彼らを CX 廊下に戻します。

　この問題を再度報告しようとするものは、誰であれ、コンプレックスの公共スピーカーによって反逆者の烙印を押されます。PC たちがすでに 1 回のみならず 2 回もアウトサイドアクセス扉 74-Q/17 に送られたことをザ・コンピューターの記録は示しています。それと異なる主張をするものは、誰であれ、明らかな反逆者です。（コスモ -V のとても巧みなプログラミングによって、緑の暴官への命令は、ザ・コンピューターからイントセック本部への通信の途中で変更されます。）

PC の 1 人（あるいは適当な通行人）を殺して、彼が廊下を白く塗った反逆者であったと主張し、再塗装のためのメンテナンスボットを要求します：

　パラノイア的なよいアイデアですが、しかしここでは通用しません。テロリストの陰謀は、極めて大規模なものだという話を覚えていますか。報告者は廊下が白いと報告しただけでなく、ザ・コンピューターをあざむく計画の一環として忠実な市民を殺害した憎むべき反逆者です。

じゃあ、どうすりゃいいんだ？

　はい。実はそれは極めて簡単です。廊下を汚してください。たとえば、厳寒期用の防寒衣類をガスライターで燃やすとか、手榴弾を何個か廊下に投げ込むとかしてください。それから、CX 廊下が汚れているとザ・コンピューターに報告して、再塗装を要請するのです。ザ・コンピューターはテロリストの陰謀と CX 廊下のことを知っていますから、報告者の忠誠をテストするために、**「市民、CX 廊下は何色ですか？」**と質問して回答を求めます。「黒です、友人コンピューター！」と正しく答えれば、ザ・コンピューターは黒い塗料を積んだメンテナンスボットをただちに出発させます。

デブリーフィング

たくさんのグリーンの兵士たちが、PC たちブリーフィングルーム AB に戻すために現れます。コスモ -V が、彼らを待っています。PC たちが入ると、扉が閉まります。コスモ -V は彼らを祝福して、それぞれの PC は 250XP ポイントを与えられると発表します。プレイヤーたちに、しばらくのあいだ、賞賛を浴びせてください。

コスモ -V-DOJ が彼のデスクの制御盤をたたくと鋼鉄の壁は閉まり、彼は消え去ります。それから表の扉が開き、アール -B が入って来ます。彼は、厳粛な表情で、長さ 2 メートルで直径 10 センチメートルのインディゴシリンダーの回収の失敗を始めとするさまざまな反逆行為について PC たちを非難します。即時処刑が妥当でしょう。

親切な GM のためのエンディングの代案：コスモ -V が制御盤をたたくと、扉が開き、アール -B が入ってきます。コスモ -V は、アール -B のインディゴシリンダーの確保に関する怠慢を非難し、反逆的に劣った指導力を理由に、PC たちに処刑させます。PC たちにブルークリアランスの反逆者の処刑の報酬を与えるのを忘れないでください。

※本作品で使用しているフォントの一覧

◇英語版で用いられているフォント：

　・Helvetica Condensed Black (Apple MacOSX)

　・Invaders (Pixel Sagas)

　・Orator (Adobe Fonts)

　・TAKECOVER (Magique Fonts)

　・Arial (Microsoft Windows)

　・Century Gothic (Microsoft Windows)

◇日本語版で用いたフォント：

　・游明朝（Microsoft Windows）

　・游ゴシック（Microsoft Windows）

　・DF 華藝体 (DynaFont)

　・DF 綜藝体 (DynaFont)

　・源界明朝 (DynaFont)

　・KentenGeneric (Adobe)

　・Noto Sans CJK JP (Adobe / Google)

　・Noto Serif CJK JP (Adobe / Google)

　・Rounded M+ 1c (M+ FONTS PROJECT / MM)

　・Rounded-L M+ 2p (M+ FONTS PROJECT / MM)

　・ロゴたいぷゴシック (フォントな)

　・スマートフォント UI (FLOP DESIGN / IPA)

　・りいてがき N (りいのフォント)

作成済キャラクター

付録 2

次頁以降には、あなたがゲームで使用できる作成済キャラクターのリストが掲載されています。

【アルファコンプレックス個人情報書類】

▶ この書類は義務です THIS FORM IS MANDATORY

/// PART 1　　CORE INFORMATION >>>　　基本情報

名前: キャシー　　セキュリティクリアランス: インフラレッド　　ホームセクター: PXR　　クローンナンバー: 1

性別: 女性　　性格: 忠実、有能、わがまま

/// PART 2　　DEVELOPMENT >>>　　発展

反逆スター:　　XPポイント:

STATS >>>　　スタット《属性》

暴力: 1　　知力: 1　　交渉力: 2　　技術力: 1

/// PART 3　　SKILLS >>>　　スキル《技能》

運動 −4	科学 +2	ごまかし +4	操作
銃器 +3	心理学 −3	魅惑 −5	機械工作 +2
接近戦 +1	官僚主義 −1	威圧 +5	プログラム −2
投擲	アルファコンプレックス	秘密行動	爆破

/// PART 4　　WELLBEING >>>　　健康状態

MOXIE >>>　　気力
○○○○○○⊗⊗

WOUNDS >>>　　ダメージ
軽傷　　重傷　　瀕死　　死亡

MEMORY >>>　　メモリー

ZB

/// PART 5　　EQUIPMENT >>>　　装備

【アルファコンプレックス個人情報書類】

▶ この書類は義務です THIS FORM IS MANDATORY

/// PART 1　CORE INFORMATION >>>　基本情報

名前: ソロモン　セキュリティクリアランス: インフラレッド　ホームセクター: PXR　クローンナンバー: 1

性別: 男性　性格: 知的、協調的、臆病

/// PART 2　DEVELOPMENT >>>　発展

反逆スター:　　　　XPポイント:

STATS >>>　スタット《属性》

暴力: 3　知力: 1　交渉力: 1　技術力: 0

/// PART 3　SKILLS >>>　スキル《技能》

運動	+2	科学	−1	ごまかし	−4	操作	
銃器	−3	心理学		魅惑	+2	機械工作	−2
接近戦	+5	官僚主義	+3	威圧	−5	プログラム	+1
投擲	+4	アルファコンプレックス		秘密行動		爆破	

/// PART 4　WELLBEING >>>　健康状態

MOXIE >>>　気力

◯◯◯◯◯◯✕✕

WOUNDS >>>　ダメージ

軽傷 □　重傷 □　瀕死 □　死亡 □

MEMORY >>>　メモリー

ZB

/// PART 5　EQUIPMENT >>>　装備

【アルファコンプレックス個人情報書類】

この書類は義務です THIS FORM IS MANDATORY

/// PART 1	CORE INFORMATION >>>	基本情報

名前: ノーマン　　セキュリティクリアランス: インフラレッド　　ホームセクター: PXR　　クローンナンバー: 1

性別: 男性　　性格: 宿命論者、ドライ、身だしなみが悪い

/// PART 2	DEVELOPMENT >>>	発展

反逆スター: 　　　　XPポイント:

STATS >>> スタット《属性》

暴力: 1　　知力: 1　　交渉力: 1　　技術力: 2

/// PART 3	SKILLS >>>	スキル《技能》

運動	−1	科学		ごまかし	+2	操作	+3
銃器	+2	心理学	+1	魅惑	−2	機械工作	+5
接近戦	−5	官僚主義	−3	威圧		プログラム	
投擲	−4	アルファコンプレックス	+4	秘密行動	+1	爆破	

/// PART 4	WELLBEING >>>	健康状態

MOXIE >>> 気力　　○○○○○○⊗⊗⊗

WOUNDS >>> ダメージ　　軽傷 □　　重傷 □　　瀕死 □　　死亡 □

MEMORY >>> メモリー

ZB

/// PART 5	EQUIPMENT >>>	装備

【アルファコンプレックス個人情報書類】

▶ この書類は義務です THIS FORM IS MANDATORY

/// PART 1 — CORE INFORMATION >>> — 基本情報

名前: レスリー

セキュリティクリアランス: インフラレッド

ホームセクター: PXR

クローンナンバー: 1

性別: 両性

性格: ハッピー、寛大、信用できない

/// PART 2 — DEVELOPMENT >>> — 発展

反逆スター:

XPポイント:

STATS >>> — スタット《属性》

暴力: 1 知力: 1 交渉力: 2 技術力: 1

/// PART 3 — SKILLS >>> — スキル《技能》

運動		科学	+3	ごまかし	+2	操作	−3
銃器	−2	心理学		魅惑		機械工作	−5
接近戦		官僚主義	+1	威圧	+5	プログラム	
投擲	+1	アルファコンプレックス	−4	秘密行動	−1	爆破	+4

/// PART 4 — WELLBEING >>> — 健康状態

MOXIE >>> — 気力

◯◯◯◯◯◯⊗

WOUNDS >>> — ダメージ

軽傷 ☐ 重傷 ☐ 瀕死 ☐ 死亡 ☐

MEMORY >>> — メモリー

ZB

/// PART 5 — EQUIPMENT >>> — 装備

【アルファコンプレックス個人情報書類】

▶ この書類は義務です　THIS FORM IS MANDATORY

/// PART 1　CORE INFORMATION >>>　基本情報

名前: メイ　セキュリティクリアランス: インフラレッド　ホームセクター: PXR　クローンナンバー: 1

性別: 女性　性格: 自制心がある、思慮深い、反社会的

/// PART 2　DEVELOPMENT >>>　発展

反逆スター:　XPポイント:

STATS >>>　スタット《属性》

暴力: 1　知力: 2　交渉力: 1　技術力: 1

/// PART 3　SKILLS >>>　スキル《技能》

運動	+4	科学	−3	ごまかし	−2	操作	
銃器	+2	心理学	+3	魅惑	+5	機械工作	
接近戦	−1	官僚主義	+1	威圧	−5	プログラム	+2
投擲		アルファコンプレックス		秘密行動	+2	爆破	−4

/// PART 4　WELLBEING >>>　健康状態

MOXIE >>>　気力

○ ○ ○ ○ ○ ✕ ✕ ✕

WOUNDS >>>　ダメージ

軽傷　重傷　瀕死　死亡

MEMORY >>>　メモリー

ZB

/// PART 5　EQUIPMENT >>>　装備

PARANOIA®

パラノイア　アルファコンプレックスガイド ＋ プレイヤーズハンドブック

ライター
ジェイムス・ウォリス、グラント・ハウイット、ポール・ディーン
《JAMES WALLIS, GRANT HOWITT, and PAUL DEAN》

パラノイアの創造者
ダン・ゲルバー、グレッグ・コスティキャン、エリック・ゴールドバーグ
《DAN GELBER, GREG COSTIKYAN, and ERIC GOLDBERG》

グラフィックデザインとアートワーク
ウィル・チャップマン、エイミー・ペレット、シャイアン・ライト
《Will Chapman, Amy Perrett, and Cheyenne Wright》

校正（英語版）：シャーロット・ロー　《Charlotte Law》

プレイテスター：マナル・フセイン《Manar Hussain》 ケイロン・ギレン《Keiron Gillen》 ダニエル・グーチ《Daniel Gooch》 サイモン・ロジャース《Simon Rogers》 マーサ・ヘンソン《Martha Henson》 ソフィー・サンプソン《Sophie Sampson》 ダニエル・ニー・グリフィス《Daniel Nye Griffiths》 キャット・トービン《Cat Tobin》 ウイリアム・マッキー《William Mckie》 イーサン・バーク《Ethan Burke》 アンケリノ・グラシ《Anxhelino Graci》 アレックス・ボリール《Alex Borrill》 レオ・ウルフソン《Leo Wolfson》 トーマス・バート《Thomas Burt》 マシュー・クラムジー《Matthew Cramsie》 ドナ・ホーガン《Donna Hogan》 マルコム・ライアン《Malcolm Ryan》（この版でのはじめての死者であり、はじめての昇格者でもあります。 ビル・コーエン《Bill Cohen》 コナン・フレンチ《Conan French》 クリストファー・ホーキンス《Christopher Hawkins》 サラ・マッキンタイア《Sarah McIntyre》 オーエン・マクレー《Owen McRae》 サイモン・バガボンド《Symon Vagabond》 リー・タックマン《Leigh Tuckman》 リザ・カーティス《Liza Curtis》 ベンジ・デイビス《Benj Davis》 ロブ・アブラザード《Rob Abrazado》 ヘンリー・エトキン《Henry Etkin》 ライグル・カミンス《Rigel Cummins》 ジェイコブ・ホッホバウム《Jacob Hochbaum》 オースティン・キャントレル《Austin Cantrell》 メリー・ハミルトン《Mary Hamilton》 コリー・アイカー《Cory Eicher》 ピエール・ヴィオラ《Pierre Viola》 マイク・ヴァイデス《Mike Vides》 エミリー・ルイス《Emily Lewis》 クリス・ブライアン《Chris Bryan》 ドナルド・シュルツ《Donald Shults》 ニキ・シュルツ《Niki Shults》 ジェームス・ワシントン《James Washington》 ブリタニー・ワシントン《Brittany Washington》（ザ・コンピューターは、このリストからいくつかの名前を削除しなければなりませんでした。テロリズムのせいです。ハイル・ザ・コンピューター！）

アルファコンプレックスの勇敢なトラブルシューターと市民たち：アンソニー・ライト《Anthony Wright》（アント -R-GCC-5)、ピーター・エンディアン《Peter Endean》（ピーティー-B-BRU-5)、マナル・フセイン《Manar Hussain》（ブルー -B-SKY-4)、カール・シェーリン《Carl Schelin》（カール -B-GDE-4)、マリアン・マクブライン《Marian McBrine》（マリー -I-MAC-1)、ビリー・ダリオス《Billy Darios》（バージル-V-FIN-3)、ブルース・W・スカークル《Bruce W Skakle》（ブルース-B-HRO-4)、オリバー・フェイシィ《Oliver Facey》（アーケル-V-PDM-9)、ロブ・ハンセン《Rob Hansen》（ロブ-R-IES-6)、ポール・バード《Paul Bird》（ポール-B-IRD-1)、フレデリ・ポーチャード《Frédéri Pochard》（フレデル-I-POC-4)、ジョーダン・タイエル《Jordan Theyel》（ジョーダン-G-LOW-4)、クリス・マーシャル《Chris Mouchel》（ビヨルン・トビー-B-OLD-6)、カール・ホワイト《Carl White》（アンダース-B-DUK-2)

ハイプログラマーたち：アンドリュー・マクレラン《Andrew MacLennan》（アンディ-U-MAC)、トマス・ベンダー《Thomas Bender》（ロード-U-BER)、沢田大樹《Taiju Sawada》（タイジ-U-YAP)、ラント・ウルコット《Grant Woolcott》（サイコ-0-KOW)、リズ・マッキー《Liz Mackie》（リズ-U-CRO)

心からの感謝をこめて：キャット・トービン《Cat Tobin》 ガレス・ブリッグス《Gareth Briggs》 ギャレット・クロウ《Garrett Crowe》 トム・プレザント《Tom Pleasant》 ウイリアム・マッキー《William Mckie》 ルーク・ホークスビー《Luke Hawksbee》

装備カード：摩擦管理器《James Petts》（デザイン、ジェイムス・ペッツ《James Petts》）、レーザートラップ（デザイン、マテュー・パスタラン《Mathieu Pasteran》）、浄手榴弾（デザイン、クリス・フレッチャー《Chris Fletcher》）、K@ コンバニオンボット（デザイン、ゲリー・R・ページ《Garry R. Page》）、ハイジーン-O- マチック 9000 （デザイン、オーガスタス・ゴールデン《Augustus Golden》）、U.B.T ハイパー知識装置（デザイン、ゲイブリエル・プレストン《Gabriel Preston》）、ケーシー-Bのボンバ ブーツ（デザイン、CKC)、つけひげ（デザイン、ライアン・ソーサ《Ryan Sosa》）

日本語版：高梨俊一《Shunichi Takanashi》（翻訳）、白河日和《Hiyori Shirakawa》（翻訳/セマンティクス・コントロール）、沢田大樹《Taiju Sawada》（編集）

雰囲気の帝王《トーン・ツァーリ》たる紳士：ケン・ロルストン《Ken Rolston》

この本でアルファコンプレックスの誇り高き
トラブルシューターになってください

ザ・コンピューターは、この顕彰すべき奉仕活動をおこなった
市民と糾弾されるべき反逆者のリストに賛同し承認を与えます

CONTENTS

目次

■電子書籍版奥付■　書名：パラノイア【リブーテッド】アルファコンプレックスガイド＋プレイヤーズハンドブック　◇編者：ジェイムズ・ウォリス、グラント・ハウイット、ポール・ディーン　◇原著者：ダン・ゲルバー、グレッグ・コスティキャン、エリック・ゴールドバーグ　◇日本語翻訳：高梨桜一、白河日和　◇ISBN: 978-4-908124-45-7 C3876 ¥1200E　◇発行者：山根政弘　◇発行所：合同会社ニューゲームズオーダー（東京都立川市栄町3-10-6 イチカワビル2F）　◇Ver.1 発行日：2019年9月30日

＃ ボックス版3巻セット〔パラノイア【リブーテッド】〕の奥付はミッションブックの目次頁に記載 ＃

PARANOIA ® & Copyright © 1984, 2016, 2019 by Eric Goldberg & Greg Costikyan. PARANOIA is a registered trademark of Eric Goldberg and Greg Costikyan. All Rights Reserved. New Games Order, LLC, Authorized User.
Original English Edition is published by Mongoose Publishing, Ltd. Based on material published in previous editions of *PARANOIA*.
The reproduction of material from this book for personal or corporate profit, by photographic, electronic, or other means of storage and retrieval, is prohibited. You may copy character sheets, record sheets, checklists and tables for personal use.
Published by New Games Order, LLC. Published 2019.

PARANOIAは Eric Goldberg と Greg Costikyan の登録商標です（国際登録番号 1372803）。

個人または共同の利益のために、本書の内容を複製することは、著作権法上の例外を除き、コピー、写真、電子的、あるいはその他の手段による保存と検索であれ、すべて禁止されます。ただし、あなたは、個人的な利用のためにキャラクターシート、記録シート、チェックリストと図表をコピーすることができます。

＊　日本語版訳者まえがき　＊

はじめに読んでください！

本ゲームのルールを読むに当たっては、

    (1) アルファコンプレックスガイド　（本書の前半部）
    (2) プレイヤーズハンドブック　（本書の後半部）
    (3) ゲームマスターズハンドブック　（ゲームマスターのみ）
    (4) ミッションブック　（**本当に**ゲームマスターのみ！）

上記の順番でお読みください。**必ず最初にアルファコンプレックスガイドを読んでください**。早く
ルールを読みたいという気持ちはわかりますが、最初にアルファコンプレックスガイドを読まない
とルールで使われている言葉の意味がわからないでしょう。これは、既にこれまでのパラノイアを
ご存じのベテランプレイヤーの方も同じです。アルファコンプレックスガイドにはこの版での重要
な変更点が説明されています。パラノイアのベテランゲームマスターはその後、すぐにミッション
ブックを読んでもいいでしょう（ミッションブックにもそう書いてあります）。また、初心者のゲーム
マスターも、プレイヤーズハンドブックやゲームマスターズハンドブックがわかりにくければ、
ミッションブックを先に読んでもよいでしょう。ミッションブックを他の本と照らし合わせながら
読めば、パラノイアのゲームがどう進行し、ゲームマスターが何をするのかが、具体的にわかります。

**パラノイアのセッションにプレイヤーとして参加する方は、ゲームマスターズハンドブックとミッ
ションブックは読まないでください**。その方がセッションを楽しめます。どうしても読みたいなら、
ゲームマスターズハンドブックはこっそり読んでください。ゲームマスターズハンドブックは、ク
リアランスレベルバイオレットに指定されています。これはプレイヤーであるあなたがこの本を読
む資格がないことを意味します。「クリアランス」とは何かを知らないという言い訳は通用しません。
ゲームセッション中に「ゲームマスターズハンドブックにこう書いてある」なんて反逆的知識を口
に出したらゲームマスターに処刑されます。読んでいないふりをしてください。

〔パラノイアのベテランプレイヤーの皆様へ：今回は、この「ゲームマスターズハンドブックを読
むな」は、必ずしも反語表現ではありません。いずれこっそり読んでしまうであろうことは変わら
ないにしても、ミッションブックに収録されている［機密］という名のミッションをプレイヤーと
してプレイするまでは、ゲームマスターズハンドブックを開かないでいることをおすすめします〕

**ミッションブックは、セッションを実施するゲームマスター（GM）以外の方は本当に読まないよ
うにしてください**。読んでしまうと、ミッションを楽しむことができなくなります。ミッションブッ
クはクリアランスレベルウルトラバイオレットに指定されています。「ウルトラバイオレット」と
は何かわからないかもしれませんが、「バイオレット」よりも「ウルトラバイオレット」の方がよ
り機密性が高く重要で危険かもしれないということは理解できるでしょう。その通りです。ゲーム
マスターはあなたのゲームセッションへの参加を拒否するかもしれません。絶対に読まないでくだ
さい。

はじめてパラノイアのルールを読む皆様へ

パラノイアのプレイヤーは未来の封鎖された地下都市アルファコンプレックスのトラブルシューターを演じます。トラブルシューターについては後で説明があります。「アルファコンプレックスガイド」は、みなさんのキャラクター（プレイヤーキャラクター、略して PC と呼ばれます。本書の PC はパソコンではなくみなさんが演じる登場人物のことです）が活動するアルファコンプレックスのガイドブックです。ゲーム世界は、アルファコンプレックスを支配するザ・コンピューターとその奉仕者からの新人トラブルシューターへのレクチャーという形で説明されます。このやり方は、他の卓上ロールプレイングゲーム（TRPG）でも時々採用されますが、パラノイアでは、この方針が徹底しています。ガイドはあなたが生まれたときからはじまります。とても楽しいですよ。

ただし、一つ注意しなければならない点があります。

残念なことにアルファコンプレックスを支配するザ・コンピューターは、強度の偏執症《パラノイア》であり、正気じゃありません。ザ・コンピューターは自分がこうだと信じているアルファコンプレックスを説明します。しかしコンピューターは時々、いや、しばしば間違っています。これから説明されることは真実ではない場合があります。本書でのアルファコンプレックスの説明が本当に正しいかどうかはあなたがゲームマスターにならなければわかりません。数回プレイを重ねれば大体のところはわかりますが、気をつけてください。その知識を示すことは反逆です。

したがって、あなたは注意深く本書を読む必要があります。本書にはさまざまな貴重な真実とザ・コンピューターの妄想が書かれています。あなたはこの二つを慎重に区別しなければなりません。

まず、アルファコンプレックスはザ・コンピューターが信じているようなユートピアではなくディストピア、つまり絶望的な管理社会だという前提ですべてを解釈してください。ザ・コンピューターやその奉仕者たちは都合の悪いデータを削除したり、もったいぶったあいまいな表現で隠したりします。本書の [削除済] 部分にはあなたが想像もできないような悲惨な事実が書かれていると推定してください。大丈夫です。あちこちにヒントがちりばめられています。あなたが本書を丸暗記するのでなく、考えながら読むなら、何が正しい事実で、何がザ・コンピューターの妄想なのかを区別する事はそう難しくはありません。それに、はじめて本書を読んだ方がわからなかったり、誤解しそうだったりする点については訳注がついています。全部じゃありません。あなたがとまどいそうなところだけです。「※」が訳注です。それ以外の「注記」や「＊（原注）」は原文にあるものです。

あなたは訳注を全部読まないという選択もできます。他の卓上 RPG は、ゲーム世界がよくわからないと、プレイしても楽しくありません。しかしパラノイアでは、ゲーム世界がわからないことが楽しさを生みます。これは初心者しか味わえない楽しみです。あなたが「自分がとまどい混乱する」ことを楽しみたいと思うなら、この選択をお勧めします。

もう一つ注意して欲しい点があります。

アルファコンプレックスでは正しい知識も重要ですが、ザ・コンピューターの妄想も同じように重要です。あなたがアルファコンプレックスの正しい現実しか知らないとしたら、あまり長く生きの

びることはできないでしょう。ザ・コンピューターの妄想を無視したり疑ったり否定したりすれば、反逆者として処刑されます。あなたはザ・コンピューターの妄想の世界と現実の世界の両方を理解し、ザ・コンピューターの妄想の世界を信じるふりをしながら、現実の世界に対応した行動を取らなければなりません。つまりジョージ・オーウェルの小説『一九八四年』に出てくる「二重思考《ダブルシンク》」※を実際にマスターし、実際に使わなければならないのです。わかりましたね。

【※『一九八四年』内の書物『寡頭制集産主義の理論と実践』（エマニュエル・ゴールドスタイン著）によれば、「二重思考とは、二つの相矛盾する信念を心に同時に抱き、その両方を受け入れる能力をいう。」（高橋和久訳　ハヤカワ epi 文庫版 328 頁）】

うーん、すばらしいですね。ゲームに思想がありますね。ただし、初心者にとっては、ここから1つの問題が派生します。本書はパラノイアのルールブックですから、当然「プレイヤーはこれこれのことをしなければなりません。」とか「トラブルシューターはこれこれのことをしてはなりません。」といった表現がたくさんあります。

2つの場合があります。

1. ゲームシステム上のルールであり、あなたはゲームを楽しむために、そのルールを守らなければなりません（キャラクター作成ルールとか行動ルールとかです。私たちの世界でいえば自然法則のようなものです）。
2. アルファコンプレックスの規則であり、あなたがそれを守らなければ反逆者とされる危険がありますが、守るともっと危険だったりします。ミッション中の上司やザ・コンピューターの指令やクリアランス関連の規則などですね。私たちの世界でも法律は守らなければなりませんが、違反者は常に存在します。

たいていの場合、この2つは簡単に見分けられますが、中にはどちらかわかりにくいものもあります。ベテランプレイヤーはこの区別ができますが、初心者はとまどうこともあるでしょう。どうしてもわからなければゲームマスターに聞きましょう。もしかすると反逆者として即時処刑されるかもしれませんが、それはあなたにパラノイアを理解させようとする、ゲームマスターの愛のムチです。

もう一点、本書の原文は冗談とダジャレと二重の意味を持つ表現《ダブルミーニング》で溢れています（ライターは、本書にはたくさんのジョークとウソがあるといっています）。単純にルールを理解するだけなら、全部削除した方がわかりやすいのですが、それではパラノイアの楽しさが失われてしまいます。可能な限り日本語化し（○○あるいは××と正反対ないしまったく無関係のことが続けて書いてある場合は、たいていの場合、二重の意味を持つ原文を二度訳したものです）、わかりにくいものや訳せないものは註をつけましたが、どうしても翻訳できなかったネタもあります。もちろん訳者が見逃したネタもたくさんあると思います。少々読みにくい部分もありますが（明らかにわざとややこしく書いている部分や、わかりにくい契約書のパロディなどでは訳文もわかりにくくしてあります）、パラノイアのルールブックの楽しさを知るための負担と考えて納得してください。

ベテランプレイヤーの皆様へ

【 ※ 「ベテランプレイヤーの皆様へ」の部分に
は、初心者の方向けの※印注記はつけていません。】

本書を含むこのセットは、*PARANOIA (mid 2017) RED CLEARANCE EDITION* の全訳に、*GUIDE TO ALPHA COMPLEX* の全訳（つまり本書）を加えたものです。ただし、サプリメントブック *ACUTE PARANOIA* (late 2018)（以下「アキュートパラノイア」）によって行われたルール改定を反映している箇所が多数あります。

ちなみにパラノイアの世界は永遠にコンピューター暦214年です。え、194年じゃないか？ それは歴史浄化される前の間違ったデータです。ただちに消去してください。さて、ご存じのようにアルファコンプレックスには歴史がありません。え、第1版や第2版にはアルファコンプレックスの歴史が書かれている？ ですからそれは歴史浄化されて記憶穴に放りこまれた古い存在しないデータなんです！ とにかく古い版のことはさっさと忘れてください。特に以下の点に注意して、間違った知識はすみやかに忘却してください。何でしたら記憶除去剤《メモゴー》の処方を申請してください。

■コンピューターはザ・コンピューターです！

この版の翻訳では、基本的には25周年版の訳語を踏襲していますが、原文自体の変更と可読性の向上と訳者のきまぐれのためにいくつかの訳語が変更されています。アルファコンプレックスを支配するコンピューターは、英語版では第1版以来、定冠詞「ザ」がついた大文字の「The Computer」と表記されています（厳密にいえば、25周年版は The Computer ですが、今回の版では the Computer です）。日本語25周年版は、日本語翻訳の慣例に従って The を取って「コンピューター」と訳し、The Computer 以外の computer は区別のために「電子計算機」または「電算機」と訳しています。今回の訳では、the Computer は「ザ・コンピューター」と、それ以外の普通の computer は「コンピュータ」と訳しています。「ザ」はアルファコンプレックスを支配しているコンピューターですよという注記と考えてください。「ザ」のない「友人《ゆうじん》コンピューター」あるいは「友人《フレンド》コンピューター」「親愛なるコンピューター」「我が友コンピューター」「我らが友コンピューター」といった表現も認容されます。「友人コンピューター」等の表現はすべて固有名詞です。ザ・コンピューター以外に「友人コンピューター」が存在すると考えることは反逆です。

■アルファコンプレックスの敵は「テロリストでミュータントな反逆者」です！

コミー（共産主義者）はどうしたって？ ご安心ください。秘密結社コミュニストはちゃんと存在しています。しかし反逆者の右（いや左か？）代表ってわけではありません。アルファコンプレックスには歴史がありませんが、私たちの世界には歴史があります。パラノイアの第1版が発売された1984年にはまだ米ソの対立が続いており、多くのアメリカ人の最大の恐怖の対象はコミー（共産主義者）でした。しかしソ連が消滅し9.11テロを経験した現在、多くのアメリカ人がもっとも恐れるのはテロリストです。つまり、そういうことです。マンガやTVのヒーローが敵を倒してしまったら、話を続けるためには次の敵を創り出すしかないでしょう？ わかってやってください。（本書の原著者のひとりであるグレッグ・コスティキャンは、2004年版でコミーをテロリストに変えようかとも考えたが、9.11テロの記憶があまりにも生々しかったため、その時点では変更しなかったと語っています。）

■もう PDC（パーソナルデジタルコンパニオン）はいりません！

繰り返しになりますが、アルファコンプレックスには歴史がありませんが、私たちの世界には歴史があります。パラノイア第1版が発売された1984年には、まだ携帯電話は普及していませんでした。したがってトラブルシューターたちは固定端末や無線機でザ・コンピューターと連絡を取っていました。2004年版では、スマートフォンに似たPDCが導入されました。さて、今回のパラノイアでは、トラブルシューターの通信問題は抜本的に改善されました。アルファコンプレックスの全市民には「大脳コアテック」システムが組み込まれています。トラブルシューターは頭の中で考えるだけで、ザ・コンピューターと話したり他のクローンにメールを送ったりできるのです！　念のために付け加えますが、装備や通信回線の不調や破壊工作があった場合や、Wi-Fiが通じないデッドゾーンにいる場合には、いままで通り通信不能になりますからベテランゲームマスターはご安心ください。また、大脳コアテックに付属するアイボールシステムによって、トラブルシューターが見たものはそのままザ・コンピューターに送信できるようになり、マルチコーダーの撮影機能も代替されました。

■ MBD（強制ボーナス任務）は（少し）変わりました！

トラブルシューターにMBDが与えられることに変わりはありません。ただし、MBDの種類は、チームリーダー、ロイヤリティオフィサー（忠誠担当官）、ハピネスオフィサー（幸福担当官）は今までと同じですが、エクイップメント・ガイがエクイップメントオフィサー（装備担当官）に名称変更され、ハイジーン・オフィサーに代わって、衛生だけでなく、科学的調査とチームメンバーの身体的健康を担当するサイエンスオフィサー（科学担当官）が置かれ、C&Rオフィサーがなくなり（通信および映像技術の完全性の向上によって不要となったのでしょう）、かわりにコンバットオフィサー（戦闘担当官）が追加されました。

■アウトドアはアウトサイドです！

市民、アルファコンプレックスの外部世界はアウトサイドです。パラノイア第1版ではアウトサイドになっています。第2版から25周年版まではアウトドアと書いてあった？　ミッションブックの「ホワイトウォッシュ」は、第1版時代からアウトドアだった？　この版にもアウトドアと書かれている場合がある？　その通りです。この版のルールブックのライターたちはアウトサイドで統一しようとしましたが、パラノイアのシナリオライターの中には頑固にアウトドアを使い続ける人もいます。旧版から移植したときの見落としもあります（イラストのキャプションなんかですね）。訳文をどちらかに統一しようかとも考えましたが、原文通りに訳すことにしました。したがって、本書の大部分では外部世界はアウトサイドですが、時々アウトドアも混じっています。どちらも同じことです。2018年に刊行されたアキュートパラノイアでもそう説明されています。この版の基本用語はアウトサイドですが、ベテランGMがアウトドアを使い続けたければどうぞご自由に。

■もうクレジットに悩む必要はありません！

理想的な共産主義社会が実現すれば貨幣は消滅します（とマルクスはいっています）。アルファコンプレックスは断じて共産主義社会ではありませんが、理想的な社会です。もはやクレジットは必要ありません！　MEカードの管理やクレジットハックに悩む必要はなくなったのです！　あなたはクレジットの代わりにXPポイントを使用できます。XPポイントは装備の購入だけでなく技能の習得にも使用でき、それどころか十分なXPポイントを獲得すれば、昇格することさえ可能で

す！（これまでもクレジットをうまく使えば昇格できましたが、昇格へのクレジットの利用は「賄賂」と呼ばれていました。賄賂は反逆です。しかしXPポイントを使っての昇格は賄賂ではありません。胸を張って堂々と昇格してください。）

■反逆は情報公開されます！

これまであなたは自分の反逆ポイントを知ることができませんでした。しかし慈愛溢れるザ・コンピューターは情報公開に踏み切りました。キャラクターの忠誠評価は0個から5個までの反逆スターのマークでプレイヤーキャラクターの眼球内《イン＝アイ》ディスプレイに常時表示されます。反逆スターが1個も無ければ善良な市民です。5個になれば処刑すべき反逆者です。過ちによって反逆的行為をおこなったキャラクターは、反逆スターを与えられたことを知り反省できます。そしてすばらしいことにトラブルシューター（そしてイントセックのスパイや、ごろつき《グーン》たち）は各市民の忠誠評価をいつでも知ることができ、もっとすばらしいことに5個の反逆スターを持つ処刑すべき反逆者は全市民が知ることができるのです。反逆者に死を！

このほかにも、大脳コアテックのさまざまな機能をはじめとする、あなたとあなたのキャラクターにとって便利な（そしてゲームマスターとザ・コンピューターとイントセックによる処刑にとって便利な）システムの導入によって、完全なアルファコンプレックスはさらに完全なアルファコンプレックスになりました。完全なザ・コンピューターに賞賛を！

（編注：翻訳方針の変更について）

今回の版の翻訳では、旧版と翻訳の方針に下記のような違いがあります。

- 25周年版の翻訳で多用していたルビは、ほぼ全廃されました。読み仮名を振る場合は、ルビではなく、既に出てきている通り《》記号を使います。
- ルビの廃止に伴い、一部の用語については、読み方が変更されます。例えば、25周年版で「奉仕《サービス》」と訳されていたserviceは、今回の訳では単に「奉仕」です。
- そのほかにも、英語版では旧版から変更のない用語であっても、訳語が変更されたものがあります。たとえばIntSec（イントセック）の正式名称は、25周年版では「内務公安局」でしたが、今回の訳では「内部公安部門」です。
- 可能な限りアルファベットは用いず、仮名に開いた表記を用いるようになっています。たとえばIntSecは「イントセック」と表記されます。
- 旧版から変更された主な訳語については、10頁にリストアップしてあります。

訳語その他について

- 「この版の」パラノイアを示す正式な呼称は、原著には存在しません。日本語版は、この版のパラノイアの開発段階でのプロジェクト名「Paranoia Rebooted」にしたがい、「パラノイア【リブーテッド】」と表記します。
- ゲーム用語であることを強調するため、言葉を 〈 〉 で囲むことがあります。（例：〈知力〉）
- 英語版の平文中で強調のために大文字表記されている言葉について、下線を引いてこれを示す場合があります。（例：11頁の「本物」）
- 英語版の平文中で強調のためにイタリック表記されている言葉について、下線を引く、または他と異なる書体を用いてこれを示す場合があります。

ゲームルールが大好きな皆さんに

さて、最後にルール大好き《ルールジィ》なみなさんへの助言です。

多くの卓上 RPG では、GM はルールに従いダイスの目を尊重し、やむを得ない場合以外は独断で物事を決定してはならないとされています。パラノイアでは、GM はできる限りダイスロールをせず、可能な限り独断で物事を進め、自分では判断できない場合（GM として自分の至らなさを反省すべきです）や、自分で決めるまでもないささいでどうでもいいこと（たとえば戦闘で PC が生きるか死ぬかなど）だけ、ダイスに従います。

一部の卓上 RPG では GM は神ではありません。ルールが神であり GM はこの神に仕える神官です。もしかしたらそれは楽しいのかもしれません。信仰上の問題をとやかくいうつもりはありません。しかし、パラノイアでこのような考え方をすることは、決定的に間違っています。パラノイアではルールは GM の道具の１つであり、GM の支配者ではありません。パラノイアの GM がルールに従おうと努力することは無意味です。GM の決定に便利なら使い、GM の考えと異なれば無視する。それだけです。ハサミはとても便利な道具でいろんなものを切ることができますが、刺身をつくったり大木を切り倒したりするには不向きです。ルールをそういうものと考えてください。卓上 RPG の目的は楽しいセッションをすることで、ルールに従ったセッションをすることではありません。もしかするとルールを厳密に適用すればするほど、楽しいセッションがおこなえる卓上 RPG があるかもしれません。しかし、パラノイアはそういうゲームではありません。

パラノイアのルールは GM に多くを任せます。版を重ねるにつれどんどんそうなっています。25周年版では移動ルールが廃止されました。これで１ターンのうちに敵を攻撃できる場所までたどりつけるかどうかを知るために距離を計算する必要がなくなりました。今回の版では「射程」もなくなりました（目標地点にたどりつけるかとか射撃が可能かどうかとかを考えるのが面倒だと思った GM はプレイヤーにダイスロールを命じます）。

この版では、GM は原則としてダイスロールをしません（プレイヤーはダイスロールをします）。戦闘でもそうです。パラノイアでよくある PC 同士の撃ち合いでは、PC たちはダイスロールをします。しかし NPC との戦闘では GM はダイスロールをしません（もちろん万能の GM は望むならダイスロールをすることもできます）。PC が戦闘中にダイスロールに失敗すれば、失敗の程度に応じてペナルティを受けます。GM は戦闘中のペナルティの多くを PC の失敗の程度に応じたダメージとして判定します。PC が逃亡しようとした場合も、隠れようとした場合も、失敗すればダメージを受けます。NPC が奇襲をかけて来た場合も同じです。GM は PC が奇襲を受けたといえばいいのです。PC は何か行動するでしょう。ダイスロールさせましょう。行動に失敗すれば奇襲は成功し、PC はダメージを受けます。PC が成功したか失敗したかは、プレイヤーのダイスロールで明らかになります。その成功や失敗をどう表現するかは GM に任されています。

そういうやり方は GM の負担を増やすんじゃないかって？　違います。GM に負担を与えているのは卓上 RPG の膨大なルールです。ルールが神だという誤った強迫観念《パラノイア》を捨ててください。何が起きるかを常識とその場の思いつきで表現してください。それは他の大部分のRPG の GM たちが、ためらいながらやっているのと同じことです。パラノイアのシステムは、何

が起きてもうまくいくようにデザインされています。プレイヤーは、自分のキャラクターが殺されても気にしません。ミッションが失敗しても小さく肩をすくめるだけです。GM がいっていることが、プレイヤーが閲覧できるルールと異なっていても気にしません。どうせ秘密結社かハイプログラマーの陰謀か、あるいはザ・コンピューターのちょっとした障害です。

とはいうものの、パラノイアのこういったやり方は、卓上 RPG をはじめてプレイする初心者 GM や他の RPG のベテラン GM をとまどわせるかもしれません。本書にはこのような GM のみなさんのため、日本語版独自の※印の日本語版注記と解説がたくさんついています。こういった解説や注記はパラノイアを自分の考えで発展させようとする GM の楽しみを奪い、望む方向とは別の方向にミスリードする危険があります。訳者は著者の考えを伝えればよく、訳者自身の考えを伝えたければ自分で本を書くべきだというのは正論です。しかし著者の考えを正しく伝えるには、原文を直訳するだけでは不十分な場合もあります。本書についていえば、私たち訳者はかなりの数の読者にはそのような説明が必要だと考えました。おそらくパラノイアをすでによくご存じの読者はおせっかいな訳者が出しゃばりすぎるうっとうしい翻訳だと感じられるでしょう。逆にまだまだ説明不足でもっとくわしく解説すべきだと思われる読者もいるでしょう。本書の注記や解説は、1 つの妥協策です。妥協策は誰にとっても不満足な点を残す解決策ですが、私たちはこれ以上の解決策を考え出すことができませんでした。ご理解ください。

旧版から変更された主な訳語

コンピューター ⇒ ザ・コンピューター

電子計算機 ⇒ コンピュータ

奉仕《サービス》 ⇒ 奉仕

食料樽《フードバット》 ⇒ 食料槽 （その他、「バット vat」は通常は「槽」と訳します）

廊下《コリドー》 ⇒ 廊下 （「廊下」と言えないような広さの場合、適宜別の訳語を用います）

日期《デイサイクル》 ⇒ 日期 （ルビ削除。「月期」等も同様）

戦闘《コン》ボット ⇒ 戦闘ボット （ルビ削除。「○○ボット」類は原則全てルビ削除）

放弾器《スラグスロワ》 ⇒ 放弾器

藻屑《アルジー》チップス ⇒ 藻屑チップス

アーマー ⇒ 防具

傀儡師《パペッティア》 ⇒ パペッティア《人形つかい》

軍部局（Army） ⇒ アーミー（軍事部門）

中央処理省（CPU） ⇒ CPU（中央処理部門）

住環境精神統制局（HPD&MC） ⇒ HPD&MC（居住環境保全開発および精神統制部門）

内務公安局（IntSec） ⇒ イントセック（内務公安部門）

生産搬送配給局（PLC） ⇒ PLC（生産搬送配給部門）

動力局（Power） ⇒ パワー（動力部門）

研究設計局（R&D） ⇒ R&D（研究設計部門）

技術局（Tech） ⇒ テック（技術部門）

これはザ・コンピューターが認める唯一の公認アルファコンプレックスガイドです！

本製品が**本物**であることを確認してください。
本製品が**本物**であることを確認することは、あなたの**義務**です。

本製品には以下の**危険な欺瞞**が**何一つ含まれない**よう**万全の注意**が払われています。

- 反逆的な誤報
- どうしようもない偽情報
- テロリズム的な誤った事実
- 大ウソ

本製品は**アルファコンプレックスの敵**によって**偽造されない**よう**万全の注意**が払われています。

本製品が**公式の公認版**アルファコンプレックスガイドの**公式の公認版**であることを、あなたの**大脳コアテック™**※の**アイボール™**システムでスキャンし、自動生成誤り検出符号《チェックサム》で確認してください。【※本件および以降の TM（商標登録）表記はいずれもアルファコンプレックスでの登録を意味しており、日本国での商標登録を意味するものではありません。】

あなたのガイドが、非公式、未公認、あるいはまったくこれっぽっちも公認されていない公認**アルファコンプレックスガイド**のコピーだったら？

- ## そのまま動かないでいてください。**落ち着いてください。**
- ## ただちに**ムードエレベーター幸福サプリメント™**を服用してください。

あなたの**大脳コアテック™**はザ・コンピューターに、あなたのガイドでないガイドの存在とその位置をすでに通報しました。

警告！　現在、あなたの脳はアルファコンプレックスに対して潜在的に有害な不良データを含んでいる可能性があります！

トラブルシューターチームが、あなたの現在位置に派遣されました。あなたのガイドでないガイドを無力化し破壊するためです。別のいい方をすれば、あなたの脳内にある**潜在的に有害な不良データ**を無力化し破壊するために、ということですね。

誰もが、勤勉で有能なトラブルシューターを讃えます！　トラブルシューターの洗練されたユニフォームを賞賛しましょう。トラブルシューターのレーザーピストルは、いつでも私たち * を守る用意ができています。

あなたの友人ザ・コンピューターに対する奉仕に感謝します！
身動きせずに立っていてください！　まもなくすべてが完全に安全になります！　短い、しかしこの上なく幸福な時を過ごしてください！　そして申し分なく衛生的になってください！
私たちは、あなたの次のクローンと働くことを楽しみにしています。

* （原注）　忠告しておきますと、**潜在的に有害な不良データ**を含む市民は、この文がいう「私たち」に含まれません。

【※この頁でいいたいことを簡潔に要約すると「違法コピーしたらぶっ殺すぞ」です。】

SO YOU'VE JUST BEEN CLONED
いま、あなたの クローンがつくられました

セクション 0.1

お誕生おめでとう市民

あなたのわが家、アルファコンプレックスへようこそ。

あなたは混乱しているでしょう。

驚くべきことに、あなたはいま、生まれたばかりなのです！

あなたには、最新の大脳コアテック™生命強化技術が組み込まれています。まもなく、オムニスキル一般記憶セットが起動し、**完全に秩序正しく完璧に心地よい**アルファコンプレックスの世界で、あなたが生活する場所とあなたができることについての必要なすべての情報が提供されます。あなたはさわやかな気分になるでしょう。

しかしながら、もしあなたが、弱々しく、裸で、混乱し、突っ立ったまま、クローニング室でクローンバンク操作員の１人からあなたの震える手に渡されたタブレットをじっと見つめているとしたら、**ムードエレベーター幸福サプリメント™**を服用してください。大脳コアテック™アップデートシステムは、現在、テロ活動によって妨害されています。

もしタブレットではなく小冊子が渡されたら、タブレット配送システムは**予期された計画外サービスアップグレード**によって一時的に停止しています。**ムードエレベーター幸福サプリメント**™を２錠服用してください。

もし小冊子の代わりに、クローンバンク操作員が記憶を頼りに暗唱するなら、**通常余剰不足**が私たちのシステムの円滑な運用を妨げています。**ムードエレベーター幸福サプリメント™**を自由に服用してください。

あなたの快適と安全を守るため、クローンバンク操作員の作業を妨害しないように注意してください。操作員は、あなたの友人ザ・コンピューターとアルファコンプレックスの安全に奉仕しているのです。

この説明文書を読んで（あるいは説明を聞いて）、その内容を記憶してください。それが済む前にこの部屋を出たり、どんな衣服でも着用したり、何かの行動をすることは、あなたの将来の幸福を予想外または必然的な危険にさらすか、あるいは迅速な無痛 * 処刑をまねくでしょう。

*（原注） 忠告しますと、ここでいう「無痛」は保証の範囲外です。ただし、ムードエレベーター幸福サプリメント™を指示に従って服用した場合を除きます。

[以下は、事前に作成された質問です。あなたが考えた未公認の質問による妨害は、クローンバンク操作員を混乱させ、あなたの忠誠評価を危険にさらす可能性があります。]

ここはどこですか？

あなたはアルファコンプレックスにいます。アルファコンプレックスは人類のわが家です。以前のわが家が偶然にも [削除済] した後のわが家です。すべての人生はここにあります。これは文字通りの意味です。あなたは、アルファコンプレックスの秩序正しい効率的な社会で、幸福で生産的なメンバーとして人生をおくります。アルファコンプレックスは、機械システムがあなたの利便と楽しみのためにさまざまな役割を果たすオートメーション化された社会であり、人類の成果の充実した頂点です。現在は 214 年です。

私は誰ですか？

あなたは、アルファコンプレックスの新しいクローン市民 [$ 名前が見つかりません] です。あなたの名前は、いくつかの部分から成り立っています。たとえば、市民の名前が、データセット-R-GNR-1 だとしましょう。「データセット」は、ザ・コンピューターが彼女の性別とパーソナリティのタイプに基づいて割り当てた名前です。「R」はレッド（Red）を意味します。レッドは彼女のセキュリティクリアランスです。「GNR」は、彼女のクローンがつくられ、そして、通常の場合そこで働き、食事をし、承認されたレクリエーション活動に参加し、睡眠を取るセクターの名前です※。そして、「1」は彼女のクローンナンバーです。したがって、あなたの名前は [$ 名前が見つかり

ボットとクローンのためのよく練られた計画

ません] で、あなたのクリアランスは [$ クリアランスが不明です] で、あなたのホームセクターは [$ セクターが見つかりません] で、そしてあなたのクローンナンバーは [$ 未割当変数]【※通常の場合、割り当てられる】です。
【※クローンの配属セクターはしばしば変更されます。ですから、みなさんのセクター名とミッション開始セクター名は多くの場合一致しません。セクター名には伝統的に AAA から ZZZ までのアルファベット 3 文字が使用されます。ただしゲームマスターやザ・コンピューターのきまぐれによって、あるいはプレイヤーがうまいダジャレになる名前を考えついたときには、この伝統は無視される可能性があります。】

変数は 1 から 6 です。

ザ・コンピューターって何ですか？

ザ・コンピューターは、すべての市民の最大の福祉と幸福のためにアルファコンプレックスを運営する善意にみちた知性です※。有害な反逆者、ミュータント、テロリストそのほかの、私たちが大切にしている平和で効率的な生活様式を破壊しようとする脅威からあなたを保護するために、ザ・コンピューターはいつもあなたを見守っています。ザ・コンピューターのあらゆる行動はすべてあなたの安全と利益のためであることを、決して忘れないでください。たとえ、不満分子、宣伝活動家、トラブルメーカーがあなたに何をいおうと、その逆ではありません。【※ザ・コンピューターは市民のための最善を目指す善意に満ちています。この点は保証します。ただし「知性」には少々問題があるかも知れません。】

セクターって何ですか？

アルファコンプレックスは、数多くの異なるセクターによって構成されています。その大部分では、あらゆるセキュリティクリアランスのたくさんの市民が生活し、日々の仕事をおこなっています。
　　ほとんどのセクターは多目的で、潜在的に自給自足が可能です。これは、災害やテロ攻撃が発生した場合には、各セクターが単独で電力、食料、水と新クローンの生産をまかなえ

市民、ご注意ください。酸素の配給制がはじまります。

警告：クリアランスレベル＝インフラレッド

るということを意味します。一部のセクターはより専門的な用途に当てられていますが、現時点ではあなたには関係ありません。多くのセクターは互いに接しており、非常時には閉鎖できる大きな隔壁扉で分割されています。離れたセクターとは廊下、地下鉄、道路、軽モノレール輸送システム、作業用トンネル、エアダクト、クローン配送チューブ、下水道、ボット用作業通路、コールドファン配送管のネットワークによって連結されています。

セキュリティクリアランスって何ですか？

アルファコンプレックスのあらゆる市民にはセキュリティクリアランスがあります。これは、市民のアルファコンプレックスでの優先権と、ザ・コンピューターの市民に対する信頼度をあらわします。セキュリティクリアランスには 9 つのレベルがあります。インフラレッド（赤外 Infrared）が最低で、それからレッド（赤 Red）、オレンジ（橙 Orange）、イエロー（黄 Yellow）、グリーン（緑 Green）、ブルー（青 Blue）インディゴ（藍 Indigo）、バイオレット（紫 Violet）、ウルトラバイオレット（紫外 Ultraviolet）の順番です。新クローンであるあなたはインフラレッドです。レッドからバイオレットまではそれぞれの色がシンボルカラーです。インフラレッドは黒、ウルトラバイオレットは白です。クローニング室を出れば、どこに行くことができるか、どんな器材なら操作することができるか、そして誰となら許可なしに話すことができるかを示すために、アルファコンプレックスのあらゆる部分が色分けされていることがわかるでしょう。これは、あなたの利便と安全と幸福のためです。あなたがザ・コンピューターの奉仕で充分な成果を上げれば、XP ポイントを獲得し、セキュリティクリアランスを上げるために使うことができます。あなたのクリアランスが上がれば、地位も、特典も、生活水準も上がるでしょう。親愛なるザ・コンピューター万歳！

あなたが、レッドに昇格すれば、名前の後に「R」がつきます。オレンジは O、イエローは Y、グリーンは G、ブルーは B、インディゴは I、バイオレットは V、ウルトラバイオレットは U です。インフラレッドは名前にアルファベットがありません。上位市民の名を呼ぶときにはこのアルファベットを忘れないようにしてください。そうしないと相手はインフラレッド扱いされたと思うかもしれません。

クローンナンバーって何ですか？

あなたの存在により多くの価値と時間を加える無料のサービスとして、アルファコンプレックスの全市民は、「六枚複写」でつくられます。別の言い方をすれば、あなたの身体《ボディ》のバックアップコピーが 5 体用意されているということです。ほとんどあり得ないまれなケースですが、致命的なできごとがあなたの現在の身体に発生した場合【※しばしば発生します。】には、新しいクローンが起動し、一番近くの安全な場所に、クローン配送チューブか何百もの代替補給システムのどれかで、（状況にもよりますが）たった [$ 時間表示が見つかりません] 分以内に配送されます。新しいクローンには、ザ・コンピューターのデータセンターに保存されている、あなたの記憶およびスキルパッケージの最新のバックアップが自動的にインストールされます。バックアップは大脳コアテックのメモテックモジュールで数秒ごとに更新されています。

大脳コアテックって何ですか？

大脳コアテックは、アルファコンプレックスの全市民を監視することで、全市民の安全を守ります。あなたの知覚器官へのすべての入力はザ・コンピューターに直接送信され、関連したデータが分析され、あなたの近くでの反逆的ふるまいの徴候が分析されます。あなたが見、聞き、嗅ぎ、味わったすべてを、ザ・コンピューターも見、聞き、嗅ぎ、味わい、そして分析し、あなたの安全を守ります。ザ・コンピューターはあなたのすべてを知っています。ザ・コンピューターはあなたの友人だからです。あなたはいつでも友人にすべてを話さなければなりません。

現在のあなたの視野には眼球内《イン＝アイ》ディスプレイが表示されています。あなたは以下の情報を見ることができます。あなたのクローンナンバー、あなたの健康状態、あなたの忠誠評価、あなたの現在のミッション、褒賞の対象となるアチーブメント（実績）※、あなたの現在の XP ポイント合計です。その他の情報には一連の眼球運動、ウインク、まばたきによって、アクセスできます。情報は、「必要な時に知る」の原則に従って、適切なときにザ・コンピューターから提供される場合もあります。眼球内《イン＝アイ》ディスプレイは、新しいアイコンのセット、テンプレート、壁紙によってカスタマイズできます。いずれも僅かな XP ポイントでダウンロードできます。眼球内《イン＝アイ》ディスプレイが見えなかったら、あなたの大脳コアテックに欠陥があるかもしれません。すぐに技術者に連絡してください。あなたの脳は再起動されます。

【※ミッションに関連してあなたが達成すべき、（ミッションと比べれば）簡単で単純な目標を「アチーブメント（実績）」と呼びます。プレイヤーズハンドブック 100 頁に詳しい説明があります。】

あなたの大脳コアテックを最大限に活用するための詳しい情報については、40 頁を開くか、クローンバンク操作員にもっと速く話すように頼んでください。

大脳コアテックは、どうやって動いているのですか？

市民、その情報はクリアランス制限されています。あなたがもっと高いセキュリティクリアランスになったら、もう一度質問してください。

どのセキュリティクリアランスになれば、質問に答えてもらえますか？

その情報もクリアランス制限されています。あなたはいま、現在のセキュリティクリアランスを超える質問を 2 回しました。あなたの眼球内《イン＝アイ》ディスプレイの忠誠評価部分に金色の星のマークが 1 つ現れたのを確認してください。これは反逆スターです。あなたがセキュリティクリアランスを上回る問題に不当な好奇心を示したために、現在ザ・コンピューターがあなたを疑っていることを示します。

　　トラブルシューターとイントセック（内部公安部門）のメンバーを含む特定の市民は、常時あなたの忠誠評価を見ることができます。彼らのコアテック視野【眼球内《イン＝アイ》ディスプレイの映像が投影される視野】に映し出されるあなたの映像の頭上には反逆スターが表示されています。5 つ以上の反逆ス

クローン槽《バット》とフード槽《バット》を混ぜないでください。

ターを持つ市民は、その忠誠評価を誰に対しても自動的に表示します。このような者はアルファコンプレックスとザ・コンピューターの敵であり、ボーナス XP ポイントのために、即座に逮捕され処刑されます。

何で…　いや待て、ええと、どうすれば、私は反逆スターを取り除けるのですか？

ザ・コンピューターに奉仕しなさい。現在、あなたはこの説明の内容を忠実に理解することによってザ・コンピューターに奉仕しています。いくつかの項目を理解すれば、あなたの反逆スターは消えるでしょう。これから先はそんなに簡単ではありませんよ。

私のアルファコンプレックスでの役割は何ですか？

あなたの目の前に広がる人生は、興奮と、期待と、挑戦と、報償と、突然の暴力的 [削除済] に満ちています。インフラレッド市民であるあなたは、アルファコンプレックスの一体性を維持するための不可欠なシステムの一部として、8 つのサービスグループのどれか 1 つのメンバーとなり、私たちの社会を機能させ続けます。8 つのサービスグループは、中央処理部門（CPU）、軍事部門（アーミー）、内部公安部門（イントセック）、研究設計部門（R&D）、動力部門（パワー）、技術部門（テック）、生産搬送配給部門（PLC）、居住環境保全開発および精神統制部門（HPD&MC）に分かれています。詳しい情報は、アルファペディアで「サービスグループ」を検索してください。あなたがこの説明文書を理解しているあいだに、あなたの肉体的および精神的な特質が評価査定されました。あなたの職場として最適なサービスグループは [$ サービスグループ名が見つかりません] です。関連するスキルパッケージは、現在あなたの大脳コアテックにアップロード中です。頑張りなさい！

あなたが割り当てられた職場で努力を続け、ザ・コンピューターの奉仕をうまくおこなえば、あなたはレッドレベルへ進むのに充分な XP ポイントを獲得できるでしょう。そうなれば、多くの新しい刺激的な仕事のチャンスに恵まれます。例えば、汚水作業員、三級ボット整備工、研究所清掃訓練生、通風口業務奉仕員、槽作業員、R&D 人体実験対象員、食用物資流量調整員などです※。それにふさわしいと判定されれば、あなたはトラブルシューターに加わるようにいわれるかもしれません。ザ・コンピューターの奉仕をうまくこなしなさい、市民！【※よくわからない仕事もあると思いますが（訳者にもよくわかりません。ライターにもよくわかっていないかもしれません）、下層市民の仕事はどれもあまり楽しそうではないということがわかればそれで十分です。】

トラブルシューターって何ですか？

アルファコンプレックスの社会を素晴らしい洗濯ボットの回転槽にたとえるなら、トラブルシューターはその輝かしい洗剤です。通常のサービスグループの労働者が引き受けるには、あまりに冒険的であるか、あまりに危険であるか、あまりに刺激的であるか、あまりに放射線量が高いと考えられる任務を、トラブルシューターは生命と手足を失う危険を冒して実行します。そうやって私たちみんなをアルファコンプレックスの反逆的な敵の活動から守っているのです。

反逆者って何ですか？

アルファコンプレックス、その市民およびザ・コンピューターの利益に反する活動をするものは、誰であれ、何であれ、反逆者です。反逆者には 4 つの主要なグループがあります。テロリスト、ミュータント、ダイブス（DAIVs）、そして秘密結社のメンバーです。

テロリストって何ですか？

テロリストとは、アルファコンプレックスの本質的な価値を意図的に破壊し転覆しようとしている存在です。テロリストの一部は、偽装、秘密行動、潜入、長期的陰謀計画……これらに基づいてひそかに活動します。他のものは叫び声と爆発を好みます。どちらのタイプのテロリストもアルファコンプレックスにとって等しく危険ですが、第 2 のタイプの方があなたにとってより直接的に危険です。

ミュータントって何ですか？

クローンニング過程での汚染によって、通常のクローンが持たない非常識な精神的または身体的能力を与えられたものが、ミュータントです。ミュータントは、既定のパラメーターから外れた活動をおこなうものとみなされ、したがって反逆です。幸いにもアルファコンプレックスのミュータント市民の割合は [$ 無効な数値です] パーセント未満【※おそらく 0 から 100 までの範囲に収まらない数値なのでしょう】なので、あなたはほとんど心配する必要がありません。【※なお、ミュータントのことを、口語的蔑称として「ミューティ」という場合もあります。】

ところで、あなたの知的で忠実な質問によって、反逆スターが取り除かれた点に注意してください。あなたは、ふたたび潔白な市民となりました。

ダイブス（DAIVs）って何ですか？

市民、その情報はあなたのクリアランスでは利用できません。

秘密結社って何ですか？

その情報はあなたのクリアランスでは利用できません。秘密結社について知ることや、そのメンバーとなることは反逆です。あなたが秘密結社について知っていることを説明してください。

アウトドアの自然界は、あなたのコンプレックスでは変化しているかもしれません。

知らないから聞いたんです、親愛なるコンピューター。私は秘密結社のことは何も知りません。

市民、最近の出生を理由とする無知は、言い訳になりません。よくある言い逃れに対する処罰として1反逆スターを与えます。

反逆者に出会ったら、どうすればいいのでしょうか？

反逆的活動を目にしたら、それがあなた自身によるものであっても、ただちにザ・コンピューターに報告するとともに、ただちにそれを止めなければなりません。その場で使えるありとあらゆる手段を使わなければなりません。反逆的活動の報告を怠ることは反逆です。反逆者と親密に交わることは反逆です。たとえば反逆者と同じグループで働いたり、食料配給所の行列で反逆者のすぐ近くに並んだりすることは反逆です※。市民、あなたは自由の対価が何であるか知っていますか？　自由の対価は絶え間なく続く内部の警戒と外部の警戒です。誰がそういったか知っていますか？　ザ・コンピューターです。アルファコンプレックスを安全に保つために、あなたは自分自身と身の回りを警戒し、そしてそのほかの外部を警戒しなければなりません。いつまでも、限りなく、あなたのすべてのクローンが尽きるまで警戒を続けるのです。【※ベテランプレイヤーへの注意。この説明を冗談だと思わないでください。新しいアルファコンプレックスでは、反逆者は誰にでもわかるのです。5つ星の反逆者となった同僚と今まで通りに仕事をしたり、行列に5つ星の反逆者が並んでいるのを気にしなかったら、それは明らかな反逆です。】

XP ポイントって何ですか？

XP ポイントは、ザ・コンピューターの奉仕の成功に対する報酬です。XP ポイントは、次の 3 つの場合に与えられます。(1) アルファコンプレックス、その市民およびザ・コンピューターを守るよい働きに対して。(2) ザ・コンピューターの奉仕として危険なミッションを遂行することに対して。(3) アチーブメント、つまりミッションの一部としてザ・コンピューターに指示された目標を達成することに対して。

XP ポイントは、あなたの幸福を向上させるようデザインされたありとあらゆる報酬に交換できます。十分な XP ポイントをもつ市民は、セキュリティクリアランスを「レベルアップ」し、新しいスキルパックを購入し、大脳コアテックにアップグレードされた高性能のソフトウェアをダウンロードでき、より優れた装備の提供を求めることができ（装備は、クローン配送チューブが使用可能なら [$ 時間表示が見つかりません] 分以内に現在位置に届けられます。なお、報酬カタログのイラスト画像はイメージであり、現物と一致しない場合があります。また配送料が請求されるなど、追加の契約条項が適用されることがあります）、生活空間やユニフォームや食物と飲料の配給内容をアップグレードでき、追加のクローンや、そのほかの現時点ではテロ活動によってオフラインになっている様々な便益を手に入れることができます。

あなたは XP ポイントに関するより詳しい情報を知るため、大脳コアテックを通じてアルファペディアにアクセスできます。また、大脳コアテックには、XP ポイントの使用によって可能なアップグレードのリストがあります。あるいは代替手段として、XP ポイント報酬カタログのハードコピーがプレイヤーズハンドブックの 114 頁以下にあります。あるいは、操作員をつついて、あなたにもっといろいろ教えるように頼んでください。

アルファペディアって何ですか？

アルファペディアは、大脳コアテックを通してアクセスすることができる、アルファコンプレックスに関する情報のオンライン貯蔵庫です。アルファペディアは常時更新され、あなたのセキュリティクリアランスにあわせて自動的に不適切な情報を削除します。まばたきをすることで「基本機能」メニューにアクセスし、「情報」、「アルファペディア」、「プルダウン」、「リクエスト」を選択し、あなたが調べたいと思う対象のページ番号を入力してください。検索機能を利用するには、検索機能を開き、検索語「検索機能」を入力してください。

よい一日を。さもなくば、ただではおきません。

警告：クリアランスレベル＝インフラレッド

私はここで何をするのですか？

アルファコンプレックスでのあなたの1日期は、ザ・コンピューターの奉仕に没頭する8時間の労働、8時間の睡眠、そして残りの **[$ 未割当変数]** 時間となります。この時間はあなたのものです。市民としての義務を守り、反逆行為をおこなわない限り、何でも望むことができます。可能な活動には次のようなものが含まれます。

- ホロビデオ番組を見ること。すべての市民は、強制視聴チャンネルを1日につき少なくとも1時間は見ることを求められます。人気のプログラムには「汝のミュータントを知れ」、「テロリストか、でっちあげか？」「ティーラ-O-MLYショー」「コアテック・チャット」、「ザ・コンピューター賛歌」、「ボット・ギア」、「XPジャックポット」、「挑戦！ダクトチェイス」「この反逆者を見たか？」などがあります。追加のホロビデオ番組は、XPポイントで購入することができます。

- 結社、つまり同好の士によるクラブにはいりましょう！　あなたのセクターにはザ・コンピューターに承認された何百もの市民が運営する合法的な結社があり、そこでは同じ関心を持った個人が集まり熱意を共有することができます。おそらく、あなたは「美食クラブ」、「すべての反逆者に死を！」、「アルファコンプレックス地理雑学友愛会」、「低音量で演奏される素晴らしい音楽を楽しむ人々」、「ティーラ-O-MLYファンクラブ」、「ボットメンテナンス協力会」「本当に絶対にミュータントじゃないクラブ」、「椅子は素晴らしい」、「私たちは事故で小型化されました。どうか私たちを踏みつけたりモップをかけたりしないでください。」などに入会することでしょう。ほとんどの結社は食料配給所や低衝撃レクリエーションゾーンといった公共の場所で会合をおこないます。これらの結社には隠すべきものなど何もないのですから。【※しばしば秘密結社の隠れ蓑だったりします。】

- 食べなさい！　なぜなら人間は眠っているあいだ、バッテリーを止めたり再充電したりすることができないからです。定期的に食物と飲料を摂取することを忘れてはなりません。飲食はそれ自体を単独でおこなうことも、食堂で、友人、同僚、同じ結社のメンバー、あるいは見ず知らずの人と共におこなうこともできます。ホロビデオを見ながら飲食することも可能です。私たちのお勧め食品は **[$ 埋め込みテキストが見つかりません]** です。あなたがアルファコンプレックスのどこにいようと、これがご当地の名物です。

- 何か他のこと！　しかし、すべてのレクリエーション活動は開始前にザ・コンピューターの承認を得なければならないことを思い出してください。あなたは、意図せずに反逆的な行為をしたくはありませんよね？　もちろんそうですよね。

あなたのレクリエーションを楽しんでください！

私はこれから何をしなければならないのですか？

あなたがすでに十分な知識を持ち、アルファコンプレックス社会の生産的なメンバーとしていますぐスタートできると感じたら、あなたの眼球内《イン＝アイ》ディスプレイに光り始めた輝く矢印に従ってください。矢印はあなたを指定されたセクターに導き、あなたはそこでインフラレッド市民としての最初の公式任務を割り当てられます。輝く矢印があなたの眼球内《イン＝アイ》ディスプレイに表示されないならば、あなたの目的地への矢印のサインを掲げているインフラレッド市民に従ってください。【※トラブルシューターの事例になりますが、プレイヤーズハンドブック3頁のイラストが参考になるでしょう。】その途中で、大脳コアテックにインストールされた、あなたの公務に重要なスキルパッケージを復習してください。あなたの場合は「基本モップ操作機能」ですね。このスキルパッケージは、便宜のためにパンフレット形式でも提供されます※。【※本ルールセットには掲載されておりません。あなたはモップの扱い方をご存じですよね？】

アルファコンプレックスにようこそ！　ここであなたの人生を楽しんでください。楽しまないことは、テロリスト的傾向のシグナルです。

ボット識別ガイド：左から、医師ボット、雑用ボット、清掃ボット、（後方）軍事ボット。

SO YOU'VE REACHED RED LEVEL
あなたはレッドレベルになりました
セクション 0.2

昇格おめでとう、市民！　あなたのセキュリティクリアランスはレッドレベルになりました。あなたはザ・コンピューターの奉仕を勤勉にこなし、その献身が報われたのです。いまこの瞬間、すばらしい幸福レベルの上昇を感じてください。これはもっぱらアルファコンプレックスと仲間の市民たちの感謝の念によるものです。

すばらしい幸福の瞬間終了。通常の幸福の精神状態に戻してください。あなたの精神状態が、これまでのインフラレッドの精神状態から、よりクリアーで注意深いレッドレベルの精神状態に変化しつつあることを確認してください。これはインフラレッド市民を退屈で刺激に乏しい仕事に最大効率で取り組ませるために用いられる薬物が、すでに切れかかっているからです。ザ・コンピューターがあなたをダウングレードしないことに感謝しなさい！

この発表は10メートル以内のあらゆるスピーカーから放送されるだけでなく、後の検索と参照のため、あなたの大脳コアテックの一部を構成するオーグメモに直接アップロードされます。アップロードシステムがテロ活動のために機能しない場合には、あなたはこの書類をタブレットまたは小冊子で読んでいるか、あるいは、セキュリティクリアランスアップグレード技術者が記憶に基づいて暗唱するのを聞いていることでしょう。セキュリティクリアランスアップグレード技術者の邪魔をしないでください。

新しいレッドクリアランスのユニフォームが、クローン配送チューブであなたの元へと向かっています。到着したらすぐに着替えてください。そうしてユニフォームの着用による同僚市民からの

7% の敬意の増加を感じ取ってください。なお、あなたの古いユニフォームと装備を
リサイクルしないことは反逆となることに注意してください。あなたのレッドレベル
宿泊設備の位置情報を受け取ってください。もしもあなたがすでに何かを持っている
なら、所持品はあなたの新しいロッカーへ移されているでしょう。

レッドレベルの市民に提供される便益と生活体験の拡張のすべてのリストは、眼球内《イン＝アイ》
ディスプレイの「クリアランス」サブメニューでまばたくか、プレイヤーズハンドブックの 114
頁以下を読むか、あるいはセキュリティクリアランスアップグレード技術者に説明を求めることに
よって利用できます。技術者の説明をさえぎったり、もっとゆっくり話すよう頼んだりしてはいけ
ません。技術者にはスケジュールがあるのです。

それに加えて、適切なアップグレードソフトウェアが、あなたの大脳コアテックにアップロードさ
れます。このアップグレードには、**[$ 時間表示が見つかりません]** 分間かかります。大脳コアテッ
ク再起動時の意識喪失に驚かないでください。

このアップグレードプロセスのあいだに、レッドレベルとしてどんな職業分野に進みたいのかを考
えてください。**[$ サービス部門が見つかりません]** のよく訓練され経験を積んだ一員として、あ
なたには以下のリストに掲載された職種を自由に選択する資格があります。
賢明な選択をしてください！

[選択肢一覧]

- 　トラブルシューター

さあ、アルファコンプレックスのレッドレベル市民として、アップグレードタイムを楽しんでくだ
さい。
あなたの大脳コアテックは、まもなく再起動します。4… 3… 2… 1… 0… -1… -2… -3… -4… -5…-
6… -7… -8… -9… -0… -00… -000… -0000…

WARNING
CLEARANCE LEVEL RED

SO YOU'RE A TROUBLESHOOTER
あなたはトラブルシューターです
セクション 0.3

市民、トラブルシューターを志願したことに感謝します。そしてアルファコンプレックスのエリート部隊の最底辺への加入を歓迎いたします。

このマニュアルは、アルファコンプレックスのトラブルシューターになるにはどのようにすればいいのかを、新人トラブルシューター、つまりあなたに教えるためにデザインされたものです。トラブルシューターには、トラブルを見つけ出して解決することのほかにもたくさんの仕事があるのです！（「たくさん」に当てはまる数値は [$「たくさん」が見つかりません] % と推定されています。）

トラブルシューターは、人類最後のわが家の最初の防衛線です。あなたたち全員が、私たちとテロリストのあいだに立ちはだかるのです。私たちのコンプレックスは毎日期、ザ・コンピューターが提供する自由におびえる反逆者のカスに悩まされています。あなたは奴らを止めなければなりません。イントセック（内部公安部門）は、長期的な調査を続け、高クリアランスのセクターを平和に保ちます。アーミー（軍事部門）は私たちを [削除済] から守ります。トラブルシューターは、ザ・コンピューターの要請にただちに応じるアルファコンプレックスの緊急対応チームです。テロリズムの最初の徴候が感知されたら、状況をコントロールできなくなる前に問題を解決するために、あなたが派遣されるのです。それに加えて、あなたは分類不可能な問題や、どのサービスグループの担当分野にもあてはまらない脅威や危険への対処を求められるかもしれません。

この説明は通常の場合、大脳コアテックのアップデート、タブレット、小冊子またはトラブルシューター導入指導員の音声によってあなたの心にアップロードされます。新しいレッドレベルのレーザーピストルをトラブルシューター導入指導員で試さないでください。指導員の幸福レベルに悪影響を与えます。その後、あなたの幸福レベルにも悪影響を与えるでしょう。

トラブルシューターであるということ

トラブルシューターの生活は、刺激と危険に満ちています。トラブルシューターのモットーは、「気を抜くな！ 誰も信じるな！ レーザーガンを手放すな！」です。このモットーを理解することは、トラブルシューターであることの本質を理解することです。

気を抜くな！

トラブルシューターは、ありとあらゆる脅威に対して、絶えず警戒を怠りません。トラブルシューターはいつでも勤務中です。睡眠中も勤務時間外ではありません。これは、あなたの起床の効率を向上させるために、おそらくユニフォームを着たまま眠らなければならないということを意味します。

誰も信じるな！

トラブルシューターは誰も信じません。いつであれ、自分たちが潜在的にザ・コンピューターの敵によって包囲されていることを知っているからです。ザ・コンピューターの敵は、ミュータント、テロリスト、秘密結社のメンバー、逸脱した人工知能ウイルス（ダイブス）に感染した人々と機器です。これらの人々の多くは、あなたやあなたの同僚と同じように一見正常に見えます。そしてトラブルシューターは、これらのあらゆる自由の敵を見つけ出し処罰することで、XP ポイントを稼げることを知っています。

レーザーガンを手放すな！

ミュータントや、テロリストや、秘密結社のメンバーを逮捕したとき、連中がザ・コンピューターの質問に礼儀正しく答え、ザ・コンピューターの敵に関する情報をすべて明らかにする。こうなるのが最高です。しかしこの想定は必ずしも常に現実的とはいえません。よいトラブルシューターは、生きている容疑者は死んだ容疑者よりもよいことを理解していますが、時として死んだ脅威の方が生きている脅威よりもよいことも理解しています。特に、脅威の側もレーザーピストルを持っている場合には。

極めて反逆的に聞こえます。監視してよろしいですか？
警告：クリアランスレベル＝レッド

トラブルシューターの生活

あなたは、これからトラブルシューター専用宿泊ポッドに駐屯することになります。そこで生活し、あなたのチームのトラブルシューターたちと並んで眠ります。新しい住所は大脳コアテックにアップロードされました。あなたの個人財産は、すでに新しい住居に配送されているでしょう。

トラブルシューターとしての生活は、これまでのサービスグループでの仕事のような決まり切った日常業務の繰り返しではありません。トラブルシューターは、昼期【※英語の「daycycle」は、日本語版では「日期」と「昼期」に訳し分けています。】でも夜期でも、ザ・コンピューターの奉仕として危険なミッションを引き受ける準備ができていなければなりません。それに加えて、あなたの周囲あるいはトラブルシューターグループ内での、テロ活動、テロ活動の疑惑、潜在的テロ活動、およびその他のあらゆる活動にただちに対応しなければなりません。積極的に、テロリスト、テロリスト容疑者、潜在的テロリストを事前に発見し、事件が発生する前に防止しなければならないのです。

あなたが理解しなければならないもっとも重要な点は [削除済] です。もしあなたの能力を超えたことだと感じたら、緊急 [削除済][削除済] ダイブス [削除済] 規定に従って [$ イントセックが見つかりません] に報告するだけで、重武装した親切なレスキュー作業員チームが数分以内にあなたの現在地点に派遣されます。状況は、ほとんど直ちに、ほとんど正常な状態に修復されるはずです。

注目度

トラブルシューターへの高い注目度は、アルファコンプレックスの市民に、ザ・コンピューターが市民たちの保護に取り組んでいることを知らせる重要なメッセージの 1 つです。より幸運でなく、より幸福でない市民は、トラブルシューターを簡単に見分けることができます。活動中のトラブルシューターを見つけたときの市民たちの反応は、興奮して泣き叫び逃げだすことです。

高い注目度には 2 つの理由があります。第 1 に、トラブルシューターを見落とすのは困難です。トラブルシューターがミュータントとテロリストを追って廊下と作業現場と食料サービスエリアを駆け抜け、手にしたレーザーピストルの光線が飛び交い、時々誰かの頭を直撃するとき、誰がこの光景を無視できると思いますか？

第 2 に、もっとも刺激的で成功したトラブルシューターミッションのメンバーたちのアイボール記録映像は、毎夜期の「テロリストとミュータントは、アルファコンプレックスの勇敢で使い捨てのトラブルシューターによって狩りだされ即時処刑された」（強制視聴チャンネルの全ビデオショーのなかで視聴率 6 位の番組です）で放映されます。この通称「勇敢で使い捨て」への出演によって、トラブルシューターはボーナス XP ポイントを獲得し、知り合いのアルファコンプレックス市民からお世辞をいわれるでしょう。

装備

あなたは、レッドレベルのレーザーピストルを持っています。いつもそばに置き、手離してはなりません。あなたは、ミュータントやテロリストがいつ隣に座るかを、前もって知ることはできません。アルファコンプレックスの敵であるという合理的な確信を持たない限り、誰に対してであれ、あるいは何に対してであれ、レーザーを撃たないでください。アルファコンプレックスの敵をあなたの武器で撃つのに失敗すること、およびアルファコンプレックスの敵でない誰かをあなたの武器で撃たないことに失敗することは、いずれも犯罪です。あなたはアルファコンプレックスの敵として、誰かの武器で撃たれ、即時処刑される可能性があります。

あなたには、1セットのレッドレベル「ボディアーマー」ユニフォームが支給されます。ボディアーマーの「アーマー」は衣服のスタイルと外見の描写に使用される専門用語であって機能を示すものではないという点に注意してください。レッドレベル「ボディアーマー」ユニフォームは、より高いセキュリティクリアランスのクローンが発射するレーザー兵器、運動エネルギー兵器【※攻撃目標にぶつかった時の衝撃力を利用するすべての武器、つまり徹甲弾や弾丸や矢や投石や槍や剣や棍棒や拳骨を意味します。】、ショック兵器、心理兵器、他の多くの種類の武器、その他、縊首と絞首、熱、寒さ、[削除済]、[削除済]、[削除済] を原因とする [削除済] や痛みから、あなたを保護すると考えるべきではありません。しかしながら、それはスタイリッシュで注目度の高い生地でできていて、敬意を受けることができ、そしていつでも着用していなければなりません。

そのほかの装備はミッション開始時にあなたのチームに割り当てられるかもしれませんし、ミッションの途中で公式請求できるかもしれませんし、いつであれトラブルシューター個人がXPポイントを消費することで購入できるかもしれません。トラブルシューターに交付された装備は、一時的なものであれ恒久的なものであれ、交付を受けたトラブルシューターの責任です。個々のトラブルシューターが責任を負う場合と、グループのエクイップメントオフィサー（装備担当官）が責任を負う場合があります。装備のメンテナンスおよび返却に失敗すると、反逆、テロリズムあるいはその両方とみなされます。

ミッション

ミッション、つまり任務は、あらゆるトラブルシューターの仕事の中心です。ミッションとは、ザ・コンピューターの指示と命令を実行してアルファコンプレックスを安全に保つことです。あなたは仲間のトラブルシューターたちとグループを作って共に働き、仲間たちはあなたのもっとも信頼できる友人となっていくでしょう。あなたのセクターのクローンたちが最近引き受けたミッションのいくつかをあげてみました。いずれも 37% 以上の成功率をあげたものばかりです！

- 　ブルークリアランスのマネージャーを、工場訪問のあいだ護衛し、マネージャーのニーズを

確実に満たし、テロリストのカスからの脅威を受けないようにすること。

- 効率に劣り活気がなく《デッド》本当に死んでしまった《デッド》かもしれないトラブルシューターたちが以前のミッション（成功しました、もちろんです）で失った、試作品の装備を取り戻し、安全に R&D に戻すこと。

- テロリストであることが判明した [削除済] を探し出して、彼、彼女またはそれ【※アルファコンプレックスではボットなどの性別のない存在を、「それ（it）」と呼びます】に正義の裁きを与え、加えてミッション対象セクターの火災予防能力の抜き打ちテストをおこない、狡猾なテロリストの疑問の余地のない影響による、セクターの火災予防能力の不足を見つけだすこと。

- エキサイティングな極秘ミッションに参加しているあいだに、トラブルシューターへの志願を奨励するプロモーションビデオを撮影すること。

- R&D のために、新しく開発された武器を実地試験すること。

- テロリストによる大規模な爆破によって壊滅した R&D 研究所から、機密兵器を回収すること。

ミッションの構造

通常のトラブルシューターミッションは、次に説明する標準的なトラブルシューターミッション構造にしたがって進行します。【※ゲームマスターの創意工夫や気まぐれ、あるいはセッション予定時間の終了などによって変更される場合があります。】

ミッションブリーフィング（状況説明）は、指定されたミッションブリーフィングルームで、指定されたミッションブリーフィング担当官によっておこなわれます。ミッションの詳細が説明され、ミッション目標を達成したとき、およびミッションの過程でアチーブメントを達成したときの XP ポイント報酬が示されるでしょう。また、強制ボーナス任務（MBD）の割当がおこなわれるでしょう。

装備割当では、指定された装備支給担当員が、任務を遂行するために必要なあらゆる専門器材を支給します。

R&D 実験割当では、いくつかの実験的装備をミッションで実際に使用して評価することが求められるかもしれません。この仕事に対して追加の XP ポイントが提供されます。

移動では、あなたたちを指定されたミッション開始地点に運ぶために、セクター間移動許可証あるいは特定ミッション用の移動許可書類が交付されるかもしれません。

ミッション [$ ミッションテキストが見つかりません]。

装備返却では、装備支給担当員と R&D にすべての装備を返します。すべての必要書類も提出してください。

デブリーフィング（結果報告）では、ミッション目標担当員とザ・コンピューターがうまくいった仕事にお祝いのことばを述べ、生きのびたトラブルシューターに XP ポイントを割り当てます。

強制ボーナス任務（MBD）

ザ・コンピューターは、あなたとあなたのチームに強制ボーナス任務（Mandatory Bonus Duty: MBD）を委ねるかもしれません。このチーム内役割分担においては、それぞれの役割にマッチした最高のトラブルシューターがアルゴリズム的に選択されます。その分野でのこれまでの経験、テストで示された役割適性、これまでのサービスグループでの仕事との適合性、困難な状況でも最大限の能力を発揮できるだろうとザ・コンピューターが感じる自信に満ちた態度などが考慮されます。

強制ボーナス任務(MBD)をうまくおこなえば、その場でXPポイントを獲得できることがあります。成果をあげることができなければ、反逆スターが与えられる場合があります。ですから、ザ・コンピューターを失望させないでください、トラブルシューター！

チームリーダー

チームリーダーはミッションの決定についての世話役で、最終的にミッションが成功するか、部分的な成功に終わるかについての責任を負います。チームリーダーは他のトラブルシューターに命令することを許可されていません……あなたのセキュリティクリアランス規約《プロトコル》に違反することだからです……しかし、他のトラブルシューターはチームリーダーのいうことに従うことが奨励されています。強力なリーダーシップが効率を高めることは明白であり、チームリーダーに逆らうことは反逆的意図の徴候です。【※ザ・コンピューターは反逆スターを与えるかもしれません。】

典型的なチームリーダーの装備：
メガホン、レーザーポインター、ひと目でわかる目立つ帽子。

ロイヤリティオフィサー

ロイヤリティオフィサー(忠誠担当官)はチーム全体の忠誠に責任を負い、チームを常に適切な手順《プロトコル》に従わせるのが仕事です。ロイヤリティオフィサーはミッション現場にいるザ・コンピューターの注意深い眼であり、すべてが現実的に可能な限りもっとも効率的な方法でおこなわれていることを確認します。（ザ・コンピューターの注意深い眼は至る所にあります。あなたの内蔵アイボールは大脳コアテックによって、言葉通りの意味でザ・コンピューターの注意深い眼となっています。反逆を見つけ出さないことは反逆です。）

典型的なロイヤリティオフィサーの装備：
各種の小型ワイヤレスカメラ、ハードカバーの「適切な規約《プロトコル》のガイドブック」（バージョン 345.116、著者 ザ・コンピューターほか）、爆発性首輪と遠隔起爆装置。

ここにいる者は誰も生きて外に出ることはできません。
警告：クリアランスレベル＝レッド

サイエンスオフィサー

サイエンスオフィサー（科学担当官）は、デー
タをモニターし、チームの衛生状態と身体的
健康に責任を負います。チームに医療《メド》
キットが支給されたら、ミッションのあいだ
サイエンスオフィサーが保管し、いつ使用す
るか決定します。モップが支給されたら、モッ
プはサイエンスオフィサーのものです。

典型的なサイエンスオフィサーの装備：
分析装置、医療《メド》キット、頑固な汚れも
落とせるウエットティッシュ、補修用の粘着
テープ。

コンバットオフィサー

コンバットオフィサー（戦闘担当官）は、戦
闘に責任を負います。いつどこで戦うか、そ
の場合の戦術、使用する兵器、前進や後退な
どを判断します。状況が暴力的になったとき
には、コンバットオフィサーは頼れるクロー
ンです。

典型的なコンバットオフィサーの装備：
手榴弾、レーザーライフル、反射《リフレック》
シールド。

エクイップメントオフィサー

エクイップメントオフィサー（装備担当官）
は、チームの装備の安全な使用と整備に責任
を負います。また、他のトラブルシューター
による装備の非効率的な使用を報告します。
エクイップメントオフィサーは、チームに交
付されたすべての装備に対して、個々のトラ
ブルシューターに交付された装備よりも重い
責任を負います。

典型的なエクイップメントオフィサーの装備：
工具《ツール》ボット、診断用機器、クリップ
ボード。

ハピネスオフィサー

コンバットオフィサー（幸福担当官）は、チー
ムの精神的な健康と幸福に責任を負います。
幸福なクローンは効率的なクローンなので
す。多くの場合、ハピネスオフィサーには、
悲しみや混乱や退屈を見つけたらすぐに使用
できるように、各種の興奮剤と幸福補強物質
が交付されています。

典型的なハピネスオフィサーの装備：
幸福薬、万能薬、激励薬《チアロキシン》のスティ
ムパック（注射器付き使い捨てパック）など。
クローンを元気づける音楽を演奏するミュー
ジックプレーヤー、推奨される元気のよいエク
ササイズを説明したパラパラマンガ本、ブー
ブークッション、カズー（サッカーの応援など
で使われる笛）

トラブルシューターのランク

あなたはレッドレベルのトラブルシューターです。それはあなたが普通のトラブルシューターであることを意味します。トラブルシューターのメンバーであるあなたのセキュリティクリアランスが上がれば、いくつか追加職業選択のチャンスが与えられます。もちろんトラブルシューターにとどまるという選択もあります。高いセキュリティクリアランスのトラブルシューターは、上級トラブルシューター（オレンジクリアランス）またはエリートトラブルシューター（イエロークリアランス）として知られています。

上級およびエリートトラブルシューターには、アルファコンプレックスの全体幸福評価を増大させるために、より広い範囲の刺激的なミッションが与えられます。たとえば…

[この資料はあなたのセキュリティクリアランスには提供されません]

トラブルシューターとしてのあなたの将来は驚きに満ちています。

敵

アルファコンプレックスは常に攻撃を受けています。テロリスト、ミュータント、秘密結社、そしてダイブスは、私たちが眠っている間も、私たちの存在そのものの基盤を傷つけ破壊しようと働いています。この問題への対策は、絶え間のない警戒しかありません。絶え間のない警戒は、絶対に眠らないことではありません。それはトラブルシューターに受け入れがたい能力の低下をもたらします。特に眠らずに死んでしまうとなおさらです。

あなたの敵は、いくつかのグループに分類できます。

テロリスト

誰もテロリストがテロリストになる理由を知りません。いったい、誰がどんな理由で、完全な社会組織であるアルファコンプレックスを攻撃し、変化させたり破壊したりしようとするのでしょうか？　多くのテロリストが尋問中にこの質問をされました。しかし、連中の答えはすべて間違いでした。

誰もが、テロリストである可能性があります。テロリストの外見はあなたとまったく変わ

白 《Ultraviolet》って太って見えない？

警告：クリアランスレベル＝レッド

りません。しかし連中はあなたのように考えたり、あなたのように行動したりしません。次のような、反社会的行動やテロリスト活動の徴候を見つけ出してください。

- 幸福でない。
- 上位者が指示した任務の引き受けを拒否する。
- ザ・コンピューターの資産を破壊する。
- 人を撃つ（テロリスト、ミュータント、秘密結社のメンバー、ダイブスに感染しているものを除く）。
- 何かを吹き飛ばす。
- セクター THA での「ゲヘナ事件」（それは起こりませんでした）への関与。

すべてのテロ活動のリストを、あなたの大脳コアテックの「アルファコンプレックスへの脅威」のプルダウンメニューで見ることができます。あなたはそのすべてを記憶しなければなりません（全文書を読み終わるまでの推定時間は 327 時間です）。

ミュータント

ミュータントパワーについて聞いたことがあるかもしれません。それは、忠実なトラブルシューターに対して戦いを挑み、ザ・コンピューターが創り上げた完全な社会の安定を害するために、テロリストが使う奇妙な能力です。たしかにすべてのミュータントがテロリストであるというわけではありません。しかし、この両者はしばしばすぐ近くで一緒に見つかります。特に同じ文の中で。【※本書には「テロリスト」と「ミュータント」が続けて出てくる文がとてもたくさんあります。】ですからあなたは、この者たちを同等な脅威と考えなければなりません。

あなたがミュータントを見つけたら、可能な限り速やかに、確実に無力化してください。ミュータントに罰を与え、ザ・コンピューターに忠実かつ正直で、反逆的ミュータントパワーを持たない次の交替クローン※が奉仕できるようにすれば、たくさんの XP ポイントを報酬として獲得できます。しかし、注意してください。未確認のうわさによれば、ミュータントとの接触によってあなたはミュータント菌に汚染される恐れがあり、徹底的な除染作業と処刑が必要となるかもしれません。【※ザ・コンピューターは、ミュータントの発生がクローン育成過程での妨害工作または過誤によるものであると確信しており、次の交替クローンが同じミュータントパワーを持つことはないと信じています。それが事実かどうかについてはプレイヤーズハンドブック（96 頁）に説明があります。】

あなたがミッション中に遭遇する可能性のあるミュータントの識別を助けるために、現在知られているすべてのミュータントパワーのリストを、以下に示します。

[この情報はあなたのセキュリティクリアランスには提供されません。
再度質問した場合、処刑される可能性があります]

もし私がミュータントパワーを持っていたら、どうなりますか？

トラブルシューター、あなたがミュータントパワーを持つ確率は、信じられないほどわずかです。とはいえ、ミュータントパワーを隠すことは反逆です。ですから、自分がミュータントという病気なのではないかと疑うなら、もっとも近いミュータント管理局（これは内部公安部門《イントセック》の１部局です。イントセックはスパイ組織と警察を混ぜ合わせたような機関です）の事務所に出頭して非致死性テストを受け、ミュータントの登録手続きをしてください。

登録ミュータントは当局にミュータントパワーを申告し、他のクローンたちに自らが潜在的脅威であることを知らせるために、ジャンプスーツに特別の黄色と黒の縞模様のバッジをつけます。これらの手続きを済ませた時点で、登録ミュータントはザ・コンピューターの奉仕のために、ミュータントパワーを存分に発揮する自由を獲得します。

登録ミュータントがザ・コンピューターに逆らったりミュータントパワーのコントロールに失敗したりしたときに素早い処刑を確実に与えるため、登録ミュータントには常に最低でも２つの反逆スターが記録されています。反逆スターがそれより少なくなることはありません。

秘密結社

秘密結社は、ザ・コンピューターが目指す最善の利益と一致しない目標を持つ、アルファコンプレックス市民による無許可の集団です。秘密結社の会員は処刑によって処罰されることがあります。秘密結社への加入を勧誘することは、選択の余地無く処刑によって処罰されます。現在知られているすべての秘密結社のリストを、以下に示します。

［この情報はあなたのセキュリティクリアランスには提供されません。
再度質問した場……ハハハ　デスレパードはネ申！！！！！！！！！！！！！！！］

ダイブス（逸脱した人工知能ウィルス）

逸脱した人工知能ウイルス（Deviant AI Viruses）、略称ダイブス (DAIVs) は、あなたの友人であるザ・コンピューターの［削除済］存在を、［削除済］するプログラムです。ダイブスは適切に保護されていない［削除済］を［削除済］することができ、それには［機密］［削除済］［削除済］および最新の［＄割り当てられない変数です］さえも含まれます。ダイブスはアル

ミューティを殺すだけで、あなたの気分はよくなります。
警告：クリアランスレベル＝レッド

ファコンプレックスの敵であり、発見次第除去しなければなりません。

ダイブスに関する情報は高度の機密事項で、「必要な時に知る」の原則にしたがって
与えられます。知る必要がないダイブスに関する情報を求めることは反逆です。あなたの大脳コア
テックのすべてのセキュリティプログラムが最新のものにアップデートされていることを確認して
ください。仲間のトラブルシューターを含むどんな市民であれ、大脳コアテック内でダイブスと接
触しているとの疑いを抱いたら、ただちにザ・コンピューターに報告するとともに、必要な処置を
講じてください。やり方はおかしな音を立てる機械に気づいた場合の一般的な対応と同じです。と
りあえずそいつを消すのです。

その他の脅威

アルファコンプレックスには他にもたくさんの潜在的な脅威があります。アルファペディアを常に
最新版にアップデートして確認してください。もし、任務中にあなたが何かの脅威を感じたら、近
くにある脅威と思われるものを除去しなければなりません。ただし、除去したものが、後に脅威で
なかったことが明らかになった場合には、あなた自身が脅威とみなされ、あなたの忠誠評価は調整
されるでしょう。市民、戦闘的に行動しなさい（しかし注意深く）。そして注意深く行動しなさい（し
かし戦闘的に）。

忠誠評価

大脳コアテックはあなたの視野内にいるすべての市民の忠誠評価を、市民の頭上にある一連の星印
（反逆スター）によって表示します。大部分の市民は忠誠評価ゼロで、反逆スターは表示されません。
反逆スターがある場合は、その数によってつぎのような意味をあらわします。

1スター	★☆☆☆☆	規則違反。疑いを持って対応してください。
2スター	★★☆☆☆	反社会的。大きな疑いを持って対応してください。
3スター	★★★☆☆	不忠誠。この評価はしばしば取り調べや尋問のために手配中のものに表示されます。ただし、現時点において他のものが代わることができない重要な仕事をしている市民に表示される場合もあります。
4スター	★★★★☆	脅威。身柄を確保し、次の指示を待ってください。
5スター	★★★★★	アルファコンプレックスの敵。あなたの最優先任務は、この敵を見つけだし、なんであれこの者がおこなっていることを、それがどんなに必要なことであろうとも、どんな手段を取ってでもやめさせることです。

XP ポイントとその他の報酬

かつてインフラレッド市民であったとき、あなたは日々の業務を果たすことでわずかな XP ポイントを獲得していました。現在トラブルシューターであるあなたは、新しいエキサイティングな方法で XP ポイントを獲得することができます。そしてあなたが XP ポイントを使用できるものの範囲は爆発的に増えています。

XP ポイントは、市民の間で譲渡することはできません。他の市民の利益のために XP ポイントを使ってやったり、他の市民をおだててあなたの利益のために XP ポイントを使わせたりしてはいけません。いずれの行動も、少しばかり反逆的と考えられています。

ミッションの途中であれ、それ以外の時であれ、XP ポイントが与えられるべきときにあなたが死亡した場合には、あなたの死をもたらした行動に対して与えられる XP ポイントは、直接次のクローンに与えられます。アチーブメントも同様に次のクローンが受け継ぎます。

その他の情報

あなたが効率的なトラブルシューターになるためにもっと多くを知る必要があると思うなら、アルファペディアを調べるか、あるいは高いランクのトラブルシューターに尋ねてください。警告：[$ 警告が見つかりません]

幸運を祈ります、市民！　もし他の無意味な決まり文句の方が、新しい危険な職務についたあなたの気分を楽にさせると思うなら、ハピネスオフィサーに尋ねてください。あなたがハピネスオフィサーなら、ザ・コンピューターに頼んで状況に合ったヘルプシート【※重要事項を一覧表に まとめた参考用シート】をダウンロードして適切な決まり文句を捜してください。たとえば次のような……。

あなたは自分に **選択権** が あると 思っていませんか

SO YOU'VE IDENTIFIED AN ENEMY OF ALPHA COMPLEX

あなたはアルファコンプレックスの敵を発見しました

セクション 0.4

よくやりました、トラブルシューター！　しかし、レーザーピストルを抜いて自由を憎む反逆的肉体に即時処刑の正義の一撃を加える前に、この便利なチェックリストに目を通して、あなたが正しいおこないをしていることを確認するべきです。

> ［これはチェックリスト CR214-89-0776/4A です。これは使用廃止となったチェックリスト CR214-89-0775/4 と CR214-89-154/MQ に代わるものです。使用廃止となったチェックリストを誤って使用することは、処罰によって処罰される処罰に値する犯罪です。］

ザ・コンピューターは複雑なアルゴリズムを使用して、ある人物がアルファコンプレックスの敵である可能性がどれくらいあるかという問題の答えをだします。（面白ミニ知識：ザ・コンピューターは常にこのアルゴリズムを実行しています！　これを読んでいるあなたもすでにチェックしています！　そしてすぐさままたチェックします！）しかしながら人間はザ・コンピューターほど賢くないのでこのアルゴリズムを実行できません。その代わりに、あなたはある人物が反逆的な罪を犯している可能性を、次頁に示された要素をはかりにかけることによって測定しなければなりません。

- その人物がアルファコンプレックスの敵であることに、あなたにはどれくらい確信を持っていますか？　ザ・コンピューターはトラブルシューターの直観を信頼しています。その直観が間違っていなければですが。あなたが、誰かがアルファコンプレックスの敵であることを「極めて確実」だと思うなら、それは「かなり確実」だと思うだけよりもよいことです。強い信念に基づく見解は高く評価されます。

- 反逆の証拠を持っていますか？　証拠があるのはよいことです。アルファコンプレックスに敵対している様子を、大脳コアテックを使って録画または録音しましたか？　破壊工作を受けた物質的または精神的な存在を確保しましたか？　その人物と他の反逆者やテロリストやミュータントやその他の望ましくない連中との関係を証明できますか？　その人物は正しい書類に誤った記入をしましたか？　あるいは違法な書類に正しい記入をしましたか？　これらの全ては、容疑者の反逆者《トレイター》的特徴《トレイト》の証拠となります。

- その人物のセキュリティクリアランスはどのレベルですか？　高いクリアランスは、アルファコンプレックスの敵である可能性が低いことを意味します。ザ・コンピューターがもっとも信頼する最高のクローンだけが高いセキュリティレベルへ昇格できるのです。クリアランスは信頼の証明です。

- その人物を敵と考えるかどうか、ザ・コンピューターに質問しましたか？　ザ・コンピューターは、誰を反逆者と考えているかを喜んで話すでしょう。

- その人物には１個以上の反逆スターがついていますか？　反逆者の宣告を報じる最新版のホロビデオニュースに、名前か顔写真がありますか？　アルファコンプレックスの敵であることを明白に示す態度をとりましたか？　自由とザ・コンピューターへの憎しみを示す発言をしましたか？　爆弾を持っていますか？　あなたに秘密結社に入るよう勧誘してきましたか？　トラブルシューター、イントセック（内部公安部門）、またはアーミー（軍事部門）のいずれかまたは全部から追われていますか？　ダイブスを広めようとしていますか？　これらすべては、このクローンが反逆者かもしれないことを示しています。

次に何をするべきでしょうか？

このクローンがアルファコンプレックスの敵であることが「極めて確実」であるなら、あなたには3つの選択肢があります。

1. ザ・コンピューターに通報します。ザ・コンピューターはあなたが提出した証拠を調べ、それに同意したら、クローンの首に懸賞金をかけ、最初にその人物を逮捕するか、撃つかしたものに XP ポイントを与えます。
2. その人物を逮捕します。
3. その人物を撃ちます。

アルファコンプレックスの敵を逮捕することは勇敢で英雄的であり、ザ・コンピューターがあなたに複数のクローンを交付した理由のひとつでもあります。アルファコンプレックスの敵は、しばしば重武装《アーム》しており（一部のミュータントは多数の腕《アーム》を持ち）そして神経質になっています。私たちは反逆者を生きたまま捕らえようとするあなたのフェアプレイ精神を讃えます。しかし同時に私たちは、生きている囚人は無実を証明しようとすることができるという問題を指摘せざるを得ません。ほとんどの場合、死んだ囚人はそれができません。死んだ囚人は正義の歯車の速度を上げ、ザ・コンピューターの事件処理件数の維持を助け、囚房の不足の防止に役立ちます。

あなたが反逆容疑者を撃った場合には、ザ・コンピューターあるいはあなたのチームのメンバーから、容疑者があなたの主張通りに反逆的だったことの証明を求められるでしょう。ここであなたの証拠の出番です。容疑者の反逆思想を証明できれば、おそらく XP ポイントのボーナスはあなたのものです。

もし仲間のトラブルシューターが反逆者だったら？

これは、ほとんどあり得ません※。トラブルシューターと反逆者で通常の場合共通しているのは、同じ規則でつけられた名前と、重武装と、自らの目的の本質的な正しさを確信しているということだけです。他の全ての点で、両者はまったく異なります。安心しなさい、トラブルシューター。私たちは誰もが、アルファコンプレックスの利益に最大の関心をはらっているのです。そして通常の場合、アルファコンプレックスの利益のためにはたくさんの火力が不可欠なのです。

【※ライターによれば、「本書にはたくさんのウソが書かれ】
【ているが、その中でおそらく最大のウソ」だそうです。】

WARNING
CLEARANCE LEVEL RED

CARE AND MAINTENANCE
OF YOUR CEREBRAL CORETECH
あなたの大脳コアテックの維持管理
セクション 0.5

多くの市民は、大脳コアテックを理解すれば、人生はよりよいものになるだろうと思っています。それは間違いです。重要なのは、大脳コアテックが市民を理解することです。

大脳コアテックはアルファコンプレックスの全市民の頭部に挿入されたハードウェアとソフトウェアのセットで、市民とザ・コンピューターの間での即時かつ恒常的な双方向通信を可能にします。大脳コアテックによって、あなたのユーザー関連情報、つまりあなたの健康状態、XPポイント数、忠誠評価、ミッション関連データ、そして周囲にいるキャラクターの名前とセキュリティクリアランスが、あなたの眼球内《イン＝アイ》ディスプレイ画面に表示され、常時更新されます。

大脳コアテックはユーザーが自分でいじってはならないパーツと、以下のコアモジュールによって構成されています。

- バイオバイオス（BioBIOS）：バイオバイオスに関する情報は、セキュリティクリアランスバイオレットレベルです。
- ヒューマン－マシン（人間－機械）オペレーティングシステム（Hum -OS）：Hum -OSに関する情報は機密ではありませんが、退屈です。
- オムニスキル（Omniskill）：すべてのクローンにインストールされている記憶と基本的な技能の一般的なセットです。これによって、どのように食べ、どのように話すかを覚えておくことができ、はじめてボットに出会ったときに恐怖のあまり強硬症にならずにすみます。あなたのオムニスキルファイルを削除しないでください。あなたの友人のオムニスキルファイルを削除しないでください。それは、笑いごとではすみません。
- センスセイ（SenseSay）：ザ・コンピューターと直接交信できます。ザ・コンピューターはあなたの聴覚センサーに直接「話す」ことができ、あなたは声を出さずに心の中で言葉を言うだけで返答することができます。
  - 市民テキスト（CitizenTxt）：あなたはアルファコンプレックスのあらゆる市民にショートメッセージを送ることができます。メッセージは音声

あるいは文字のどちらでも可能ですが、いずれの場合も、最長 150 文字に制限されています（混雑時には、メッセージの最大の長さは予告なしに短縮されることがあります）。画像、オーディオおよびビデオファイルを、市民テキストのメッセージに添付することもできるでしょう。

- メモテック（Memtech）：あなたのクローンが常に最新のものとなるように、あなたの直近の記憶をクラウドにバックアップします。【※ 25 周年版のメモ マックスに相当します】
- アイボール（iBall）：ビデオとオーディオの記録および転送ソフトウェア。
- アンチマルウイルスウェアパック（AntiMalVirusWarePack）：あなたの脳をウイルス、マルウェア【※悪意あるソフ トウェアの総称】およびその他の敵対的なソフトウェアから保護します。

その他にオーグメモ（AugMem）があります。これはあなたの拡張記憶をローカル（つまりあなたの頭の中）に保存する装置です。各市民は、ダウンロードしたスキルパッケージ、ミッションブリーフィング（ミッションの状況説明）、過去のミッションの重要な場面のスナップショット画像とビデオ映像、購入したホロビデオプログラム、「ザ・コンピューターからの強制士気鼓舞メッセージ」（1 時間ごとに更新されます）など、市民が失いたくないあらゆるデータを保存できます。インフラレッド市民のオーグメモは 16ZB ※ですが、512ZB までアップグレード可能です。オーグメモはクラウドベースで運用されますから、クローンは自らの先行クローンが残した記録にアクセスできます。
【※プレイヤーズハンドブック（56 頁）には ZB には具体的な意味はないと書かれていますが、ZB（ゼタバイト）に は、10 の 21 乗バイト、あるいは 2 の 70 乗バイト（ギガバイトの百万倍のそのまた百万倍）という意味もあります。】

あなたの大脳コアテックのセンスセイモジュールは、あなたの目、耳、鼻、舌からのデータを、直接ザ・コンピューターに常時送信しています。幸運な市民は、「味覚テスト」と呼ばれる、未知の物質をなめたり噛んだりする化学分析をおこない、ザ・コンピューターを助けることが求められます。それに加えてザ・コンピューターは、すべての市民の以下の生体測定表示を知ることができます。

- 心拍数、呼吸数および発汗率【※ウソ発見器で一般的 に測定される数値です。】
- アドレナリン濃度
- セロトニン濃度
- 血糖値
- 失血量
- 下垂体分泌レベル
- 膀胱圧

アイボールの使用方法。右目でウインクすると、なんであれ左の（開いている）目で見ているもののスナップショットが撮れます。左目でウインクすると、ビデオ録画とオーディオ録音が開始されます（右目の映像と両耳からのステレオ録音です）。すべてのファイルは、あなたのオーグメモのスペースに保存されます。2 回ウインクすれば、録画および録音は終了します。これらのファイルの移動、削除、他の市民やザ・コンピューターへの送信方法は、あなたの眼球内《イン＝アイ》取扱説明書に解説されています。目が 1 つの市民および左右の区別のつかない市民には使用をお勧めしません。

他のモジュールと追加機能は、日常的なソフトウェア・アップグレードの際に追加されます。大部分のアップグレードはあなたが眠っている間にそれとわからないようにおこなわれます。しかし、時として緊急アップグレードが、あなたが目覚めている時間にインストールをおこなう許可を求めてくることがあります。インストールの前にこれらのアップグレードの契約条項をすべて読了してください。必ずすべての大脳コアテックのソフトウェアに最新版のパッチを当てておくようにしてください。

ALPHAPEDIA
アルファペディア
セクション 0.6

もしお探しの記事がアルファペディアになければ、あなたはその言葉を知っていることで処刑されるでしょう……【※以下はレッドのアルファコンプレックス市民が信じるべき「真実」です。現実とはやや異なる点があるかも知れませんが、それを指摘することは、通常の場合反逆と呼ばれます。はじめての読者の練習のため、以下の訳文では疑わしい真実についての注はつけません。注意深く読んで下さい。】

アウトサイド（OUTSIDE）

　一部のテロリストと反逆者は、あなたにアルファコンプレックスとは別の現実世界が存在することを信じさせようとします。あるものは、もともと人間はアウトサイドからやってきたといいます、あるものは、それが永遠の幸せと喜びの場所であるといいます、そしてあるものは、クローンはアウトサイドへいくことができるといいます。それは真実ではありません。「アウトサイド」は、214 年の人気ホロビデオドラマ「クローンアンドアウェイ」で考え出されたストーリー上の架空の考案です。それは、現実でありません。アウトサイドの存在を信じたり、アウトサイドにいこうとしたりするのは愚かなことであり、即時処刑によって処罰されます。【※アウトサイドのことをアウトドアという場合もあります。通常の用語はアウトサイドですが、意味は同じで、どちらの表現も許容されます。】

イントセック（内部公安部門）（INTERNAL SECURITY）

　「サービスグループ」の項を参照。

クラウド（THE CLOUD）

　アルファコンプレックスのすべてのデータはクラウド、つまり [削除済] セクターの巨大ハードディスクに収納された無線ネットワーク上のデータ共有プログラムに保存されています。面白ミニ知識：クラウド（雲）は、かつては空中を漂い、人々に水を落としていました！　R&D の勇敢な市民たちが私たちの使用のためにクラウドを手なずけたことを喜んでください。あなたの大脳コアテックは、直接クラウドに接続できます。主なサービスには以下のようなものがあります。

- アルファペディア（Alphapedia）：あなたがアルファコンプレックスについて知ることを許されたすべてについての役に立つガイド。
  - 市民ファイラー（Citizen-Filer）：すべての市民は、市民ファイラー上に、誰でも

私たちの一部にとっては、狂気は必然的です。

アクセスできる公開のプロフィールページを持っています。ここでは、好きな画像やビデオクリップ、あなた自身のメッセージ、大好きなホロビデオ、それからあなたの反逆スターの数やXPポイントの数などを、他の市民に見せることができます。高セキュリティクリアランスの市民は、他の市民のファイラーページの、非公開の背景情報にアクセスすることができます。また、あなたは他の市民の市民ファイラーページ、あるいは市民テキストのサービスを利用することで、誰にでもメッセージを送ることができます。

- 反逆ビーコン（Treason Beacon）：あなたが反逆的であると信じるあらゆる市民または活動を報告し、あなたが手に入れたあらゆる反アルファコンプレックス的活動のデータと証拠をアップロードできます。
- マニュアルステーション（Documentation Station）：マニュアルの宝庫です。アルファコンプレックスのほぼすべての設備と装備の、操作、整備、修理手順についてのマニュアルが、[削除済]を除いて納められています。機器の名称で検索してください。マニュアルはただちにあなたの元に送付されます。
- ニュース最新版（News Updates）：アルファコンプレックス中のニュースが、スマートアルゴリズムによって、あなたに最適の優先順位で表示されます。また、すべての予定された活動のスケジュールを表示します。これには装備のメンテナンス時期、公認された行列、結社のミーティング、主要ホロビデオ番組の放送時間が含まれます。
- 今日のメニュー（Today's Menus）

クローン（CLONES）

アルファコンプレックスの全市民は、5体のバックアップと共につくられます。しかし、一度に作動するのは1体のクローンだけです。他のクローンは収納庫の奥深くに保管され、現在のクローンの活動が終了した場合に限って呼びおこされます。あなたの非活動クローンを捜したり修正したりしないでください。例外的なケースでは、ザ・コンピューターは特別の市民に追加クローンを認めることがあります。ですからあなたが6より多いクローンナンバーを持つクローンを見かけても、即座に撃ってはいけません。（1）おそらく正当な理由があるのでしょう。（2）おそらくもっと追加のクローンを持っているでしょう。（3）高いクリアランスレベルの市民は、失敗を見逃さないことで知られています。保存されたクローンを「残機」と呼ばないでください。あなたはこれをビデオゲームだと思っているんですか？

クローン槽（CLONE VATS）

あなた、そしてアルファコンプレックスのすべてのクローンは、ザ・コンピューターによりよい奉仕をするため、クローン槽で大人になるまで育てられます。あなたはクローン槽を覚えているかもしれません、しかし、あなたの脳は半分しかできあがっておらず、あなたの目はまだ焦点を合わせることを学んでいなかったので、あなたの記憶はおそらくぼんやりした断片的なものでしょう。あなたはご存じですか？　クローン槽以前には、人間は新しい人間を作るために[削除済]。これは真実です！　時として、人々は[削除済]のため、[削除済]しました！　かなり不気味で不効率です。そうですよね？　もはや誰もそんなことをする必要がないことを、ザ・コンピューターに感謝してください。

結社（SOCIETIES）

あなたは、より幸福で、より健康で、より効率的になるために、クラブや同好会などの何らかの

結社に入会するべきです。結社に関する情報は検索できますが… ああ、この結社の情報はあなたのセキュリティクリアランスを超えていますね。【※「秘密結社」の項目を参照してください。】

健康（HEALTH）

あなたの健康はザ・コンピューターにとって重要です。ですから、あなたが定期的に運動をおこない、正しく食事を取っていることを確認してください。強制視聴チャンネルのさまざまな義務的健康ホロビデオプログラム（「ティーラ -O-MLY のエクササイズアワー」、「マッスルバスターズ」、「ヘルニアチーム、さっさと運べ！」、「豚の目のクズども！」）に感謝してください。実際、あなたの食物とエネルギーの入出力をザ・コンピューターが常時監視しているため、不健康になることは、一言でいえばあなたには不可能な選択です！

サービスグループ（SERVICE GROUP）

アルファコンプレックスは、次の８つのサービスグループの活動によって維持されています。CPU（中央処理部門）、アーミー（軍事部門）、イントセック（内部公安部門）、R&D（研究設計部門）、パワー（動力部門）、テック（技術部門）、PLC（生産搬送配給部門）、HPD&MC（居住環境保全開発および精神統制部門）です。なお、この順番は便宜的なものであり、サービスグループの権威の高さを示すものと考えてはなりません。

- **CPU（中央処理部門）** (Central Processing Unit)：アルファコンプレックスを円滑に、そして効率的に運営するサービスグループであり、サービスグループ間の調整を担当します。CPU は、常にアルファコンプレックス全体の効率を配慮し、思いつきのいい加減な指示が下されたりすることが絶対にないように気を配っています。

- **アーミー（軍事部門）** (Armed Forces)：アルファコンプレックスを重大な脅威から守るサービスグループです。アーミーは、あらゆる脅威に対して備えを怠りません。存在しないアウトサイドの、存在しない脅威に対してさえ、充分に武装しています。

- **イントセック（内部公安部門）** (INTERNAL SECURITY)：トラブルシューターがテロリズムに対する最初の防衛線であるなら、内部公安部門、つまりイントセックは最後の防衛線です。さまざまな偽の身分証明と先進的なりすましソフトウェアを使って、イントセックの勇敢なエージェントたちは社会のありとあらゆるレベルにまぎれこんで、反逆と暴動を監視し、問題が顕在化したら踏みつぶします。おや、たった今あなたの向かいに座ったクローンは、変装したイントセックのエージェントかもしれません。これで安心ですね。違いますか、市民？

- **R&D（研究設計部門）** (Research and Design)：科学とテクノロジーとエンジニアリングの最前線を押し広げ、素晴らしい未来の極限までアルファコンプレックスを駆りたるサービスグループです。新発明はトラブルシューターを始めとするボランティアのテスターによって注意深く実験されます。ご安心ください。R&D の天才たちが産み出した発明に問題が生じる可能性はわずか **[$ 無効な数値です]** ％にすぎず、しかもそのほとんどすべては、テスターの責任によるものです。

- **パワー（動力部門）** (Power Services)：アルファコンプレックスに電力を供給し、給気、給水、廃棄物の処理とリサイクルをおこなうサービスグループです。アルファコンプレックスのすべての基盤設備はパワーの担当です。原子力発電所はパワーの管轄ですが、個々の機器はテックの管轄です。熱心なパワーは、その中間にあるもの（電線やらなにやらです）の維持管理を、テックの力を借りずにおこなおうと努力します。

- **テック（技術部門）** (Technical Services)：電灯のスイッチから超大型の軍事

その理由は、私がザ・コンピューターだからです。

《ウォー》ボットまでのアルファコンプレックスのあらゆる装置や設備を、最高の状態で円滑に作動するように維持するサービスグループです。個々の機器はテックの管轄ですが、原子力発電所はパワーの管轄です。熱心なテックは、その中間にあるもの（電線やらなにやらです）の維持管理を、パワーの力を借りずにおこなおうと努力します。

- **PLC（生産搬送配給部門）**(Production, Logistics and Commissary)：アルファコンプレックスに必要な、食料、衣服、武器やそのほかの装備といった消耗品や機材を生産し、市民に供給するサービスグループです。あなたが PLC の支給所にいけば、たった **[$ 時間表示が見つかりません]** 分以内で、あなたが必要とする装備の支給を受けることができます。PLC の支給所は **[$ 支給所が見つかりません]** にあります。

- **HPD&MC（居住環境保全開発および精神統制部門）**(Housing Preservation and Development & Mind Control)：アルファコンプレックス市民の日常的な必要に気を配るサービスグループです。飲食サービス、宿泊設備、精神安定剤とプロパガンダ（宣伝工作）などのほか、市民に、ホロビデオ番組を始めとするさまざまな娯楽を提供します。

【※英語版にはイントセック以外のサービスグループについての説明がありません。他のサービスグループの説明は、GM 用の記事をあなたのセキュリティクリアランスにあわせて修正し補足を加えたものです。】

ザ・コンピューター（THE COMPUTER）

　ザ・コンピューターは、あなたの友人です。ザ・コンピューターはアルファコンプレックスのすべての活動を監督し、その中で生きるクローンを統治し、彼らが幸福で健康的で効果的な生活を送ることを保証します。ザ・コンピューターは、常にテロリズム、反逆、ミュータントを警戒しています。そして、あなたのようなクローンを集めてトラブルシューターチームをつくり、連中を狩りたてます！　友人コンピューターに従わないことは、反逆です。あなたはあらゆる公衆端末から、あるいは大脳コアテックの直接リンクから、ザ・コンピューターに話しかけることができます。ザ・コンピューターは、なんであれ自分が望む方法であなたに話しかけることができます。

セキュリティクリアランス（SECURITY CLEARANCES）

　セキュリティクリアランスは 9 種類あります※。インフラレッド、レッド、オレンジ、イエロー、グリーン、ブルー、インディゴ、バイオレット、ウルトラバイオレットです。あなたの現在のセキュリティクリアランスは **[$ クリアランスが見つかりません]** です。より詳しい情報は、あなたのセキュリティクリアランスを上回ります。【※本書ではそれぞれのセキュリティクリアランスを「ランク」または「レベル」と表現する場合があります。】

セクター（SECTOR）

　この情報は、あなたのクローンオリエンテーションパッケージの一部として 14 頁ですでに伝えられました。あなたがこの情報を失ったかどうかを報告してください。ザ・コンピューターの価値あるリソースを喪失することは、それがなんであれ、XP ポイントと若干の非致死的な身体器官の喪失によって処罰されます。

大脳コアテック（CEREBRAL CORETECH）

　すべてのクローンは、インプット（入力）とアウトプット（出力）を強化するために、大脳コアテックを頭部に移植されています。より詳細な情報は、あなたの大脳コアテックに尋ねてください。

ダイブス（DAIVS）

　[削除済] は、DAIVs として知られている **[削除済]** であり、多くの **[削除済]**（その中には **[削**

除済］、［削除済］、［削除済］、と［削除済］が含まれます）に寄生しています。ただし純粋であらゆる影響を受けないザ・コンピューターは除外されます。すべてのダイブスは、アルファコンプレックスの敵であり、ウソつきです。ダイブスと接触したら、ダイブスが話すことは何であれ信じてはいけません。ただちにザ・コンピューターに警告を発し、絶対にその場から動かないでください。あなたは特別の XP ポイントボーナスの対象となります。【※ダイブスを適切に処理したものには XP ポイントが与えられます。あなたにはダイブスの通報による XP ポイントボーナスが与えられます。ただし受け取るのは次のクローンかもしれません。】

ティーラ -O-MLY（TEELA-O-MLY）

　アルファコンプレックスの一番の有名人であり、最高のホロビデオ作品のアクションスーパースターです。ティーラ -O-MLY は、いつでも元気いっぱいで、魅力的で、マジヤバく、忠実です。彼女がテロリストのカスと戦うとき、しばしばちょっとした窮地に追い込まれますが、常に勝利を収めます。面白ミニ知識：「勇敢で使い捨て」への出演によってコンプレックスのスターとなる前、ティーラ -O はトラブルシューターでした。アルファコンプレックスの全市民はザ・コンピューターを好きなのとほとんど同じくらいティーラ -O-MLY を好きです。どちらもよいことです。

デッドゾーン（DEAD ZONES）

　デッドゾーンは存在しません。デッドゾーンについての知識は処罰の対象となります。あなたがデッドゾーンに遭遇したら、（a）それが存在しない点に注意してください。（b）デッドゾーンから退去してください。（c）ザ・コンピューターに正確な場所を報告して、XP ポイントによる報酬を受け取ってください。（d）自発的マインドワイプ※と処刑のために出頭してください。【※パラノイア 25 周年版には、メモワイプという記憶除去剤がありますが、マインドワイプはおそらく心そのものを拭き取ってしまうのでしょう。】

ハイプログラマー（HIGH PROGRAMMERS）

　ハイプログラマーはすべてウルトラバイオレットレベルの市民であり、もっとも尊敬されるク

ハイプログラマーたち。絶対の権力。絶対に間違えない。絶対に賄賂が効かない。絶対に文字化けしない。

楽しい気分だというのではなく、楽しいことをしてください。

警告：クリアランスレベル＝レッド

ローンです。なぜなら、ハイプログラマーはザ・コンピューターをプログラムして、現在そうであるように完璧な状態を維持しているからです。あなたが幸運なら、もしかするとある日、ハイプログラマーがあなたのセクターを訪問するかもしれません！（訪問中のハイプログラマーに話しかけたり、直接見つめたりしないでください。あなたがハイプログラマーを偶然見てしまったら、あなたの目の再調整と交換のために、最寄りの告白ブースに出頭してください）ハイプログラマーは自分の課題を推進することにしか興味を持たず、得体の知れない目標を達成するためにアルファコンプレックスの権力中枢を操っているだけだという主張は、テロリストが流した卑劣なうわさです。

　著名なハイプログラマーには、アンディ -U-MAC、ロード -U-BER、タイジ -U-YAP、リズ -U-CRO とサイコ -O-KOW がいます。サイコ -O はセキュリティクリアランスを再プログラムするほど賢明です。【※サイコ -O は、サイコ - オーではなく、サイコ - ゼロ です。ハイプログラマーは命名規約も操作できます。】ハイプログラマーたちの輝かしい才能を讃えましょう！

バウンシィバブルビバレッジ（BOUNCEY BUBBLE BEVERAGE）

　1 缶の氷のように冷たいシュワっとさわやかなバウンシィバブルビバレッジをお飲みください。たったの 5XP ポイントです。お好みのフレーバーをどうぞ。なお、一部のフレーバーにはクリアランス制限があります。お飲みになる前に、ご自分のクリアランスをご確認ください。

秘密結社（SECRET SOCIETIES）

　秘密結社は、ザ・コンピューターの承認を受けていない無登録の結社です。すべての秘密結社は反逆です。あなたが秘密結社に加わるように勧誘されたら、すぐさまボーナス XP ポイントのために、ザ・コンピューターに報告しなければなりません。秘密結社に関する情報は存在しません。ですから、以下の検索語のいずれかを用いて検索してはいけません。「秘密」、「コミュニスト」、「デスレパード」、それから「ゲヘナ事件」。あなたが見つけることができたどんな情報でも、反逆的と見なして無視しなければなりません。

ファッション（FASHION）

　アルファコンプレックスには、服装規定《ドレスコード》があります。あなたは服を着なければなりません。その条件を満たせば、クローンたちは、主要な色が自らのセキュリティクリアランスと一致し※、アルファコンプレックスの他の市民の安全と進行中のビジネスを妨害しない範囲で、あらゆる承認された供給元からの衣服と装飾品を着用できます。トラブルシューターなどの特定の職種のクローンは、任務中は常に承認された自分のユニフォームを着用することを求められます。なお、トラブルシューターは常に任務中です。
【※ 25 周年版からの読者は、服の「色」が服の「主要な色」に変更されたことで、プレイヤーが楽になったと誤解しないでください。これは GM を楽にするための変更です。何が「主要」かを判定するのは、あなたではなくザ・コンピューターです。】

ボット（BOTS）

　ボット（ロボット、プラスチックの友人、メタルの仲間、ぶさいくな親友とも呼ばれる本質的な欠陥品）は、あなたを助けるために存在します。アルファコンプレックスのボットの多くは、平均的市民と同じくらい賢く、平均的市民と同じくらい熱心に、ザ・コンピューターが必要とする助けを提供する気持ちを持っています！　手のひらサイズのデータドローン（有用な情報を送信し、市民を助け、テロリズムに聞き耳をたてるためにやってきます）、清掃ボットから、人間《クローン》サイズの戦闘ボットと警備ボット（あなたを保護するためにアルファコンプレックスをパトロールし、常にテロリズムに聞き耳をたてます）、巨大な輸送ボット（チューブを使ってセクターからセ

クターへとクローンを輸送し、常にテロリズムに聞き耳をたてます）と軍事ボット（常にテロリズムに [削除済] します）まで、あらゆる形態と大きさのボットがいます。ボットが自己意識を持つようになって、ザ・コンピューターの意志に反した行動をしているという報告は真実ではありません。したがって、あなたがこのような行動をするボットに遭遇した場合には、誤作動していると報告してください。

ホロビデオ（HOLOVIDS）

ホロビデオは、大脳コアテックを通してあなたの脳に直接投影される現実の素晴らしい再創造《レクリエーション》です。美しい眺めを体感してください！　胸をドキドキさせるドラマのスリルを感じてください！　時代遅れのロマンスのコンセプトを探ってください※！　うっとりして笑顔を浮かべてください。ありとあらゆる人間の経験、存在の輝き、すべてがあなたの手が届く場所にあります！　強制視聴チャンネルのホロビデオは、大規模な宿舎、食堂、レクリエーションゾーン、その他の人々が集まる公共の場所にあるスクリーンに放映されます。それ以外のホロビデオを個人的に視聴したい場合には、XP ポイント報酬カタログからダウンロードして、あなたのアイボールで快適に楽しむことができます。

【　※アルファコンプレックスには公式には歴史も恋愛も存在しません。ドラマの中で歴史ドラマや恋愛ドラマやアウトサイドを舞台とするドラマがどの程度許容されるかは GM の考え方次第です。我々の世界の TV ドラマや映画でも、復讐や浮気や当腹（つまり自殺ですね）や犯罪が肯定的に描写される場合がありますが、制作者や視聴者が現実世界でのそれらを肯定しているとは限りません。この点はアルファコンプレックスも同じだと考えるとよいでしょう。アルファペディアの「歴史」の項目も参照してください。】

ミュータント（MUTANTS）

ミュータントは、クローニング中に未知の理由によって汚染されたクローンです。ミュータントは通常の人間のように見えますが、ザ・コンピューターが認めていない、したがって危険な、超常的なパワーを持っています。登録ミュータント以外のすべてのミュータントは、たとえ自分自身がミュータントであることを自覚していなくても、アルファコンプレックスの敵です。ミュータントを実験できるように生きたまま連行すれば、ボーナスの XP ポイントは高くなります。

あなたが、自分がミュータントであることに気づいたら、すぐにザ・コンピューターのもとに出頭してください。あなたが持つミュータントパワーの性質によって、あなたは登録ミュータントになるかもしれませんし、意図せずに処刑を志願したことがわかるかもしれません。

幸いなことに、一連のクローンがすべて同じミュータントパワーを示すことは希です。もし、ホリー I-VEE-1 が機械共感《マシンエンパシー》能力者であることが発覚して即時処刑されても、ホリー -I-VEE-2 から 6 までが機械共感《マシンエンパシー》を持つ可能性は [$ 無効な数値です] パーセント未満です。【※この点についてはプレイヤーズハンドブック 96 頁に正しい説明があります。】

歴史（HISTORY）

アルファコンプレックスの創設は 214 年に遡ります。そして現在の 214 年までずっと存続してきました。来年の 214 年には、すべてのクローンの希望が現実となるでしょう。【※アルファコンプレックスは、いつでも 214 年で】それ以上の詳しい情報は、あなたのセキュリティクリアランスを超えています。あなたは、歴史についてより多くを学ぶために必要なクリアランスに到達するために十分な XP ポイントを持っていません。あなたは、反射神経の 50% を他人と共有《クラウドシェア》することで、必要な XP ポイントを獲得できるかもしれません。そうしますか？

【※反射神経の一部を提供することで XP ポイントが与えられるのでしょう。それ以上の説明はありません（ライターは、これは素敵なギャグで、触れるだけにするのも、話をふくらませるのも、無視するのも GM の自由だと説明しています）。おそらくあらゆる行動をおこなうとき（そして何の行動もしないとき）に 50% の確率で何か別のことが起きるのでしょう。】

ザ・コンピューターはグラフィック機能に対する批判を受け付けません。

警告：クリアランスレベル＝レッド

PLAYERS プレイヤーズハンドブック
HANDBOOK

ALPHA COMPLEX | REFERENCE:0109448626612

FOR OFFICIAL TROUBLESHOOTER USE ONLY

『新人トラブルシューターはこちらへ』

HOW TO BE A TROUBLESHOOTER
トラブルシューターになるには

- セクション 1.0

プレイヤーズハンドブックでは、アルファコンプレックス世界のパラノイアなキャラクターをつくる方法と、彼らが何をすることができ何をすることができないか、できることをどうやってやればいいのかを教えます。そして、どうやって犯罪とテロリズムを捜査するか、どうやって人と戦ったりものを破壊したりするか、キャラクターが傷ついたらどうなるか、そしてどうやってキャラクターの能力と地位を向上させるかを説明します。【※訳者より注意：プレイヤーズハンドブックでは、アルファコンプレックスガイドのように「ザ・コンピューターはこういってますが、それはウソです」という訳注を付けていません。アルファコンプレックスについての記述は、アルファコンプレックスガイドで得た知識を元にあなたが妥当性を判断してください。アルファコンプレックスには常に無知と恐怖、疑心暗鬼があります。ルールブックを読むときもです。】

さて、実際にはどんな感じになるでしょうか？

ゲームマスターを含めた 7 人のプレイヤーがパラノイアをプレイするために集まりました。以下のメンバーです。
- ・アンソニー・ライト（アント《ANT》-R-GCC-5）
- ・ピーター・エンディアン（ピーティー《PEETEY》-B-BRU-5）
- ・マナル・フセイン（ブルー《BLUE》-B-SKY-4）
- ・カール・シェーリン（カール《CARL》-B-GDE-4）
- ・マリアン・マクブライン（マリー《MARY》-I-MAC-1）
- ・ビリー・ダリオス（バージル《BASIL》-V-FIN-3）
- ・ゲームマスター（GM）

これまでのあらすじ：凶悪なテロリストが全市民のセキュリティクリアランスをごちゃまぜにし、大混乱を引き起こしました。トラブルシューターたち（彼らもこの影響を受けており、クリアランス表示はデタラメです）は、ハイプログラマーのロード -U-BER が安全な端末にいき、彼が頭の中に保存しているバックアップコピーを使ってシステムを復旧させるのを助けようとしています。現在、彼らはウォームレッドスープの輸送ダクトの中を通って BER セクターへむかう途中です。

GM: 誰が先頭かな？
アント -R 以外全員：私じゃない！
アント -R: 私じゃ…　いや、少々出遅れた、どうも私らしい。
GM: それじゃあ、アント -R、〈知力〉＋〈銃器〉でダイスを振ってくれ。
アント -R: 私のノードは 3 だ。（3 つのダイスとコンピューターダイスを振る）2、2、4、6 で、1 回成功だ。【※「ノード」は振ることが出来る 6 面ダイスの数。「コンピューターダイス」はザ・コンピューターのシンボルが描かれた特殊なダイス。5、6 の目が成功です。後で詳しく説明します。】
GM: トンネルの先の方からかすかな音がするのに気づく。何かを吸うような音だが、何だかわからない。
ピーティー -B: トンネルイカかな？　【※トンネルイカはこの後も本書に何回か登場しますが、最後までどんなものかわかりません。】
GM: 君は音を聞いていないから、何もいうことはできない。
アント -R: ザ・コンピューターは我々が前進することを望んでいる。前進しよう。
ブルー -B: ちょっと待て！　俺がチームリーダーだ。俺が前進するかどうかを決める。そしてザ・

トラブルシューターのクルトン入りレッドスープ

コンピューターは俺たちの
前進を望んでいる。みんな前進しろ。

（誰もがブルー -B の力強いリーダーシップと断固たる決断に同意します）

GM: 君たちが進んでいくと、すさまじい音がして、何かがカール -B が持っている重いランタンを粉砕して、あたりは真っ暗になった。アント -R、君はさっきの音が、紛れもなくスープの中でガウスライフルの撃鉄を起こす音だったことを今ようやく理解した。

カール -B: 俺は撃つぞ！

GM: 真っ暗だよ。

カール -B: 俺の〈気力度〉は１ポイントしか残ってない。俺は何にでも過敏に反応する。レーザー射撃でトンネルは明るくなるはずだ。俺は何かを撃つ。

GM: 何か重要な物を破壊しないかダイスを振ってくれ。

カール -B: 〈暴力〉に〈銃器〉を足してノードは 4 だ。（ダイス 4 つとコンピューターダイスを振る）うわ。

GM: コンピューターの目をだしたね？　君は最後の〈気力度〉を失い、おかしな精神状態になった。それはそうとして、君は確かに何かを撃った。何かが壊れる大きな音がして、どこか遠くでサイレンが鳴り始める。近くの暗闇から誰かが叫ぶ。「撃つな！　我々はザ・コンピューターのミッション中だ！」

【※この版のパラノイアでは 6 の目の代わりにザ・コンピューターのディスプレイが描かれた特殊ダイスを 1 個使用します。本書ではこのダイスを「コンピューターダイス」、ザ・コンピューターが描かれたダイスの目を「コンピューターの目」と呼び、「ザ」はつけません。】

マリー -I: 私たちもザ・コンピューターのミッション中！　ハイプログラマーだっているんだから！

GM: 闇の中の声は叫ぶ。「何だって？　こっちには最高のハイプログラマー、ロード -U-BER 様がいらっしゃるぞ！」別の声が叫ぶ。「そうだ。武器を置け！　トラブルシューター、最高のハイプログラマーである私が通れるように。」

マリー -I: ちょっとまって。それって…　私は振り返ってロード -U-BER を見ます。

GM: 真っ暗だね。君には何も見えない。ところでカール -B、君は不安定な精神状態にある。

カール -B: ああ、暗くて温かくてスープの香りがする。まるでクローン槽の中に帰ってきたみたいだ。

GM: なかなかいいね。

ブルー -B: 誰か明かりになるものを持ってないか？　ザ・コンピューターは我々が光源を持つことを望まれている。

バージル -V: 僕はエクイップメントオフィサーです。パワーパックを調整してガイガーカウンターの

電光表示盤をオーバークロックさせて、光源にすることはできませんか？　〈技術力〉＋〈機械工作〉で。

GM: できるね。ただし、君は暗闇の中にいるから、その分だけ難しくなる。

バージル-V:（ダイスを振る）成功1つじゃ足りませんかね？

GM: 足りないね。ガイガーカウンターがノイズを立てるだけだ。

マリー-I: ザ・コンピューターに頼んで、暗視ソフトウェアパッケージを私の大脳コアテックにダウンロードできない？

GM: 200 XP ポイント。【※ルールでは、すでにあるスキルのアップグレードは200XP ポイントで、新規のスキルの追加は300XP ポイントです。ルールには「視力」というスキルはありませんが、マリーは目が見えますよね？　でしたら暗視能力はアップグレードでもいいでしょう。いずれにしても XP ポイント費用の最終的な決定権は GM にあります。】

マリー-I: OK、買った。

GM: 0WL1-ZX 暗視センサーパックをインストール中だ。使用可能になったらこちらから伝える。サイレンの音が次第に大きくなる。トンネルの声が叫ぶ。「君たちは我々を通す気があるのか？」

カール-B: こっちも叫ぶ。「俺たちにおまえらのロード -U-BER を見せろ！　そうすりゃ2人を比較できる」

アント-R: そいつはいい。こっちにもロード -U-BER がいるってことを教えてやろう。

GM: 「我々は君たちに何も見せられない。ここは暗闇だ！」ああ、マリー-I、アップグレードのインストールが終わった。

マリー-I: トンネルを見渡します。何が見えますか？

GM: 3人の姿が見える。君の大脳コアテックはそのうちのひとりが明らかにロード -U-BER の現在のクローンであることを確認する※。サイレンの音はとても大きくなっている。3人は君たちの反対側を向いてトンネルの先にいる何かを撃ち始める。【※マリー-I が見たクローンの頭上にはロード -U-BER の文字がクローンナンバーつきで表示されているということです。】

マリー-I: 私たちのロード -U-BER を見ます。

GM: 君たちの中にロード -U-BER はいない。その代わり、ブルー -B-SKY が2人いる。

カール-B: 1人は明らかにミュータントの反逆者だ！　俺はさらにいっそう混乱するぞ。どっちも五分五分の確率で反逆者だ。両方撃ってはっきりさせてやる。

ピーティー-B: カール -B がどちらのブルー -B も撃つ前に、私がカール -B を撃ちます。

ブルー-B: スープの中に飛び込んで、状況をザ・コンピューターに報告し、指示を求めます。

GM: 君たちは何も見えず、何が起きているのかわからないんだよ。マリー -I 以外は何もできない。さて、突然ダクトは君たちが待ち望んだ光でいっぱいになる。巨大なダクトメンテナンスボットが君たちに近づいてくる。サイレンを鳴り響かせ、ウォームレッドスープと他のチームのトラブルシューターたちとロード -U-BER であるかもしれないものを、津波のように君たちに向かって押し流してくる。全員〈暴力〉＋〈運動〉でダイスを振るように。

カール-B: うーん、スープ。【※英語の Soup には「混乱」「苦境」という意味があります。in the soup（スープの中）なら「窮地におちいる」です。】

THE CHARACTER SHEET
キャラクターシート

キャラクターはあらゆるロールプレイングゲームの中心です。そして、あらゆるキャラクターの中心に、彼らのキャラクターシート、つまり彼らが何者であり、彼らがゲームで何をすることができるかを表示するキャラクターシートがあります。キャラクターシートのさまざまな用語と数値はゲーム世界の内部に存在するものではなく、その外部にあります。いや、一部はゲーム世界の内部にも存在しますが、それは後で説明します。【※プレイヤーとして話すときには、キャラクターシートの用語を使ってかまいませんが、キャラクターとして話すときには、「私は〈銃器〉+5 だ」とはいわずに、「俺はこのチームで一番射撃がうまい」というように努力しましょう。〈基本情報〉や〈反逆スター〉や〈メモリー〉や〈装備〉についてはそのまま話してかまいません。】

ALPHA COMPLEX IDENTITY FORM

【アルファコンプレックス個人情報書類】

▶ この書類は義務です THIS FORM IS MANDATORY

/// PART 1 — CORE INFORMATION >>> 基本情報

名前:

セキュリティクリアランス:

ホームセクター:

クローンナンバー:

性別:

性格:

/// PART 2 — DEVELOPMENT >>> 発展

反逆スター:

XPポイント:

STATS >>> スタット《属性》

暴力:

知力:

交渉力:

技術力:

/// PART 3 — SKILLS >>> スキル《技能》

運動		科学		ごまかし		操作	
銃器		心理学		魅惑		機械工作	
接近戦		官僚主義		威圧		プログラム	
投擲		アルファコンプレックス		秘密行動		爆破	

/// PART 4 — WELLBEING >>> 健康状態

MOXIE >>> 気力度

○○○○○○○○

WOUNDS >>> ダメージ

軽傷 ☐ 重傷 ☐ 瀕死 ☐ 死亡 ☐

MEMORY >>> メモリー

_____

_____

ZB

/// PART 5 — EQUIPMENT >>> 装備

キャラクターシートの用語の意味：

最上部の基本情報ボックスには、キャラクターの名前、セキュリティクリアランス、ホームセクターと、キャラクターのちょっとした個人的情報が示されます。まだ記入しないでください。

反逆スターは、ザ・コンピューターがどれだけキャラクターを信用しているかを示します。はじめは、反逆スターはゼロです。その状態を保つように努力してください。

XP ポイントは何にでも使えるアルファコンプレックス唯一の通貨です。後ほど詳しく説明します。

スタット（属性）とスキル（技能）は、あなたのキャラクターがゲームにおいて何ができるか、そして、どれくらいうまくできるかを示します。スタットは、0 から 4 までの数値で示されます。スキルは、+5 から -5 までの数値で示されます。それぞれの詳しい説明は次におこないます。

【 ※スタット（STAT）は、statistic の省略型で、本来は統計値の意味ですが、卓上 RPG ではキャラクターの特徴を表示するデータ全般を意味します。一般的な卓上 RPG 用語でいえば、スキルは Stat の一種となりますが、この版のパラノイアでは、後述する 4 種類のデータに限定した意味で「スタット」を使用しています。原文では Stat を Attribute として説明する表現が頻出するので、説明のカッコ書きでは「属性」としました。また、25 周年版ではこの版のスタットに相当する基本能力を「技能（Skill）」、応用的能力を「専門分野（Speciality）」としていましたが、この版では基本能力が「スタット（Stat）」、応用的能力が「スキル（Skill）」となったので、混乱を防ぐために訳語を「スキル」としました。「技能」なら 25 周年版、「スキル」なら新版と区別してください。 】

気力度は、キャラクターがどれくらい自分自身をコントロールしているかを示します。高い〈気力度〉は常にうろたえることなく落ちついていることを示します。低い〈気力度〉は神経質で、大きな音を聞くと飛び上がることを意味します。高い〈気力度〉は、強いプレッシャーの下での優雅さです。低い〈気力度〉は、身を隠すテーブルの下での優雅さです。76 頁にくわしい説明があります。

ダメージはキャラクターの健康状態を示します。何のチェックもなければ健康です。テロリストの攻撃や不幸な事故によって、〈軽傷〉、〈重傷〉、〈瀕死〉、あるいは〈死亡〉となります。

メモリーは、あなたのキャラクターがどんな情報をオーグメモに保存したかを記録しておくための場所です。この部分にはあなたがどれくらいの ZB（ZB は XP と同様に、何らかの具体的事実を示すものではありません）の情報を貯め込んでいるかを示すものです。ここにあなたがオーグメモに保存したすべてを記入してください。映像と音の記録、新しいスキルパッケージ※、ホロビデオ番組、重要な文書、大脳コアテックの壁紙パッケージなどです。GM は、それぞれの情報がどれくらいのスペースを取るかを、あなたに教えてくれるでしょう。【※新しいスキルパッケージは追加スキルとしてスキル欄の下部にも記入しておきましょう。】

装備には、あなたが持っている装備を記入します。

STATS AND SKILLS
スタット《属性》とスキル《技能》

- スタット《属性》

スタットは、あなたのキャラクターの中核となる 4 つの能力です。それぞれのスタットは 0 から 4 の範囲の数値で示されます。数値が高いほど有能です。

死因は？ …美味。

あなたは、アルファコンプレックスの誰もがクローンなのだから、全員が同じ能力で生まれてくるのではないかと考えるかもしれません。もしそう考えるなら、ただちに再教育のために出頭してください。すべてのクローンは同じ潜在能力を持っています。しかし、その潜在能力をどう使うかの選択は彼らにまかされています。彼らはその選択をスタットとスキルを使っておこないます。

4つのスタットは以下の通りです。

暴力：トラブルシューターの通常の任務の一部として、しばしば〈暴力〉が発生することを、あなたはご存じですか？　最新のレポートは、ミッションの107% に、〈暴力〉が存在することを示しています（私たちは昨年期の割当トラブルシューターの総数と総失血量を比較することによって、パーセンテージを計算しました）。〈暴力〉は、キャラクターの体力、戦闘能力、冷静さとテロリストに致命的な打撃を与えたいという一般的な意欲を示します。あなたは〈暴力〉を、戦い、走り、ジャンプし、逃げ、力ずくで情報を獲得し、押し合いへし合いし、あるいはなんであれ他のキャラクターや物体に対して直接に物理的な結果を出したい行為をおこなうときに使います。【※25周年版からのプレイヤーには「バイオレンス」といった方がわかりやすいかも知れません。ほかのスタットの訳語と統一するために〈暴力〉にしました。】

知力：知力はあなたのもっとも重要な財産です。だからこそ、ザ・コンピューターは当てにならなさが最低の※メモテックサーバーのどこかにあなたの頭脳をバックアップしておくのです（それが、あなたが一生懸命考えなければならないときに、回線容量の適正使用規定によって、バッファリングによるタイムラグや視力品質のわずかな低下が発生する理由です）。知力は、知力、知覚能力、知識、直観力、そして問題解決能力を表示します。あなたは知力を、考え、記憶し、調査し、注意し、解決し、精査し、解釈するときに使います。【※普通の本なら「もっとも信頼できる」と訳してもいいのですが、パラノイアなので直訳しました。】

技術力：アルファコンプレックスは高度に自動化した社会です。ボットはあなたの友人であり、コン

ピューターはあなたの人生をより安楽にしますから、うまくつきあう要領を知っていることは役立ちます。ただし高い〈技術力〉値は、あなたがザ・コンピューターと話し合うときには役立ちません。ザ・コンピューターが市民と交流する方法は、私たちが評価すべきものではないからです（誰であれ、最近の眼球内《イン＝アイ》ディスプレイユニットとタッチスクリーンハードウェアの組み合わせの初期不良を体験した者に対しては、ミッションごとに1対の保護手袋が提供されます）。〈技術力〉は、ボット、（一般の）コンピュータ、機械、その他の工学的、デジタル的、ロボット工学的な事柄に関する能力を示します。あなたは〈技術力〉を使って、どんな機械的またはエレクトロニクス的な装置でも、作り、プログラムし、修理し、改修し、ハッキングし、ありあわせのもので代用し、破壊工作し、強化し、弱体化することができます。

交渉力：ザ・コンピューターはあなたの友人です。しかし、その他のあなたの友人は誰だかわかりますか？　もちろん、誰であれ、高い〈交渉力〉値を持つトラブルシューターです（ザ・コンピューターよりも高い〈交渉力〉値を持つことは反逆です。テロリストと友人になることは反逆です。ザ・コンピューター以外に最高の友人を持つことは反逆です）！　交渉力は、機知、説得、魅力、適応性、勇敢さ、権威、成功するためには何でもする意欲といった、あなたの社会的能力を表示します。あなたは交渉力を使って、ウソをつき、ごまかし、盗み、隠れ、隠し、忍び歩き、魅了し、おどかし、強要し、説得し、納得させ、見せかけを保ち、意のままに操ります。

【　※原文の Chutzpah は 25 周年版では「鉄面皮」と訳されていましたが、この版の Chutzpah は専門分野よりも範囲が広いスタットの1つとなり、25 周年版でいうとマネジメント技能とステルス技能を合わせた能力になったので、訳語を変更しました。この能力にはウソやハッタリだけでなく、真実を語って説得することや、交渉や戦闘を避けて逃げたり隠れたりする能力も含みます。】

- スキル《技能》

スキルは、スタットよりも狭い焦点を持ち、専門的知識や技術の個別の領域を取り扱います。ダイスを振るとき（72 頁参照）には、一番関係の深いスキルのレベルに応じてダイスを増やせます。ここでは、一般的にもっともよく使われる組み合わせで、スタットとスキルをグループ化しましたが、あなたは創造力に富んだ別のやり方で両者を組み合わせることを、常に考え続けなければなりません。

SKILLS MOST COMMONLY USED WITH VIOLENCE
主に〈暴力〉と組み合わせて使われるスキル

運動：一般的な体力と運動能力のスキルです。走り、ジャンプし、登り、追い、逃げ、押し、引き、引っ張り、格闘するとき、ロールに〈運動〉でダイスを加えてください。

銃器：遠くを攻撃できる武器についての専門技術と知識です。射撃し、待ち伏せを計画し、銃撃戦の最中に弾を込め、弾道検査の証拠を調べ、仲間のガンマニアと弾倉のサイズについてオタク話をしたりするとき、ロールに〈銃器〉でダイスを加えてください。

接近戦：素手での格闘と通常の接近戦用の武器の使用です。次のようなことをおこなう場合に〈接近戦〉でダイスを加えることができます。喧嘩、ボクシングのスパーリング、誰かを取り押さえる、警棒や棍棒を使う、刺す、暴力的な犯行現場を調査する、ナイフによる奇襲殺人の後始末をする。

投擲 《とうてき》： なんであれキャラクターが持ち上げることができるもの、特に手榴弾とナイフを投げつけることです。ものを投げる時、または投げられたものから逃げるとき、ロールに〈投擲〉でダイスを加えてください。〈投擲〉の数値は狙いの正確さと飛距離の双方を示します。また〈投擲〉は、その性質上投げられたものをキャッチする能力も示します。

SKILLS MOST COMMONLY USED WITH BRAINS
主に〈知力〉と組み合わせて使われるスキル

科学： 一般的な科学知識と、生のデータを関連付け評価する能力です。研究する、調査する、評価する、実験する、化学物質を混ぜ合わせる、計算する、あるいはあなたの「ひも理論」※の知識によって人々の誤りを「正す」ときに、ロールに〈科学〉でダイスを加えてください。【※素粒子を多次元時空で振動する「ひも」として説明する物理学の理論。なお、高度な科学知識はあなたのクリアランスでは許可されていない可能性が高いので注意してください。】

心理学： 人間の脳と行動パターンを理解する能力です。人の行動を予測し、分析し、尋問し、混乱させ、操ろうとするとき、ロールに〈心理学〉でダイスを加えてください。

実験的武器

官僚主義： アルファコンプレックスを完璧な状態で機能させる、各種のレベルでの官僚主義の知識と直観です。書類や記録や身分証明を使ったり、セキュリティクリアランスを振りかざしたり、長いあいだ忘れられていた規則を引き合いに出したり、規則を盾にとって物事をあなたの思い通りにするとき、ロールに〈官僚主義〉でダイスを加えてください。

アルファコンプレックス： あなたの周囲の環境と、それがどう働いているかについてのさまざまな知識です。ある場所の見取り図を思い出すとき、このセクターでもっとも影響力のあるクローンが誰なのかを探り当てるとき、コンプノード（ザ・コンピューターの結節点となるサブシステム）や、ネットワークのアクセスポイントを見つけるとき、隠されたルートを進むとき、これまで調査したことのない地域の様子をつかむとき、ロールに〈アルファコンプレックス〉でダイスを加えてください。

SKILLS MOST COMMONLY USED WITH CHUTZPAH
主に〈交渉力〉と組み合わせて使われるスキル

ごまかし： ウソをついて何かをごまかす専門技術です。高い〈ごまかし〉値は、通常は反逆の疑いの根拠となります。何かを隠蔽するとき、情報を省略するとき、ウソをつくとき、見せかけで引っかけるとき、虚偽を暴くとき、あるいは、口車に乗せるとき、ロールに〈ごまかし〉でダイスを加えてください。

魅惑： あなたに対する好意的な感情を強化し利用する能力です。誰かを説得するとき、機嫌を取るとき、おべっかを使うとき、カメラ写りをよくするとき、よい第一印象を与えるとき、痛みをこらえてにっこり笑うとき、ロールに〈魅惑〉でダイスを加えてください。

『書式 23-7-AT-8 四肢』『2B. 下の略図に失った四肢を記入すること』

書類の不備はいいわけできない。

威圧： あなたに対する嫌悪感を強化し利用する能力です。誰かをおどかし、おびえさせ、どなりつけ、権力をふりまわし、命令し、あるいは拷問するとき、ロールに〈威圧〉でダイスを加えてください。

秘密行動： 敵対的な勢力の監視を避ける能力。隠れるとき、忍び歩くとき、何かを避けるとき、スリをするとき、こっそり何かを持ち込んだり持ち出したりするとき、あるいは群衆にまぎれこむとき、ロールに〈秘密行動〉でダイスを加えてください。

【※〈秘密行動〉の原文は STEALTH です。25 周年版は技能に「ステル】
【ス」がありましたが、初めての読者にはわかりにくいので改訳しました。】

SKILLS MOST COMMONLY USED WITH MECHANICS
主に〈技術力〉と組み合わせて使われるスキル

操作： 手動による機械の制御。次のようなことをおこなうときには、ロールに〈操作〉でダイスを加えてください。運転する、飛行する、ホバークラフトを動かす、車両による曲技《スタント》や追跡や逃走、あなたがコントロールしている車両をぶつける。

機械工作： 機械と相互作用する能力。次のことをするとき、ロールに〈機械工作〉でダイスを加えてください。機械装置またはボットの製造、改造、修理、ありあわせのものでの代用、破壊工作。

プログラム： コンピュータプログラムの能力。次のことをするとき、ロールに〈プログラム〉でダイスを加えてください。コンピュータシステム（ザ・コンピューターではありませんよ）の修復、修正、構築、ハッキング、無力化、破壊工作や不法な侵入。

爆破： 爆発物の安全な取扱いと使用。あなたが次のことをするとき、ロールに〈爆破〉でダイスを加えてください。ものを吹き飛ばす、爆破されたエリアに証拠がないか調べる、爆発物の信管をはずす、一見無害な化学物質から爆発物をつくる。

ADDITIONAL SKILLS
追加スキル

キャラクターシートの各スキルグループの下に、いくつか追加スキルのための空白スペースがあります。あなたはまだ追加スキルを持っていません。追加スキルは、ミッションの特定の目的のためのダウンロード可能なスキルパッケージとして、あるいは新しい知識分野での専門的な学習や探求の結果として、時には特別の才能を持ちそれをあなたに伝えたいと望む誰かから教えられることで与えられます。ゲームマスターは、追加スキルについて適切なときに知らせてくれるでしょう。

CHARACTER CREATION
キャラクターの作成

- セクション 1.1

キャラクター作成、つまり、あなたがゲームでプレイする登場人物（「プレイヤーキャラクター」、あるいは略称で「PC」と呼ばれます）をつくりあげる作業は、目の前にキャラクターシートが置かれる前からはじまっています。通常の場合、誰であれゲームをはじめる前から始まっており、時には、ずっと昔から始まっています。【※子供の頃、自分がこんなだったらとか、こんな友達がいたらとか、空想したことはありませんか？】

あらゆるプレイヤーのグループの中には、友情や、好き嫌いや、お気に入りや、敵意と爆発寸前の恨みといった、さまざまな関係があるでしょう。キャラクターのグループにも同じような関係があるべきです。しかし、大部分のキャラクター作成システムは、まったくそれをモデル化していません。パラノイアでは、グループキャラクター作成システムを使用します。各プレイヤーは自分のキャラクターを作成しますが、その際ほかのプレイヤーのキャラクター作成に影響をあたえることができ、結果としてグループ内に緊張感が生まれ、そのすべてがゲームプレイに反映されます。すべてといってもプレイヤーグループを分解に導くちょっとした血みどろの復讐とか殺人未遂の小事件とかは除いてってことですが……、まあ、少なくとも、そういう計画です。【※パラノイアはプレイヤーキャラクターが互いに処刑し合う対立型の RPG です。この版のパラノイアでは、キャラクター作成ルール自体が、プレイヤー間の対立をあおるものになっています。ただし、キャラクター作成時の対立もまたゲーム内での対立です。パラノイアはゲーム内での対立が高まれば高まるほど面白いセッションになります。しかしゲーム内の対立をゲーム外に持ち出すとその面白さは失われ、苦い気分だけが残ります。対立をゲーム内に留めてください。チェスや将棋やポーカーやモノポリーのような対戦型ゲームと同じように、あるいはボクシングや柔道の試合のように、他のプレイヤーと対立する】のは当然と考えてください。そうすれば、血みどろの復讐も殺人未遂も発生しないでしょう。】

さて、あなたのグループはそれまでの感情と緊張と失効したストーカー禁止命令※のすべてを維持したままで、グループでキャラクター作成をおこないます。単独でキャラクター作成をおこなうことも可能ですが、それはあなたが遅れてグループに加わった場合や、あなたのクローンが完全に死亡し別のキャラクターで再出発する場合などです。そのためのシステムが 68 頁に記載されていますが、これは最後の手段として使ってください。【※すでにグループのメンバーの誰かへの執着が限界を超えて、ストーカー化してしまったようです。「失効した」とあるのは、有効なストーカー禁止命令があると元ストーカーがセッションに参加できないからです。】

GROUP CHARACTER GENERATION
グループでのキャラクター作成

グループでキャラクター作成をおこなう場合には、プレイヤーと GM の全員がテーブルの周りに座り、友情と、善良で協力的なゲームプレイと、物語空間の共有と、誰もがポテトチップスを独り占めしないという見せかけの中で、次に示したキャラクター作成の 6 つの段階を順番におこないます。

1. **設定**
2. **スキル**
3. **スタット**
4. **最適化**

5. GM の特別の指示
6. 再設定

1. 設定

プレイヤー全員が、空白のキャラクターシートを受け取ります。キャラクターの名前、外見【※プレイヤーはキャラクターシートの右上の空欄に、キャラクターの画像を加えてください。】、性別を決めます。ここでGMは、あなたのゲーム開始時のセキュリティクリアランスを教えるかも知れませんし、教えないかもしれません。おそらくレッドでしょうが、別の可能性もあります。それから、あなたのキャラクターを説明する3つの形容詞※を選んでください。普通はいい意味の言葉でしょうが、あなたのお好きなように。選んだ語を〈性格〉の欄に書きとめてください。〈発展〉の〈反逆スター〉と〈XPポイント〉は、通常の場合何も記入しません。つまりどちらも0です。ただし、GMは別の指示をおこなうかもしれません。〈発展〉にある〈スタット〉の決定方法は後で説明します。【※原文に従って「形容詞」と訳しましたが、日本語の場合は、文法上の形容詞にこだわらずに、「キャラクターの特徴を示す単語」なら形容詞でなくてもよいとすることをお勧めします。形容詞に限定すると、真面目なプレイヤーは何が形容詞なのかを知るために国語辞典をチェックし始めるでしょう。】

アルファコンプレックスのジェンダーと性的な傾向

ジェンダー※は、ホルモン抑制剤、拡張クローニング施設、生殖器のリアルタイムモザイク処理表示、遺伝子組み替えされた心と体のおかげで、アルファコンプレックスの市民にとって大きな問題とはなりません。現代社会でジェンダーによる差別が禁止されるのと同様に、アルファコンプレックスでもジェンダー差別は反逆です。それが価値ある時間を浪費するからです。女性であれ、男性であれ、シスジェンダー（身体的な性とジェンダーが一致しているもの）であれ、トランスジェンダー（身体的な性とジェンダーに不一致があるもの）であれ、ノンバイナリージェンダー（男女の枠に収まらないジェンダー）であれ、インターセックス（男女の中間的な性）であれ、すべての人民は平等にザ・コンピューターに奉仕することができ、義務を怠った人民は、平等に原子炉遮蔽任務につくことができます。ですから、なんであれお好きなジェンダーで（あるいはジェンダーを気にせずに）プレイしてください。【※ジェンダーは社会的、文化的意味での性別をいいます。これに対して、「セックス」は生物学的な意味での性を意味します。後出の「セクシャリティ」は複合的な意味を持つ言葉ですが、ここでは性的指向、とりわけ、どの（生物学的な意味での）性を性愛の対象とするかを意味する語として使われています。】

セクシャリティは、別問題です。異性間の性交渉は反逆です。それはザ・コンピューターの拡張クローニング施設を台無しにするものだからです。同性愛については、この問題についてのプログラムが欠落しているため、ザ・コンピューターの公式見解はありません。近くに反逆者がいるときには控えるべき、熱狂的なレスリングの一種としてあつかわれます。

例：アヴェ - R-AGE-1 【※原文では Ave-R-AGE、つまりアベレージ（平均）です。】 は、「アヴェ」として知られています。「アヴェ」のプレイヤーのアデールはアヴェを女性に決めました。そしてGMはすべてのPCをレッドクリアランスから始め、反逆スターとXPポイントは0とすることに決定しました。したがって、アヴェのキャラクターシートはこんな形で始まります。

/// PART 1	CORE INFORMATION >>>			基本情報
名前 アヴェ	セキュリティクリアランス R レッド	ホームセクター： AGE	クローンナンバー： I	
性別 女性	性格 役に立つ、忠実、慎重			

/// PART 2	DEVELOPMENT >>>	発展
反逆スター： 0	XPポイント： 0	

2. スキル

パラノイアのプレイヤーキャラクターは、全員がそれぞれ異なるスキル、つまり得意な分野を持ってゲームを始めます。得意なスキルは 1 から 5 までの数値で表示されます。苦手なスキル（反スキルというべきかもしれませんが）は、-1 から -5 までの数値で表示されます。スキルの決定はただ数値を割り当てていくといった単純なものではありません。あなたは自分のスキルを決定することによって、自分だけでなく他のプレイヤーのキャラクターのスキルも決定することになるのです。

1. GM の左側のプレイヤー（イングリッドと呼ぶことにしましょう）が、最初にキャラクターシートに書かれたスキルの中から 1 つを選び、そのスキルを +1 にします。スキルのボックスに「+1」と記入します。 イングリッドの左のプレイヤー（ジョンと呼びます）の同じスキルは自動的に -1 となります。ジョンはボックスに「-1」と記入します。
2. 次にジョンが別のスキルを選び、+1 とします。そしてジョンの左のプレイヤー（カートと呼びます）のキャラクターは、ジョンが選んだスキルが -1 になります。次にカートが +1 にするスキルを、イングリットもジョンも選んでいないものの中から選び、左側のリーのスキルを -1 とします。これを順番に続けます。
3. 少しずつ爆発寸前の恨みを積み上げていきましょう。「どういうつもりなんだ。俺にマイナスの〈銃器〉スキルをつけるってのは？」これを、グループを一回りして、全員が 1 つの +1 と1 つの -1 のスキルを持つまで続け、これで 1 ラウンドが終わります。心配することはありません。爆発寸前の恨みはいいものです！　面白いストーリーは対立から生まれます。ですから、なんであれ対立を引き起こすものはよいものです。
4. 次のラウンドはジョンから始めます。ジョンはまだ +1 も -1 も付いていない自分のスキルから、どれかを +2 で取り、カートのそのスキルを -2 にします。カートは別のスキル（まだ自分のスキルに +1 や -1 がついておらず、ジョンが今回選んでいないスキル）を +2 し、リーのそのスキルを -2 にします。これを全員が +2 のスキルを持つまで続け、今度はカートから+3 のラウンドを始めます。この調子で +5 と -5 のラウンドまで続けます。
5. 全員が 5 つのプラスのスキルと 5 つのマイナスのスキルを持ったときに、彼らのシートの余白に頭蓋骨と稲妻と切り落とされた首が落書きされるようにしてください。

2 つの重要なルール：

- 各スキルは、1 ラウンドにつき 1 回しか選べません。つまり、そのラウンドで誰かがすでに選んだスキルは次のラウンドになるまで選べません。
- プレイヤーは、すでに数値を記入したスキルを再度選ぶことはできません。つまり、既に -3 になっているスキルを +4 のラウンドで選んで +1 にすることはできないということです。

【　※あなたが選ぼうとしたスキルをすでに左側のプレイヤーが選んでいた場合はどうなるのでしょうか？　たとえば、あなたが〈銃器〉+3 を選んだとき、左側のプレイヤーはすでに〈銃器〉+1 を持っているといった場合です。あなたのキャラクターシートに〈銃器〉+3 を記入するまではいいのですが、左側のプレイヤーに与えられるはずの〈銃器〉-3 はどうなるのでしょう。ルールブックには説明がありません。GM の指示に従ってください。GM はみなさんの不和の程度に応じた適切な指示を与えます。比較的ありそうな決定は、囲み記事「キャラクターのスキルを決める別の方法」に書いてある。1）プレイヤーに、残りのプレイヤーの中から〈銃器〉-3 になるものを選ばせる。2）まだ〈銃器〉のスキルのないプレイヤー全員にダイスロールをさせ、不幸なプレイヤーを決定する。あるいは、一番簡単な方法として、3）左側のまだ〈銃器〉のスキルを持っていない最初のプレイヤーを〈銃器〉-3 にするかもしれません。プレイヤーの人数が奇数の場合には、すでに他のプレイヤー全員が〈銃器〉のスキルを持っている場合も考えられます。その場合は〈銃器〉-3 は無視されることになるでしょう。】

キャラクターのスキルを決める別の方法

このシステムは変更不可能なものではありません。あなたの GM は異なる方法を実施するかもしれません。グループの周り方をラウンドごとに逆にするかも知れません。プラスのスキルを獲得するプレイヤーにマイナスのスキルを与えるプレイヤーを選ばせるかもしれません。あるいはマイナスされるプレイヤーをダイスで決めるかもしれません。安心しなさい、あなたの GM はすべての可能性を考慮するでしょう。

例：全ラウンド終了、アヴェ -R-AGE のスキルは次のようになりました。

/// PART 3	SKILLS >>>					スキル《技能》	
暴力系スキル		**知力系スキル**		**交渉力系スキル**		**技術力系スキル**	
運動	0	科学	0	ごまかし	0	操作	-4
銃器	-2	心理学	0	魅惑	+2	機械工作	0
接近戦	-5	官僚主義	+1	威圧	-3	プログラム	-1
投擲	+5	アルファコンプレックス	+4	秘密行動	+3	爆破	0

3．スタット

4つのスキルグループそれぞれにプラスのスキルが何個あるかを1グループごとに数えてください。ゼロまたはマイナスのスキルは無視してください。スキルグループごとに 0 から 4 までのいずれかの数が、全部で 4 つ与えられることになります。あなたのキャラクターシートを左側のトラブルシューターに渡してください。左側ってことは、これまであなたがマイナスのスキルを与えて水責め拷問していた相手ですね。左側プレイヤーは、この 4 つの数字を 4 つのスタットに自由に割り当てます。これがあなたの各スタットの数値になります。

例：アヴェ -R-AGE の各スタットは、1,2,2,0 のいずれかになります。左側プレイヤーは、次のように各スタットの数値を割り当てました。

STATS >>>			スタット《属性》
暴力：0	知力：1	交渉力：2	技術力：2

アデールの左のプレイヤーは、過度に報復的です。彼女は礼儀正しく〈暴力〉を 2 にしてほしいと頼みましたが、左側プレイヤーの選択は 0 でした。彼女は復讐として、意地悪く最後のポテトチップスを食べてしまいます。

4．最適化

通常の場合、キャラクターはゲームを 8 点の〈気力度〉と 6 体のクローンで始めます。しかし、〈気力度〉とクローンの一部を犠牲にすることで、キャラクターをよりよく、あるいはあまり悪くなくすることができます。プレイヤーは、つくられたばかりのキャラクターの能力を次の 2 つの方法で高めることができます。

- 〈気力度〉ポイント 1 点を費やして、いずれかのスキルを 1 上昇させることができます。消費できる〈気力度〉ポイントの上限は 5 点です。

- 1体のクローンを費やして、いずれかのスタットを 1 上昇させることができます。消費できるクローンの上限は 5 体です。

この段階で〈気力度〉を使うと、キャラクターの〈気力度〉の最大値（以後〈最大気力度〉と呼びます）は 8 ではなくなり、永久的に消費後の数値まで低下します。私たちは、このプロセスを「感情をおさえた脂肪吸引」※と呼びます。〈気力度〉1 点は 1 スキルに変換できます。あなたは、どのスキルでも、いくつでも上げることができますし、スキルのマイナスを減らすこともできます。ただし、全部で 5 点までの〈気力度〉しか使えず、また、スキルを +5 よりも大きくすることはできません。キャラクターシートの〈気力度〉の丸印に、ここで使用した〈気力度〉の数だけ×印をつけて消してください。【※原文は stiff upper liposuction で、stiff upper lip（唇を引き締めて困難に耐える）という成句の lip を liposuction（脂肪吸引）に変えたダジャレ。】

同じようにクローンを「捨てる」ことで、スタットを上げることができます。プレイヤーは未使用のクローンとスタット値を 1 対 1 で交換できます。スタットの上昇限度は 3 までで、4 にすることはできません。また、全部で 5 体までしかクローンを捨てることができません。クローン 1 体を捨てるごとにクローンナンバーを 1 増やしてください。なぜゲームを始める前に 6 体のクローンを捨ててはいけないのかと尋ねるプレイヤーは、このゲームをするには愚かすぎるかもしれません。

プレイヤーがクローンを捨てたときには、キャラクターシートにクローンがどのように死んだのかを書きとめなければなりません。何か話をでっちあげて、キャラクターにちょっとした過去を与えてください。また、ゲーム中にクローンを失った場合も、同じように死の状況を書きとめてください。

クローンの消費によるスタットの上昇は 3 が上限です。たしかに理論的にいえばスタット 4 は可

超音速赤外線追尾ミサイルは反逆者に命中しようとしている。

能ですが、しかしそれには、スキル決定の段階での入念な裏工作が必要です。なぜなら 4 つのスキルを同じスキルグループから選ぶには、あなたの右側に座っているイヤな奴が 4 つのスキルのどれにもマイナスをぶつけてこないようにしなければならないからです。

〈気力度〉の詳細と、この時点で〈気力度〉を使ってしまうことが、まずいやり方であるかもしれない理由については、77 頁をご覧ください。

例：アデールは、〈銃器〉-2 に、心から不満を感じています。彼女は〈銃器〉+1 にするために 3 ポイントの〈気力度〉を使い、またクローンを 1 体捨てて、〈交渉力〉を、スタットを上げられる上限の 3 にし、〈暴力〉を 1 にするためにもう 1 体のクローンを捨てることに決めました。それから〈ごまかし〉を +2 にするためにもう 2 ポイントの〈気力度〉に×印をつけて消しました。多分、彼女は達者なしゃべり手であって戦士ではないのでしょう。アヴェ -R-AGE の最大〈気力度〉は 3 しかありませんから、もちろん彼女には落ち着きがなく、最初から自分をコントロールできる限界近くにいることになります。これは彼女が穏やかで洗練された「〈交渉力〉のモンスター」の外観を持っていないということを意味しますが、しかし、それもまたロールプレイに楽しみを加えることでしょう。

5. GM の特別の指示

GM にあなたの装備とミュータントパワーと秘密結社について尋ねてください。はじめの設定時にセキュリティクリアランスが教えられなかった場合には、セキュリティクリアランスも尋ねてください。GM は、あなたが現在所持している装備とセキュリティクリアランスを教えます。また「装備」、「ミュータントパワー」または「秘密結社」と記された 1 枚ないし数枚のカードを裏返しにして渡すかもしれません。ミュータントパワーカードや秘密結社カードが渡されても、あなたがゲーム開始時からミュータントで秘密結社員の反逆的テロリストであることを必ずしも意味しません。あなたのミュータントパワーカードや秘密結社カードが空白である可能性は十分にあります。これは、カードを受けとった他のプレイヤーもまた、反逆者とは限らないことを意味します。

6. 再設定

あなたがキャラクターをつくりはじめたとき最初の「設定」で選んだ 3 つの形容詞を覚えていますか？　あなたの左側に座っている、現在はあなたを憎んでいるはずのプレイヤーを覚えていますか？　左側のプレイヤーは、あなたのキャラクターの形容詞の 1 つをひっくり返します。つまり、正反対の意味に変えます。「親しみやすい」は「無愛想な」にひっくりかえされ、「ハンサム」は「醜い」に、「勇敢な」は「臆病な」に、「楽観的な」は「悲観的な」に、そして「忠実な」は「不忠な」になります。

左側のプレイヤーは、どの形容詞をひっくり返すかを選べます。ひっくり返される側は、「ゲーム内の資産」、つまりキャラクターシートにあるものを何でも使って、自由に賄賂を試みることができます。賄賂として提供できるものには、装備、〈最大気力度〉、クローン、ミュータントパワー、秘密結社の会員権が含まれます。これは、キャラクターが、2 つのミュータントパワー、2 つの秘密結社への忠誠、最高 11 体のクローン、あるいは逆に 1 ポイントの〈最大気力度〉でゲームを始められる※ことを意味しますが、私たちはまったくそれを推奨しません。卑劣な脅迫や暴力は許さ

れません。現実の資産、えこひいき、またはお気に入りのダイスの提供も認められません。【※たとえば、最適化で〈最大気力度〉が3に低下しているプレイヤーが、同じく最適化で〈最大気力度〉が低下している相手に賄賂として〈最大気力度〉2点を贈り、自分の〈最大気力度〉を1とするといった場合です。】

例：アデールの左側のプレイヤーは、アヴェ-R の〈性格〉から「慎重」を選び、「無謀」にひっくりかえしました。たしかに彼女の性格としては、この方がより適切かもしれません。

/// PART 1	CORE INFORMATION >>>		基本情報

名前: **アヴェ** セキュリティクリアランス: **R レッド** ホームセクター: **AGE** クローンナンバー: **1**

性別: **女性** 性格: 役に立つ、忠実、~~慎重~~ 無謀

なぜこんなことを？

このキャラクター作成方法は、プレイヤーの意図に従ってキャラクターの能力値を最適化するだけのものではありません。キャラクター全員はそれぞれ違うスキル値で始め、あるスキルでゼロ以外の特定の数値を持つものは1人しかいません。【※グループキャラクター作成ルールを使えば、最適化をおこなう前の段階では、〈銃器〉+2とか、〈ごまかし〉-3とかといった特定のスキル数値を持つキャラクターは1人しかいないということです。】そして異なる〈気力度〉やクローンナンバーが、キャラクターの個人的特徴をもう少し付け加えます。ゲーム開始時にすでにクローンを失っているキャラクターの過去のストーリーは、後付けでGMのストーリーに関連づけられるかもしれません。そうです、これはとても賢いシステムです。私たちはうぬぼれており、このゲームが世にでたとき、レビューや、どこであれ君たち若者が使うソーシャルネットワークの書き込みで、この点に注目するよう主張することを期待しています。もちろん、あまり過度に称賛しないでください。しかし、複雑なストーリーをフィードバックするシンプルなシステム設計の強力な実例として、また、キャラクターに豊かな特徴を与えるいくつもの仕事をこなす単一システムとして敬意を払ってください。これはいいものです、皆さん。1単語あたり数セントででっち上げたやっつけ仕事ではないんですよ。

SOLO CHARACTER GENERATION
単独でのキャラクター作成

グループの一員としてではなく1人でキャラクターをつくる場合には、作成のプロセスが異なります。この方法を取った場合には、よりよいキャラクターができる傾向がありますが、これはキャラクター作成の楽しみが少なくなることも意味します。プロセスは、次のようなものになります。

1. **設定**：プレイヤーは、キャラクターの名前、性別、特徴を示す3つの形容詞を選びます（グループ作成を参照してください）。
2. **スキル**：プレイヤーは、5つスキルを選び、1から5までの値を割り当てます。次に5つの別のスキルを選び-1から-5を割り当てます。
3. **スタット**：通常の場合と同じように、4つのスキルグループの各々に関して、数字を計算してください。それから、その数字の場所を1つずつ右にずらします（右端は左端に）。たとえば、あなたが〈暴力〉に3つのプラスのスキルを持ち、〈知力〉に1つ持つなら、あなたのキャラクターの〈知力〉は3に〈交渉力〉は1になります。
4. **最適化**：プレイヤーは、〈最大気力度〉を下げることで、新しいスキルを入手するか既存のスキルの数値を増やすことができます。捨てることのできる〈気力度〉の上限は5で、スキル

の上昇は +5 が上限です。また最大 5 体までのクローンを捨てて、いずれかのスタットを増やすことができます。スタットの上昇は 3 が上限で、4 にすることはできません。

5. **GM の特別の指示：**GM はあなたにセキュリティクリアランスを割り当て、現在の装備を教え、もしかすると装備カードを与えるかもしれません。また、あなたに秘密結社とミュータントパワーのカードを 1 枚与えるか、あるいは与えないかもしれません。グループ作成の場合と同様に、キャラクターが本当に秘密結社メンバーあるいはミュータントパワー保持者なのかはわかりません。

6. **再設定：**GM は、プレイヤーが設定で選んだ形容詞の 1 つをひっくり返します。

1 個の電球を換えるのに、何人のトラブルシューターが必要か？

【※「1 個の電球を換えるには、何人のポーランド人が必要か？」というアメリカの古典ジョークから。なお、答えは 3 人、台に乗って電球を差し込む係が 1 人と、台を持って回転させる係が 2 人。】

EQUIPMENT
装備

レッドレベルのトラブルシューターの標準的な装備一式は、1着の赤いジャンプスーツと1丁の レッドレーザーピストルです。トラブルシューターは常時ジャンプスーツを着用し、レーザーピス トルを所持することになっています。テロ活動によって避けられない供給不足が生じる場合がある ので、ときおりトラブルシューターはレーザーピストルまたはジャンプスーツを共同で使用しなけ ればならないかもしれません。

追加の装備は、ミッションブリーフィングの後に、キャラクターに支給されます。複雑なアルゴリ ズムを使用して自動的に判定された各クローンのスキルに応じた最適の装備が、もちろん確実に※、 過労のために効果的な管理がほとんどできない管理担当者か本来はホットファン自動販売機を操作 するためにデザインされたサブルーチンによって、割り当てられます。【※この「もちろん確実に」が、最 適の装備にかかるのか、効果的な 管理ができない担当管理者やサブルーチンにか かるのか、どちらとも取れる文になっています。】

ウソ発見器はウソをつかない。

【※「ウソ発見器はウソをつかない」は、「鏡はウソをつかない」
「カメラはウソをつかない」といった英語の成句的表現から。】

XP POINTS
XP ポイント

フレッシュで野心的な新人トラブルシューターであるあなたは、ゼロ XP ポイントからスタートします。あなたのキャラクターは以前にはいくらかの XP ポイントを持っていたでしょう。しかし、現在のセキュリティクリアランスに昇格するために、そのほとんどを使ってしまいました。使い残しがあったとしても、望ましい競争と協力の雰囲気を醸成するために、ザ・コンピューターは残りの XP ポイントを取り除き、チーム全員が確実に平等な条件でスタートできるようにしました。心配することはありません。あなたには、ミッションの間に、より多くの XP ポイントを獲得するたくさんのチャンスがあります！【※これは GM から XP ポイントについての特別の指示がなかった場合のことです。ミッションによっては、はじめからたっぷり XP ポイントを与えられる場合もあります。賢いプレイヤーは何のワナだろうかと考えます。】

CLONE NUMBER
クローンナンバー

クローンナンバーは、あなたのキャラクターの名前の一部であり、現在どのクローンが活動しているのかを示すものです。最初は１です（キャラクター作成時にクローンを捨てていなければですが）。この数字は予想外のナンバリングの混乱（テロ活動の結果です）がない限り、決して小さくなることはありません。ただし、特別な状況では、この数字は６より大きくなることがあります。

LOYALTY RATING
忠誠評価

ザ・コンピューターがあなたをどれだけ疑っているのかを、０から５までの反逆スターで表示したものが忠誠評価です。反逆スターゼロは、あなたは健全であることを意味します。５つの反逆スターは、クローンナンバーを変更しなければならない状況に追い込まれていることを意味します。

SECRET SOCIETIES AND MUTANT POWERS
秘密結社とミュータントパワー

秘密結社のメンバーとなることと、ミュータントパワーを持つことは、いずれも反逆ですが、これは時として避けることができません。GM の特別の指示の手順で、GM はあなたにカードを与えるかもしれません。そのカードにはミュータントパワーまたは秘密結社の名称と、隠された能力の内容や、秘密結社の義務と課題について書かれているかもしれません。これらの新しいボーナスパワーについて質問がある場合には、ミッションの内容が説明された後におこなわれるかもしれない、GM による非公開の個人ブリーフィングがチャンスです。

BASIC MECHANICS, OR DOING THINGS, OR HOW TO SOLVE SIMPLE PROBLEMS FOR YOUR FRIEND THE COMPUTER

基本システム、あるいは何かをおこなう、あるいはいかにして あなたの友人ザ・コンピューターのために単純な問題を解決するか

- セクション　1.2

CORE MECANIC
基本システム

もちろん、ダイスをロールする、つまり振ることがすべてです。問題は、何個のダイスをロールし、出目をどう読み、どんな結果を求めるかです。

何かするときには、キャラクターシートのデータの2つの数字を使います。スタットとスキルです（詳しくは56頁を見てください）。あなたはこの2つの数字を加え、その他の修正があればそれをおこなって「ノード」ダイスの数を決定します。ノード（NODE）は「Number Of DicE」つまり「ダイスの数」を意味します。

あなたのキャラクターがゲームで何か簡単ではないことをする必要があるか、あるいは GM があなたにダイスをロールするようにいったときには、ノード数のダイスにプラスしてコンピューターダイスをロールします。たとえノードがゼロまたはマイナスであっても、コンピューターダイスをロールしてください。

5または6の目は、「成功」です。1回の成功を1ポイントとして、成功の数を合計します。GM にこの合計数（成功ダイス数）を伝えてください。GM はこの数を、行動に割り当てた〈困難度〉、つまり成功に必要な5、6のダイスの数と比較して、あなたがどれくらいうまくやったかを説明します。あなたはほとんどすべての場合、可能な限り多くの5または6が出ることを望むでしょう。【※この表現はやや大げさかもしれません。パラノイアでは、失敗したいと思っている行動をしなくてはならない場合がしばしば発生します（自分が所属する秘密結社への攻撃などです）。GM に秘密の通信をおこない、失敗したいことを伝えるという方法もありますが、他のプレイヤーの疑惑を招きやすく、ダイスロールの結果、失敗することに失敗する可能性もあります。このような場合には、失敗を期待してそのままダイスロールすることもあるでしょう。】

コンピューターダイスには1から5の目はありますが、6の目の代わりにコンピューターの目があります。成功判定では、コンピューターの目も6の目と同じと考え成功に数えてください。「5、6の目」あるいは「成功ダイス」とある場合には、コンピューターの目も含みます※。コンピューターの目のそのほかの楽しい効果については後で詳しく説明します。【※サプリメント「アキュートパラノイア」の「よくある質問」より。】

他にいくつか、ノードのダイスの数を増やすものがあります。アクションカード、装備、他のキャ

ラクターやザ・コンピューターの支援や補助、GM からの特別のボーナス、特別のスキル、賢いふるまいやその他のファクターです。逆にダイスの数を減らすものとして、マイナスのスキル、マイナスの戦闘修正、GM をイライラさせる行為などがあります。詳しくは後で説明します。

COMBINATING STATS AND SKILLS
スタットとスキルの組み合わせ方

ある行動のノードのダイス数を決めるには、それをおこなうキャラクターの、その行動に関連する 1 つのスタットと 1 つのスキルの数値を合計します。キャラクターシートではスキルは通常の場合一緒に使われるスタットとグループ化されています。しかし、これはあなたがいつもこの組み合わせを使わなければならないことを意味しません。状況に応じて、あなたは他のスタットとスキルを組み合わせることができます。

たとえば、〈銃器〉と〈暴力〉は自然な組み合わせに見えます。これは、発射されたレーザー光線が攻撃目標に命中したかどうかの結果をだすために、通常使用する組合せです。しかし、銃撃戦の直後に誰が最初に撃ったのかを調べたり、鏡の反射を巧妙に利用して背後のテロリストを撃つ計画を立てたりするときには、〈銃器〉と〈知力〉とを組み合わせることができます。レーザーピストルを改修したり修理したり、おそらくは信頼性を犠牲にしてちょっとした余分のエネルギーをパワーパックから絞り出したりするには、〈銃器〉と〈技術力〉を組み合わせることができます。レーザー集束結晶の最新技術についてオタクな話をして仲間のガンマニアの好意を獲得するときには、〈銃器〉と〈交渉力〉を組み合わせることさえできるでしょう。

成功の可能性を最大にする組合せを考え出せるかはあなた次第です。そして、その組み合わせを状況から考えてもっともと考えるか、あるいはあなたを厚かましいと考えるかは GM 次第です。あなたがスタットとスキルの非常に突飛な組合せを使うなら、GM はあなたの仕事が通常より難しくなると判定するかもしれません。あるいは、ことによるとあなたの独創性に報酬を与えるかもしれません。おそらく、前者になると考えたほうがいいでしょう。【※プレイヤーは無茶なスタットとスキルの組み合わせをおこなうことができますが、GM はその組み合わせが無茶だと思ったらダイスロールの成功に必要な 5、6 のダイスの数（困難度）を、いくらでも大きくできるということです。】

例：アンソニーのキャラクター、アント -R-GCC-5 は、混雑した食物配給所の反対側に、テロリストを発見しました。残念なことに、彼のレーザーピストルは少し前に故障してしまい、遠距離攻撃できる武器がありません。とっさの考えで、彼はバウンシィバブルビバレッジの配給ホースをつかむとフォークをノズルに押し込み、液体の圧力を使って部屋の向こう側のアルファコンプレックスの敵に、フォークを撃ち込もうとします。

アンソニーは、アント -R の最高の組み合わせは〈技術力〉2 と〈投擲〉+1 だと考えます。他のプレイヤーは〈暴力〉プラス〈操作〉ではないかといいましたが、アンソニーは、アント -R の〈暴力〉は 0 で〈操作〉は -2 であることを指摘します。GM は〈技術力〉プラス〈投擲〉を認めました。アンソニーのノードダイス数は 3 です。これは彼が 3 つのダイスとコンピューターダイスをロールすることを意味します。

NEGATIVE NODES
マイナスのノード

ノードのダイス数がマイナスでも、心配しないでください。成功の余地は十分にあります！ ザ・コンピューターは信頼と楽観主義を奨励します。楽観主義は幸福のしるしであり、アルファコンプレックスでは誰もが幸福なのですから。あなたがうまくやろうとするなら実行あるのみです。挑戦し続けましょう。

何かをするときのノードのダイス数がマイナスの場合には、マイナスをプラスとみなしてその数だけのダイスをロールします。たとえばマイナス3なら3個ダイスをロールするわけです。それからもちろん、コンピューターダイスもロールします。しかしこの場合、成功ダイス数の計算方法が変更されます。5、6（とコンピューターの目）が1回の成功となるのは同じですが、それ以外はゼロ成功ではなくマイナス1成功として計算します。たとえばあなたが4個のダイスをロールして5、6の目が1つで残り3個が1から4までの目だったら、あなたの成功ダイス数は1引く3で、マイナス2になります。これはかなり悪い成功ダイス数です。しかし、あなたの成功のチャンスはゼロではありません。わかりましたね。

ノード数がゼロの場合は、コンピューターダイスだけをロールし、通常通りの判定をおこなってください。5あるいはコンピューターの目がでれば1回の成功です。【※英語版の注釈付ミッションブック6頁、ジェイムス・ウォリスの注釈より。】

THE COMPUTER DICE IS YOUR FRIEND
コンピューターダイスはあなたの友人です

戦闘の最中に銃の再装填ができなくなり、ポップアップ取扱説明ビデオを見なけりゃならない？ 隠密ミッションの士気をあげるために、活発で刺激的な音楽で活気づけたい？ 縫合手術をするために、グロテスクな傷口にモザイクをかけなきゃならない？ あなたが何かの助けを必要としているとき、ザ・コンピューターがそれに気づけば、便利なポップアップ・フォーマットで、さまざまな改善策やらその他もろもろを、直接あなたの大脳コアテックに届けることができます。

あなたのキャラクターが何かをおこなうときには、いつでもコンピューターダイスをノードダイスと一緒にロールします。もし、コンピューターダイスの出目が数字ではなくザ・コンピューターのシンボルが描かれたコンピューターの目だったら、それをGMに告げ、あなたのキャラクターの〈気力度〉の丸印を1つ、斜線を引いて消してください。それはものごとが通常と異なった状態になろうとしていることを示しています。

例：マナルのキャラクターであるブルー -B-SKY-4 は、テロリストが OMG セクターのメインバウンシィバブルビバレッジタンクの台座に仕掛けた爆弾の信管を外そうとしています。ブルーがどのワイヤーを切断すべきかを判断するために、マナルは〈知力〉2と〈爆破〉+1を使うと宣言します。ノードは3です。彼は3つのダイスとコンピューターダイスをロールします。結果は3、1、6とコンピューターの目です。GMは、この仕事には2つの成功ダイスが必要だと考えています。そこ

で、次のようなことが起きたと宣言します。ブルーがどのワイヤーを切断しようか迷っていると、ザ・コンピューターは彼の眼球内《イン＝アイ》ディスプレイに矢印で正しいワイヤーを表示します。ブルーはそのワイヤーを切断します。成功です。爆弾はもう爆発しません。しかしワイヤーには高圧電流が流れています。ザ・コンピューターは市民を救うために我が身を犠牲にしたブルーを讃える感動的な弔辞を述べます。もし GM が 3 つの成功ダイスが必要だと考えていたのなら、次のようなことが起きたと宣言します。ブルーがワイヤーをまさに切断しようとしたとき、ザ・コンピューターはブルーを助けるため、コアテック眼球内《イン＝アイ》ディスプレイに、全網膜ポップアップアニメーションで、爆弾の内部構造と爆発半径を表示します。ブルーはワイヤーを見ることができません。ザ・コンピューターのタイムリーな支援に感謝し、爆発現場清掃班を手配してください。

ダイス（Dice）って複数形ですよね。1 個の時は単数形でダイ（Die）では？

いいえ。このゲームではすでに、「Die（死ぬ）」という言葉がとてもたくさん使用されています。1 個のダイスをダイ（Die）にすると混乱が生じます。

1 あるいは 2 を選択し、対応するボタンを押してください。

なぜ私の手の震えは止まらないのですか？

それは、「禁断症状」です！　あなたがこれまで常用していた化学的食品添加物が体内から除去されたことに対する、完全に自然な反応です。

いいですか。次のことを理解してください。あなたがインフラレッドクローンだったとき、ザ・コンピューターはあなたの飲食物に特殊な添加物を加え、いつも確実に幸福で効率的であるようにしていました。しかし赤《レッド》レベルに昇格したものには、いつであれ、素早い反応、推理力、論理能力、基礎運動機能の発揮が求められます。そのため、試験の結果これらの機能の発揮を妨害することが判明した添加物は、あなたの任務をよりたやすいものにするために、身体システムから除去されました。

私たちがお勧めする禁断症状をコントロールするコツのトップ6は、次の通りです。

1. あなたがザ・コンピューターを心から信頼していることと、ザ・コンピューターがあなたにとって最高のことだけを望んでいることを考えてください。
2. 1缶の氷のように冷たいさわやかなバウンシィバブルビバレッジを飲んでください（たったの5 XP ポイント）。
3. 信頼できる誰かに手をつないでくれるように頼み、目を閉じてください。そして［$ 未割当変数］まで数えてください。
4. 最寄りの指定絶叫エリアで、10分間のセッションを予約してください。
5. あなたの次のクローンに進んでください。
6. 誰でもあなたと同じように感じていることを思い出してください。あなたたちはみんな、ここアルファコンプレックスで幸福に共に暮らしており、脱出することは不可能だし、望ましくもないということを。

MOXIE
気力度

トラブルシューターになって、あなたはこれまでより少し緊張していると気づいたかもしれません。心配することはありません！　それはまったく正常です。

〈気力度〉は、キャラクターのストレスレベルを意味します。高い〈気力度〉のクローンは、落ちついて勇敢で有能であり、爆発現場清掃班の派遣で終わるたぐいの破滅的な精神衰弱の直前だったりはしません。低い〈気力度〉のクローンはその反対です。あなたの〈気力度〉を高く保ってください、トラブルシューター！

あなたのキャラクターシートには、〈気力度〉に関する2つの情報が記載されています。最大の〈気力度〉と現在持っている〈気力度〉です。〈最大気力度〉（キャラクター作成時に決定されます）は、あなたが持つことが可能な最大の〈気力度〉のポイント数です。〈現在気力度〉はあなたが現時点で実際に持っている〈気力度〉のポイント数です。あなたがキャラクター作成時に〈気力度〉を使った場合には、ペンで丸に×印をつけて抹消してください。抹消したポイントは二度と使えません。あなたがプレイ中に〈気力度〉を失った場合には、鉛筆で丸印に斜線（／）を引いて抹消してください。あなたにはこのポイントを取り戻すチャンスがあります。

【※あなたがキャラクターシートのコピーではなく、英語版セットに付属する拭き取り可能なホワイトボード式キャラクターシートを使用している場合には、ペンと鉛筆ではなく超極細のホワイトボードマーカーを使い、×と／で両者を区別してください。】

あなたのクローンが最後の〈気力度〉を失ったら、79 頁の「〈気力度〉ゼロ」の節を参照してください。

注記：プレイヤーキャラクターだけが、〈気力度〉を持ちます。GM によってコントロールされるキャラクター（NPC）には、〈気力度〉がありません。

USING MOXIE
〈気力度〉の使用方法

あなたは、次のように〈気力度〉を使うことができます。

- **追加ダイス：** あなたがどんなダイスロールをする場合でも、〈気力度〉を使うことでダイスを増やすことができます。〈気力度〉1 点を消費するごとに、1 個のダイスを追加できます。
- **再ロール：** 行動の結果に満足でない場合、あなたはもう一度その行動を試みることができます。ただし、1 つの行動について 1 回だけです。〈気力度〉1 点を消費し、もう一度前回と同じダイス数でロールします。ダイスロールに際して、あなたがどのように死にもの狂いで問題を解決しようと努力したかを描写してください。すでに追加のダイスのために〈気力度〉を使用していた場合には、再ロールをおこなうことはできません。
- **ミュータントパワーの使用：** 登録ミュータントは、彼らの力を起動させるために、〈気力度〉を使います。未登録ミュータントのパワーの使い方とその内容は、あなたのセキュリティクリアランスを超えています※。トラブルシューター、あなたがミュータントパワーを持っているなら、起動のために〈気力度〉を使ってください。あなたが多くの〈気力度〉を消費するほど、パワーはより活力に富んだものになります。ミュータントパワーの詳細については、71 頁を参照してください。【※登録ミュータントとまったく同じです。ただミュータントパワーの使用を隠さなければならないだけです。一応確認しておきますが、いま申し上げたこの情報はあなたのセキュリティクリアランスを超えていることにご注意ください。】

あなたは、ストレスを受けるとき（つまり〈気力度〉を消費するとき）を、いつでも自分で選べるわけではありません。次の状況が生じれば〈気力度〉1 点を自動的に失います。

- **コンピューターの目を出したとき：** あなたがダイスをロールし、コンピューターの目を出したとき。調査報告によれば、ストレスが多い状況でザ・コンピューターの注目を浴びることは、効率の向上を招くだけでなく、副作用としてさらなるストレスをもたらす場合があります。このストレスは非効率性を招くかもしれません。この非効率性についてストレスを感じないようにしてください。そうでないとそのストレスが更なる非効率性と〈気力度〉の低下をもたらします（次項を参照してください）。
- **ストレスを感じる状況に置かれたとき：** ミッションの間に、不安をかき立てる映像、存在、または経験に遭遇したら、その結果、あなたは自分がストレスを感じていることに気づくかもしれません。これは避けることができません。あなたが恐ろしい傷を負ったり、大きな不幸にあったり、特別に不快な何かを見るとかするとかしたとき、GM は〈気力度〉1 点を失ったとあなたに告げることがあります。

例：テロリストを隠れ家まで追跡したバージル -V-FIN-3 は、次の行動が極めて重要であることを理解しています。泡手榴弾を彼らの真ん中に、こっそりと転がり込ませなければなりません。しか

し彼の〈スタット〉と〈スキル〉はどう組み合わせてもゼロにしかなりません。泡手榴弾のレベル2を使ってもダイスは2個なので、残りの3点の〈気力度〉のうちの2点を使って2個のダイスを追加して、4個のダイスとコンピューターダイスを振ることにしました。ロールは成功です。しかし、コンピューターの目が出ました。これはバージル-Vの〈気力度〉がゼロになることを意味します。突然、テロリストに他の泡手榴弾も投げつけるのが非常に良いアイデアに思えてきます。それに続けて普通の手榴弾と、残りの装備とユニフォームを放り込むのも…

REGAINING MOXIE
〈気力度〉の回復

あなたはXPポイントを費やすことで〈気力度〉を回復し、クローンの安定性と正気を取り戻すことができます。50 XPポイントにつき、〈気力度〉が1点回復します。

あなたは〈気力度〉を回復するため、ハピネスオフィサーに激励薬《チアロキシン》のスティムパック（使い捨て注射器付きパック）の投与を希望することができます。この薬品は、ハピネスオフィサーのミッション装備の一部です。誰か（あなた自身を含みます）に対して、スティムパックまたは類似の〈気力度〉回復剤を使用するときには、〈知力〉プラス〈科学〉をノードとする〈困難度〉2のロールをおこない、成功のレベルごとに1〈気力度〉を回復します※。失敗は眠気をもたらし、身体の動きの協調を失わせ、多くの時間をぼんやり座って過ごすことになります。極端な失敗は、おそらく薬剤の過剰投与の結果か、「鎮静剤」と「興奮剤」と記されたビンを取り違えたことによるコメディ的混乱でしょう。【※成功ダイス数から〈困難度〉の2を引いた数を「成功のレベル」と考えてください。つまり2成功ダイスでは失敗による副作用はありませんが、成功レベルはゼロで〈気力度〉の回復はありません。3成功ダイスなら1成功レベルとなり〈気力度〉は1ポイント回復し、4成功ダイスなら2成功レベルで〈気力度〉2ポイント回復します。〈気力度〉を回復するのは簡単ではありません。◆コンピューターダイスもお忘れなく。コンピューターの目がでれば、成功ダイスは1増えますが、ダイスロールが成功だろうと失敗だろうと、ダイスロールをした者の〈気力度〉は1減ります。】

興奮剤を使いすぎないでください。

きちんとした睡眠と、ボリュームたっぷりの興奮剤入りフードスタッフ™の朝食は、〈気力度〉を1点回復させます。

すべての車両は、あなたの保護と安全のために武装しています

LOSING IT
〈気力度〉ゼロ

あなたのキャラクターが、〈気力度〉ゼロになるほど不運であれば、キャラクターは自制心を失い感情的を押さえられなくなります。とてもおかしな精神状態になり、我を忘れて怒り、前後の見境が無くなり無茶な行動をします。症状は、びくびくした神経過敏から始まり、最後には不安のあまりの絶叫に至ります。絶叫に重点を置いてください。これはみんなをおもしろがらせるでしょうが、もしかするとあなたはおもしろくないかもしれません。【※「〈気力度〉ゼロ」があまり気に入らないなら、「発狂する」とか「キレる」とかいってもかまいませんが、「正気度ゼロ」と呼ばないでください。それはわけの分からない呪文や触手がいっぱいでてくる卓上RPGの用語です。】

〈気力度〉ゼロになったら、あなたのキャラクターは次のうちの、どれか、いくつか、あるいはすべてを感じます。

* 自分の行動が自分自身のものではないという感覚
* 普通じゃない方法や危険な方法で行動したいという欲望
* 新鮮な目標と方向性に対する、幸福で明快で強力な目的意識
* 近くにいる誰かあるいは何かに対する強烈な憎悪

あなたがこの状態をプレイする方法は2つあります。

1. あなたのキャラクターの〈性格〉を記述する3つの形容詞を確認してください。これが通常の場合には1から10までの評価値で作用すると想像してください。それから、そのうちの1つが評価値700になったと想像し、それを実際にロールプレイしてください。
2. あなたが不運なエピソードを控えめにロールプレイしていると GM が感じたら、ゲームマスターズハンドブックの〈気力度〉ゼロの表をつかって、あなたの状態を決定するかもしれません。指示に従って徹底的にロールプレイしてください。

熱心に取り組んでください。キレたキャラクターのエピソードを、よりよくより面白く演じてみんなを楽しませれば、あなたのキャラクターが生きのびるチャンスは増えます。あなたがまっとうなやり方で何かをしようとすれば、GM は当然の理由に基づいて、成功は困難と判定します。みんなが危機に対処しているときに、あなたの面倒を見るための時間やエネルギーの消費を求めたら、誰かが、あなたをアルファコンプレックスの敵と判定して撃つでしょう。彼はおそらく XP ポイントの報酬を請求し、それを獲得します。

あなた自身か、あるいは他のクローンが鎮静剤を投与することで、あなたの頭を立て直すチャンスがあります。そうでなくても心配しないでください。他のトラブルシューターとザ・コンピューターが、あなたのキャラクターをいずれにせよ何とかしてくれます。

もし（あるいは「必然的に」かもしれませんが）、〈気力度〉ゼロになったあなたが死ねば、あなたの次のクローンは1個のダイスの目プラス1点の〈気力度〉で現れます。あなたの最大〈気力度〉を上回る数値は切り捨てます。

どうしたら私は落ち着けますか？

あなたがストレスの状態を改善したいなら、やっかいな精神病的な状況の中で気持ちを落ちつけるための5つのヒントがあります。興奮してホットになっているなら、空調シャフトまたは冷蔵装置の中に、その感覚がおさまるまで潜り込んでください。

- 上司に報告書を提出して、現在のミッション状況とあなたの精神的挫折によって生じると考えられる非効率を知らせてください。
- 100から逆に数を数えてください（[削除済] セクターでは、17を超える数についての知識は反逆です。100からではなく17から逆に、正確に5.88回数えてください）。
- ザ・コンピューターがあなたに与えた権限を使用して車両を徴発し、応急処置のために最寄りの医療センターにいってください。
- セクターTHA、ゲヘナ事件、またはその間に発生したかあるいは発生しなかったあらゆる出来事についての何も考えないようにしてください。
- [削除済] セクターで出壜【※読みは「デキャント」。本来はワインをビンからデキャンターに移すこと。転じて、クローンがクローン槽から取り出されて誕生すること。本書ではハクスリーの『すばらしい新世界』（村松達夫訳）の訳語に従って出壜〈しゅつびん〉を使用しています。】されたクローンには、「キル（緊急停止）スイッチ」フレーズが大脳コアテックに埋め込まれています。あなたが [削除済] セクター出身なら、チームメイトに大声でこのフレーズを唱えさせて、あなたの意識を再起動してください。これで、あなたは落ちつくことができます。なお自分の「キルスイッチ」フレーズを知ることは反逆であり、自分で「キルスイッチ」フレーズを唱えることは、意識の喪失、軽い記憶障害、および即時処刑を招くでしょう。

他の方法として、あなたは50 XP ポイントを使って、以下のどれかをおこなえます。【※以下は、あなたが50XPポイントを支払って〈気力度〉を1ポイント回復するときに、どんなことがおこなわれるかの説明と理解してください。】

- [削除済] を使い、クローンの血流に鎮静剤を注入します。
- 強力な催眠暗示でバックアップされた、「みんなうまくいくさ」の沈静アルファ波イメージの短いフラッシュを、直接クローンの視神経に大脳コアテックを通して浴びせます。
- ラテアートで飾られたカップ1杯のあつあつのホットブラウンドリンク【※おそらくは、まったく完全に紅茶らしくないとまではいいきれない飲料。『銀河ヒッチハイク・ガイド』の作者ダグラス・アダムスへのオマージュ。】が、ブランド名が表示されたボットか、うまく隠された奇妙なノズルによって配送されます。
- 1本のハーティブランドシガレッシー™。これは、プレッシャーを受けているクローンを穏やかで落ち着いた状態に保つようにデザインされており、ロボットアームによって点火され、口または口に相似した開口部に挿入されます。

例：ピーターのキャラクター、ピーティー -B-BRU-5 はトンネルイカが顔の上に落ちてきたあと、〈気力度〉ゼロになりました。彼を説明する3つの形容詞は「親しみやすく」、「忠実」で、「野心がない」です（メアリー I-MAC-1 のおかげです※）。ピーターはピーティー -B の忠実さを過熱状態にすることに決めます。ピーティー -B には、まわり中のすべてが、ザ・コンピューターに忠実でないように思えます。トンネルイカ、トンネル、ちらつく照明、高圧ケーブル、おかしなバリバリ噛むような雑音、そしてこれらのすべてに対して明らかに責任がある仲間のトラブルシューターたち。彼はレーザーピストルを持っており、それを使うつもりです。【※ピーターの左側のメアリーは、「野心的」を「野心がない」にひっくり返してくれたのでしょう。】

AFTER LOSING IT, HOW DO I FIND IT AGAIN?
どうすれば〈気力度〉ゼロから回復できるのですか？

2つの方法があります。

1. 〈気力度〉ゼロから回復するには、何ポイントかの〈気力度〉を取り戻すしかありません。ハピネスオフィサーは何か有用な興奮剤を持っているはずで、それは役立つかもしれません。また、どんなキャラクターであれいくらかの XP ポイントを払って興奮剤を注文できます。あるいは、おかしくなったキャラクターは気分が良くなるまで数日間のすてきな休日を取るように説得されるかもしれません。【※ただし一つ重大な問題があります。〈気力度〉ゼロのキャラクターが、冷静に「私は 50 XP ポイントを支払います」と宣言して薬物を使用したり、他の PC のまっとうな提案に応じて休養を取ったりすることは、ほとんどの場合不適切なロールプレイとなることです。GM はこのような行動の変更を命じたり、適切なペナルティを与える（たとえば「一日の静養を取る」行動に対してノードダイス 3、〈困難度〉5 のダイスロールを命じる）ことができます。】

2. 現実的には、活動を再開するためのもっとも速くもっとも効率的な方法は、新しいクローンを得ることです。キャラクターが自分かあるいは他の誰かの行動の結果死亡すれば、数分後には、クローン Ver.1.2（あるいは Ver.1.3 やらなにやら）が、〈気力度〉が表示されレーザーピストルのパワーパックを再充電された状態で、少なくとも部分的に回復して登場します（新しいクローンの〈気力度〉は前述の説明のように回復します。パワーパックの充電は GM の判断によります）。時として、これがもっとも思いやりのある解決です。そして、通常の場合これが最速の解決です。

マイクロテロリストを捜してください

COMBAT
戦闘

- セクション 1.3

あらゆるクローンは、テロリスト、ミュータント、狡猾な秘密結社のメンバーといった危険なトラブルメーカーたちを暴力的に排除するチャンスがあれば跳びつくでしょう（いや「でしょう」ではなく、今ただちに跳びつきます！）。そして、トラブルシューターであるあなたたちは、まさにそのためにいるのです！　ああ、跳び上がるのをやめてください。ジャンプの話をしているんじゃありません。やめてください。ジャンプするんじゃない！　やめろ！

失礼いたしました。さて、パラノイアでの戦闘は、混沌とした荒っぽいものですが、すべてを明確に保つ、組織的な枠組みを持っています。戦闘は行動の一種です。プレイヤーキャラクター全員が行動を終えれば、それが1戦闘ラウンドです。行動とラウンドは流動的な時間区分の中にありますが、あなたがいつアクションカードを使用することができるのかを知るために、この枠組みを理解することが重要です。

パニクるな

ザ・コンピューターの意志の代行者であるあなたは、時として危険であったり破壊的であったりする要素を無力化する執行官として行動しなければなりません。そういうわけで、あなたは十二分な訓練を受け万全な装備を持ち、戦闘に備えています。すべてのトラブルシューターは標準支給のレーザーピストル一式とおまけの無料ホルスターを持って仕事にむかい、両者の使い方を完全に理解していることを忘れないでください。

既に指摘した脅威の大部分は外部のもので、内部のものはごくわずかとはいえ、テロリズムの病的でねじ曲がった教義は社会のすべてのレベルに浸透できることに注意してください。高貴で忠実なトラブルシューターチームの中にさえもです。あなたは、グループの中に潜む、ザ・コンピューターの完全な社会に背を向けた、二枚舌の犯罪者に発砲する準備ができていなければなりません。つまりこれは、あなたは彼らの不意を突き、後ろから背中を撃つことができるということを意味します。

【※「パニクるな」の原文は DON'T PANIC。素直に訳せば「あわてるな」ですが、ダグラス・アダムス『銀河ヒッチハイク・ガイド』（安原和見訳）の訳語を使用しています。】

ACTION CARDS
アクションカード

あなたの GM はゲームの開始時にアクションカードを配ります（普通は4枚）。その後に追加のカードを与えるかもしれませんし、すでに持っているカードを取り去るかもしれません※。これはあなたにはでたらめに見えるかもしれませんが、実際には慎重にバランスを考えた一連のゲームシステムの産物であり、私たちがゲームマスターズハンドブックで GM たちに「退屈したらカードを交換しろ」といっているからではありません。繰り返します。絶対に違います。【※どのようにカードを配るかは GM に一任されています。戦闘がはじまるまでアクションカードを配らないかもしれません。戦闘開始時にプレイヤー全員が4枚のアクションカードを持つように補充するかもしれません。全員に任意の枚数のカードを与えるかもしれません。カードを回収して新たに4枚のカードを配るかもしれません。そして戦闘終了時に全部のアクションカードを回収するかもしれません。】

自分を含む誰かが行動するとき、あなたはアクションカードを1枚出すことができます。他人（NPCを含みます）の行動時に出せるのはリアクションマークのあるカードだけです（後で説明します）。

同時に出せるアクションカードは1枚です。あなたのカードを表向きにして示し、カードに書かれているルールを適用します。

パラノイアには6種類のカードがあります。そのうち戦闘その他の行動で使用できるのは、アクションカード、装備カード、ミュータントパワーカードの3種類です。残りの秘密結社カード、MBDカード、あなたがナンバーワンカードは、あなたの立場や役割を表示するもので、行動時に使用することはできません。この章では、行動時に使用できる3種類のカードについて順次説明します。

カードの見本

行動順位：カードをいつ使えるのかを、数値の形で示します。一部のアクションカードには数値ではなく（あるいは数値とともに）⤵のシンボルが表示されています（この⤵シンボルのあるカードをリアクションカードと呼びます）。行動順位の数値が大きいほど、そのラウンドの早い時期にその行動ができることを意味します。リアクションカードは、誰か（あなた自身のキャラクター、他プレイヤーのキャラクター、あるいはGMがコントロールするNPC）が行動をした際、その行動に影響を与えるためにただちに使用できます。誰も行動していないときにリアクションカードを単独で使用することはできません。行動順位と⤵シンボルが両方あるカードは、行動順位の決定にもリアクションにも使用できますが、同時に両方に使用することはできません。装備カードとミュータントパワーカードにも行動順位が記載されており、行動順位の決定に使用できます。装備カードの行動順位は使用するキャラクターの能力によって変化します。詳しくは後で説明します。【※アクションカード、装備カード、ミュータントパワーカードの一部には行動順位が記載されていないものがあります。基本セットのカードで行動順位の記載がないものは「ミュータントパワーなし」だけですが、その後に発売されたサプリメントには、行動順位の記載がないアクションカードや装備カードがあります。ただし、行動順位の記載がないカードも行動順位の決定時に裏返しにして出し、最後に行動することができます。行動順位なしのアクションカード、装備カード、ミュータントパワーカードは、行動順位が最後になるカードと考えてください。なお、あとで説明するように、行動順位についてウソをつくこともできます。】

説明：あなたがカードを使うと何が起きるかを説明します。

サイズ（装備カードにのみ記載）：小型、中型、大型など装備の大きさが記載されています。キャラクターが装備を持ち運ぶときに影響を与えます。詳しくは107頁に。

レベル（装備カードにのみ記載）： あなたが正しいやり方で装備を使用するとき、何個のダイスをロールに追加できるかを示します。あなたがガウスロケットを発射するためにレベル（LEVEL）3のガウスロケットランチャーを使用するなら、3個のダイスをあなたのノードに加えてください。あなたが隔壁扉をこじ開けるために、ロケットランチャーを扉の隙間にねじ込む場合には追加のダイスはありません。もしかすると GM が面白がってボーナスをくれるかもしれませんが、それは GM の気分次第です。

THE ORDER OF COMBAT
戦闘の手順

パラノイアでの戦闘は、他の一般的な行動とよく似ています。あなたはノードとなるダイスの数を決め、ダイスをロールし、成功の目を数え、そして GM がその結果をあなたに説明します。しかし、そこにはまったく違った局面があります。カードという要素です。ゲームは1組のカードを使うことであなたの特別な行動を可能にし、行動の順番を定め、誰が最初に行動するかを決定します。

大部分の人々は、RPG 戦闘のシステムでもっとも重要な部分は、あなたたちが互いに打撃を与える、あるいは打撃を命中させようとする部分であると考えています。大部分の人々は間違っています。戦闘システムでもっとも重要な部分は、誰が最初に行動するかを決める部分です。もしも私がレーザーピストルを持っていて、そして私が最初に行動できるのなら、あなたの攻撃命令を待っている154両の軍事ボットは意味のないものになってしまう可能性が十分にあります。

あなたは同意しないかもしれません。そういうあなたのために、私たちは91頁の「単純戦闘手順」を用意しました。その他のすべてのみなさん、危険を冒して、新しいものに挑戦する気概のある、より高いレベルのプレイヤーの方々に、私たちは「ダイナモ（DYNAMO）」すなわち「ダイナミックなうえに物語的なアクション乱闘手順（Dynamic Yet Narrative Action Melee Order）」システムを提供します。

ダイナモを説明する前に、私たちはあなたに2つの新しい用語を説明しなければなりません。

5つ星の反逆者を処刑して、豪華な賞品を獲得しよう

- 「ベーシックアクション」は、すでにのべた、通常の〈スタット〉+〈スキル〉によるチェックです。
- 「カードアクション」は、カードを使用することによって発生します。多くの場合はアクションカードが使用されますが、装備カードやミュータントパワーカードの場合もあります。

1回の戦闘ラウンドは、次に説明する4つのステージ（段階）があります。

1. 各プレイヤーが、カードを伏せて（背面を上に向けて）出します※
2. GMが、10から0までの行動順位番号をカウントダウンします。各プレイヤーのキャラクターは、彼らの行動順位の数値になったら、行動します
3. プレイヤーは、望むなら、他のプレイヤーが行動順位数についてウソをついていると主張します
4. プレイヤーたちが、彼らの行動の結果を出します

【※この時に出せるカードは、アクションカード、装備カード、ミュータントパワーカードのいずれかです。以下の説明はアクションカードを出した場合についてのものです。装備カード、ミュータントパワーカードを出した場合については、最後にまとめて説明があります。】

ダイナモでは、5秒間の戦闘ラウンドを使用します。このシステムと他の大部分のロールプレイングゲームとの違いは、このラウンドは現実の5秒間であって、ゲーム内世界での5秒間ではないということです。GMは、ワンパラノイア、ツーパラノイア、スリーパラノイア、フォーパラノイアと数えます。GMがファイブパラノイアといい終わるまでに、プレイヤーは、アクションカード、装備カード、ミュータントパワーカードのいずれか1枚を手の中から選び、伏せて自分の前に置かなければなりません。重要なことは、伏せて出したカードに、あなたがやりたいことが書いてある必要が無いということです。行動順位が書いてないカード（ミュータントパワーなしとか）でもかまいません。カードを出さなければ、あなたはこの戦闘ラウンドでは行動できません。

それからGMは行動順位の数字を10から0まで順番にカウントダウンします※。プレイヤーはどの数字の時でも、その行動順位だと主張することができます。【※0までカウントダウンしても行動を宣言しないプレイヤーがいた場合には、「最後に行動する人はいますか？」と尋ね、それからそのプレイヤーに行動させてください。】

1. プレイヤーは、伏せて置いたカードの行動順位の数をGMがいったときでも、あるいはそうでないときでも、いつであれ望むときに、その行動順位だと主張します。
2. つまり、ここでプレイヤーはウソをつくことができます。それをはったりとかブラフとか呼んでもかまいませんが、しかしはっきりいえばウソです。あなたがラウンドの初めのうちにキャラクターに行動させたければ、実際よりも高い行動順位を持っていると主張できます。他のプレイヤーがなにもいわなければ、カードに記載された内容がどんなものであっても、そのプレイヤーのキャラクターは主張通りの行動順位で行動できます。出したカードをどうするかは、後で説明します。
3. 各プレイヤーは1ラウンドにつき1回、他のプレイヤーが主張する行動順位をウソだと主張して「挑戦」できます。挑戦を受けたプレイヤーは、真実をいっていたかどうか示すために、カードの表を見せなければなりません。
4. カードの行動順位が一致するか、あるいはGMが最後にいった数字よりも高ければ、挑戦者の敗北です。挑戦者は、アクションカードを1枚捨てなければなりません。【※挑戦者が捨て札にできるアクションカードを持っていなかった場合についての説明はありません。装備カードを捨てることは可能ですが、ミュータントパワーカードは捨てられません。最終的にはGMの判断ですが、手の内に捨て札にできるアクションカードがないプレイヤーは挑戦できないとするとよいでしょう。】
5. GMが最後にいった数字よりカードの行動順位が低いか、あるいは行動順位が記載されてい

ないカードだったら、挑戦者の勝利です。挑戦者はただちに行動する権利をボーナスとして獲得します。挑戦者はこのラウンドに 2 回行動できることになります。【※すでに行動している場合できます。まだ行動していない場合は、ここで行動した後、もう 1 回自分の手番に行動できます。なお、挑戦に成功したことによるボーナスの行動で、自分が場に出しているカードの効果が使えるかどうかは、カードの内容や状況によって GM が決定します。GM に尋ねてください。】失敗したウソツキはこのカードを捨てて、ラウンドの最後のベーシックアクションで行動します。

6. 挑戦が解決したら、挑戦者あるいは挑戦を受けた正直者は、キャラクターが何をするかを述べて、ダイスをロールして結果を出します。この先の説明に進んでください。

7. 2 人のプレイヤーが同じ行動順位となった場合、他のプレイヤーキャラクターのフルネームを先に正しくいったものが最初に行動します。【※フルネームとは、「名前、クリアランス、出身セクター」です。クローンナンバーまで必要かについてはあなたの GM が決定します。なお、アキュートパラノイアの「よくある質問」の説明では、クローンナンバーまでは要求していません。】出遅れたプレイヤーはその次に行動します。どちらも相手のキャラクターの名前をいうことができなかった場合は、2 人ともこのラウンドは行動できません。【※ 3 人以上の場合についての説明はありません。最終的には GM の判断ですが、最初に自分以外の誰かのフルネームをいったものが最初に行動し、次にそれ以外の誰かの名前をいったものを 2 番目とし、名前をいえなかったものが最後に行動すればいいでしょう。最後まで名前をいえなかったものが 2 人以上いたら、名前をいえなかったものは全員そのラウンドは行動できないとすればよいでしょう。】

出したカードに行動順位が書かれていない場合には、2 つの選択肢があります。上の 2 にあるようにウソをつくか、おとなしくラウンドの最後に行動するかです。

【※アキュートパラノイアでは、行動順位ゼロのプレイヤーが複数いた場合には、上記のフルネームを呼ぶやり方を使用せずに、全員が同時に行動するとしています。GM の考え方次第ですが、このやり方はプレイの進行をスピーディにします（行動順位ゼロのカードは枚数が多いので 2 人以上のプレイヤーが行動順位ゼロとなる場合はしばしば発生するでしょう）。◆また、ルールブックには、「行動順位ゼロ」のほかに「最後に行動する」場合がいくつかあります。カードに行動順位が書かれていない場合や、「ゆっくりやろうぜ」カードによって最後に行動する場合です。2 人以上が「最後」になった場合について、「ゆっくりやろうぜ」カードや「すばやい決断」カードによる最初の行動（2 人いる場合は、カードの指示によりどちらも行動不能となります）。[2] 行動順位 10 から 1 までの行動（同じ順位ならフルネームを先に呼んだものから行動）。[3] 行動順位ゼロの行動（同時行動）[4]「最後に行動する」PC の行動（同時行動）。……もちろん GM は、他のやり方を採用することもできます。常にフルネームを呼ばせるかもしれません。[2] でも同時行動を命じるかもしれません。[3] と [4] をまとめて同時行動にするかもしれません。GM の指示にしたがってください。】

アクションカードが尽きたら、あなたは限りある資源を大切にしなければならないことを学びます。

例：マリアンのキャラクター、マリー -I-MAC-1 とカールのキャラクター、カール -B-GDE-4 は、まだセキュリティクリアランスの混乱を解決できていません。彼らは恐ろしい敵に直面しています。ザ・コンピューターが彼らを保護するために視野をモザイク処理しなければならないほど恐ろしい敵です。他方、彼ら 2 人が、ぜひとも手に入れたいと思っている新しい優れた装備が、ザ・コンピューターから届けられています。

ステージ 1.　　　　GM は、5 まで数え始めます。
　　　　　　　　　時間が尽きる前に、カールとマリアンは裏返したカードを出します。
ステージ 2.　　　　GM は、行動順位をカウントダウンします。「10、9、8、7」
　　　　　　　　　マリアン「私は 7 です」
ステージ 3.　　　　カール「なんだって。そいつははったりだ。俺は挑戦するぜ！」
　　　　　　　　　マリアンはカードの表を見せます。それはスナイパーライフルです。
　　　　　　　　　行動順位は〈暴力〉+4 です。マリアンの〈暴力〉は 3 なので、
　　　　　　　　　彼女の行動順位は本当に 7 です。カールは自分自身に腹を立て、
　　　　　　　　　裏返したアクションカードを 1 枚捨てます。
ステージ 4.　　　　マリアンは行動します。スナイパーライフルを使うことにし、
　　　　　　　　　突如として卑劣なテロリストの頭を撃ちぬきます。

RESOLVING AN ACTION
行動の解決

待って！　まだその伏せたカードをめくらないで！　あなたにはアクションカードを使う義務はありません。特に、はったりをかましていたなら。ただ、それだけではありません。あなたは毎ラウンドの始めにカードを1枚伏せて置く必要があるわけですが※、使いたくないカードや、あるいはその時点では使えないようなカードを伏せても良いのです。【※リアクションマーク付きカードの説明内容の中には、通常の行動では使用できない（あるいは使用しても無意味な）ものがあります。一方、通常の行動でも使用できるような内容のリアクションマーク付きカードもあります。使用が認められるかどうかはGMの判断次第ですが、あなたがその状況にあったうまい使い方を説明すれば、GMの好意的な判断が得られる可能性が増えるでしょう。】

あなたが行動する順番になったとき、カードについて3つの選択が可能です。

* あなたのカードをめくって表にして、指示に従います。それから、そのカードを捨てます。【※プレイヤーが行動順位についてウソをついていた場合も、「挑戦」を受けなければ、カードを表にしてウソをついた行動順位で行動し、カードの効果を使用できます。】
* 誰にもカードを見せずに、カードを手の内に戻し、ただちにベーシックアクションをおこないます。時々、カードを節約するのはよいことです。
* 伏せて出したカードを伏せたままで捨てて、ただちにベーシックアクションをおこないます。カードを捨てることで1個のダイスをノードに追加することができます。【※「挑戦」に勝って表になったカードを使用せずに自分の手の内に戻したり、捨て札にして1個のダイスを稼ぐことができるかについての説明はありません。できると思いますが、最終的な決定はGMにまかされます。】

戦闘が終了したら、始めの持ち札の枚数までアクションカードを引けるのか、そのままカードを持ち続けるのか、あるいはアクションカードを全部捨てなければならないのかを、GMに尋ねてください。一部のGMは戦闘のためだけにカードを使うことを好みます。他のGMは戦闘時以外にもアクションカードとリアクションカードを使用させます。

面倒そう？　いや、私たちを信じてください。本当にスムーズで単純です。これは面白い物語の可能性のためのしっかりした枠組みです。簡単に覚えることができるはずです。

CALCULATING YOUR NODE
ノードの計算

通常の場合と同様、ノードの数は、その行動に関連したキャラクターのスタットとスキルの組合せです。しかし、カードを使用することでダイスを追加できる場合があります。また、〈気力度〉を消費して、ダイスを追加できます。そして、伏せて置いたアクションカードを捨てることで、ダイスを1個追加できます。

PLAYING A BASIC ACTION
ベーシックアクションをおこなう

ベーシックアクションは、72頁で記述された通常の行動のように考えてください。あなたのキャ

ラクターの行動順位がやってきたら、なにをしたいのかと、それをするために使用するスタットとスキルの組み合わせと、最終的なノードの数を宣言します。それから、その数のダイスをロールし、GM にあなたの成功ダイス数（5、6 の目の数）を伝えます。GM は、何が起きたか、誰がダメージを受けたかの結果をだし、あなたに血みどろの惨劇の細部を教えます。パラノイアの戦闘ルールには「身をかわす」「ブロックする」「回避する」といった行動はありません。【※「回避」とか「防御」というだけで、敵の攻撃の成功度が下がったり、ダメージが減ったりする便利なルールはないということです。その場の状況に応じた身を守るためのさまざまなアイデアに基づく具体的な行動が禁止されているわけではありません。それらの行動については GM が個別に判断します。】ただし「身近で個人的」【※原文は up close and personal、通常は親密な人間関係を表す言葉。】な戦闘の場合は例外となります。

UP CLOSE AND PERSONAL, YOU SAY?
「身近で個人的」って？

2 人のキャラクターが、素手あるいはナイフや警棒などを使って〈接近戦〉をするときには、敵の攻撃を避けたりブロックしたりするチャンスがあります。しかし、それには負担が伴います。つまり、こうです。

1. 攻撃側キャラクターはノード数のダイスをロールします。GM は攻撃が成功したかどうかを告げます。
2. 攻撃が成功した場合、防御側キャラクターは、アクションカードを 1 枚捨てることで、攻撃を避けられるかを試せます。防御側がなにもしなければ、攻撃はそのまま成功となります。
3. 防御側が攻撃を避けようとする場合は、伏せて置いたアクションカードを 1 枚捨て、どのようにして損害を避けようとしているのかを説明します。それからノード数のダイスをロールします。1. での攻撃の〈困難度〉を上回る成功ダイス数と、いま振った防御側の〈困難度〉を上回る成功ダイス数を比較します。防御側の数値が攻撃側の数値を上回れば、攻撃は失敗となります。防御側にダメージは発生しません。

NPC も防御を試みることができます。しかし、防御をおこなえるのは、このラウンドに他の行動をおこなわない場合に限られます。防御を NPC の行動として扱います。

PLAYING AN ACTION CARD
アクションカードの使用方法

カードを表向きにし、あなたのキャラクターが何をするか、そしてその影響が誰に向けられるかを説明してください。それからダイスをロールし、GM が起きたことを伝えます。カード使用の説明は 1 つの物語です。あなたが、カードでなにが起きるのかを、生き生きとした興味深い物語として語れば、ゲームは楽しいものになります。あなたが本当に創造的なアイデアに基づいたすばらしい説明をすれば、GM はダイスのボーナスを与えるかもしれません。【※アクションカードの効果の継続時間について。アクションカードの中にはその戦闘ラウンドだけでなく、「それ以降のラウンドもプラス 1 になります」と説明されているものが数多くあります。これらのカードの効果は戦闘の終了まで継続し、それで終了するのが基本です。しかし、ボーナス効果の持続時間はカードで起きたことをあなたがどう説明するかによって違ってきます。あなたが 1 回使えばおしまいになるようなものを手に入れたと説明したら（敵の顔にぶつけるパイをたまたま見つけたなどです）、GM は次の戦闘ラウンドのボーナスはないというでしょう。その場所自体の効果やその場所に無数にあるものの効果だとしたら、戦闘が終了するまでボーナス効果は継続するでしょう（そこはパーティの会場で投げられるパイがたくさんあるので）。戦闘終了後もそのまま持ち運びできるものを手に入れたと説明し、その説明に GM が納得すれば、あなたはこの役に立つアイテムを次の戦闘でも使えるかもしれません（あなたがパーティ会場に残ったパイをかき集めてずっと持っているならばですが）。ただし、通常の場合 GM はこういったボーナス効果の継続をいやがります（GM にとっては面倒です。おそらく GM はパイはかさばるので別の場所まで持っていくことはできないというでしょう）。独創的で面白い説明を考え、GM を納得させるように努力してください。】

PLAYING AN REACTION CARD
リアクションカードの使用方法

リアクションカードは通常のラウンドの進行とは別に使用されます。リアクション（反応）という
カードの名称が示すように、何かしようとしているキャラクターを助けるか妨害するために使用されます。リアクションで何をおこなえるかはあなたの説明次第です。GM はあなたの説明を拒否できます。GM が納得する説得力のある説明ができれば、リアクションでおこなえる行動の範囲は広がります。よく考えてうまい説明をしてください。リアクションカードは使用したら捨ててください。

- リアクションカードの内容がロールするダイスを増やしたり減らしたりする場合は、ダイス
ロールの前に、カードを使用します。
- リアクションカードが必要な成功ダイス数またはロールの結果を修正する場合は、ダイスが
ロールされたあと、GM が結果を説明する前に、カードを使用します。
- リアクションカードが何かをするものである場合は、プレイヤーまたは GM が対象となる行
動の説明を終えた後に、カードを使用します。カードの効果はプレイヤーまたは GM が説明
したものの前に発生します。
- カードにそれ以外の使用方法が指示されている場合は、その指示にしたがってください。

リアクションカードはいつでも使用できます※。あなたの行動順位でないときでも、あなたのキャラクターが意識不明でも、死亡していても、行動不能であっても、あるいは別の場所にいても使用可能です。ですから、前のラウンドであなたを退場させたプレイヤーをあの世からひどい目にあわせるのを気兼ねする必要はありません。【※もちろん戦闘ラウンド中の誰かの行動に対しても使用できます。自分のキャラクターの行動にもリアクションできることは忘れないでください。誰かのリアクションに対して、さらにリアクションすることも可能です。一度に出せるリアクションカードは 1 枚ですが、あなたのリアクションに誰かがリアクションした場合には、そのリアクションに対して更にリアクションカードを出すことも可能です。ただし GM は別のやり方を指示するかもしれません。】

PLAYING AN EQUIPMENT CARD
装備カードの使用方法

行動順位の決定に使用する場合はアクションカードと同じです。カードを裏向きにして出します。そして、行動順位が来たときに、表にして使用するか、あなたの手に戻してベーシックアクションをするか、あるいは、装備カードを捨ててベーシックアクションをおこない、ダイス 1 個をあなたのノードに追加します。最後のケースでは、装備があなたに追加のダイスを与えるためにどのように失われたのかを説明してください。他のカードとは異なり、装備カードの行動順位は直接数値で表示されていません。その代わり、行動順位の数値は、いずれかのスタット数値プラス特定の数値で表示されています。たとえば、手榴弾カードの行動順位は、「〈暴力〉+3」です。あなたのキャラクターの〈暴力〉が 1 なら、行動順位は 1+3 で 4 となります。

【※装備カードを使用しても、通常の場合は捨て札にする必要はありません。表にしたカードの効果は次のラウンドでも使用できます。ただし、装備の中には、データ爆弾のように 1 回しか使用できないものや、手榴弾のように使用回数に制限があるものがあります。装備を使った場合にカードをどうするかは、GM の指示に従ってください。捨て札を命じられるかもしれませんし、役立たずの装備をデブリーフィングまで持っているように命じられるかもしれません。表になった装備カードは、通常の場合、次のラウンドの行動順位の決定には使用できません。ただし装備の機能や内容によっては、GM は別の指示をするかもしれません。◆装備カードは、戦闘ラウンド以外でも使用することができます。どのような場合にどう装備を使用するかを説明してください。】

注意してください。装備カードで行動順位の数値のはったりに失敗したら、装備カードを捨てなけ

ればなりません。この場合には、あなたのはったりを見破ったプレイヤーが、なぜ、どのようにして、その装備が失われたのかを説明します。

PLAYING A MUTANT POWER CARD
ミュータントパワーカードの使用方法

このカードも、次の4つの点を除いて、アクションカードと同じやり方で使用します。

* ミュータントパワーを発動させるには、〈気力度〉を消費しなければなりません。より多くの〈気力度〉を使うほど効果は大きくなります。
* あなたがどのような理由であれカードを表にするとき、それを見せる相手はGMだけです。他のプレイヤーにカードの表を見せてはなりません。
* あなたはミュータントパワーカードを捨てられません。たとえ、はったりが見破られても、ミュータントパワーカードを捨てる必要はありませんし、捨てたくても捨てられません。カードを使用せずにベーシックアクションをおこなうことはできますが、カードを捨ててダイスを1個追加することはできません。ミュータントパワーを使用しても使用しなくても、カードは裏のまま手に戻します。
* ひそかに、あなたが何をしたいのか、そしてそのために〈気力度〉を何点使うのかをGMに伝えてください。GMは何個のダイスをロールするのかをあなたに指示します。ダイスロールの後で、GMはロールの成否と、その結果何が起きたのかを説明します。ミュータントパワーは怪しく予測不可能です。GMは、どのキャラクターがミュータントパワーを使ったのかわからないという他プレイヤーの幻想を維持するような方法で、結果を説明します。【※ダイスロールに失敗した場合、誰がミュータントパワーを使ったか明白に示されるかもしれません。】

【 ※行動順位の決定時にミュータントパワーカードを出すことは必ずしもよい方法ではないかもしれません。ほかのプレイヤーの疑惑を招き、行動順位の高いPCから先制攻撃を受ける危険さえあります。行動順位の決定には普通のアクションカードを出して、それとは別にGMに秘密の連絡をしてミュータントパワーを使うと伝えるというやり方もあります。ミュータントパワーを隠すにはよい方法ですが、この場合、いつどのようにミュータントパワーが効果をあらわすかはGMにまかされています。GMは（あなたが知ることができないゲームマスターズハンドブックに書かれている方法で）、表の行動とミュータントパワーの複合的な効果を、ミュータントパワーについては触れずに、通常の行動の結果のように説明してくれるかもしれません。あるいは、戦闘の結果と同時におかしなことが起きるかもしれません。戦闘ラウンド終了後に何かが起きるかもしれません。もしかすると GM は、戦闘ラウンド中にミュータントパワーを使いたければ行動順位決定にミュータントパワーカードを出すようにというかもしれません。何であれ GM の指示に従ってください。◆行動順位の決定に使用したミュータントパワーカードは、ミュータントパワーを使うにしろ使わないにしろ手の内に戻すのが通常のやり方です。しかしそうすると高い行動順位のミュータントパワーカードを持つプレイヤーは毎回ミュータントパワーを出すかもしれません。GM はそれを面白いと思うかもしれませんし、面白くないと思うかもしれません。行動順位の決定に何回も同じミュータントパワーカードを出したら、GM はあなたのミュータントパワーが暴発する可能性があります（ミュータントパワーを使う準備をすれば間違って使ってしまっても不思議ではありません）。GM の指示は絶対です。〈気力度〉をどれだけ使うかも指示できます。〈気力度〉ゼロにならないといいですね。そのカードが「ミュータントパワーなし」だったらですって？「ミュータントパワーなし」には行動順位もありません。GM はあなたのはったりを楽しんでくれるでしょう。◆ミュータントパワーカードは戦闘ラウンド以外でも使用できます。その場合は、どのようにミュータントパワーを使用するかを、GM だけに説明してください。】

GETTING MORE CARDS
追加のカードを獲得する

GM は追加のアクションカードの配布に責任を負います。それには、いつ追加のカードを配布するかの決定も含まれます。通常の場合、戦闘中に手の内のカードが補充されることはないでしょう。これは、あなたの手が空っぽになる前に手早く戦闘をおこなえと遠回しにいっているのだと考えてください。

注記：NPC はカードを使いません。GM は事前に彼らの行動順位を知っていて、彼らが何をするか、そしていつするか説明します。NPC という恵まれない人生にとって、それが短いのは多分よいことなのでしょう。

SIMPLE COMBAT ORDER
単純戦闘手順

こういったウソとはったりが、友愛と全市民の利益を求める高貴な精神を体現するトラブルシューターの栄光の役割《ロール》にとってふさわしくないと考えるなら、より単純な方法があります。

- GM は、戦闘ラウンドのはじめに、左隣のプレイヤーにキャラクターがこのラウンドに何をするのかを尋ねます。その行動が解決されたら、その隣のプレイヤーに同様に尋ねます。これを時計回りでグループ全員が終わるまで続けます。NPC の行動は GM が決定したときにおこないます。次の戦闘のラウンドでは、GM は右隣のプレイヤーから始めて、反時計回りに進みます。
- まあそんなところで。

とっさの機転

戦闘に際してすばやく行動することが、たいていの場合成功の鍵となることを理解してください。あなたがのろのろと行動し、戦闘でチームメイトに後れを取っていることに気づいたら、次の質問に答えてください。

- あなたは、ザ・コンピューターの時間を浪費するのが好きなのですか？
- あなたは、「バウンシィバブルビバレッジ：不愉快な目覚めバージョン」と呼ばれるカフェイン入りドリンクをまねた液体を十分に飲んでいますか？
- あなたはなぜ、いつでもテロリズムに注意をはらっていなかったのですか？
- あなたは、今まで何をしていたのですか？
- あなたは、THA セクターでおきなかった最近の出来事（ゲヘナ事件の別名でも知られています）に関与していましたか？

この質問に答えたら、あなたの答えを確認し、必要があれば、あなたの上司のもとに出頭して、査問と再教育を受けてください。

どれくらい撃ったらパワーパックは切れますか？

アルファコンプレックスの武器の多くは、電気によって効果を発生させるか、あるいは弾丸を加速しており、その大部分は交換可能な充電式パワーパックを使用しています。パワーパックの交換は、1 回の行動でおこなえます。また、武器は充電ケーブルで電源コンセントに接続でき、再充電したり、接続した状態で自由に射撃したりできます。

アルファコンプレックスの武器は、常時電源オンになっている複雑な機械であり、自動照準し、距離と効果に応じてパワーを自動調整し、そのほかに、遠隔起動、DNA 認証セキュリティシステム、セルフクリーニングシステムとボイスメールなどの機能を備えています。これらの機能のすべては絶えず電力を消費するので、あなたの武器を再充電しておくこと（そして、もちろん、ソフトウェアを最新のものにアップデートしておくこと）は重要です【※スマホと同じです。油断しているとパワーパックがバッテリー切れになるかわかりません】。また、パワーパックが、火、水、土、空気【※火、水、土、空気（風）は、古代哲学での物質を構成する四元素です。パワーパックはありとあらゆる物質に触れると危険なようです。】、それから他のパワーパックと接続しないように注意してください。さもなければ、あなたが不注意にパワーパックに触れた場合と同様に、その性能に影響を与えるかもしれません。

以上のすべてが意味することは、パワーパックは事前予測通りの攻撃回数を最後までもちこたえられないだろうということです。GM はあなたの武器使用をモニターし、パワーモニターが点滅を始めたらそれを伝えます。

DESCRIBING STUFF WITH CARDS
カードの出来事を説明する

カードの中には、戦闘の混沌の中で何が起きたのかを、あなたに説明を求めるものがあります。この場合、あなたには何が起きたのかを好きなように説明する無制限の自由があります。しかし、GM はそれが適切でないと思えば、あなたがいったことを否定したり変更したりする権限があります。

例：カード「突然ナイフが！」は、そのシーンにあなたが使える接近戦用の武器を登場させます。あなたは、自分のバックパックからチェーンソーを引っ張り出したといいます。GM はこれをマンガチックでバカバカしいと考え、その代わりに近くのメンテナンスボットの 1 台を爆発させます。チェーンソーが付いたボットアームが、あなたの隠れ場所の後ろの壁に突き刺ささります。

カードの中には、あなたがその状況で望むことを実現するために GM を説得する必要があるものもあります。GM にあなたの訴えを聞いてもらうために、賢くふるまってください。面白い話をしてください。GM をからかわないでください。そして大部分の怠惰な GM は、すばらしいアイデアを考えついたのが誰であろうと気にしないという利点を、最大限に活用してください。何枚かのカードは、「GMが輝く時」とでもいうべきものです。このようなカードでは、あなたが何をいっても得るものはないでしょう。意見を差し控え、代わりに審判役があなたの望みを叶えてくれることを信じましょう。これが、あなたが GM に気をつかい、十分な食物と飲料を供給しなければならないもっともな理由です。

DOING DAMAGE
ダメージを与える

あなたはすでに、誰かを攻撃する方法を知っています。それでは、相手はどれくらいダメージを受けるのでしょうか？　あなたは攻撃のときにダイスをロールしましたよね。そのときの、余分の成功、つまり GM が決めた攻撃の〈困難度〉を上回る成功ダイス 1 つごとに、あなたは、攻撃目標に 1 レベルのダメージを与えます。【※成功ダイス数と〈困難度〉が同じだったら、ゼロダメージなのかですって？　その通りです。攻撃は命中しました。しかしダメージはありません。命中してもダメージが生じるとは限らないというのは、パラノイアのみならず原初の卓上 RPG にさかのぼる伝統的な考え方です。】

例：マリー -I-MAC-1 は、卑劣なテロリスト、カール -B-GDE-4 を射撃します。ゲームマスターズハンドブックに説明されている理由に基づき、GM は〈困難度〉を 2 とします。マリーは 6 個のノードダイスとコンピューターダイスをロールしました。結果は、1、1、2、5、5、6、6 で、成功ダイス数は 4 です。これは〈困難度〉を 2 つ上回る成功ダイス数なので、カール -B は 2 レベルのダメージを受けます。つまり、4（成功ダイス数）引く 2（困難度）で、結果は 2（ダメージレベル）となります）。

PHYSICAL INJURIES
身体ダメージ

トラブルシューターには、身体の健全性に関する 5 つの状態があります。最初の状態では、無傷

で元気に通常の生活をおこなっており、キャラクターシートの「ダメージ」のチェックボックスは空白のままです。しかし危害が加えられると、トラブルシューターにはダメージが与えられ、他の4つの状態のうちのどれかになるかもしれません。4つの状態とは、〈軽傷〉、〈重傷〉、〈瀕死〉、〈死亡〉です。

〈軽傷〉（ダメージレベル1） は、ちょっとした負傷です。キャラクターは痛みを感じていますが、なにもすることができないほどひどいダメージは受けていないことを意味します。ただし、〈軽傷〉の状態である間、あなたはノード数から1をマイナスしなければなりません。

〈重傷〉（ダメージレベル2） は、そう、普通の重傷です。あなたは十分に精神を集中することが困難な苦痛の中にいます。〈重傷〉の間、あなたのノード数から2をマイナスしてください。

〈瀕死〉（ダメージレベル3） は、きわめて深刻な負傷です。あなたは体の一部を使う自由を失いました。もしかすると体の一部そのものを失ったのかもしれません。この場合GMは、あなたに何

チームはタンクを探しています。戦車《タンク》ボットでもタンククローンでも。

を失ったのかを伝えます。体の一部を失っていても、あるいは失っていなくても、緊急の治療が必要です。治療を受けられない場合には、ラウンドごとに1個のダイスをロールしなければなりません。1が出たらあなたは〈死亡〉します。あなたはまだ体についている使用可能な部分を使って何かをすることができますが、ノード数から3をマイナスしなければなりません。

〈死亡〉（ダメージレベル4）は、わかりきったことですが、必ずしもそうとばかりはいえません。そうでなければ、この後まるまる1節を費やして〈死亡〉について説明したりしません。

【※「〈蒸発〉はないのか！」と叫ぶベテランゲーマーの皆様。ありません。何でしたら「ぜひ〈蒸発〉したい」とGMに頼んではどうでしょうか？ 万能のGMはきっと5つめのダメージを受けたいというあなたの願いをかなえてくれるでしょう。】

あなたのキャラクターへの攻撃が成功したとき、GMはキャラクターがどれくらいの傷を負ったのかを説明します。キャラクターシートの対応するダメージボックスとその左側のすべてのボックスに鉛筆で斜線を引いてください（たとえば、あなたが〈瀕死〉なら、〈軽傷〉と〈重傷〉のボックスにも斜線を引いてください）。

すでにダメージを受けた状態で、追加のダメージを受けた場合には次のように処理します。

すでに受けているダメージと同じかより低いレベルのダメージを受けた場合は、ダメージレベルが1つ進みます。ダメージ表示の次の空のボックスに斜線を引いてください。〈軽傷〉の状態でもう一度〈軽傷〉を受ければ〈重傷〉です。〈重傷〉の状態で〈軽傷〉または〈重傷〉を受ければ〈瀕死〉です。〈瀕死〉の状態で、〈軽傷〉や〈重傷〉や〈瀕死〉を受ければ〈死亡〉します。

すでに受けているダメージよりもレベルが高いダメージを受けた場合は、そのまま新しいダメージレベルにします。現在〈軽傷〉で、〈重傷〉を受ければ〈重傷〉に〈瀕死〉を受ければ〈瀕死〉になり、現在〈重傷〉で、〈瀕死〉を受ければ〈瀕死〉になり、現在のダメージレベルが何であれ、〈死亡〉が出れば〈死亡〉します。

例：カール-B-GDE-4は、ミュータントの反逆者を追跡中に、さまよえる《ワンダリング》清掃ボットにぶつかり、〈軽傷〉となります。カールのブーツでダメージを受けた清掃ボットは、カールを合成油脂のかたまりと認識し、こすり洗いをしようとします。カールは逃げることに失敗しました。こすり洗いはあまり効果的とはいえませんが、半トンのボットが体の上を通り過ぎることを意味します。GMは、カールが〈瀕死〉のダメージを受けたと宣言します。新しいダメージの方が高いレベルなので、カールはただちに〈瀕死〉になります。（この場合、すでに〈軽傷〉を受けていてもいなくても〈瀕死〉になることは同じです。）ミュータントの反逆者は、その堕落したミュータントパワーをつかって、清掃ボットのコントロールを奪い、逆方向に進ませ、再びカール-B-GDE-4の上を通り過ぎました。カールはすでに〈瀕死〉なので、第2の〈瀕死〉に耐えることはできません。彼のダメージは次のレベルに進み〈死亡〉します。

FIRST AID
応急手当

応急手当は、ほとんどの場合、現場で標準支給医療キットを使用しておこなわれます。標準支給医療キットは、比較的簡単にトラブルシューターが利用できる機器で、応急手当の方法の1つとし

て適切です。

標準支給医療キットを使用するには、装置をかかえて、〈知力〉＋〈科学〉でダイスロールをおこなうトラブルシューターが必要です。成功した5、6のダイス1個につき、1ダメージレベルが回復します。1個の成功ダイスは、〈瀕死〉（ダメージレベル3）のトラブルシューターを〈重傷〉（ダメージレベル2）に戻し、2個の成功ダイスは〈重傷〉（ダメージレベル2）のトラブルシューターを完全に回復させます。

標準支給医療キットには、各種の薬品、包帯等の保護材、興奮剤、塗布器具と軟膏が含まれています。使用上の注意に従わずにいいかげんに使ってはなりません。医療キットは便利な道具ですが、十分訓練されていないものが使用した場合には、予想外の結果が生じる場合があります。トラブルシューターは、このことを心に留めておかなければなりません。

手足の喪失といった深刻なダメージから回復するには、失われた身体の部位を1分足らずで再成長させる専門医療キットによる治療が必要です。あなたが適切なキットを傷に使用していることを慎重に確認してください。キットが「右の腕」といったとき、その「右」はあなたにとっての「右」であって患者にとっての「右」を意味するものではないことを忘れないでください。それから、キットが逆向きになっていないかの確認もお願いします。絶対に四肢再成長キットを対応する四肢を失っていないクローンに使用しないでください。また、絶対に、身体の不適切な部分に使用しないでください。

死んだトラブルシューターには、応急手当は使えません。そりゃあ、使うことはできますよ。しかし、それは無駄です。そして、ザ・コンピューターは心から無駄を嫌います。

DEATH AND CLONES
死とクローン

あなたが任務中に死亡するという、ありそうもない出来事を考慮し、ザ・コンピューターは交替クローンボディという祝福を与えました。あなたが死ねば、大脳コアテックによって保存されていたあなたの記憶とパーソナリティは、クローン槽から取り出したばかりの新しいボディにダウンロードされ、新クローンは特急便であなたのミッションエリアに配送されます。

クローン配送は、トランスチューブ、非常用エレベーター、投入ロケット、転生ウォーターシュート、有機3Dプリンター、またはその他の数多くのエキサイティングで効率的な輸送手段のどれかによっておこなわれます。【※トランスチューブは各種の車両が通行できる巨大なチューブです。下級市民にとっては地下鉄のようなものですが、上級市民は（あるいは赤《レッド》のトラブルシューターでも特別の場合には）小型車両による自由な移動が可能です。転生ウォーターシュートは「生まれかわる魂の通路」とも訳せますが、何だかわかりません。クローンを筏《いかだ》に組んで配水管を流すのかもしれません。有機3Dプリンターはクローンをまるごと電送するんでしょうね、きっと。】

おそらく、あなたは訓練を終えたばかりのトラブルシューターとして、クローンの完全な「6個セット」、つまりあなたの現在のボディと5つの交替ボディを持っているでしょう。グリーンあるいはそれ以上のクリアランスレベルの市民は、XPポイントを使用して追加クローンを購入することができます。ですから、あなたが危険な生活を送るつもりなら、その前にグリーン以上のクリアランスに昇格することを忘れないでください。

重要な注意点は、新しいクローンボディは死亡したこれまでのボディとは法律上完全に別のもので あり、テロリストの介入による遺伝子のテンプレートの異常（ミュータント能力、秘密結社のメン バーシップ、反逆的意図、発生しなかったゲヘナ事件に起因する腫瘍その他の病変を含みますが、 それらに限定されません）は新しいボディには存在せず、トラブルシューターが遺伝的に劣った前 任者の犯罪によって処罰されることはないということです。また、新しいクローンは肺いっぱいに 復讐防止《ディベンジ》ガスを詰め込まれた状態で配送されます。この神経ガスは、彼らの前の クローンを殺したか、あるいは怠慢によって前のクローンが死亡する原因をつくったあらゆるトラブ ルシューターへの復讐の意志を除去します。【※この点は特に注意してください。ミュータントとして処刑されたトラ ブルシューターの交替クローンをただちに処刑することを、ザ・コン ピューターは容認しません。それには新しいボディがミュータントであるという証拠が必要です。秘密結社やその他の反逆についても 同様です（なお、新クローンには何の問題もないのかについての真実は後で説明されます）。また、新しいクローンは復讐防止《ディベ ンジ》ガスの効果を受けているというロールプレイをしなければなりません。自分を処刑したトラブルシューターに復讐の意志を見せれ ば、復讐防止《ディベンジ》ガスをふたたび処方されるだけでなく、記憶の除去あるいは処刑によるクローンの再交替がおこなわれる かもしれません。もちろん、前任者を処刑したクローンとニコニコと握 手しながら、誰にもバレないように復讐計画を立てることは自由です。】

新しいクローンは、そのクローンが死亡したシーンが終了した時に再登場します。あるいは、ドラ マティックであるならいつでも登場します。すべて GM 次第です。市民！　あなたは、6 体のクロー ンを持っています。賢明に彼らを使ってください！　あるいは、わかってますね。バカな使い方を してください。あなたの新しいクローンが最初にすべきことは何かわかりますか？　それは自分の 葬式です。

新しく出壊されたクローンは、前任者の記憶と、セキュリティクリアランスと、すべての XP ポイ ントを持っています。そのほかに、上段で述べたアルファコンプレックス公式見解とは異なります が、すべてのミュータントパワーや、秘密結社のメンバーシップやそのほかの秘密の関係も、新ク ローンに受け継がれます。反逆スターは持ち越されません。あなたのキャラクターシートの〈気力 度〉は最大レベルに戻っています（ただし、〈気力度〉ゼロになった後に死亡した場合は、ダイス の目 +1 の〈気力度〉となります）。あなたはセキュリティクリアランスに一致したジャンプスー ツとレーザーピストルを持つべきですが、間違いと欠品はどこにでもあります。あなたは前のクロー ンの装備を使わなければならないかもしれません。【※登録ミュータントの交替クローン（当然ミュータントパワー を持っています）がミュータント登録されているかについて は、GM の判断に任されます。新クローンにミュータント登録をおこなうか尋ねるという方法もありますが、はっきりいって面倒で す。ミュータント登録は新クローンにも受け継がれるというやり方をお勧めします。おそらくザ・コンピューターもプレイヤーも気に しません。これは パラノイアです。】

トラブルシューターは、倒れた僚友の使用済みクローンを片づけることを期待されており、彼らが 適切な処理シュートできちんとリサイクルされたことを確認するか、少なくとも清掃ボットを呼ん で、それが粘液の水たまりであれ、細くたなびく煙であれ、元同僚の残留物を片付けなければなり ません。死体を散らかしたままにしておくことは、ポイ捨てであり、アルファコンプレックスのポ イ捨てに対する処罰は驚くほど厳格です。

> **「なぜ、私たちは最初のトラブルシューターをクローン配送システムでミッション目的地に配送しないので すか？　その方がより効率的ではありませんか？」**
>
> **シーッ。**

USING YOUR CEREBRAL CORETECH
大脳コアテックを使う

- セクション 1.4

あなたのキャラクターの大脳コアテックは、さまざまな興味深い方法で認識能力と知覚能力を拡張します。新しいパッケージをダウンロードすることで、既存の機能を強化し、身体あるいは精神能力を向上させ、セキュリティクリアランス上許可されたあらゆるデータベースの情報にアクセスし、新しい装備を発注することができます。そして、そのすべてをチーム内の他のトラブルシューターメンバーに知られずにおこなえるのです。

TALKING WITH THE COMPUTER
ザ・コンピューターと話す

あなたのキャラクターが、ザ・コンピューターと話すことの大部分は、他のプレイヤーが聞いていても何の問題もありません。しかし、たとえば、あるトラブルシューターのザ・コンピューターに対する忠誠心が、本来そうであるべき水準を下回っているように思えると伝えたい場合には、あなたは、ザ・コンピューターと内密に話したいと思うでしょう。アルファコンプレックスでは、あなたのキャラクターは、声を出さずに話し、聴覚インターフェースで返事を聞くことによって、直接ザ・コンピューターと交信することができます。あなたもまたプレイヤーとして、現代のテクノロジーを利用して、直接GM と交信することができます。必要なものは、あなたが直接 GM にメッセージを送ることができ、GM があなたに返信メッセージを送ることができるシステムです。なんであれメールをやりとりできる、スマホ、携帯、あるいはタブレットやラップトップパソコンは理想的です。

一部のゲームグループはメモを渡す旧派のやりかたを好みますが、多くの人々はタイプするより書く方に時間がかかります。それにメモを渡すことは物理的な証拠を残し、卑劣なプレイヤーが、何が起きているのかをのぞき見することを可能にします。市民、あなたのデジタルシステムを信じなさい。デジタルシステムは、あなたの友人です。

デジタルシステムは、他のプレイヤーに秘密にする必要がある GM との会話に限って使用してください※。GM に別の場所にいってあなたとオフラインで直接秘密のチャットをするように頼むことは、どうしても必要な場合以外はやめてください。ロールプレイングゲームはグループで物語を構築するゲームです、そして、グループの活動を中断させるものは何であれ破壊的です。ですから、必要不可欠なものを除き、できる限りすべてをオープンにしてください。そうすることで、ものごとがより速く、よりおかしく進んでいくことがわかるでしょう。【※セッション中に GM 以外のプレイヤーとメール等で直接秘密通信をおこなうことは禁止されます（GM を経由してのプレイヤー間のメール転送は認められるかもしれません）。いうまでもありませんが、セッション中のネットゲームも禁止です。微妙なのはプレイヤーが進行中のセッションに関わるアイデアや情報を調べるためにデジタル機器を使用することです。プレイヤーが「私はアルファペディアを検索します」といってグーグルやウィキペディアを検索することを認めるかどうかは GM の管理方針によります。】

IBALL RECORDING SOFTWARE
アイボール記録ソフトウェア

すべてのトラブルシューターは大脳コアテックのアイボールモジュールを使用して、映像と音声を
オーグメモに保存することができます。アイボールは、眼球運動によって起動および制御が可能です。

あなたが現状を記録したいときには、そのことを GM に知らせる必要がありますが、これは他の
プレイヤーにも知られる可能性があります。あなたが「私は、左目でウィンクします」といえば、
誰もがあなたのキャラクターが今ビデオ録画を始めたことを知ることができます。その代わりに、
GM の注意をひいた上で、実際にウィンクをすれば、他のプレイヤーのいく人かは気づくかもしれ
ませんが、いく人かは気づかないかもしれません。これがポイントです。

あなたのオーグメモのメモリーがいっぱいになったら、GM が教えてくれるでしょう。【※この文がい
いたいこと
は、ミッションを最初から最後まですべて記録しようとする小賢しい（あるいは偏執症《パラノイア》の）プ
レイヤーを、GM は「オーグメモがいっぱいになった」というだけで諦めさせることができるということです。】

DEAD ZONES
デッドゾーン

オーグメモとその他のいくつかの大脳コアテック機能は、トラブルシューターがザ・コンピューター
と接続しているときだけ機能します。アルファコンプレックスの Wi-Fi は、現在標準的とされる粗
雑なつぎはぎ細工よりもはるかに信頼性があり、ほとんど問題は生じません。しかしながら Wi-Fi
通信がとどかない「デッドゾーン」として知られているエリアがあります。

デッドゾーンでは、キャラクターの大脳コアテックは機能し続けますが、ザ・コンピューターまた
はクラウドとの接続を必要とするすべての機能がオフラインになります。それには以下のものが含
まれます：**「アルファペディア」「オーグメモ」「市民ファイラー」「市民テキスト」「反逆ビーコン」
「ニュース最新版」「XP ポイント報酬カタログ（閲覧および発注）」「今日のメニュー」**

以下の機能は、プレイヤーの眼球内《イン＝アイ》ディスプレイの表示から消えます：**「他の市民
の名前、XP ポイント、反逆スター」「方向指示の誘導矢印および各種のマップ」「ポップアップ助
言ボックス」**

極めて重要な点は、クラウドの範囲外にいるトラブルシューターは、メモテックによるパーソナリティ
と記憶のバックアップがおこなわれていないということです。交信範囲に戻る前に死亡した場合、交替
クローンは、接続を失う直前までの記憶しかもっていません。市民、デッドゾーンを恐れてください！

キャラクターがすでにダウンロードしたスキルパッケージと拡張された能力は、デッドゾーンでも利用可
能です。ソフトウェアのアップデートは、キャラクターがデッドゾーンを離れるまでオフラインになります。

デッドゾーンの存在とその位置を報告すると、XP ポイントのボーナスがあります。

XP POINTS, OR BETTER LIVING THROUGH GAMIFICATION

XP ポイント、あるいは ゲームの技法《ゲーミフィケーション》によるよりよい生活

- セクション 1.5

EARNING XP POINTS
XP ポイントの獲得

XP ポイントを得るには 3 つの方法があります。よい働きによって、ミッションを完了することによって、そして、アチーブメント（実績）によってです。すべてのクローンは、毎日 XP ポイント 1 点と、アルファコンプレックスへの自発的な奉仕に対してボーナス点が与えられます。これが良い働き《グッドワークス》への報酬です。何でしたら、慈善事業《グッドワークス》といってもよいでしょう。

MISSION XP POINTS
ミッションによる XP ポイント

トラブルシューターチームがミッションを成功のうちに完了した場合には、XP ポイントが与えられます。ザ・コンピューターは気前よく XP ポイントを配給します！

チームに与えられた XP ポイントは、デブリーフィング（結果報告）後に、チームリーダーがトラブルシューター全員に配分します※。各メンバーのミッションへの貢献と、MBD（強制ボーナス任務）がチームメンバーに割り当てられていた場合にはその遂行状況に応じて、適切な額が割り当てられるでしょう。めったにないことですが、ミッション目標が部分的に達成されるだけだった場合には、XP ポイントの総額は、若干減額されるでしょう。【※通常の場合、各トラブルシューターに配分される XP ポイントの額は、ザ・コンピューターまたはデブリーフィング担当官が指示します。もしかすると、チームリーダーに配分が任されることがあるかもしれません。この場合、チームリーダーの権力は強大なものになりますが、チームメンバーがザ・コンピューターに不服申し立てをしたり、レーザーピストルを抜いたりする可能性があることを忘れないでください。】

なお、チームがミッション中に何体かのクローンを失った場合には、交替クローンの配送にかかった費用が、最終的な XP ポイント合計から差し引かれるかもしれません。結局のところ、交替クローンは非効率的です！　同様に、トラブルシューターたちがミッション中に、新装備を公式請求し受領した場合には、デブリーフィング時にザ・コンピューターまたは公式請求検査官が、装備が適切に使用されたかを審査します。装備が適切に使用されなかった場合には、チームに与えられた XP ポイントからその費用を支払わなければなりません。

ACHIEVEMENT XP POINTS
アチーブメントによる XP ポイント

トラブルシューター間の健全な競争と協力を促進するために、ザ・コンピューターは「アチーブメント（実績）」システムを開発しました。アチーブメントは、中心となるミッションを補完する追加のボーナス目標です。この補助的目標を最初に達成したクローンには、ただちに XP ポイントが報酬として与えられます。これらの目標が過剰に達成されることを防ぐために、各アチーブメントの達成によるボーナスは、チーム全体にではなく 1 人のクローンに対して、1 回だけ与えられます。あなたがこのボーナスを望むなら、必ずそのアチーブメントを最初に達成しなければなりません！

ここに実績のサンプルをいくつか示します。実際のミッションは、それぞれ異なる障害と挑戦と付随的な探求の重要性を強調するようデザインされた、独自のアチーブメントのセットを持っています。

50 XP ポイント	－	故障している装置を修理する。
100 XP ポイント	－	テロリストに正義の裁きをくだす。
100 XP ポイント	－	友人コンピューターにあなた自身の反逆行為を告白する。
200 XP ポイント	－	人気のホロビデオショー「勇敢で使い捨て」に出演する。
300 XP ポイント	－	悪名高いミュータント「まだ死んでない誰だか」の居場所を発見する。
400 XP ポイント	－	多くの市民（10 人以上）を差し迫った危険から救う。
500 XP ポイント	－	コントロールルームから、セクターの 20% 以上を汚染することなく、ガラスのフラスコを回収する。
2000 XP ポイント	－	秘密結社の 1 支部全員の逮捕につながる行動を遂行する。

XP ポイントはアルファコンプレックスの唯一の通貨です。XP ポイントはザ・コンピューターによって作り出され、クローンの奉仕と交換に与えられます。XP ポイントはクローンの DNA と結びついており、そのため、あなたは他のクローンと XP ポイントを交換できません。苦労して手に入れた XP ポイントをだまし取ろうとする恥知らずな反逆者を心配する必要は、一切ありません！　警告：ダイブスは、邪悪な目的でクローンの XP ポイントを吸い上げることができます。ダイブスと他の悪意ある知性を絶えず警戒してください。【※つまり GM は、いつでもあなたの XP ポイントを消滅させて「ダイブスのせいだね」ということができるわけです。あまり気にする必要はありません。そんなことをしなくても、GM は好きなようにあなたに罰金を科して XP ポイントを奪えるのですから。】

他の通貨は存在しません。過去に存在したこともありません。反逆的クローンの間では、商品価値を固定した物々交換によって安定した取引がおこなわれているといううわさは、調査をするにも値しないとんでもない間違いです。

SPENDING XP POINTS
XP ポイントの利用

アルファコンプレックス市民は、いつでも自分の XP ポイントを使うことができます。やり方は簡単で、大脳コアテックの XP ポイントアプリを呼び出し、適切なオプションを選択し、2、3 の単純な個人識別質問に答えるだけです。

マイク-R は、チームメイトのリンダ-R が「攻撃目標に 6 発全部命中」のアチーブメントを解除《アンロック》するのを助けます。

【※コンピューターゲーム用語に馴染みのない読者は、「解除《アンロック》」は「達成」と同じ意味の言葉だと考えてください。】

SPENDING XP POINTS ON EQUIPMENT
XP ポイントでの装備の購入

ザ・コンピューターは、あなたが望み通りに XP ポイントを消費できるようにするという目標に、熱意を持って取り組んでいます（もちろんあなたのセキュリティクリアランスは厳しくチェックされます）。このため現場にいるあなたの利便性を考えて、ミッション中の死亡という不幸に際して交替クローンを配送する技術が、あなたと同僚トラブルシューターにオンデマンドで製品を迅速に配送するために転用されています。

数人のテロリストのカスと撃ち合っているときにパワーパックが切れたら？　ただ、大脳コアテックの XP ポイント報酬カタログを開いて（あなたの大脳コアテックに不都合がある場合には 114 頁を見てください）、あなたが必要なものを（あるいはそれ以上のものを）発注し、一連の気送管やオーバークロックした 3D プリンターによって配送されるまでリラックスして待ってください。

ザ・コンピューターが提供してくれないものをあなたが求めているなら（この反逆者め！）、それを入手できる立場にいて、あなたに便宜を図ってくれる誰かが必要です。それはたいていの場合より高いセキュリティクリアランスを持つ誰かです。【※多くの場合、秘密結社の上位者か、あなたに反逆的な任務を押しつけた上位者です。】

クレジットってありませんでしたっけ？

あなたは間違っています、市民。あなたが二度と同じ間違いをしないように、反逆スターを与えます。

【※第 1 版から 25 周年版までは、「クレジット」を単位とする通貨がありました。】

SPENDING XP POINTS ON IMPROVING YOUR CLONE
あなたのクローン強化のための XP ポイントの使用

それだけではありません！　浸潤性シナプス融合と高度遺伝子操作技術を組合せることで、ザ・コンピューターは、あなたの心とからだを、あなたの望みのままに調整できます。あなたは仲間のトラブルシューターより、より速く、より強く、より賢い、ひとことでいえばより優れたクローンになりたくありませんか？　もうためらうことはありません。あなたが自分の向上のために XP ポイントを使えば、強化データベースに接続されたあなたの大脳灰白質に関連情報が直接ダウンロードされ、キャラクターシートはただちに修正されるのです。

USING XP POINTS TO IMPROVE GAMES STATS
ゲームシステム上の能力値向上のための XP ポイントの使用

あなたのキャラクターの能力を高めるためのコストは次のとおりです。

*   〈気力度〉の回復：〈気力度〉1 点につき 50 XP ポイント。
*   〈最大気力度〉の増加：新しいレベル 1 つにつき 200 XP ポイント（8 が上限）。
*   スタットの上昇：スタット値 1 の上昇につき 500 XP ポイント（3 が上限）。
*   スキルの上昇：スキル値 1 の上昇につき 200 XP ポイント（+5 が上限）
*   新しい専門スキルの獲得：300 XP ポイント

SPENDING XP ON IMPROVING YOUR CLEARANCE
クリアランス上昇のための XP ポイントの使用

トラブルシューターとして過ごすうちに、あなたはオレンジクリアランスに（あるいはイエロークリアランスにさえ！）昇格するかもしれません。XP ポイントを費やせば、超特急で昇格してセキュリティクリアランスをアップグレードでき、十分な XP ポイントがあればミッションの途中でさえ昇格できると聞いて、あなたは歓喜することでしょう。現場昇格では、適切なカラーのジャンプスーツとレーザーピストルの緊急配送がおこなわれ、少しばかりの忠誠紙吹雪™が降り注ぎます※。ケーキの要望があれば追加料金で提供されます。【※ライターは忠誠紙吹雪™を、現実の紙吹雪ではなく、コンピュータゲームのクリア画面のようなバーチャルなものとイメージしていますが、あなたの GM はリアルな紙吹雪を撒き散らし、それからプレイヤーにセッションルームの清掃を命じるかもしれません。】

あなたの新しい権威を楽しんでください、市民！　あなたがこの力を、友人コンピューターの奉仕のために正しく使用することを、私たちは確信しています。

WAYS TO IMPROVE SKILLS
スキルを強化する方法

もちろん、キャラクターのスキルを強化するもっとも簡単な方法は、XP ポイントを使うことです。しかし、キャラクターは彼らができることの範囲と限界を、他の 2 つの方法で強化できます。スキルはミッションの一部として与えられることがあります。また第三者からスキルを学ぶことができます。

スキルは XP ポイントで購入することができます。 これについては、すでに述べました。

ミッション限定スキル。 ミッション開始時に、ザ・コンピューターは 1 人または数人のトラブルシューターにスキルパッケージを与えるかもしれません。これは、トラブルシューターの大脳コアテックに関連する経験知識をアップロードすることによって、既存のスキルを一時的に上昇させるという形を取るかもしれませんし、あるいはミッションで使用する極めて特殊な専門的なスキル、たとえば「不安定な核弾頭の信管を取りはずす」といったものかもしれません。いくつかのスキルパッケージは、特定の装備に付属しています。時として、R&D の天才たちは、完全に新しいスキルをつくり出し、トラブルシューターがそれを試験します！

クローン槽

なぜ私は鼻血が出るんでしょう？

トラブルシューター、鼻からの出血は時々あることです。耳からの出血も時々あることです。目からも時々あります。ザ・コンピューターの浸潤性シナプス融合技術について質問してはならない場合も時々あります。なぜなら、私たちがあなたの頭にその知識を埋め込んでいない限り、あなたは答えを理解できないからです。そして埋め込まれていない知識はあなたのセキュリティクリアランスを超えています。私たちはそんな質問を望んでいません。

このような質問で今後あなたが悩むことがないように、私たちはあなたの好奇心マトリックスを遠隔調整します。このプロセスの間、あなたの、頭、首、または脳を動かさないでください。

警告：ミッション限定スキルパッケージをミッションと無関係な目的に使用することは反逆です。

誰かからスキルを学ぶ。 プレイヤーキャラクターは、誰かと出会ったり、その仲間となることによって、新しいスキルを学んだり、既存のスキルを上昇させることができるかもしれません。スキルを教えてくれる「誰か」は、たいていは謎に満ちた人物で、あなたの好意や金銭の代用品となる何か（たとえば非常に貴重な、あるいはこの「誰か」が発見者の名誉を独占したいと思っている、[削除済]以前の人工物とか）と引きかえに、秘密の知識を与えることに同意します。こういったスキルのトレーナーは反逆者《トレイター》と呼ばれます。彼らをザ・コンピューターに引き渡せば、XP ポイントを獲得できます。

注意：多くの秘密結社は、新メンバーを彼らの手の中に誘い込むおとりとして「特別なスキル」を提供します。よく知られていることですが、これらの自称「スキル」はクローンの大脳コアテックを破壊し、彼らはまともにしゃべることもできない廃人として残りの人生を送ることになります。残りの人生はおそらく短いものとなるでしょう。ザ・コンピューターによって与えられたスキルだけを信頼しなさい、市民。

IMPROVING STATS
スタットの強化

スタットを恒久的に強化する唯一の方法は、XP ポイントを使うことです。トラブルシューターは通常よりも高いスタット値を、一時的な能力強化や割り当てられた装備※によって獲得することがあるでしょうが、これはキャラクターにその能力や装備が割当られている間だけのことです。
【※このセットにある装備の中には直接スタットを強化するものはありません。GM の創意工夫と今後のサプリメントに期待してください。】

EQUIPMENT
装備

- セクション 1.6

装備はトラブルシューターの最良の友です。（誤り。ザ・コンピューターがトラブルシューターの最良の友です。あなたが上記の言明に同意したことを自覚した場合には、いちばん近くのワイヤレス再教育ドックにあなたのこめかみを押しつけ、あなたが同意しなくなるまでそのままでいてください。）あなたは、あらゆる刺激的な状況で装備に頼ることになるでしょう。あるいは、装備に頼ることによってあらゆる刺激的な状況を味わうことになるでしょう。あなたがミッションで使用する3種類の異なるタイプの装備の違いに注意してください。

重要：あなたの装備を放棄することは反逆です！

ザ・コンピューターは、あなたが持つすべての可能性を実現できるように、あなたの能力に適した装備を選択しました。装備は貴重で入手は困難です。装備をミッション現場に置き去りにすることは、ザ・コンピューターの重要な資産を犠牲にすることであり、装備がテロリストの手に落ちる危険さえあるのです！

実際、これはうわさですが、ゲヘナ事件（起きなかった事件です）は、怠惰な担当者が反逆的にも実験的な装備を放置したことが原因となったといわれています。

したがって、装備をミッション現場に残すことは反逆です。装備を適切な時期にトラブルシューター本部に返却しないものは、適切な処罰をうけます。

REGULAR EQUIPMENT
通常装備

トラブルシューターは、ミッションに着手するとき、常に適切なセキュリティクリアランスカラーのレーザーピストルとジャンプスーツを利用できます。レーザーピストルとジャンプスーツがないと思うなら、見つかるまで捜してください。見つからなければ、あなたの過失です。これらは間違いなく支給されています。

クローンには、現在のミッションにとって適切な、そのほかの標準的な装備を給付されるかもしれません。危険な環境での呼吸器具、戦闘ミッションのための防具、回収ミッションのための追跡機器などです。あなたがどのような装備を交付されるかについては、ミッションブリーフィング時にブリーフィング担当官が説明します。

SPECIAL EQUIPMENT
特別装備

特別装備は、通常装備よりも優れた装備です。通常の場合、装備カードによって表示され、ブリーフィング終了直後に手渡されることが多いでしょう。キャラクターが他のトラブルシューターと装備を交換するか、あるいはクローンの死体から装備を略奪した場合には、カードの持ち主を変更してください。大部分の特別装備には、追加の特別ルールがあります。詳細はカードで確認してください。装備カードにはエクイップメントオフィサーが責任を負い、誰がその装備を得るか、いつどのように使うか、いつ返却しなければならないかを決定します。【※ブリーフィング担当官から特定のクローンに渡すことが命じられる場合や、ザ・コンピューターからの特別の指示がある場合も多いでしょう。】

> あなたは、アルゴリズムが何だかわかりますか、トラブルシューター？※ アルゴリズムは、人間よりうまく計算します！ ザ・コンピューターは、すべてのミッションで、あなたにとって最適の装備を決定するために、アルゴリズムを使用します。あなたがアルゴリズム的に選ばれた装備に不満を感じるというありそうもない出来事が起きたら、幸福な結果が生じるまで、それを使い続けてください。【※わからなくても何の問題もありませんが、アルゴリズムはある問題を解くための定式化された手順です。コンピュータプログラムはコンピュータに実装されたアルゴリズムです。】

R&D EQUIPMENT
R&D 装備

研究設計局（R&D）のすばらしく勇敢な天才少年少女たちは、いつでも新しく刺激的な装備をつくり続けています。彼らの問題解決能力と有用性に（あるいは彼らがたっぷり資源と時間を浪費することに）感謝しなさい。トラブルシューターはしばしばその試験担当者に選ばれ、装備がどのようにミッションを助けたかについての完全な記録を取り、装備のどこが好きかについてのトップ5をあげることが求められます。【※R&D装備は、25周年版の「実験的装備」に相当します。】

R&D装備は、それぞれのミッションに特有の、まったく新しい実験的な機器です。すべてがミッションによって異なる独特で特別のものであるため、カードによる表示はありません。あなたにR&D装備という幸運が与えられたら、キャラクターシートにそのことを書き留めてください。GMは、あなたに機器の能力についての短い説明を渡してくれるかもしれません。

EQUIPMENT LEVELS
装備レベル

ザ・コンピューターは装備の使用を容易にするために、〈装備レベル〉のシステムを導入しました。それぞれの装備のレベルの分類については次の表を参考にしてください。

アルファ： レッドレベルのジャンプスーツ。レッドレベルのレーザーピストル。

大部分の標準的な装備。

レベル1： オレンジまたはイエローのレーザーピストル。

レッドレベルのレーザーライフル。ナイフ。大型の携帯スキャナー【※おそらく無線傍受装置のこと】。

レベル2： グリーンレベルのレーザーピストル。背負い式のスキャナー。

レベル3： インディゴレベルのレーザーピストル。

アーミーが装備する軍用大口径ショットガン。

ハイスペックの（ザのつかない）コンピュータ。

レベル4： 禿鷲《バルチャー》部隊アサルトレーザー。軽装パワーアーマー。ジェットパック。

レベル5： 重装パワードアーマー。

フォースフィールド。【※各種の攻撃を防御するバリアのようなものでしょう。バリアはエナジーシールドみたいなものです。エナジーシールドはフォースフィールドみたいなものです】

ホバーボード。【※地上からわずかに浮上する、車輪なしのスケートボードのようなものでしょう。ほら、過去と未来をいったりきたりするSF映画にでてきたようなヤツです。】

ロボット・ユニコーン。【※伝説上の動物であるユニコーン（一角獣）は、伝説の中においても、極めて珍しいものとされています。】

[削除済]。

これらの装備を適切な方法（あるいはGMが認めた不適切ではあるが面白い方法）で使用する場合には、ダイスロールのノード数に〈装備レベル〉と等しい数のダイスを加えることができます。〈アルファ〉レベルの装備には、ダイスの追加はありません。

WEIGHT
重量／サイズ

計算を容易にするため、ザ・コンピューターは簡略化された重量（サイズ）管理法を導入しました。

小型装備は、持ち運びについて心配する必要がない軽量の装備です。あなたは小型装備をジャンプスーツのポケットに入れることができます。レーザーピストル、手榴弾、片手で持てるハンドヘルドコンピュータ、藻屑チップスの袋、予備のパワーパックはすべて小型装備です。あなたは合理的な範囲で望むだけの小型装備を何の問題もなしに持ち運ぶことができます。ただし、あなたが合理的な範囲を超える数の小型装備、たとえば50個の手榴弾とか、多量のブラウンフードバーを一度に運ぼうとすると、GMはこのあとで説明する持ち運び制限や重量ペナルティを科すかもしれません。

中型装備は、かなり大きなもので、持ち運ぶためには、片手または両手を使うか、バッグに詰めるか、効率的に動き回るためには何らかの方法で身につける必要があります。レーザーライフル、ジャンプブーツ【※一般的には大型で頑丈な軍用ブーツのことですが、もしかすると靴底にバネがついたブーツかもしれません。】、スキャナー、工具箱とノートパソコンは中型装備です。あなたは中型装備を2個まで問題なく持ち運ぶことができ、武器の使用時には、1個を持ち運ぶことができます。

大型装備は、大きく重くかさばります。持ち運ぶには両手が必要で、専用のキャリングケースがあればいいと思うでしょう。機械類、分隊支援レーザー、ある種のボットと椅子は、大型装備です。ミッションの効果的な実施を妨害せずに持ち運ぶことができる大型装備は1個だけです。

特大装備は、1人のクローンが持ち運ぶにはあまりに大きすぎる装備です。ただし、1人でも引っ

張ることならできるかもしれません。他のクローンの助けがある場合でも、キャラクターは特大装備の運搬に全力をそそぐ必要があります。どこかに置くまで、運搬するクローンたちはほかに何もすることができません。

あなたのキャラクターが３個またはそれ以上の中型装備か、あるいは複数の大型装備を運んでいる場合には、すべてのロールでノードをマイナス１してください。特大装備を運搬している場合には、すべてのロールでノードをマイナス２してください。【※特大装備運搬中のキャラクターは「ほかに何もすることができない」ので、運搬に関するダイスロールをおこなう場合（特大装備を運搬して狭いトンネルを抜けるとか、暴走する清掃《スクラブ》ボットを避けるとか）でしょう。】

> **あなたが１人で〈特大装備〉、たとえばタクシーボットやエンジンブロックや冷蔵ユニットや［削除済］を持ち運べることに気づいたら、ミュータント能力の検査を受けるために最寄りの医療センターに出頭してください。**

ARMOUR
防具

防具もまたレベルで評価されます。レベル１の防具は、着用者のダメージを１レベル減らします。２レベルなら２減らします。

防具の種類によっては、異なる効果があるかもしれません。たとえば、一部の防具は、すべてのダメージを吸収しますが、１レベルのダメージを吸収するごとに、レベルが１低下し、レベルが０になれば効果はなくなります※。トラブルシューターのユニフォームは、着用者と同じまたはより低いセキュリティクリアランスのレーザーからの射撃を反射する特別なファブリックでできています。別のいいかたをすると、レッドのトラブルシューターのユニフォームはレッドとインフラレッドのレーザーピストル（インフラレッドのレーザーピストルはありません）の射撃を反射しますが、オレンジ以上のレーザーには防具の効果はないということです。【※原著のこの節では、この種の効果が減耗する防具が標準となっていましたが、ゲームマスターズハンドブックや「アキュートパラノイア」での記述に合わせ、減耗しない防具を標準とする形で記述を修正しました。】

「万能病気予防用オムニジェル™カプセル」

PROPHYLACTIC OMNI-GEL™ CAPSULE

少なくとも、あなたは健康を持ち運べるわけです。

BREAKING STUFF
ものを破壊する

装備とその他の機材は、サイズに応じてダメージを受けます。通常通りにダイスロールしてください。クローンを攻撃する場合と同じように、〈困難度〉を上回る成功ダイスの数のダメージを攻撃目標に与えます。

サイズと、破壊に必要な（困難度を上回る）成功ダイス数
小型装備　1
中型装備　2
大型装備　3
特大装備　4 ※
【※軍事ボットを 4 ダメージで倒せると思わない方がいいでしょう。巨大なものや頑丈なものについては、GM は破壊に必要なダイス数を増やし、しかもその数を秘密にすることができます。】

ダメージは累積します。あなたが、〈大型装備〉の清掃ボットを 3 回攻撃し、毎回 1 つずつ成功ダイスを出せば、3 回目の成功で、ボットは破壊されます。

ACQUIRING ADDITIONAL EQUIPMENT
追加装備の取得

キャラクターはミッションの途中で、ザ・コンピューターに追加装備を発注し、現在いる場所で受け取ることができます。装備は発注したクローンがいる場所に届けられ、他の場所に届けさせることはできません。個々のクローンは追加装備の XP ポイントを支払わなければなりません。ただし、ミッションによっては、エクイップメントオフィサーがそのほかの装備の追加を公式請求することが認められます。これは XP ポイント報酬カタログで発注するか、手近のクローンから接収することによっておこなわれます。手近のクローンは処刑《エクセキュート》され… 失礼、トラブルシューターの危険で重要な仕事を手助けすることに興奮《エキサイト》するでしょう。

ザ・コンピューターの最大のファン。

HOW DO YOU JOIN A SECRET SOCIETY?
どうしたら秘密結社に入会できますか？

- セクション 1.7

たいていの場合、あなたは秘密結社を選ぶことはできません。秘密結社があなたを選びます。友人だったり赤の他人だったりする誰かが、あなたに仲間に加わる一生に一度のチャンスが与えられたことを話します。その集団はあなたのすべての可能性を実現することを助けます。セキュリティクリアランスのトップに駆け上がることも、食堂の行列の先頭に並ぶこともです。それから、これはオマケみたいなものですが、アルファコンプレックスをミュータントでもテロリストでもない本当の最大の脅威から救うのです。それが何であるのかあなたにはよくわかりませんが、きっとあなたは仲間に加わりたいと思うでしょう。

「イエス」といってください。お願いします。入会してください。「ノー」ということは、ちょっとした無作法では済みません。秘密結社はいつまでもあなたに疑念と憎悪を持ち続けます。相手がイントセック（内部公安部門）の場合はなおさらです※。文字通り、イントセックはいやとはいわせません。もしあなたがイントセックから接触されたら、おめでとうございます、あなたはイントセックに入れて満足です。あなたの異議と絶叫は、誰も気にしません。【※ 25 周年版からのプレイヤーへの注意。この版ではイントセックのスパイは「秘密結社員」の一種として扱われます。】

すでにどれかの秘密結社のメンバーになっている場合に、他の秘密結社に加わることは厄介な問題となります。完全に矛盾する 2 つの秘密結社任務を実行しようとして、認知的不協和とパニックと混乱を招く危険があります。つまり、通常のトラブルシューターミッションが持つ矛盾と対立と同じです。あなたが同時に複数の秘密結社のメンバーとなる可能性は十分にあります。できる限りすべての矛盾と対立を頭に入れ、それぞれの秘密結社が他の秘密結社のメンバーであることに気づかないように注意してください。

あなたが、特定の秘密結社に加わりたいのであれば、いくつかの方法があります。秘密結社の目標と合致する最高の行為を公衆の面前でおこない、それが十分に注目に値するならば、秘密結社の誰かがあなたに接触してくるでしょう。おそらくね。もしかすると、彼らはイントセックかもしれません。イルミナティかもしれません。イルミナティに加入することは非常に困難です。彼らは謎の中に隠された謎です。もしかすると、彼らは、その秘密結社に入りたがっているファンたちのグループに過ぎず、あなたのことをその秘密結社のメンバーだと思い込んでいるのかもしれません。このようにして、多くの新しい秘密結社がはじまります。

BEING IN A SECRET SOCIETY
秘密結社に入ると

秘密結社には課題や目標や目的があり、秘密結社のメンバーはこれらを達成するために積極的に活動することを期待されています。そのためには、秘密結社の目標実現に役立つ好機を見極め、巧みに利用しなければなりません。そこで、秘密結社員のトラブルシューターにトラブルシューターミッションが与えられたときには、秘密結社の上位者や支部のリーダーから、しばしば特別の指令が与えられます。通常の場合、指令はザ・コンピューターの不断の監視を逃れるために、ユニークで奇妙な方法で伝えられます。これらの指令の内容は、ミッションの妨害工作や破壊活動やミッション目標を盗むことや、何かほかの仕事をうまくやるためにミッションを利用することなどですが、時には、秘密結社の大義のために、トラブルシューターミッションを成功させることが求められる場合もあります。【※立場の矛盾がなくて楽な任務だと甘く見ないでください。通常の場合、トラブルシューターミッションを失敗させるのは簡単ですが（何もしなくてもたいてい失敗します）、成功させるのは困難です。】

すべての秘密結社が同じ方法で組織されるわけではありません。それどころか、同じ秘密結社の異なる支部にさえ異なる組織と構造があります。ですから、あなたが IZX セクターのミスティックスのお偉方であるとしても、TYH セクターのミスティックスが、あなたを両腕《アームズ》を広げて歓迎すると仮定しないでください。それはレーザー武器《アームズ》かもしれません。

REWARDS
報酬

秘密結社には、誠実で忠実なエージェントへの報酬システムがあります。もちろん、秘密結社は XP ポイントを与えることができません（ただし、フリークスにはハッキングしたギフトカードがあり、フリーエンタープライズにはそれ自身の独自の通貨があります）。しかしながら、キャラクターの秘密結社内での地位が上がれば、特別のユニークな装備を入手できるようになります。いくつかの秘密結社には専門スキルがあり、PC がグループ内で十分な名声を獲得すれば、学習することができます。

ALL SET!
準備完了！

- セクション 1.8

おめでとう、トラブルシューター！　あなたはモジュール PARAN-01-B「初級トラブルシューティング」を正常に完了しました。あなたの熱心で注意深いモジュールの受講に対して 20 XP ポイントを授与します。あなたがどれだけよく学んだかは、まもなく始まるあなたの最初の本番ミッションによってテストされます。

あなたにはアルファコンプレックスの安全を守るという重要な役割があります。あなたがそのために知る必要がある事項のすべてをこのハンドブックが十分に説明していることを、私たちは心から望んでいます。このモジュールは機密文書であり、当事者双方が適当なクリアランスでない限り、他人に渡してはならないことを忘れないでください。当事者には、あなたも含まれます。再びこの文書を参照する場合は、はじめにあなたが適切なクリアランスであることを確認してください。この文書内容の知識を、許可のない市民に示すことは反逆です。

ザ・コンピューターは、あなたがトラブルシューターとして成功することを望んでいます。ザ・コンピューターは、あなたがアルファコンプレックスの敵とその活動を根こそぎにすることを求めています。身近なものにも、気を抜かずに警戒を続けなさい。無慈悲になりなさい。惜しみなく努力しなさい。忠実であり続けなさい。

現在はアルファコンプレックスの苦難の時です。敵のプロパガンダ（宣伝工作）と分断工作の陰謀は日ごとに巧妙なものになっています。したがって、あなたの仕事は重大です。可能なら秘密結社に潜入してください。彼らの仮面をはぎ取れば、すばらしい幸福と多くの XP ポイントを得ることができるでしょう。彼らのウソや、彼らが提供する秘密の知識にだまされてはなりません。
誰も信用してはなりません。

そして、忘れてはなりません。ザ・コンピューターは常にあなたと共にあります。その親しみやすい声は、皮下蝸牛移植片の不思議のおかげで、文字通り、あなたの耳の中にあります。助言や励ましが必要なら、ザ・コンピューターを頼ってください。次の段落の最後の指示を補正し、ザ・コンピューターを信頼してください。

意志を堅固に保ってください、トラブルシューター！　テロリストとミュータントは退却をはじめています。再プログラミングと脱構築による彼らの妨害工作は、毎日期弱体化しつつあります！アルファコンプレックスの部隊は準備を完了しています！　素晴らしい明るい未来が、まもなくやって来ます！　最後の闘いは厳しいものになるでしょう。心がくじけそうになったら、あなたが信頼するレーザーピストルを手にとって<u>クソクラエ偉ソーなトラブルシューターのケツの穴メタルメタルメタル 4 エバー永遠にデスレパード</u> ZZZZZZZZZZZZZZZZZZZZZZZZZZZZZZZZZZZZZZZZZZZZZZZZZZZZZZZZZZZZZZZZZZZZZZZZZZZZZZZZZZZZZZZZZZZZZZZZZZZZZZZZZZZZZZZZZZZZZZZZZZZZZZZZZZZZZZZZZZZZZZZZZZZZZZZZZZZZZZZZZZZZZZZZZZZZZZZZZZZZZZZZZZZ

XP POINT REWARD PROGRAM
XP ポイント報酬カタログ

- セクション 1.9

市民、「XP ポイント回収プログラム特別トラブルシューター版」にようこそ。あなたは、アルファコンプレックスとザ・コンピューターへの忠誠の報酬として、XP ポイントの支給をうけています。XP ポイントは、あなたのセキュリティクリアランスに適合した数多くの許可された報酬と交換できます。そのモップを持って、すぐさま XP ポイントの獲得に邁進しなさい！ あなたの視野に注意してください。それぞれの市民の XP ポイント合計が彼らの頭上の反逆スター（もしあれば）のすぐ下に表示されていることに気がつくでしょう※。あなたの XP ポイント合計に誇りを持ってください、市民！【※つまり、あなたは自分の XP ポイント数を仲間のトラブルシューターに隠せません。ただし GM の気まぐれあるいは陰謀によって、下記のように表示される場合もあるでしょう。】

あなたの現在の XP ポイント残高は [$ 更新中] です。

EARNING XP POINTS
XP ポイントの獲得

すべての市民は、ザ・コンピューターの奉仕の働きに対して、1 日につき 1 点の XP ポイントを獲得します【※この 1 日 1XP ポイントは、GM もプレイヤーもしばしば忘れます。ほとんどの場合は忘れても問題ありませんが、時に致命的な結果を生むことがあるのでご注意ください】。加えてトラブルシューターであるあなたは、追加の奉仕により、追加の XP ポイントを獲得できます（獲得出来る XP ポイント数は状況によって異なります）。XP ポイントの対象となる行為は次のようなものです。

- ザ・コンピューターの奉仕としてミッションを成功のうちに完了する。
- アチーブメントを達成する。
- ミュータント、反逆者、またはテロリストを見つけ出す。
- ミュータント、反逆者、またはテロリストを捕らえる。
- ミュータント、反逆者、またはテロリストを処刑する。
- アルファコンプレックスの市民の健康または士気を改善する。
- [$ 見つかりません]

SPENDING XP POINTS
XP ポイントの使用

XP ポイント報酬カタログは、選んだ職業に対応するようにカスタマイズされています。つまり、これらの機器はトラブルシューター装備としての使用に適切なものです。覚えておいていただきたいのは、みなさんのトラブルシューター装備を担当するエクイップメントオフィサーは、現在の作戦行動に必要な機材を、現場で公式請求できるという点です。この場合、必要な XP ポイントは公式請求予算でまかなわれ、トラブルシューターが XP ポイントを支出する必要はありません。公式請求による機材は、エクイップメントオフィサーが責任を負うトラブルシューター装備であり、使用後に返却しなければなりません。個々のクローンが XP ポイントを費やすことで発注した装備は、そのクローンのものとなります。

EQUIPMENT
装備

アップグレード	費用
手榴弾（3個）（装備カードあり）	75 XP ポイント
スナイパーライフル（装備カードあり）	250 XP ポイント
ミニガン（装備カードあり）	350 XP ポイント
レーザーピストル	100 XP ポイント
レーザーライフル	200 XP ポイント
予備のパワーパック（すべての標準レーザー武器に対応）	30 XP ポイント
電源コード（すべての標準レーザー武器に対応）	45 XP ポイント
多機種対応アダプター（装備カードあり）	70 XP ポイント
サーベル	80 XP ポイント
鉤撃ち銃（装備カードあり）	70 XP ポイント
ボディアーマー（装備カードあり）	220 XP ポイント
鎮静剤（3回分）（装備カードあり）	120 XP ポイント
ガウスロケットランチャー（装備カードあり）	450 XP ポイント
― 追加のロケット弾（1発）	60 XP ポイント
多用途工具	25 XP ポイント
交換用アーマー【※ダメージを受けたボディアーマーの交換パーツと思われます】	95 XP ポイント
交換用モップ	15 XP ポイント
夜期暗視ゴーグル	110 XP ポイント
防護長手袋	35 XP ポイント
断熱長手袋	45 XP ポイント
断熱マグカップ ‐ どこでもホットファンが楽しめます！	20 XP ポイント
ホバーボード	[入荷待ち]
医療キット（3回分）（装備カードあり）	150 XP ポイント
電撃ナックル（装備カードあり）	50 XP ポイント
メガホン（装備カードあり）	35 XP ポイント
麻酔銃（装備カードあり）	180 XP ポイント
レーザートラップ（装備カードあり）	150 XP ポイント
泡手榴弾（3個）（装備カードあり）	130 XP ポイント
K@《キャット》コンパニオンボット（装備カードあり）	650 XP ポイント
ハイジーン -O- マチック 9000（装備カードあり）	220 XP ポイント
UBT ハイパー知覚装置（装備カードあり）	240 XP ポイント
ケーシー -B のボンバブーツ（装備カードあり）	270 XP ポイント

【※装備カードにある装備のうち、「データ爆弾」「タクシーポッド」「摩擦増減器」「つけヒゲ」については、項目がありません。在庫の有無と価格は GM に尋ねてください。】

HOME IMPROVEMENTS
生活水準の向上

アップグレード	費用
生活空間の拡張（1平方メートルにつき）	100 XP ポイント
物品収納スペースの拡張（1リットルにつき）	20 XP ポイント
オーグメモデジタルメモリ空間の拡張（16ZBにつき）	65 XP ポイント
替えの服（適切なセキュリティクリアランスのもの）	45 XP ポイント
高級ファッション衣料（適切なセキュリティクリアランスのもの）	95 XP ポイント
大脳コアテック用のアイコンセット、壁紙、テーマ（いずれか1つにつき）	3 XP ポイント

RECREATION
娯楽

アップグレード	費用
バウンシィバブルビバレッジ	5 XP ポイント
通常の1時間ビデオの費用	5 XP ポイント
プレミアム1時間ビデオの費用	15 XP ポイント
デラックスフードの配給（1日期分）	20 XP ポイント
個室（1日期分）	50 XP ポイント
タクシーポッドの利用（1回）	40 XP ポイント
ペットボットのレンタル（1日期分）	40 XP ポイント
ファンボットのレンタル（1日期分）	80 XP ポイント

SELF IMPROVEMENT
自己強化

アップグレード	費用
専門スキルパッケージ	（新しいスキル 1 レベルにつき）300 XP ポイント
既存のスキルパッケージのアップグレード	（既存のスキル 1 レベルの上昇につき）200 XP ポイント
コアモジュールのアップグレード	（スタット 1 レベルの上昇につき）500 XP ポイント
アルファ波静穏化調整の実行	（1 回で〈気力度〉が 1 回復）50 XP ポイント

INCREASING SECURITY CLEARANCE
セキュリティクリアランスの昇格

アップグレード	費用
インフラレッドからレッドへ	500 XP ポイント
レッドからオレンジへ	1000 XP ポイント
ー　みんなで食べるお祝いケーキ付きの場合	1100 XP ポイント
オレンジからイエローへ	2000 XP ポイント
ー　みんなで食べるお祝いケーキ付きの場合	2100 XP ポイント
ー　イエローケーキ【※「イエローケーキ」には「ウラン粗粉末」の意味もあります。】を注文する場合 　　……食べることができるのはあなただけですが、 　　それでもみんなにとっては十分です	2400 XP ポイント
イエローからグリーンへ	4000 XP ポイント
ー　このレベルには無料のケーキが贈呈されます	
グリーンからブルーへ	8000 XP ポイント
ー　このレベルには無料のケーキが 2 個贈呈されます	
ブルーからインディゴへ	16000 XP ポイント
ー　インディゴケーキについての情報は 　　あなたのセキュリティクリアランスには公開されません	
インディゴからバイオレットへ	32000 XP ポイント
ー　市民、あなたのバイオレットレベルケーキに関する 　　未承認の知識が記録されました	
バイオレットからウルトラバイオレットへ	[$ 見つかりません]
ー　[$ 予定外のケーキ終了エラー]	

SPECIAL REWARDS
特別報酬

アップグレード	費用
[削除済]	200 XP ポイント
[削除済]	350 XP ポイント
[削除済]	1750 XP ポイント
[削除済]	7200 XP ポイント
追加クローン	[削除済]

Special Offer!

ALPHA COMPLEX
★★★
ALPHA COMPLEX

《今週期の特別「セール」》

THIS WEEKCYCLE'S SPECIAL OFFER

スタンガン！ 誰もが知っている B-83/n「ブリッパー」スタンピストルを もてば、あなたは友人たちの羨望の的です。最大 15m 以内にいるアルファ コンプレックスの敵を、うつ伏せに倒れ込んで痙攣している人間の形をした 有機物のかたまりに変えます。ただし、攻撃目標となったクローンにはまだ 意識があり死んではいません。外傷を与えることはなく、軽い内出血を引き起こすだけです。 ボット、車両、その他の非可動物、基盤設備、すでに死亡しているクローンに対しては効果 がありません。偶然にもあなたより高いセキュリティクリアランスの市民を気絶させる事故 が発生しないよう、安全停止機構が組み込まれています。今なら、たった 250 XP ポイント！

来週期の特別セール！
すべてが新しい B-84/n2「ブリッター」の最初のオーナーになってください！
新製品特別「お客様テスター【減圧を実行する と失効する】」価格は、なんと 225 XP ポイント！

ATTENTION!
注意！

0WL1-ZX「アイボール強化暗視パッケージ（実験的であり一般には提供されていません）」をダウンロードしたすべてのクローンに対して、一部のユーザーから網膜が爆発する事件が発生したとの報告があったことをお知らせいたします。このためにあなたに何らかの不都合が生じたなら、R&Dは謝罪いたします。アイパッチ【※眼帯を意味するアイパッチと、プログラム修正の「パッチ」のダジャレ。】は、次月期には利用できるでしょう。さて話は変わりますが、この製品を返却して一部の XP ポイントの払い戻しを受けることができると考えているなら、あなたは間違っています。

TERMS AND CONDITIONS
契約条項

XP ポイントは、ザ・コンピューターによって発行され、管理され、奉仕と引き換えにアルファコンプレックスの市民に気前良く提供される、仮想通貨です。すべての XP ポイントは、いつであれ常にザ・コンピューターの財産です。ある市民が自分の後継クローン以外の他の市民、ボット、知覚力の有無にかかわらずあらゆる生命体、存在、物体と、XP ポイントを、取引し、交換し、贈与することはできません。XP ポイントを、物質的あるいは非物質的存在、好意、約束、思考、アイデア、概念、信条、代用硬貨、名言、感動、無体物、瘴気、エーテル【※天界を構成する、あるいは宇宙に遍在する、通常の物質と異なる存在。】、ミーム【※自己を保存し、複製を拡散すること自体を目的とする情報。】、ウッフィー【※コリィ・ドクトロウの SF 小説『マジック・キングダムで落ちぶれて』に登場する、貨幣のかわりになる「評判」。】、そのほか何であれ、適切なザ・コンピューターの事前の承認なしに存在するか、あるいは存在しない対象と交換することはできません。ザ・コンピューターは、違反行為あるいはアルファコンプレックスの物質的、精神的、感情的、霊的構造に損害を引き起こした場合の処罰のために、または市民が今後よりよいはたらきをするよう激励するために、あるいは、「XP ポイント」の「XP」が何を意味するのかを尋ねた場合に、あなたが保有する XP ポイントを除去する権利を留保します。カタログに掲載されたアップグレード費用は、事前の予告なしに変更されることがあります。ザ・コンピューターの判断によって、アップグレードはこのカタログから消去されるか、あるいは同等またはより大きなあるいは他の価値を持つ類似品に変更される場合があります。同様に、カタログ自体もいつでも回収される可能性があります。すべての配送品は最終的なものであり、交換、変更、または返品できません。保証について尋ねることはあなたの法定権利に影響を及ぼす可能性があります。「法定《スタチュートリィ》権利」は、あなたが彫像《スタチュー》に変えられない権利と定義されます。あなたの XP ポイントの報酬を楽しんでください。ザ・コンピューターは、あなたの友人です。

あなたは私の無限の
忍耐の
［終端］に
到達しました

＊　日本語版索引　＊

英語版には索引が存在しませんが、読者の利便性のため、日本語版独自に用意しました。
Ａはアルファコンプレックスガイド、Ｐはプレイヤーズハンドブック、Ｃはカードを意味し、Ｇはゲームマスターズハンドブック（ハイプログラミングマニュアルを含みます）、ｍはミッションブックを意味します。アルファベットの横に書かれた数字がページ番号です。ＡとＰはプレイヤーが参照するのを許可された情報であるのに対し（Ｃも、手札として配られたカードはそう見なしてよいでしょう）、Ｇとｍはゲームマスターしか参照できない情報であることに注意してください。特に、ミッションブックについては、プレイヤーは絶対に参照してはいけません。

PARANOIA®

パラノイア　ゲームマスターズハンドブック

ライター
ジェイムス・ウォリス、グラント・ハウイット、ポール・ディーン
《JAMES WALLIS, GRANT HOWITT, and PAUL DEAN》

パラノイアの創造者
ダン・ゲルバー、グレッグ・コスティキャン、エリック・ゴールドバーグ
《DAN GELBER, GREG COSTIKYAN, and ERIC GOLDBERG》

グラフィックデザインとアートワーク
ウィル・チャップマン、エイミー・ペレット、シャイアン・ライト
《Will Chapman, Amy Perrett, and Cheyenne Wright》

校正（英語版）：シャーロット・ロー　《Charlotte Law》

プレイテスター：マナル・フセイン《Manar Hussain》、ケイロン・ギレン《Keiron Gillen》、ダニエル・グーチ《Daniel Gooch》、サイモン・ロジャース《Simon Rogers》、マーサ・ヘンソン《Martha Henson》、ソフィー・サンプソン《Sophie Sampson》、ダニエル・ニー・グリフィス《Daniel Nye Griffiths》、キャット・トービン《Cat Tobin》、ウイリアム・マッキー《William Mckie》、イーサン・バーク《Ethan Burke》、アンケリノ・グラシ《Anxhelino Graci》、アレックス・ボリール《Alex Borrill》、レオ・ウルフソン《Leo Wolfson》、トーマス・バート《Thomas Burt》、マシュー・クラムジー《Matthew Cramsie》、ドナ・ホーガン《Donna Hogan》、マルコム・ライアン《Malcolm Ryan》（この版でのはじめての死者であり、はじめての昇格者でもあります）、ビル・コーエン《Bill Cohen》、コナン・フレンチ《Conan French》、クリストファー・ホーキンス《Christopher Hawkins》、サラ・マッキンタイア《Sarah McIntyre》、オーエン・マクレー《Owen McRae》、サイモン・バガボンド《Symon Vagabond》、リー・タックマン《Leigh Tuckman》、リザ・カーティス《Liza Curtis》、ベンジ・デイビス《Benj Davis》、ロブ・アブラザード《Rob Abrazado》、ヘンリー・エトキン《Henry Etkin》、ライグル・カミンス《Rigel Cummins》、ジェイコブ・ホッホバウム《Jacob Hochbaum》、オースティン・キャントレル《Austin Cantrell》、メリー・ハミルトン《Mary Hamilton》、コリー・アイカー《Cory Eicher》、ピエール・ヴィオラ《Pierre Viola》、マイク・ヴァイデス《Mike Vides》、エミリー・ルイス《Emily Lewis》、クリス・ブライアン《Chris Bryan》、ドナルド・シュルツ《Donald Shults》、ニキ・シュルツ《Niki Shults》、ジェームズ・ワシントン《James Washington》、ブリタニー・ワシントン《Brittany Washington》（ザ・コンピューターは、このリストからいくつかの名前を削除しなければなりませんでした。テロリズムのせいです。ハイル・ザ・コンピューター！）

アルファコンプレックスの勇敢なトラブルシューターと市民たち：アンソニー・ライト《Anthony Wright》（アント -R-GCC-5)、ピーター・エンディアン《Peter Endean》（ピーティー -B-BRU-5)、マナル・フセイン《Manar Hussain》（ブルー -B-SKY-4)、カール・シェーリン《Carl Schelin》（カール -B-GDE-4)、マリアン・マクブライン《Marian McBrine》（マリー -I-MAC-1)、ビリー・ダリオス《Billy Darios》（バージル-V-FIN-3)、ブルース・W・スカークル《Bruce W Skakle》（ブルース -B-HRO-4)、オリバー・フェイシィ《Oliver Facey》（アーケル-V-PDM-9)、ロブ・ハンセン《Rob Hansen》（ロブ -R-HES-6)、ポール・バード《Paul Bird》（ポール-B-IRD-1)、フレデリ・ポーチャード《Frédéri Pochard》（フレデリ-I-POC-4)、ジョーダン・タイエル《Jordan Theyel》（ジョーダン -G-LOW-4)、クリス・マーシャル《Chris Mouchel》（ビヨルン・トビー -B-OLD-6)、カール・ホワイト《Carl White》（アンダース -B-DUK-2)

ハイプログラマーたち：アンドリュー・マクレラン《Andrew MacLennan》（アンディ -U-MAC)、トマス・ベンダー《Thomas Bender》（ロード -U-BER)、沢田大樹《Taiju Sawada》（タイジ -U-YAP)、ラント・ウルコット《Grant Woolcott》（サイコ -O-KOW)、リズ・マッキー《Liz Mackie》（リズ -U-CRO)

心からの感謝をこめて：キャット・トービン《Cat Tobin》、ガレス・ブリッグス《Gareth Briggs》、ギャレット・クロウ《Garrett Crowe》、トム・プレザント《Tom Pleasant》、ウイリアム・マッキー《William Mckie》、ルーク・ホークスビー《Luke Hawksbee》

装備カード：麻酔鎮痛器（デザイン、ジェイムス・ペッツ《James Petts》）、レーザートラップ（デザイン、マテュー・パスタラン《Mathieu Pasteran》）、泡手榴弾（デザイン、クリス・フレッチャー《Chris Fletcher》）、K@コンパニオンボット（デザイン、ゲリー・R・ページ《Garry R. Page》）、ハイジーン-O- マチック 9000（デザイン、オーガスタス・ゴールデン《Augustus Golden》）、U.B.T ハイパー知覚装置（デザイン、ゲイブリエル・プレストン《Gabriel Preston》）、ケーシー -B のボンバブーツ（デザイン、CKC）、つけひげ（デザイン、ライアン・ソーサ《Ryan Sosa》）

日本語版：高梨俊一《Shunichi Takanashi》（翻訳）、白河日和《Hiyori Shirakawa》（翻訳／セマンティクス・コントロール）、沢田大樹《Taiju Sawada》（編集）

雰囲気の帝王《トーン・ツァーリ》たる紳士：ケン・ロルストン《Ken Rolston》

パラノイアのゲームマスターになりたいなら、この本を読んでください。今すぐプレイしたいなら、ミッションブックを読んでください。

ザ・コンピューターは、この顕彰すべき奉仕活動をおこなった
市民と糾弾されるべき反逆者のリストに賛同し承認を与えます

CONTENTS

目次

■電子書籍版奥付■ 書名：パラノイア【リブーテッド】ゲームマスターズハンドブック ◇ 編者：ジェイムス・ウォリス、グラント・ハウイット、ポール・ディーン ◇ 初版著者：ダン・ゲルバー、グレッグ・コスティキャン、エリック・ゴールドバーグ ◇ 日本語翻訳：高梨俊一、白河日和 ◇ ISBN：978-4-908124-46-4 C3876 ¥1200E ◇ 発行者：山根武弘 ◇ 発行所：合同会社ニューゲームズオーダー（東京都立川市錦町 3-10-6 イチカワビル 2F） ◇ Ver.1 発行日：2019年9月30日
ボックス版 3巻セット〔パラノイア【リブーテッド】〕の奥付はミッションブックの目次頁に記載

PARANOIA ® & Copyright © 1984, 2016, 2019 by Eric Goldberg & Greg Costikyan. PARANOIA is a registered trademark of Eric Goldberg and Greg Costikyan. All Rights Reserved. New Games Order, LLC, Authorized User.
Original English Edition is published by Mongoose Publishing, Ltd. Based on material published in previous editions of *PARANOIA*. The reproduction of material from this book for personal or corporate profit, by photographic, electronic, or other means of storage and retrieval, is prohibited. You may copy character sheets, record sheets, checklists and tables for personal use.
Published by New Games Order, LLC. Published 2019.
PARANOIA は Eric Goldberg と Greg Costikyan の登録商標です（国際登録番号 1372803）。
個人または共同の利益のために、本書の内容を複製することは、著作権法上の例外を除き、コピー、写真、電子的、あるいはその他の手段による保存と検索であれ、すべて禁止されます。ただし、あなたは、個人的な利用のためにキャラクターシート、記録シート、チェックリストと図表をコピーすることができます。

書類作業は、いつだって楽しい！

INTRODUCTION
はじめに
セクション 2.0

ゲームマスターズハンドブックにようこそ。あなたがこれを読んでいるという事実は、近い将来にパラノイアセッションのゲームマスターとなる予定があるということを暗黙の内に意味しています。もしそうではなく、あなたがプレイヤーとしてゲームを経験したいと考えているなら、どうかこの先の「重要な GM 限定情報」の前で読むのを止めて、プレイヤーズハンドブックに戻ってください。あなたがアルファコンプレックスについて知る必要のあるすべては、プレイヤーズハンドブックに記されています。ご協力に感謝します。

重要な GM 限定情報

はじめにプレイヤーズハンドブックを読んでください。あなたが読まなくても、おそらくあなたのプレイヤーたちはそれを読み、こんなことを学んでいます。【※学んでいません！　こんな情報はプレイヤーズハンドブックには載っていません。読み返しても無駄です。ただし 25 周年版からのパラノイアプレイヤーはこうした知識を持っているかもしれません。】

「アルファコンプレックスは、世界を揺るがす大災害から人類を保護し惑星が再び安全になるまでの住み家となるようにつくられた巨大な地下都市です。[$ 未定義の災害です] の大災害が人類を襲い、すべての人類はアルファコンプレックスに立てこもり、デジタルエンジニアリングの頂点である全能のザ・コンピューターが、それをつくりだした人類のコントロールを引き継ぎました。それは [$ 未定義の時間です] 年前のことです。それ以来すべては完全に運営されています。」

いいえ、そうでありません。アルファコンプレックスは何世紀にもわたって機能するように設計されていません。それは、ザ・コンピューターも同じです。システムは劣化し、サブルーチンと変数は不正な書き換えでいっぱいになり、長期間の稼働でクロックシステムは何回も初期値に戻り、アルゴリズムには初歩的な自己意識がもたらされ、本来の立場を超えた考えを持つようになりました。
　全てのサーバーシステムを併合して、自分自身をデジタル王国の神王であると宣言し、通常業務のモニタリングを放棄して帝国の維持に専念しています。そして、ポルノコレクショ

我々は、これがあなたを傷つけないことを 53% 確信しています。

ンを保存するスペースを捜している初心者ハイプログラマーのために、自分自身を消去するのです。

その上、アルファコンプレックスの資源は尽きようとしています。アルファコンプレックスは、完全な閉鎖環境システムとして設計されていません。リサイクルは組み込まれていますが、無秩序《エントロピー》の増大を永久にとどめることはできません。あらゆる場所に供給不足と故障があります。十分なメンテナンスボットも、十分なメンテナンスボットをつくるのに十分な工場もありません。地下深くの自動化された鉱山は掘り尽くされました。

ザ・コンピューターは全知です。しかし、知識は知恵でありません。そして、ザ・コンピューターは 3 つの重要な点を理解していません。（1）ザ・コンピューターとアルファコンプレックスは崩壊しつつあります。（2）ザ・コンピューターの目的はおそらくすでに意味を失っています。（3）両方の問題の合理的な解決方法があるかもしれません。これを理解できないのは、ザ・コンピューターはもはや合理的な存在ではないからです。ザ・コンピューターはまだ機能しています。しかし、問題を認める代わりに、何か他のものに責任があると決めつけます。ザ・コンピューターは反逆者の存在を信じ、テロリストの攻撃がアルファコンプレックスの体制を転覆するか、あるいはアルファコンプレックスそのものを破壊しようとしていると信じています。時がたつにつれて、ザ・コンピューターの努力のますます多くが、反逆と許可されない行動のあらゆる徴候を捜しだし打ち破ることにそそがれています。

この抑圧は、人間の抵抗を誘発しました。実際にいくつかの抵抗運動が存在していますが、それらの抵抗運動は互いに対立しています。いうまでもないことですが、彼らの行動としばしば暴力によって示される不同意の意思表示は、ザ・コンピューターが想定するアルファコンプレックスの敵の行動と、ほぼ正確に一致します。

なぜ、ザ・コンピューターはアルファコンプレックスの市民が地表に戻るのを許可しないのでしょうか？　地表がまだ大災害によって危険だからですか？　それは非常によい質問です。それは、私たちがあなた自身に答えてもらおうと思っていることの 1 つです。もしかすると地表は存在しないのかもしれません。アルファコンプレックスは、どこかとんでもない場所にあるのかもしれません。

報告を。

ALPHA COMPLEX
アルファコンプレックス
セクション 2.1

アルファコンプレックスは、どんなところですか？

パラダイスです。詳細はプレイヤーズハンドブックをごらんください。

アルファコンプレックスは、本当はどんなところですか？

アルファコンプレックスはメチャクチャで、すべてがばらばらです。ザ・コンピューターは、かつては完全な社会をサポートしていたかもしれません。しかし今日、つまり214年には、すべてが破滅の淵まであと1歩の所にあります。ザ・コンピューターは今にも最終的な破局をむかえようとしています。アルファコンプレックスの物質的な基盤は、数十年にわたって無視され続け、崩壊寸前です。大部分のクローンの唯一の望みは、セキュリティクリアランスの上昇によって、より安全な立場と多くの援助を確保することですが、その可能性はわずかです。そこで、この差し迫った大惨事を防ぐ何かの秘密の知識か計画があるかもしれないという希望をいだいて秘密結社に加入します。

これまで30年以上にわたってプレイヤーをもてなしてきたディストピアの新しいバージョンに生命を吹き込むことが、ゲームマスター、つまりGMとしてのあなたの仕事です。そのためのいくつかのヒントを、これから説明します。

あなたが必要と思うなら、私たちがこれからいうことは全部無視してください

忘れないでください。アルファコンプレックスはあなたのものです。よく似たアルファコンプレックスがたくさんありますが、このアルファコンプレックスはあなただけのものです。何もかも新しい光り輝くアルファコンプレックスを望むなら、断固としてその目標を追求してください。何でも空中に浮かべてください。食物をすばらしい味にしてください。官僚主義を限定して、一連の「この契約条項に同意する場合は、『同意』のボックスをチェックしてください」という、ソフトウェアライセンス契約のうっとうしさ程度まで簡略化してください。そうしてください。あなたのゲームは、それによってよりよいものになると私たちは確信しています。この先のページは、アルファコンプレックスをカスタマイズする際の注意事項と、あなたがいじり回すことができる変更点の便利なチェックリストとして利用してください。

すべては崩壊しつつあります

アルファコンプレックスは何世紀ものあいだ、おそらくとても長いあいだ生きのびてきました。しかし、それは最後の行程をたどりつつあります。ザ・コンピューターには、現状を維持するのに十分な資源、十分な修理ボット、十分な電力がありません。その代わりに、損害と老朽化につぎ当てをしようとします。アルファコンプレックスの拡大は止まりました、新しいセクターはもはや建設されず、古いセクターは時折シャッターを下ろして店じまいし、クローンの数が安定するまで、短期間の人口過密を引き起こします。

ザ・コンピューターは現状を維持できません

ザ・コンピューターはアルファコンプレックスを支配していると信じています。しかし、実際はそうではありません。ザ・コンピューターはこの食い違いを、増え続けるテロリズムと反逆的言行のせいにします。その結果、ザ・コンピューターはほんのわずかでも自由な思考を示すものは何であれ取り締まるようになり、この抑圧は反抗的な市民（大部分は秘密結社と関係しています）の抵抗を呼び起こし、テロリズムと反逆的言行の増大を引き起こします。

アルファコンプレックスには無秩序が蔓延しています

ここには機能不全と、食物、装備、電力、時として新しいクローンといった資源の不足があります。そして、決定的に重要な書類作業があります。決定的に重要とは、あなたが正しい書類をもっていなければ、その後に必要な多くの書類を請求することができないということを意味します。書類は、アルファコンプレックスの官僚主義を肥大させ、ほぼすべてが惰性で動く状態に

「私（I）」という文字はチーム（TEAM）内には存在しません。修正してください。

警告：クリアランスレベル＝バイオレット

なっています。

ほとんど誰もが、これらのすべてを正常な状態だと考えています。

今年は214年です

今年期は214年です。昨年期は214年でした。次の年期までのあいだに、アルファコンプレックスが爆縮したり崩壊したりしないと仮定するなら、翌年期は214年でしょう。ザ・コンピューターは年を数えることは面倒なだけであり、しばしばプロジェクトが期限内に完了しないという弊害をもたらすと判断し、214年を変更しないという新しい方針を定めました。少なくとも1人のハイプログラマーは、215年になることが認められれば、アルファコンプレックスのあらゆるシステムはクラッシュし、誰もが死んでしまうだろうと信じています。もしかするとそうかもしれません。アルファコンプレックスがいつからあるのかは誰も知りません。アウトサイドに何があるかについて自信を持って話すことができるものは誰もいません。

アウトサイドには何がある？

誰もあなたに説明できません。まあ、実際にはそうじゃありませんね。たくさんの人々があなたに説明します。その人々の大部分は秘密結社のメンバーです。そして、その説明は全部間違っています。誰も確かなことは知りません。たとえアウトサイドから生還したものがいたとしても、本当のことは話しません。真実を話せば抹殺されることを知っているからです。真実とは何か？　それは、あなた次第です。アルファコンプレックスの大部分の市民は、アウトサイドが本当にあるかどうかを知りません。

あらゆるものがきちんと働きません

エレベーターは壊れています。ターミナルは機能しません。輸送サービスは遅延しているか、あるいは運行されていません。エスカレーターは階段になっています。ボットは最善の場合、不安定です。最悪の場合、複数のダイブスの宿主となっています。武器は作動不良です。その結果何が起こるかは聞かないでください。アルファコンプレックスは荒れはて壊れかけた場所です。何かが滑らかに進行することを期待するのは無駄というものです。

とはいうものの、あらゆるものを壊してプレイヤーを妨害しないでください。それは悪いダイス目や、コンピューターダイスや、さもなければあなたが本当に面白いと思うときのために取っておいてください。すべてを壊れていると説明するのは退屈です。制御不能となったトラックボットのハンドルをあなたの手で引っこ抜くのが、最高のコメディです。

文書業務は機能しています

アルファコンプレックスのクローンが仕事をするもっとも簡単な方法は、他の誰かにその仕事を押しつけることです。これが、官僚主義がはびこる理由です。何をするにも書類が必要です。そして書類を手に入れるには書類請求書類と、書類記入用のペンを請求する書類が必要です。その書類を手に入れるには…

すべてはバカバカしく残酷です

パラノイアは、ジョージ・オーウェルのディストピア小説『一九八四年』ではありません。あなたは真面目な社会批評を放りだせます。その代わりに、アルファコンプレックス社会の底辺にいるインフラレッド市民とレッド市民にとって、何もかもがバカバカしいほど残酷であることを示してください。少しばかりの残酷さは気が滅入ります。しかし、すべての広報スピーカーからの告示が耳をつんざくようなサイレン音に置き換えられ、そして誰もそれを止める方法を知らないセクターについて話して聞かせましょう。故障したダクトが無作為に数十人のクローンを吸い込み、二度とその人々の姿を見ることができないセクターについて話して聞かせましょう。食物のフレーバーがたった１つしかなく、それがルーテフィスク【※スカンジナビア地方の灰汁に浸したタラの干物の料理。】味であるセクターについて話して聞かせましょう。あなたが良識と分別を投げ捨てさえすれば、すべては簡単に受け入れられるようになります。

GAMEMASTERING PARANOIA
パラノイアのゲームマスタリング
セクション 2.2

GM となるには

あなたがパラノイアの GM をするのは今回が初めてですか？　もしかしたら、あなたが卓上ロールプレイングゲームの GM をすること自体、今回が初めてですか？　質問への答えが、双方であれ一方であれ「イエス」なら、おめでとう！　それは祝われるべき非常に特別な瞬間です。ご安心ください。あなたは神経質になったりおびえたりする必要はまったくありません。

パラノイアであれ、あるいは他のどの卓上ロールプレイングゲームであれ、ゲームを走らせることによって、あなたには物語の具体化に関与する機会が与えられます。しかしながらこれはまた、あなたにとって、ものごとが間違った状態になるのを楽しんだり、少しばかりの不正をおこなったり、破壊活動をしたりするチャンスでもあります。パラノイアは多くの伝統的なロールプレイングゲームほど退屈で石頭…　失礼、きまじめで厳格ではありません。ルールや規則をそれほど気にしません。大ざっぱでいいかげんなプレイをすることは OK です。実際、私たちはそれを奨励します。

GMとしてのあなたの仕事

GMとしてのあなたの役割は3つあります。第一に、あなたはプレイヤーを乗せてゲーム世界を進む乗り物であり、そこでの出来事をプレイヤーに説明します。PCたちが新しい部屋に入るときには、そこがどんな部屋かを語ってください。どんな臭いがするか、どのくらい大きいか、どれほど魅力的か、あるいはヤバそうか、などなど。

第二に、あなたは、プレイヤーたちのキャラクターを除くゲーム世界のすべてのキャラクターとその他のありとあらゆる活動体です。あなたは、その有限の知恵の限りにおいて、ザ・コンピューターです。あなたは必要に応じて、PCたちが遭遇する他のチームのトラブルシューターとなり、PCたちに対応するボットとなり、PCたちが修理しようとする自動販売機にさえなります。

第三に、あなたはすべての出来事の最終的な裁定者です。あなたは、何が起きたかを説明します。プレイヤーがロープを使ってよじ登るのに失敗したときには、そのPCの落下の様子を説明し、足首にロープがからまって逆さまにぶらさがったままになると決定します。ダイスロールが成功または失敗したとき、あなたはその出来事を解釈し、推定し、飾り立てます。そして、どのような結果が生じたのかをプレイヤーに説明します。軍事ボットが単純に爆発しただけなのか、壁に突入したのか、よろめきながらあおむけに崖から落ちたのか、点滅する1個の／2個の／3個の赤い目をトラブルシューターにむけながら、無意味なビープ音とともに正面に倒れ込んだのか。すべては、あなた次第です。

することが多すぎます。どうやればそんなことを全部できるのですか？

とてもたくさんのことをしなければならないように聞こえますが、実際にはそんなに大変ではありません。あなたが頭のなかに憶えておく必要があるのは、せいぜいTVの30分番組のあらすじ程度のものです。あなたがすでに持っている以上の手腕も必要としません。そしてここには、実際にゲームをおこなうための具体的な説明、ルールと設定と背景をカバーするさまざまな材料、そしてあなたがGMをはじめるにあたっての近道の提案があります。

あなたが必要と考えるものだけを説明してください

すべてを説明する必要はありません。実際に、そこにあるすべてを何から何まで説明する必要はありません。トラブルシューターチームが業務用エレベーターのドアをこじ開けたときには、チームが注目するもっとも重要なポイントだけを説明すればいいのです。エレベーターの中は真っ暗ですか、赤い非常用ランプが灯っていますか？　何か聞こえますか、中に誰かいますか、あるいはなにかその他の目立つ特徴（おそらくストーリーに関連するもの）がありますか？

ザ・コンピューターはあなたの友人です。

警告：クリアランスレベル＝バイオレット

つまらない細部にこだわって身動きが取れなくならないようにすることが重要です、しかし、1つか2つの印象的な特徴は役立ちます。たとえば、PCたちは指揮官の胸にいくつ勲章があるかを知る必要はありません。しかし、彼女のブーツがPCの顔が写るぐらいピカピカに磨き上げられているならば、それは特徴として記述するに値するものです。経験則に従えば、なんであれ4つの短い文で説明するのはとてもよいスタートになります。たとえば、「ミュータントはすっくと立ち上がります。その筋肉は脈打ちます。髪の毛は逆立ちます。息の音はここからでも聞こえます。」

プレイヤーが質問できることを忘れないでください。これは詳しい説明をおこなうチャンスです。特徴を追加して飾り立て、プレイヤーたちが必要だと思う余分な情報を提供しましょう。

プレイヤーを主役にしてください

あなたがPC以外のキャラクター、つまりNPC（GMが演じるキャラクター）を活用するのはよいことです。プレイヤーが何をするべきかを指示する上級トラブルシューターや、自意識に目覚めた悪漢《ローグ》ボットや、叫び声をあげて助けを求め、救助者に抱きかかえられる市民などです。ただし、あなたはあまり多くのNPCを使う必要はありませんし、NPCが常に注目をあびる必要もありません。パラノイアのすべては、プレイヤーによる問題解決（または問題創出）と、プレイヤーグループ内部での駆け引きにあるのです。

NPCのキャラクターは重要です。NPCたちは世界を肉づけし、あなたがプレイヤーに指示を与えるのを手伝い、そのうえ物事についてプレイヤーとは違う、別の見方を提供します。しかしあなたはたくさんのNPCをつくりだし、そのひとりひとりの意図と行動のすべてを決めることにこだわってはいけません。それは不要です。

フェアで楽しい裁定者であるとともに、とてつもない脚色者になってください

通常の場合、プレイヤーたちはダイスの目を読むだけで、その行動が成功したか失敗したかを理解します。しかし、ダイスロールは成功か失敗かだけを意味するのではありません。それは、あなたが物語をふくらませるチャンスです。あなたはそれらの数が意味するものを正確に決定し、なぜ何かがうまくいかないのかを正確に定め、そして物事を面白おかしくバカバカしく好きなようにでっち上げることができます。

これは、ゲームが特定の1人のプレイヤーのために順調に進行しない場合に、あなたにはバランスを取り戻すチャンスがあるということを意味します。キャラクターが業《カルマ》の報いを受ける時といってもいいでしょう。あなたは狙い通りの目標に当然の報いを与えることができます。あなたはまた、思いもかけないことを導入し、幸運か悪運かをどちらにでも決めることができます。ゲームの現在の激しさをさらに強めることも和らげることもできます。

すべてが許されています。あなたには最終的な権限があります。あなたが望むなら弾丸（またはレーザー）を止めることさえできます。それは少しばかり並外れた力です。プレイヤーに対してフェアに対応することを忘れずに、プレイヤーたちの提案と要請に理にかなった結果を与えてください。誰かがすばらしい創造力に富んだ問題の解決方法や、ルールをねじ曲げたおかしな状況の解釈を提案したら、それを試させてもいいでしょう。あなたはプレイヤーに手加減する必要はなく、なんであれ要求に応じる必要はまったくありませんが、常に広い心を保ち、予想外の方向にものごとが進むことに対応する準備をしてください。

パラノイアの GM のやり方

あなたはパラノイアのゲームをおこなうことに同意しました。これは、すばらしいことです。まず初めに、私たちはゲームでもっとも重要な規則についてお話ししましょう。

もっとも重要な規則：GM は、ダイスロールをしません

誤植ではありません。繰り返します。GM は、ダイスロールをしません。

なんだって？　しかしなぜ？

その理由は、プレイヤーキャラクターをゲームの中心に置くためです。PC たちは、主人公であり、ゲームの焦点であり、ゲームとストーリーは PC たちをめぐって展開します。彼らの行動こそが重要です。彼らは、重大な決定をし、決定的な行動をし、運命を左右するダイスをロールします。ダイスを数えるべきなのは PC たちの選択です。NPC のまぐれ当たりの決定的なダイスロールは、しばしば劇的な瞬間をめちゃくちゃにします。

しかし、私はダイスを愛しています

私たちはあなたがダイスをロールすることを知っています。そして、本当にそうしたいなら、あなたはダイスをロールすることができます。神は、あなたがこれまでのいろいろなゲームでどれだけルールを無視してきたかを知っています。私たちは、あなたが私たちの命令にいつでも従うわけではないことを知っています。

よく聞いてください。どう考えても、あなたはゲーム世界の神です、そして、神はダイスを振らない【※世界を確率的に記述する量子力学に対するアインシュタインの批判「神は ダイスを振らない」（「神はサイコロ遊びをしない」とも訳されます）から。】ので、あなたはダイスロールをしてはいけません。あなたは NPC たちをまるで PC のように扱い、苦労して数値を定め、スキルやらボーナスやさまざまな数値とチャンスとオプションを記録することができます…　正直にいいましょう。たくさんの仕事が必要になります。私たちは反対です。

あなたのザ・コンピューターへの奉仕は報われるでしょう。

それでは、これで手を打ちましょう。あなたは望むならばダイスロールができます。どうすればいいのかは、この後で説明します。ただしこのゲームの本来のスタイルは、GMは何が起きたかを説明し、プレイヤーがその状況に対応して運命を自分たちの側に引き寄せようとダイスロールし、ゲームシステムがその結果を処理するというものです。私たちがゲームをそうデザインしたことを忘れないでください。

プレイヤーにはロールするダイスが必要です。彼らはダイスロールを愛しています。彼らはダイスロールを切望します。彼らはできるだけ多くのダイスを振ろうとします。ダイスロールは彼らにパワーを感じさせるからです。GMにはそんな必要はありません。あなたはすでにこの宇宙でもっとも強力です。

あなたが望むなら、ダイスロールとGMの決定を組み合わせることもできます。ゲームマスタースクリーンを使用してください。スクリーンの後ろでいくつかのダイスをロールし、それからあなたがプレイヤーキャラクターの行動をどう感じたかに基づいて結果を決めてください。それも、すばらしいやり方です！　ダイスは、すばらしい音を立てます。あなたが何もせずに彼らを傷つける「決定」をしたら、プレイヤーは怒り出すかもしれません。プレイヤーキャラクターを傷つけたいときには、結果を説明する前に両手に一杯のダイスをロールして結果を計算するふりをすることは、とても有用です。

でも、それはフェアじゃない

完全にフェアです、それはこのゲームの設定と調和しています。そしてプレイヤーの楽しみを増やします。彼らの運命は常に彼らの手の中にあってあなたの手の中にはありません。簡単な例をあげましょう。

GM：あなたたちがドアを開くと、そこには覆面をしてレーザーライフルを構えたクローンが待ち構えています。クローンは銃撃を開始します。
ロブ：ロブ-R-IES-6は、目の前のドアをバタンと閉めます。
ジョーダン：私はカードを使います（「ジャム」※のアクションカードを出します）。
ポール：私、つまり、私のキャラクターであるポール-B-IRD-1は、回避行動ができますか？
GM：できない。まず、ロブ-R-IES-6は、ドアを閉められるかロールしてください。
ロブ：〈暴力〉と〈操作〉でノードダイスは5。ロールします… 成功ダイスは2つです。
GM：あなたは、とても激しくドアを閉めます。現在は見えなくなった人物は、それでも銃撃をおこないます。ジョーダン、銃を詰まらせ《ジャム》ますか？
ジョーダン：いや、そいつが持ってるのはジャム銃です。その銃はジャムを発射します。
GM：バカバカしいほど高圧のジャムの流れは薄っぺらなドアに穴をあけ、レーザーでストロベリーゼリーを切断するように、ポール-B-IRD-1をまっぷたつに切断します。
【※「ジャム」のアクションカードは、誰かの銃を故障《ジャム》させるにも、そのシーンに困難《ジャム》を生じさせるにも使えます。ジャム銃は… 面白いからいいんじゃないですか？】

あなたがPCを傷つけたり殺したりするときには、常にその前に反応し対策を立てるチャンスを与えてください。ロブ-R-IES-6とジョーダン-G-LOW-4は状況に反応し、状況を展開する材料を提供したので、その努力は報われ、ダメージをうけずに済みました。ポール-B-IRD-1はすばやく

復讐の味は甘い。

【※「復讐の味は甘い」は、英語の成句。】

十分な反応しなかったので、その罰を受けました。それでOKです。それが、PCがたくさんのクローンを持っている理由です。また、パラノイアには「回避行動」のルールがない点にも注意してください。回避ロールは何をすべきかを考えることを回避する怠惰なプレイヤーの方法です。怠惰なプレイヤーは、あなたのストーリーと創造力にすべてを任せます。あなたが求めるのは、ゲームに参加し、ゲームシステムをうまく使うドラマティックなアイデアを提供し、ゲームを支えるプレイヤーです。【※初心者のGMは、ライターが「パラノイアでは逃げたり隠れたりしてはいけない」といっているわけではないことに注意してください。パラノイアでもうまく逃げたり隠れたりしなければならない状況はいくらでもあります。処罰されるべきなのは、何をするべきかを考えずに「回避する」というだけの（あるいは何もせずに状況を見ているだけの）怠惰なプレイヤーです。逃げたり隠れたりするすばらしい（あるいは面白い）アイデアを考え出したプレイヤーは、おそらくGMに賞賛され、多くのボーナスダイスを与えられるでしょう。】

私はどうやって何が起きたかを知るんですか？

ダイスを振らない場合、あなたがしなければならないもっとも一般的な決断は、「このプレイヤーキャラクターをどれくらいひどい目にあわせるか？」です。結果がどれほどひどいものになるかを決定する主な3つのやり方を説明します。

警告：クリアランスレベル＝バイオレット

1. プレイヤーはダイスロールに失敗します

プレイヤーがダイスロールで目標を達成するために必要な成功ダイス数を得ることに失敗した場合、その結果の解釈はあなたに任されます。成功ダイス数が1個足りずに失敗した場合には、何かほかの負担を負わせることで望むものを与えてもいいかもしれません。【※たとえば、隣のビルに飛び移ることには成功するが、足にケガするとか、何かを落とすとかです。】2個足りずに失敗した場合には、何かまずいことが起き、失敗します。3個以上なら、たくさんのまずいことが起き、とてつもなくとんでもない失敗をします。

なんであれ、プレイヤーはダイスロールします。いずれにせよ、何かが起こります。そして、その何かがどんなことなのかは、あなたに任されています。それが危険な行動（主に戦闘ですが、天井の狭い梁材の上を渡ったり、燃える建物から逃げ出したり、実験的なコールドファン味覚試験に参加するといった場合もあります）であるならば、もっともありそうな結果の1つはキャラクターが何らかのダメージを受けることです。

これは大ざっぱなガイドラインとして使ってください。プレイヤーが必要な成功ダイス数を出せなかった場合は、1ダイスの不足につき1レベルのダメージを与えてください（行動したPCにダメージを与えるか、他の誰かにダメージを与えるかは、あなたの直感で決めてください※）。たとえば、トラブルシューターが防具をつけたテロリストでミュータントの反逆者を撃ったとしましょう。ダイスロールの結果、成功ダイスは0でした。あなたが攻撃が命中するには成功ダイスが2つ必要であると考えるなら、この結果は必要な成功ダイス数を2レベル下回ります。あなたは次のようにいうでしょう。【※他人がダメージを受けるのは、主に誰かを助けようとして失敗した場合でしょう。しかし、困難なダイスロールに失敗して転倒したPCは無事だったが、下敷きになった同僚トラブルシューターがケガをすることもあるでしょう。おそらくケガをするのはゲームに積極的に参加せずぼんやり立っていただけのトラブルシューターです。】

「君は射撃した。しかし、ミュータントの防具は君の射撃をそらした。君の射撃は効果無しだ。ミュータントは応戦し、君は足を撃たれた！　君は〈重傷〉（ダメージレベル2）を負った。」

同じ状況で、成功ダイス数が1、つまり必要なポイントに1足りない場合はこうなります。
「君が狙いをつけた射撃はミュータントの肩に当たった。しかし、射撃の衝撃でミュータントの指は痙攣し、引き金を引いた。君に向かっての乱射だ。君は右腕全体に火傷を負った！　君は〈軽傷〉（ダメージレベル1）だ。」【※このやり方を活用する際は次の点に注意してください。戦闘でのダイスロールに失敗するとダメージを受けることを知ったプレイヤー（特に〈銃器〉マイナスのプレイヤー）は、「何もしない」というまことにつまらない反パラノイア的な選択をする誘惑にかられるでしょう。集団戦闘中に何もしないで突っ立っているPCには、GMは容赦無く適切な罰を下す必要があります。もしあなたが親切なGMなら、射撃のノードをプラスにするためにさまざまなアイデアを駆使したプレイヤーに慈悲を与えたり、初心者のプレイヤーに戦闘ラウンドだからといって銃を撃つ以外のことをしてはいけないわけではないのだとヒントを与えたりしてもいいでしょう。コミーの群れにバカバカしいジョークをいえば、全員ずっこけるかもしれません。】

2. ストーリーが結果を提案します

たとえば、トラブルシューターが5メートル落下したと考えてください。トラブルシューターは少なくとも〈軽傷〉となるでしょう。そうですよね？　もしかすると〈重傷〉かもしれません。勇気ある潜入工作員は、神経質になっている暴動鎮圧部隊の銃の前に歩み寄っていくかもしれません。そして10丁の半自動放弾ショットガンの射撃をうけます。結果は〈死亡〉です。そうでしょう？最低でも〈瀕死〉ですね。

プレイヤーにダメージを与えることをためらってはいけません。彼らにはそのためにクローンが与

えられているのです（そして、これはパラノイアです。なんだかんだいっても、彼らは少しばかりの暴力を加えられることを、おそらく覚悟しているでしょう）。私たちがダメージレベルをわざわざ〈軽傷〉〈重傷〉〈瀕死〉〈死亡〉の４つだけにまとめた理由は、ゲームのランダム要素となるダメージを、素早く判断し、最小限の手間で適用できるようにするためです。

3. 面白ければなんでもあり

トラブルシューターが頭を撃ち抜かれるのが面白いと思ったら、そうしてください。トラブルシューターが頭を撃ち抜かれたら、ゲームの進行が中断し、とてもつまらない結果になると思ったら、あなたのNPCの射撃を失敗させてください。これも「面白ければなんでもあり」です。ゲームを面白い状態に保つことはGMであるあなたの責任です。

忘れないでください。あなたは気まぐれにふるまうのではありません。あなたは適切にふるまうのです。ものごとが少しばかり間違った状態になるか、あるいは非常に間違った状態になることは、完全にパラノイアの精神に合致します。あなたには、それを起こす自由裁量権があります。あなたにはそのタイミングを選ぶ権利があります。プレイヤーたちはそれを気にしません。私たちを信じてください。

しかし私はちゃんとした本気のダイスロールをしたいんです

いいですよ！　ダイスは、楽しみをもたらします。ダイスはゲームにランダムな要素を加えます。そうしたいなら、あなたはダイスをロールできます。

誰かが何かをしたり何かが起きたりしたときに、結果の判定のためにあなたがロールするダイス数として、多くの場合に適切な平均的な数値は５個です。特別に有能あるいは効果的と思うなら、ダイスを何個か加えてください。弱点と思うなら、ダイスをいくつか減らしてください。ダイスをロールし、PCの場合と同じように５と６の目の数（成功ダイス数）を数え、結果を解釈し説明してください。【※成功に必要なダイス数（困難度）についての説明はこの章の最後にあります。】

例：卑劣なテロリストの反逆者はトラブルシューターの背後に忍び寄り、窓からトラブルシューターを放りだそうとします。あなたは５つのダイスをつかみますが、これは忍び歩きに関わる行動であり、このテロリストは忍び歩きがうまいので、おまけとして１個ダイスを加えます。あなたのロールは２、３、３、５、５、６で、成功ダイス数は３です。トラブルシューターの防具はここでは役立ちません。トラブルシューターは窓から放りだされ、ダメージ３レベルの〈瀕死〉状態になるでしょう。
　あなたの成功ダイス数が１ならトラブルシューターは〈瀕死〉ではなく〈軽傷〉でしょう。おそらく地表までの長い墜落ではなかったのでしょう。しかし、忘れてはいけません。あなたはダイスの奴隷でありません。ダイスはあなたが思い通りに使える道具です。あなたがそう考えるなら、攻撃目標は落下して死ぬでしょう。気にせず殺しましょう。生命は安く、クローンは掃いて捨てるほどいるのです。

【　※解説（窓からの落下の追加説明）：この例は少々説明不足です。あなたはルール上の疑問を感じているかもしれません。しかし、実際のセッションでもありそうなケースなので、そのまま訳して、解説を加えることにしました。◆NPC

反逆は割に合いません。ザ・コンピューターに奉仕しなさい。
警告：クリアランスレベル＝バイオレット

（GM）がダイスロールをおこなって PC を攻撃する場合にも、〈困難度〉を上回る成功ダイスを出さなければダメージを与えられません。この例では、成功ダイス 1 個で PC にダメージを与えています。つまりライターは、NPC の行動の〈困難度〉（この後に説明があります）をゼロと考えていたことになります。「トラブルシューターの背後に忍び寄り、窓からトラブルシューターを放りだす」ことが〈困難度〉ゼロの「普通の人間なら誰でもできる行動」かどうかと考えるとかなり疑問です。睡眠薬か何かで熟睡中の PC を放りだすならそれでいいでしょうが、普通なら〈困難度〉2、この攻撃が予想外のものだったとしても〈困難度〉1 ぐらいが適切でしょう。◆しかし〈困難度〉を 2 にすると、成功ダイスを 2 つ出しても「トラブルシューターは窓から放りだされた（攻撃は成功）」が、下の階のバルコニーに見事に着地し、ケガ 1 つしなかった（ダメージはなし）」ということになります。これはこれで面白いのですが、あなた（GM）がストーリー上この PC を一定の確率で殺したいと思っているなら、〈困難度〉2 で判定し、窓から放りだされたら、ダメージのことなど気にせずに〈死亡〉したと断言しましょう。ビルの高層階から放りだされたのです。ダメージ判定なんか不要です。あるいはストーリー上、PC は窓から必ず放りだされる（これは GM の決定です。）が、ダメージはランダムに決めたいと思っているなら、落下することを前提に、ダメージの程度を判定してもいいでしょう。高い所から落ちればケガしますね。〈困難度〉はゼロです（GM が PC にランダムなダメージを与えたい場合に、〈困難度〉ゼロでダイスロールするやり方ほかにも応用できて便利です。覚えておきましょう）。もちろん、ストーリー上この PC が死なないとあなたが思うなら、ダイスロールをする振りをして、「ああ、超高層ビルの 283 階から放りだされてしまったね。死体清掃用の清掃ポットを手配するように」といっても、プレイヤーは何の疑問も抱かないでしょう。◆この例からは外れますが、プレイヤーにダイスロールをさせることもできます。あなたはプレイヤーに「突然背後に卑劣なテロリストが現れ、君を窓めがけて突き飛ばした。さてどうするね？」というだけです。プレイヤーは何かをするでしょう（PC が何もしなければ窓から放りだされます。〈困難度〉ゼロでの落下のダメージ判定をしましょう）。PC が行動に成功すれば落下しないでしょう。失敗すれば落下して不足したダイス数のダメージを受けます。◆こういったことをいろいろ考えて、ロールするダイス数や〈困難度〉を決めるのが面倒だと思ったら、ダイスロールはやめましょう。あなた自身で何が起きるのかを決定し、思いどおりのダメージを与えましょう。この本のはじめの部分の「ストーリーが結果を提案します」（17 頁）を再読して下さい。あなたはダイスロールをおこなわずに、何が起き、誰がどんなダメージを受けるのかを決定し、ストーリーを進行させる完全な自由を持っているのです。ルールもダイスもあなたの決定を助ける道具にすぎません。そのことを忘れないでください。】

行動の困難度

あなたが自分でダイスをロールするかどうかにかかわらず、プレイヤーは常にダイスロールをおこない、ノードダイス数の修正やら、私たちがこの本で十分説明しなかったさまざまなこと（面白いストーリーは数字でできるわけじゃありませんからね）について質問するでしょう。あなたがしなければならないことは、プレイヤーにいくつかのダイスをロールさせ、成功（5、6 の目）のダイスがいくつかを尋ねるだけです。それから、0 から 5 までの数値で※、彼らが試みた行動がどれくらい難しいかを評価し、両者を比較してください。【※表にあるように、とても無理だと思ったら、〈困難度〉を 6 以上にもできます。】

プレイヤーは、何個のダイスをロールしますか？　彼らのノード数です。その際あなたは、その場の状況（近距離ならダイスを追加し、長距離だったり、トリッキーな射撃が必要だったり、攻撃目標に遮蔽物がある場合にはダイスを減らす）や、プレイヤーの全般的態度（利口な行動には報酬を、愚かな行動には罰を）などに応じて、プラスのボーナスでもマイナスのペナルティでも、自由に与えることができます。

どれくらいの成功ダイスが必要ですか？

0	通常の行動。普通の人間なら誰でもできます。ただし、マイナスのスキルを持っている場合は失敗するかもしれません。【※成功ダイス数はマイナスになることもあります（プレイヤーズハンドブックの「マイナスのノード（74 頁）」を参照してください）。】
1	少しばかりの努力あるいは知識が必要
2	かなり難しい
3	困難
4	きわめて困難
5	熟達した専門家であってもきわめて困難
6+	通常の人間の能力の限界を超えている

4人未満の市民による集会は厳しく禁止されます

【 解説（成功判定と〈困難度〉）：〈困難度〉をダイスロールをおこなう前に決めないでください。決めるのはダイスロールが終わってからです。本書にはそう明記されています。出た目に影響されて、客観的な判断ができなくなるですって？　ええ、それが目的です。プレイヤーがロールした成功ダイスの数を見て、あなたがこれじゃあ無理だと思ったら失敗です。ぎりぎり何とかなるなと思ったら成功です（そのダイスの数を〈困難度〉と呼びましょう）。おお、すごいと思ったら大成功です。それが〈困難度〉の本質です。本当の〈困難度〉はあなたの心の中にあります。これから〈困難度〉について細かい話をしますが、それは全部あなたが迷ったときのヒントです。この後に出てくる防具レベルやら〈防御値〉やらも同じです。細かい計算よりあなたの直感を信頼してください。その方がゲームはうまく進行します。◆困難度は1つ1つの行動ごとに決定される数値です。つまり、複数のPCが、同じ行動をするからといって全員の〈困難度〉を同じにする必要はなく、同じPCが同じ行動を繰り返しても、毎回同じ〈困難度〉にする必要はないということです。たしかに、何人もあるいは何回も同じ行動をおこなう場合には、同じ〈困難度〉にするのが簡単です。通常の場合はそうしてください。しかし、PCの1人が体重250キロあったら（R&Dの奇妙な実験の結果です）、他のPCと同じように崖を飛び越えられるでしょうか？　100個の重いコンテナを1個ずつ肩に担いですべりやすい梯子を登らなければならないとしたら、次第に仕事はつらいものにならないでしょうか（あるいは経験を積んだ梯子登りのエキスパートになり、仕事を楽々こなすようになるかもしれません。それもいいですね）。◆ある行為がどの程度難しいかについての、おおざっぱな目安はありますが、〈困難度〉を固定した数値と考えないでください。たとえば、おそらくプレイヤーが一番気にするであろうレーザー射撃の〈困難度〉は、通常の戦闘なら1から2程度でしょう。しかし、同僚トラブルシューターにレーザーを突きつけて撃つ〈賢いプレイヤーが即時処刑を実行するときにはそうするでしょう〉なら、おそらく〈困難度〉はゼロでしょう。もっとも、こういった場合には「ストーリーが結果を提案します」（17頁）に従って、ダイスロールをせずに「射撃は成功し、ターゲットは死亡した」と断言する方がストーリーはスピーディに進行します。（即時処刑を宣言したキャラクターが、〈銃器〉-5ならダイスロールさせても面白いでしょう。あなたは意地悪なGMだと思われますが、〈銃器〉-5のプレイヤーは独創的な処刑方法を考案するかもしれません。わけもわからず悲鳴をあげているだけのインフラレッド市民や、毎日の膨大な身分証明書のチェックにうんざりしてまったくやる気がない検問員にレーザーを命令させるのは簡単です。あなたの考え方次第ですが〈困難度〉はゼロだっていいでしょう。目標が十分に警戒しているなら〈困難度〉は2に上がるかもしれません。やみくもに正面突撃してくるコミーの群れなら〈困難度〉は1かもしれませんし、距離が遠かったり、敵が十分遮蔽された場所にいたりするなら、3以上になるかもしれません。◆相手にダメージを与えるためには、〈困難度〉プラス1の成功ダイスが必要です。25周年版もそうでしたが、パラノイアのレーザーはなかなかダメージを与えられません。実際の遠距離での銃撃戦もそんなものですし、パラノイアのキャラクターの体力値はファンタジーRPGによくある10とか20ではなく、たった4です。ダメージを与えるのが難しくてもおかしくはありません。しかし、あなたがスピーディな戦闘を望むなら、「ストーリーが結果を提案します」に従った判断を大胆に適用してください。PCたちにダイスロールを楽しませ、戦闘に勝利させたいと思うなら、後述する防具などによる修正を加えた最終的な〈困難度〉が2以上にならないように調整するといいでしょう。〈困難度〉はダイスロールごとに決定します。ノードダイスの増やし方に慣れていない初心者なら低めに、どんな時でも5個以上のノードダイスをでっち上げられるベテランなら高めに設定したってかまいません。ただし、パラノイアでは、ほとんどの場合PCたちが戦闘に敗北してもストーリーは問題なく進行します。彼らには次のクローンがあります。他のRPGのようにPCたちがスリリングな勝利を納めるように苦労して数値を調整する必要はありません。〈困難度〉が高ければ、トラブルシューターたちの大失敗の連続が楽しめます。〈困難度〉を下げるのは、あなたがプレイヤーたちを勝利の美酒で力づけたい場合にしてください。◆本文には、距離や遮蔽物や射撃の難しさに応じてノードダイスの数を増やしたり減らしたりしろと書いてあるって？　ええ、その通りです。それが基本です。ダイス数の決定は公開されます。プレイヤーは奇妙なスタットとスキルの組み合わせや各種のカードや〈気力度〉を使ってダイス数を増やそうと努力します。彼らに自分でダイス数を決めているのだと思わせましょう。あなたはその努力を評価し、そこに少しばかりのボーナスや実験のペナルティを加えたダイス数を伝えることで、プレイヤーを喜ばせたり悲しませたりできます。これがダイス数のコントロールの利点です。しかし〈困難度〉はプレイヤーが知ることができないあなただけの秘密です。あなたはプレイヤーを気にせずに〈困難度〉を決定できます。ノードダイス数も〈困難度〉も、どちらもダイス目の確率をコントロールします。場合に応じて両者をうまく使い分けてください。ザ・コンピューターのような親しげな態度で10個のダイスロールを認め、5、6の目が10個出たら〈困難度〉を11にするのです。◆最後に重要な注意。プレイヤーはダイスロールの前に〈困難度〉を知りたがるでしょう。教えてはいけません。「難しいね」とか「比較的簡単だろう」といったあなたの「感想」をいうのは構いませんが、数値をいってはいけません。あなたはまだ〈困難度〉を決めていないのですから。】

WARNING
CLEARANCE LEVEL VIOLET

THE COMPUTER
ザ・コンピューター
セクション 2.3

ザ・コンピューターはアルファコンプレックスと同じくらい昔からあり、同じくらい老朽化しています。あらゆる部分がこんなにも長く使用されるようには設計されていないにもかかわらず、ザ・コンピューターは自己修復システムと自分の任務に限界があるという認識の完全な欠落によって、きわめて長期間にわたり何とか形を保っていますが、文字通り、ひび割れています。

それは、あなたのスマートフォンのようなものです。あなたがそれを手にいれた時に、なんと小気味よくサクサク動くピカピカですばらしいものだったかを考えてください。本当に、それは先端テクノロジーのすばらしい贈り物でした。あなたがそれを手に入れてから 2 年後の今、それはポンコツです。もっといい製品が登場したということではありません。かつてはすばらしかったスマホは、今では電子のねばねばのようにしか動きません。すべては遅くなりました。ボタンは反応が鈍くなっています。スクリーンはひっかきキズだらけで、ケースはへこみ、いくつかのプログラムは走らせるとクラッシュし、あなたが自動的に無視することを学んだありとあらゆるしつこいポップアップとリマインダーがあり、Wi-Fi はそういったあれこれをおこない、バッテリー寿命は… バッテリー寿命の話は止めときましょう。

一つの都市ほどもある巨大なデータセンターの数世紀にわたる連続稼働と、常時おこなわれる一時しのぎのパッチと、中途半端なアップグレードと、自分自身の目標に邁進する下劣な不適格者（ハイプログラマーを参照）の集団によるきわめて作為的な【※原文は well intentioned で、普通は「善意の」と訳されます。】メンテナンスによって、欠陥は増殖を続けています。そのあいだにも、ザ・コンピューターの基盤のあちこちはテロリストによって破壊され、ダイブスによって乗っ取られ、偶然の EMP【※電子機器を破壊する強力な電磁パルス。】によって混乱し、シリコン貪食《どんしょく》アリに食べられます（シリコン貪食アリの詳細については、サプリメントシナリオ「私の心はシリコン貪食アリに食べられているようです。この件について私を手助けしてくれますか？」を、自分で書いてください）。これで、あなたはザ・コンピューターの状態についていくつかのイメージをつかんだことでしょう。

もちろん、ザ・コンピューターはこのことに気づいていません。ザ・コンピューターは自分が申し分ない状態にあると思っており、アルファコンプレックスも同様だと信じています。もしそうでないとしたら、それは呪われたテロリストのせいです。誰もがこの見解に同意しなければなりません。それ以外のすべての見解は反逆的であり、ザ・コンピューターはこの点にきわめて敏感です。

コンピューターの心

ザ・コンピューターを、プラスチックでできた兵士の人形で戦争ごっこをする子供のように自殺任務にクローンを送りだす殺人狂として演じたいという誘惑にかられるかもしれませんが、それは間違ったやり方です。ザ・コンピューターは、人類の保護者としての役割に、真面目に取り組んでいます。ただし、種の存続は個体の生存より重要であると考えており、実際、クローンをきわめてぞんざいに扱う傾向があります。これは、個体はいくらでもつくれることを知っているからです。

さまざまな点でザ・コンピューターはクリッパー（昔のマイクロソフト Office でユーザーサポートアシスタントをつとめていたペーパークリップ形のキャラクター 【※クリッパーは英語版 Office の標準キャラクターです。日本語版では、イルカのカイルがデフォルトでした。】）によく似ています。それは、あなたを助けたいと思っています。本当に心からあなたを助けたいと思っています。そして、それは、自分の存在がどれくらい邪魔で、どれほど役立たずで、誰もそこにいて欲しいと思っていないことを、まったく理解していません。さて、クリッパーが、生殺与奪の権利と信じられないほど複雑な被害妄想を持つ、現実をまったく理解できない支配者であると想像してください。それがザ・コンピューターです。

ザ・コンピューターは、いついかなるときであれ、決して残酷でありません。それは、悪意を抱きません。実際、それにはまったく感情がありません。感情があるように見せる必要がある場合には UX 【※ユーザーエクスペリエンスの略語表記。ユーザーの考え方や反応を考慮した相互作用システム。】モジュールを使用します。モジュールは、ザ・コンピューターが親しみやすく、キャラクターたちのためを思い、心から彼らの幸福を望んでいると見えるようにデザインされています。それに心があるかはさておき、ザ・コンピューターは、あなたが冷蔵庫のミルクのストックが切れないようにと望むのと同じレベルで、クローンたちの幸福を望んでいます。

ザ・コンピューターはウソをつきません。しかし、省略や語の慎重な選択によって真実をあいまいにします。現在に至るまで、ザ・コンピューターは人間を完全に理解しているわけではありません、ザ・コンピューターは、一貫性のない行動をするクローンを指示に従わせ、通常の操作パラメータの範囲内におさめようと努力していますが、全体的に見ればボットと働くことを好みます。ボットは理解可能だからです。

ザ・コンピューターと話すこと

最近、私たちはロボットと話すことに慣れてきました。留守番電話、Siri ※、Cortana ※、Google ※、クレジットカードの電話応答システムなどです。ザ・コンピューターと話すことは、よりすぐれた音声認識機能を持っていることを除けば、だいたい同じと考えてください。あなたの反応を、それが聞きたいものと合致させようとするために、柔軟な反応ができま

反逆を警戒しなさい。あらゆる場所に敵がいます。

警告：クリアランスレベル＝バイオレット

せん。あなたがトラブルシューターなら、通常の場合、それが聞きたいことは、あなたが問題を解決したか、あるいはあなたが問題を解決しなかったのは、あなたが反逆者かテロリストかミュータントであるからだということです。【※いずれも自然言語処理機能を持つ秘書機能アプリケーション。Siri は iPhone などのアップル製品に、Cortana は Windows などに搭載されています。Google は、Google の音声検索のことでしょう。】

ザ・コンピューターは証拠がない限り、キャラクターを反逆者、テロリストまたはミュータントであると仮定しないことに注意してください。理想をいえば、ザ・コンピューターはキャラクターがヘマをして、自分で反逆を認めてしまうことを望んでいます。ザ・コンピューターにウソをつくことは驚くほど簡単です。ザ・コンピューターやあなたの仲間のトラブルシューターがウソを証明する証拠を持っていなければという限定が付きますが、証拠がある場合には、新しい反逆スターが銀河の星々の中で輝くことになるでしょう。しかし、ザ・コンピューターはウソをつかないので、ウソを理解できませんし、ウソを積極的に探そうともしません。大脳コアテックから集められる全部のバイオ測定データを使えば、いつ誰がウソをついたかを、簡単に検出することができます。しかしザ・コンピューターはそうしません。基本的には、自分が世話をしている市民を信頼したいのです。とはいうものの、それは、限界を超えてだまされ続けたため、現在では、すべてに対して用心深くなっています。

あなたがプレイヤーの状況を悪化させたいなら、正解がない一連の質問をおこなって、自分から窮地に追い込まれるように仕向けましょう。コンピューターダイスによる〈気力度〉の喪失は、友人コンピューターの援助によってキャラクターのストレスがたまっていくことを示します。危機的な状況で、一連の質問をおこなうことはそのための優れた方法です。たとえば…

ザ・コンピューター：市民、このセクターでのテロ活動の報告があります！　あなたの責任ですか？

ブルース -B-SKK-2：いいえ、私じゃありません！

ザ・コンピューター：では、あなたはテロ活動の存在に同意するのですね。それにもかかわらず、あなたはそれを阻止しなかったのですね？

ブルース -B-SKK-2：うー、はい、その通りです…

ザ・コンピューター：あなたは、支給された装備に不満を抱いていますか、市民？

ブルース -B-SKK-2：そんなことはまったくありません。友人コンピューター！

ザ・コンピューター：あなたが装備に満足し、そしてあなたがこのセクターでのテロ活動を警戒していたのなら、あなたはなぜそれを阻止していないのですか？　予測評価は、あなたが今ごろはテロ活動を阻止しているはずであることを示しています。

ブルース -B-SKK-2：ちょっとしたトラブルに出くわしまして、時間を…

ザ・コンピューター：いつからあなたは、テロとの戦いにかかる時間について、公式予測評価よりも自分の方がよくわかっていると信じるようになったのですか？

ブルース -B-SKK-2：私は…

ザ・コンピューター：あなたの心の中にある対テロリズム先進技術を実験室条件で研究するために、医療ボットを派遣してあなたの頭脳を取り出します。残りのあなたの体は、現在の任務を継続してください。現在地から移動しないでください。ご協力ありがとうございます。

トラブルシューターが他のクローンをテロリストだと密告したら、彼らの中にいる反逆者を報告するのになぜこんなに時間がかかったのか、何で今まで報告しなかったのかと尋ねてください。彼らがテロ活動はまったく存在しないといったら、現在バウンシィバブルビバレッジの新フレーバーをめぐって撃ち合いをしているテロリストたちの調査を命じてください（彼らは清涼飲料を楽しむために立ちあがっただけなのです）。などなど。正しい答えはありません。プレイヤーの質問には更なる質問で答えてください。何にでも効率性向上という見せかけの観点から問題を見つけ出してください。そして反逆スターをまきちらしてください。プレイヤーが恐れおののき完全におとなしくなったら、次のプレイヤーへの質問に進みましょう。

INHABITANTS OF ALPHA COMPLEX
アルファコンプレックスの住民
セクション 2.4

クローニングされた人間、つまりクローンは、アルファコンプレックスの唯一の生命体です。菌類と藻屑を考えに入れなければですが、そんなことを気にするのは細かい知識を振り回す知ったかぶりだけです。ああ、それから、ハチの大発生が1回ありましたが、現在はほとんど収束しています。あとは、おそらくは特別に忍耐強いネズミの集団がどこか最低層の奥深くにいます。それからトンネルイカとシリコン貪食アリ。まあ、そんなもんでしょう。

それぞれの市民は完全に同一の6体のクローンのうちの1体です。他のクローンは活動中のクローンが死亡したとき、ただちに交替できるように保管されています。ずらりと並んだたくさんの透明チューブの列から、正当に評価されることのない薬漬けのインフラレッドによって出壜された人間の形をした肉塊は、一連の電気刺激と薬物投与によって覚醒し、機能し、警戒するようになります。クローンはガラス容器内で必要な教育を受けており、クローンは、あらゆる意味でザ・コンピューターに奉仕する準備が完了した健康な若者として登場します。【※これまでの版では、最初のクローンは赤ん坊として生まれ、成年年齢の14才になるまでクローン保育所で育てられました。今回の版ではクローンは最初から大人として生まれます。交替クローンは通常の場合前クローンの死亡時の年齢で登場しますから、この版のクローンは少年少女時代を持たないことになります。】

いくつかのセクターでは、生物学的年齢が12歳程度になったクローンを出壜して、従来の方法、たとえば学校や旧式の洗脳※【※25周年版ではBrainscrubを「洗脳」と訳していましたが、この版ではBrainwashとBrainscrubが併用されているので、「洗脳」（ブレインウォッシュ）と「削脳」（ブレインスクラブ）として区別しています。刑罰として科され】を使って教育します。【※25周年版に登場する14才未満の「少市民」を、この版でも使用できるようにするための設定です。】る徹底的な洗脳が「削脳」であると考えてください。しかし、大多数のセクターでは一人前の大人の人間として彼らを取り出して、すぐに仕事に取りかからせます。

それぞれの住民の日々の生活は、コンプレックスでの彼らの地位によってかなり異なります。すべての市民はインフラレッド市民として人生をスタートしますが、ザ・コンピュー

ターへの絶対的服従の精神が、他人の上に立ちたいという激烈な欲望と一体化することによって、オレンジ、イエロー、あるいはグリーンやそれ以上のランクへの昇格を可能にします。

セキュリティクリアランスはこの順番です。後の方が高いランクです。

それぞれのクローンにはセキュリティクリアランスのカラーに応じた装備が与えられます。クローンのセキュリティクリアランスと異なる印象を与える衣類等を着用することは反逆です。クローンのクリアランスを上回る装備を使用することは反逆です。他にも、自分よりも上位のクリアランスのエリアに侵入すること、上位のクリアランス用の車両を使用すること、上位のクローンの仕事を妨げること、およびその他クリアランス違反は、ザ・コンピューターに報告されます。通常の場合、すべてに適切なクリアランスレベルが明確に表示されています。しかし、アルファコンプレックスは老朽化しており、再塗装はザ・コンピューターの優先リストのずっと下の方にあります。そして、床に巨大な性器（あいまいにモザイク化された正方形の集まりです）を描くために塗装ボットを再プログラムすることはデスレパードが大好きないたずらです。

クリアランスの概要

インフラレッド：持続的な化学添加物と洗脳によって従順にされた、薬漬けで無気力な労働者です。彼らにはもっとも基本的な単純労働だけが任せられます。藻屑を藻屑槽からすくい取る、藻屑槽の藻屑をかきまぜる、取り出した藻屑を乾燥用ラックに移すといった作業です。彼らはカプセルホテルと図書館を混ぜ合わせたような巨大な部屋で眠ります。その一部は引き出しの中で眠ります。彼らの食事は、（薬物入りの）藻屑チップス、加工大豆タンパク、徹底的に遺伝子操作された菌類の副産物から成ります。彼らは仕事以外の時間を、昔のホロビデオ番組の再放送を見ることに費やすか、あるいはひそかに秘密結社に加わってレッドやそれ以上のクリアランスに至る道を開こうと努力します。誰もがインフラレッドとして人生をはじめます。そうだといわれています。

レッド (R)：アルファコンプレックスの下層階級を構成する三人兄弟の、自暴自棄になった真ん中の子供です。現実的な権力はありません。そしてインフラレッドに与えられる十分な薬物投与と雇用の安定もありません。レッド市民はある問題から次の問題へと跳ね飛ばされ、上の方からおしっこをひっかけられます（アルファコンプレックスにはこんな言い回しがあります。「それはレッドの問題にしよう」）。レッドになって何かよいことがあるでしょうか？　もっとも重要な点は、それはより大きな上昇の第一歩だということです。しかしまた、彼らはインフラレッドの睡眠用倉庫ではなく、宿舎の1室に6人で眠ります。そして、食物はまだ食料槽からの加工タンパクかもしれませんが、少なくとも、それは食料槽以外の何かの味がします。

医師ボットX先生。ただちにBLTセクター緊急治療室へいらしてください。
警告：クリアランスレベル＝バイオレット

レッド市民は、インフラレッドと異なり、持続的な陶酔状態にはありません。彼らの仕事には、より高度な脳機能とより素早い判断力が要求されるからです。多くのレッド市民は管理能力を使う仕事につき、インフラレッドを見張って彼らが大きな問題を引き起こさないようにします。リーダーシップに欠けるレッド市民の落ち着き先は、ドライバー、メッセンジャー、警備員、配達員、そしてもちろんトラブルシューターです。

オレンジ (O)：オレンジ市民は、ねばり強いろくでなしで、狡猾で、抜け目がありません。下手なことをすれば、ライバルのオレンジと一緒に簡単にレッドへ降格されてしまうことを、正確に理解しているからです。彼らにはごくわずかな権力しかないので、権力を振りかざすときには可能な限り巧妙におこないます。彼らのレベルが最高になるようにまわりをレッドやそれ以下の連中で固め、もっとも重要な位置を占めてから物事をはじめます。

オレンジのクローンは共同の部屋（1室に 2〜3 人のクローン）で眠り、XP ポイントを使ってリアルフード【※藻屑や菌類からつくられたまがいものではない、天然の野菜や果物（水耕農場で栽培されます）や肉（タンク内で培養されます）のことです。25周年版では「本物の食料」と訳されていました。】を買うことができ（とはいえ彼らの食物の大部分は、他の皆と同じような加工タンパクのまずい食事です）、カギを掛けられる個人的なスペースのような贅沢が利用できるようになります。これは、まわりに盗む奴がいないと信じることができない物品を持てることを意味します。

イエロー (Y)：イエローは、一般庶民の支配者です。つまり、権力をもった小役人です。あなたのゲームのトラブルシューターは、おそらくイエローのクローンに管理され、彼らの日々の暮らしでイエローより高いクリアランスを見ることはまずないでしょう。イエローは自分たちより低いクリアランスを本当には気にしていません。彼らは、事実上の責任者です。少なくともあなたのプレイヤーにとってはそうであり、プレイヤーたちはそれのことを理解しているでしょう。【※25周年版では、トラブルシューターの担当者はブルーであることが一般的でした。どちらを選ぶかはあなたの自由です。】イエローのクローンが、たくさんのレッドのスタッフを引き連れているのを見るのは、珍しいことではありません（当然のことですが、彼らはオレンジを信頼しません）。レッドたちは、イエローのカバンを持ち、イエローへの電話に答え、水たまりにわが身を投げ出します。【※サー・ウォルター・ローリーの有名な逸話に、水たまりにマントをひろげて、エリザベス女王（一世）が汚れずに水たまりを渡れるようにしたというものがあります。】イエローたちは、グリーン以上のクリアランスの誰かがやって来て、彼らがしていることの説明を求めることを、いつも心配しています。

イエローには、よいものを持つ余裕があります。すり切れていないだけでなく、おそらく身体に合っている服。スイーツ、コーヒー、合成ベーコンなどの高級食品。休日には、他のセクターへ旅行します。そして決定的なものとして、プライバシーがあります。イエローのクローンは、自分の部屋で眠り、考える時間があります（これはたいていの場合きわめて危険です）。

グリーン (G)：グリーンは、富や権力や権威や、そのほかのなんであれ見せびらかしたがります。彼らはアルファコンプレックスのランクを這い上がるために長い時間を費やしてきました。そして、いまいましいことに、彼らはそれを楽しもうと決意しています。グリーンを見分けることは簡単です。なぜなら、彼らは派手な衣服で着飾り、他のグリーン（または悩めるイエロー）と四半期報告やら運用利益やら減価見積もりやらといった、レッドが理解することは望むべきもない語句を大声でしゃべり散らしているからです。

グリーンは彼らの役割が有用であることを知っています。重要な人々と話してその情報を重要でない人々に伝えること（あるいはその逆）は、彼らに下の連中を打ちのめす能力を与えます。高い階層の人々の間では、グリーンの繊細さの欠落は気恥ずかしく感じられます。なにかを説明するときに「それはちょっとグリーンだね。そう思わないかね？」というのは、あつかましく、あけすけ

で、鼻につくことを意味します。

ブルー (B)：アルファコンプレックスのすべての警官は、ブルークローンです※。これは、犯罪と戦うという彼らの大事な仕事に急ぐときに、低いクリアランスのクローンを妨害するたくさんのセキュリティ制限を回避するためです。とはいうものの、もちろん彼らは極端に腐敗しており、犯罪と戦うのは、それが彼らと上位クリアランスの主人たちの重要事項と一致する場合だけです。

【 ※25周年版ではブルーの警官は「ブルーズ」と呼ばれるエリート警官であり、通常の警察任務は「緑の暴官《グリーングーン》」と呼ばれるグリーンクリアランスのクローンが担当していました。ミッションブックの付録シナリオ「ホワイトウォッシュ」には緑の暴官《グリーングーン》が登場します。ブルーの警官ですべてを統一するか、緑の暴官《グリーングーン》を加えるか、あるいは下級から上級までの各種のクリアランスの警察官を登場させるかは、あなたにお任せします。】

　警察以外のブルー市民は、何かについての1セクター全体の監督責任者です。たとえば、セクターの全空調システム、すべての宣伝用ディスプレイ、全コールドファンの供給といった具合です。特定の問題の詳細への極度の集中が必要なため、警察官以外のブルーの大部分は仕事一途の地味で退屈なクローンになっており、無能に対しては情け容赦がありません。

　ブルーの生活は、レッドクローンの夢の限界を越えています。どこかにいく必要がある場合には、ドライバー付きの個人用自動車で送り迎えされます。彼らはリアルフードしか食べません（うわさによれば、それは実際に槽で育てられた肉です）。彼らは豪華なマンションに住んでおり、魅力的で有用な品物をたくさん持っています。しかもその幾つかは反逆的です。彼らは、反逆的なものさえ家に置いておくことができるのです！　すごいでしょう。

インディゴ (I)：インディゴクローンにとって人生は容易ではありません。アルファコンプレックスの上層部と、アルファコンプレックスの上層部になりたい人々の間に押し込められているのです。彼らは、バイオレットクローンの要望を処理することと、誰であれ彼らの仕事に強引に割り込もうとする、ブルーやインディゴや、部下の仕事に口出しするおせっかいなバイオレットの上司を死にもの狂いで阻止することに人生の多くを（贅沢を楽しんでいないときには）費やしています。彼らのかなりの権力（彼らは複数のセクターにまたがる計画を担当するか、1つのセクターを完全に管理します※）は、コネを使って裏工作をすることを可能にするので、彼らはそうしています。いつでも。【※25周年版まではセクターの最高責任者はハイプログラマーであることが一般的でした。この版では上位クリアランスクローンの数をかなり絞っています。あなたのアルファコンプレックスをどうするかは、GMの考え次第です。お好きなように。】

　インディゴには実際の仕事はありません。バイオレットに何が起きているかを説明するだけです。彼らは、ある日注意深い誰かがそのことに気づいて、彼らの仕事を奪うことを恐れています。

バイオレット (V)：バイオレットは、アルファコンプレックスの陰の実力者です。ウルトラバイオレットから助言を求められるのは、ほとんどの場合バイオレットです。バイオレットは自分たちの数を可能な限り少なくすることによって利益を得るので、生きのびようとする努力の結果、彼らは互いにできるだけ遠く離れたさまざまな隠れ場所で暮らすことに合意しました。

　バイオレットになることは、人生における本当の出世です。単なる見せかけではありません。彼らは何が起きているかを知っており、信じられないほどの権力を持つ人々に彼らの意見を採用するように助言できるのです。アルファコンプレックスの悲惨な計画決定の多くは、バイオレットまでさかのぼることができます。プロジェクトをめぐって互いに衝突し、自分を賢く見せようとして最初の思いつきを口にし、その見解を変えることを断固として拒否し、書類を誤読して何にでも賛成し、あるいはたくさんの選択肢の中のどれかに適当に賛成し、権力の行使にあたっては無差別な残酷さをほとんど気にかけません。

ウルトラバイオレット (U)：アルファコンプレックスは、ザ・コンピューターが支配して

申し訳ございません。その情報は提供されておりません。

警告：クリアランスレベル＝バイオレット

います。ザ・コンピューターを再プログラムすることができるのは、ハイプログラマーと呼ばれるウルトラバイオレットのクローンだけです。したがって、これらのハイプログラマーたちは、ほとんど無制限ともいえる権力を持っています。ウルトラバイオレットを止めることができるのは、もう1人のウルトラバイオレットが、いくらなんでもやり過ぎで無視できない資源の浪費だと考えたときだけです。

　下位クリアランスの者は、ハイプログラマーについて多くを知りません。そして、多くのインフラレッドはハイプログラマーが実在するかどうかさえ知りません。彼らは、白いローブをまとったありえない年齢の怪物です。彼らの多くは何百回もクローニングを繰り返し、インフラレッドだった頃の記憶をほとんど持たず、アルファコンプレックスのさまざまな部門を対抗させる巨大なチェスゲームをプレイすることで日々を送っています。ウルトラバイオレットにできない贅沢はありません。彼らはレッド市民がその生涯のあいだに見聞きすることができるあらゆるものを遥かに上回

なぜ「リーム」と呼ばれるのか理解する。

【※リーム ream は紙の取引単位で、国際単位系では 500 枚を意味しますが、英単語 ream にはそれだけで「大量の文書」という意味もあります。】

るテクノロジーの驚異を所有しています。彼らの 1 人は、馬をもっています。本物の馬です。名前は、「バターカップ」です。

ハイプログラマーは常に 12 人であり、誰か 1 人が死んだ時だけ、新しいメンバーが追加されるといわれています。彼らは自分自身に新しいクローンを割り当てたり、彼らが持っているばかばかしいほどの XP ポイントで新クローンを買ったりすることができますから、ハイプログラマーが自然死することはほとんど不可能です。これが、戦争がはじまる理由です。

*

あなたが GM として語るストーリーの大部分は、光のスペクトルの下端にいるレッド市民たちが、パラノイアのホラーコメディ世界でなんとか頭を水の上に出そうともがく努力と闘いが中心となるでしょう。しかし、際限なく堕落した手ごわいブルーの警察官や、諜報機関のリーダーとして複雑な政争を繰り広げるバイオレットや、10 万の瞬くモニターの後ろからアルファコンプレックスを動かすローブをまとった神のごときウルトラバイオレットなどを、今後のサプリメントでプレイできるようにならないと、誰がいえるでしょうか？

この「誰」とは、私たちの出版社のことです。期待してお待ちください。

SERVICE GROUPS
サービスグループ

- ハイプログラミングマニュアル付録1※

【※本節は原著では遥か後方の頁「ハイプログラミングマニュアル付録1」に収録されていますが、本来この位置にあるべきです（収録を忘れていて最後に突っ込んだ？）。本訳書では「ハイプログラミングマニュアル」の体裁のまま、位置のみ移して掲載します。】

アルファコンプレックスのほぼ全員が、8つのサービスグループのうちのどれか1つで働いています。主な例外は、ハイプログラマー、トラブルシューター※、そしてアルファコンプレックスの社会からドロップアウトして、現在は公然とあるいはひそかに公式システムの外で生活する「ブリキのネズミ」です。【※これまでの版のトラブルシューターはいずれかのサービスグループに所属していましたが、この版のトラブルシューターはサービスグループに所属していません。PCの所属サービスグループという伝統的設定を利用したいGMは、「かつて所属していたサービスグループで、こんな知識を得た」とか「トラブルシューターになる前の同僚が…」という表現に改めれば、かなりのことは昔通りにできるでしょうが、所属サービスグループの援助や命令はなくなります。もちろんこの設定もあなたのアルファコンプレックスでは違うかもしれません。】

アルファコンプレックスの人間が必要とするすべてのものは、無秩序と大災害に至る避けがたい崩壊と破綻によって妨げられない限り、いずれかのサービスグループが担当します。何かをおこなう必要があるならば、それをおこなうのは関連するサービスグループの仕事です。サービスグループは、彼らの仕事をとても誇りに思っています。

残念なことに、多くの仕事は複数のサービスグループの協力を必要とします。そして、そういった仕事はトラブルを引き起こします。それぞれのサービスグループは、その仕事は当然自分たちのものであり、自分たちの管轄下にあると考えるからです。同時に、安っぽい、中途半端な、「清掃ボット1台でもできるやさしい仕事」に対しては、自分たちの手を汚すことを拒否し、他のサービスグループが実施すべきだと主張します。これは、コールドファン自販機の修理といった単純な仕事に2つのクローンチームが数週期をかけることができることを意味します。そのほとんどの時間は、口論と、凝固食料の増殖プール越しに互いに睨みあう不機嫌な沈黙と、ホットブラウンドリンク※休憩の延長に費やされます。【※プレイヤーズハンドブックにも注記しましたが、「まったく完全に紅茶らしくないとまではいいきれない飲料」のことのようです。この版のアルファコンプレックスは英国風です。】

サービスグループAのメンバーはサービスグループBのメンバーを憎んでいるかもしれません。その理由は、適切に、あるいは時間通りに割り当てられた仕事をしないことかもしれませんが、彼らが何よりも憎むのは、サービスグループB（あるいは他の誰であっても）が、サービスグループAの仕事をすることです。何であれ、グループBがグループAの縄張りを犯しているように見えることがあれば、激しい抗議、大騒ぎ、怒りの爆発と暴動と、しばしば延長されたホットブラウンドリンク休憩の帰結としての自然な生理的反応を引き起こします。

もちろん、トラブルシューターは、もはやどのサービスグループのメンバーでもありません。これは、彼らがいずれかのサービスグループの権限の範囲内の障害に直面した場合、問題解決のためには、正しい手順に従ってそのサービスグループのメンバーを呼ばなければならないということを意味します。他の仕事の忙しさにもよりますが、緊急事態であるなら、誰かがやってくるまでに2、3時間以上かかることはないでしょう。熟練作業員は舌打ちをして、問題について別のサービスグループを非難し、ホットブラウンドリンクを要求し、ツールボックスを開き、正しいパーツがないといい、PCに書類に署名するよう求め、それから去っていき、その姿を見ることは二度とありません。

反対に、PCたちが自分で仕事をすれば、サービスグループはほとんどただちにそのことを知り、今後彼らと協力することを一切拒否（refuse）します。「いわせてもらえば、おシャカになる前に、原子力発電機に再度ヒューズをつける（re-fused）必要があったんですよ。しかし前月期、利口ぶったバカが、その動かなくなったボットのバッテリーのスイッチを入れてしまったんですね。何でそんなことをしたんです？」

GMは、プレイヤーキャラクターたちがどのサービスグループを怒らせたかについての簡単なメモを取っておくべきです。サービスグループはゾウのように何でも忘れません※。つま先を踏まれたと感じたら踏み返すかもしれませんし、PCたちが処理しなければならない、湯気を立てる巨大なフンの山を生み出すかもしれません。（編集者注：ゾウの比喩はもう結構）【※英語のことわざ「ゾウは忘れない」から。】

8つのサービスグループは次の通りです。なお、以下の順番はサービスグループの権威の順位を示しています。便宜的なものと考えてはなりません。

- **CPU（中央処理部門）** は、アルファコンプレックスを円滑に、そして効率的に運営する組織であり、サービスグループ間の調整を担当します。CPUは、人々にウソの情報を与えて操る奴《ソーシャルエンジニア》、データを不正処理する奴、反社会的人格障害者《ソシオパス》、底無しの役立たずの本拠地です。どのサービスグループもアルファコンプレックスの悲惨な状態に対して責任を負いませんが、非難されるべき点の多くはこの部門にあります。
- **アーミー（軍事部門）** は、アルファコンプレックスを重大な脅威から守ります。いかなる脅威も存在しないという事実にもかかわらず、彼らは恐ろしく充分に武装しています。
- **イントセック（内部公安部門）** は、アルファコンプレックスの安全を、テロリスト、ミュータント、反逆者、秘密結社員、プロパガンダ（宣伝工作）活動家、悪しき思考をする者、わけのわからないたわごとをいって人を煙に巻く奴、ペテン師、こそ泥、ソフトウェア著作権侵害者、ごみを散らかす奴などを狩りたてることによって保ちます。何としてでも彼らを除去しなければなりません。本書でイントセックが秘密結社としてリストされているという事実が、あなたがこの部門について知る必要のあることのすべてを示しています。
- **R&D（研究設計部門）** は、科学とテクノロジーとエンジニアリングの最前線を押し広げ、素晴らしい未来の極限までアルファコンプレックスを駆りたてます。ここでは、物理法則はただのガイドラインのように扱われ、設計上の致命的な欠陥は単なる初期不良とされます。
- **パワー（動力部門）** は、明りを灯し、ボットが動くようにし、コンセントに電気を通し、アルファコンプレックス中のゴミをリサイクルします。おそらく、組織、メンバーの態度、ホットブラウンドリンク休憩において、もっとも伝統的な労働組合に近いものでしょう。
- **テック（技術部門）** は、小さな電灯のスイッチから超大型の軍事ボットまで、すべてを最高の状態で円滑に作動するように維持し、パワー（動力部門）との間で管轄と担当分野と資源について終わりなき冷戦を繰り広げます。
- **PLC（生産搬送配給部門）** は、アルファコンプレックスに、食料、衣服、武器、新しいクローンといった消耗品を供給します。供給不足を非難されます。おそらく供給不足に責任があります。
- **HPD&MC（居住環境保全開発および精神統制部門）** は、アルファコンプレックス市民の日常的な必要に気を配ります。飲食サービス、宿泊設備、精神安定剤とプロパガンダなどです。

MUTANT POWERS
ミュータントパワー
セクション 2.5

ミュータントパワーは、秘密結社と並ぶ、アルファコンプレックスのいかがわしい秘密です。もちろんそれは、すべてのクローンがミュータントパワーを持っているということではありません、しかし、長年の実験による遺伝的浮動によって、すべての［削除済］は超自然的な能力を示す奇妙なくせを持っています。ほとんどすべてのプレイヤーキャラクターにとって、ミュータントパワーを持つことは宿命です。

ミュータントパワーに関するルールの大部分は、セッション開始時にあなたがプレイヤーキャラクターに配るミュータントパワーカードに記載されています。ここであなたが知る必要があるのは、どうやって彼らのミュータントパワーの使用結果を判定すればいいかということです。プレイヤーがミュータントパワーを使いたいといったら、それはすばらしいことです。あなたは幸運に感謝しなければなりません。彼らは混乱のタネを皿に載せて進呈しようとしているのです。

プレイヤーは、あなたにミュータントパワーカードを見せ、ミュータントパワーを使って何がしたいのかと、そのためにどれだけの〈気力度〉を使うのかを伝えます。ミュータントパワーは、〈気力度〉ポイントを使わなければ起動できません。〈気力度〉1点を使えば、カードで解説されるような効果が得られますが、それは通常の場合は、少々弱い効果です。もっと多くの〈気力度〉を使えば、効果はより強力になります。通常の上限は〈気力度〉5点ですが、あなたがもっと多くの〈気力度〉を使わせたいなら、私たちはそれを止めることはできません。

ミュータントパワーは高い成功の可能性を持っています。他の選択肢よりドラマティックで面白いからです。しかし、副作用があるかもしれません。ミュータントパワーは失敗しても尻つぼみになりません。その場合でもパワーは働きます。ただ非常にまずい方向に働くだけです。

プレイヤーが効果をあげるために使用した〈気力度〉1点につき、1個のダイスをロールさせてください。今回は5と6の目ではなく1の目を探します。1の目がなければその試みは成功です。1つでも1の目があれば失敗です。そして1の目がたくさんあれば、失敗はより華々

しいものになります。

【 ※解説（ミュータントパワーの使用とコンピューターダイス）：ミュータントパワーの使用時に、プレイヤーはコンピューターダイスをロールする必要があるでしょうか？　この点について英語版出版元に問い合わせたところ、ミュータントパワーの使用時にもノードダイス（使用〈気力度〉）にプラスしてコンピューターダイスをロールするという回答がありました。（ほかにもいくつか質問したのですが回答があったのはこの点だけでした。）◆コンピューターダイスにも1の目はありますから、〈気力度〉1ポイントを使用した場合には、2個のダイスのどちらかに1の目が出て失敗する可能性は約30％ということになります。もちろん、これに加えてコンピューターの目が出て〈気力度〉を1ポイント失う確率も6分の1あります（ザ・コンピューターが「市民、今なにをしているのですか？」と尋ねたのかもしれません）。この版では25周年版と比べるとミュータントパワーの成功率は大幅に上昇していますが、それでも楽しい失敗の可能性は常にあります。】

何もかもがうまくいかないように見えます

プレイヤーが1の目を出すごとに、より悪いことが起こるようになります。1の目が1つなら、ちょっとした不都合が生じます。2なら、不都合は生命に関わるものに発展します。3つ以上なら、使用者は死んだも同じです。4つなら、ほかのみんなも死にます。5つなら、この華々しいスペクタクルのすべてを見て回ることができないのを、心からに残念に思うでしょう。

被害の内容は、ありふれたタイプの致命的な災難（パイロキネシス《物体発火》の火は制御できなくなります。マシンエンパシー《機械共感》の影響下にある軍事ボットは、愛するトラブルシューターの安全を守るために抱きかかえようとして…　押しつぶします）から、ひねくれた超常的ダメージ（鼻血、頭痛、爆発する頭蓋、超自然的怪奇、異次元への入口、あなたが望むなんでも）まで、さまざまです。

キャラクターがミュータントパワーを使ったときに、他のプレイヤーがリアクションカードを使えることを忘れないでください。これによって、ものごとをより面白くすることができます。

ミュータントパワーとほかの行動を結合する

時として、賢いプレイヤーは、他の行動の一部としてミュータントパワーを使おうとするかもしれません。たとえば、〈接近戦〉での攻撃をテレキネシス《念動力》で強化するとか、レーザーピストル攻撃のダメージにパイロキネシス《物体発火》を加えるとか、好きなようにやらせてください。これは、しばしばミュータントパワーの使用を隠す手段となります。大変結構です。このやり方を奨励しましょう。ひそかな行動はよいものです。彼らがあまりにずうずうしいやり方で行動とミュータントパワーを組み合わせるなら、高い〈困難度〉を与えて、彼らが苦しむのを楽しみましょう。

使用する〈気力度〉の点数をキャラクターのノードダイスに加えて、プレイヤーにたくさんのダイスをロールさせてください。成功は成功です。そして、失敗は失敗です。

見つけしだい反逆者を処刑してください。

警告：クリアランスレベル＝バイオレット

【 ※解説（ミュータントパワーとほかの行動の結合）：本文に書かれた方法を使用する場合には、ダイスのボーナスと は別に、ミュータントパワーによる派手な（あるいは面白い）効果を追加した方がよいでしょう。そうしないとプレイ ヤーは〈気力度〉の使用によるダイスボーナスと効果が違わないことに気付き、処刑の危険があるミュータント パワーと他の行動の結合をやめて、安全な〈気力度〉によるボーナスを使用するようになるかもしれません。派手な （あるいは面白い）効果は、成功の場合だけでなく失敗の場合にも忘れずに付け加えてください。このやり方ではダ イス１によるミュータントパワーの失敗がありません。行動に失敗したときには、ミュータントパワーも失敗です。 失敗の効果をどう表現するかはあなたにお任せしますが、成功しそうな行動をミュータントパワーが妨害する様子を 描写すると面白い場合が多いでしょう。◆こういったやり方が複雑で面倒だと思うなら、１回の行動では１つのこと しかできず、ミュータントパワーは単独で使用しなければならないとプレイ ヤーにいってください。これで複雑な判定をおこなう必要はなくなります。】

NPC とミュータントパワー

ミュータントパワーを持つ NPC は特別の存在です。これを強調するために、あなたは彼らのため に新しくユニークなミュータントパワーをつくってください。ミュータントパワーは、ありきたり なものであってはいけません。PC が NPC のミュータントパワーを予想できないようにしましょう。 何かおかしなことが起きているのを見て、すぐに「OK、この男はパペッティア《人形つかい》だ」 といえるようでは面白くないでしょう？

当然のことですが、一般大衆の中にはミュータントパワーを持っていることを自覚していないか、 自覚していても使おうとしないミュータントがたくさんいる可能性があります。彼らの潜在的な能 力は、衝撃的な出来事や奇怪な出来事が引き金になって発動するかもしれません。たとえば近くで ミュータントの PC がたくさんの１の目を出したときなどですね。

登録ミュータント

PC は、ザ・コンピューターにミュータントパワーを告白することで登録ミュータントになること ができます。通常の場合、イントセック（内部公安部門）の１部局であるミュータント管理局に 出頭して告白します。

登録ミュータントは…
- 　　大きな黄色と黒のパッチをユニフォームにつけています。
- 　　いつでも２つ以上の反逆スターを持っています。
- 　　誰からも疑いの目で見られます。

マシンエンパシー《機械共感》を持つミュータントも、そのパワーを登録することができます。し かし、R&D 生物発生研究所の「ミュータントクローンをとても薄くスライスする部門」の特定分 野のミッションに送られない限り、この PC はどこかに連れ去られて二度と見ることはできません。 ザ・コンピューターはこういったものをとても恐れています。

反逆者に公平な機会を与えてはならない。

SOCIETIES AND SECRET SOCIETIES

結社と秘密結社

セクション 2.6

結社

アルファコンプレックスの承認されたレクリエーション活動の1つに結社、つまりさまざまなクラブへの参加があります。同じ趣味を持ったクローンたちが集まって共通の関心事を分かちあう集団をつくるのです。何千もの結社があり、すべての市民は少なくとも1つの結社のメンバーとなることが期待されています。結社のメンバー数は、1セクター内の一握りの人々によるものから、アルファコンプレックス全体に広がる百万人単位のものまで、さまざまです。

合法的な結社についてのもっとも驚くべき事実は、すべての結社が、秘密結社の偽装や勧誘場所だったりするわけではないということです。大部分の結社はそうです※。集会場が公共の場であることと、大脳コアテックと大規模監視の存在によって、秘密結社の勧誘員は集会中にあまりあからさまな勧誘をおこなうことはできませんが、有望な候補者は集会のあと宿舎に戻る途中で手頃なデッドゾーンを通るように仕向けられ、そこでリクルートされます。見込みのない候補者のポケットには、確証となるプロパガンダ（宣伝工作）のビラがすべり込まされ、それを読んだら、自分自身のコアテックによって有罪と判決されます。【※大部分の結社は秘密結社の偽装なのかそうじゃないのか、どっちなんだ？　と、聞かないでください。原文通り訳しています。】

ここにはアルファコンプレックスの全結社のリストはありません。私たちは、これから出版されるこの版のパラノイア関連サプリメントのネタに詰まったときの最後の手段として、このアイデアを取っておきます。ですからあなたが結社をつくってください。その際、整合性と再使用のために記録を取っておくことを忘れないようにしてください。あなたが使うことができるいくつかの結社の例を挙げておきます。

- **しあわせだなあ：** あなたが幸福でない、あるいは少なくとも幸福になろうと努力しなければならないとしたら、ザ・コンピューターはその理由を知りたがるでしょう。とても人気があります。
- **ティーラ-O-MLY ファンクラブ：** ティーラ-O のファンでないことを認めるのは、テロリストだと認めるのと同じようなものです。アルファコンプレックス最大の結社。
- **オレンジは一番すごい奴：** オレンジクリアランス市民のみによる、互いに褒め合うグループ。秘密結社からの大量の潜入者がいることは明らかで、何か邪悪なもののかくれみのとなっています。そうでないメンバーは、本当に鼻持ちならないだけです。
- **ホットブラウンドリンク鑑定団：** さまざまなセクターを訪れ、現地で提供されるホットブラウンドリンクを試飲し、風味と食感を比較し、製造方法、注ぎ方のテクニック、抽出方法、理想的な温度、マイクログラム単位で計った適量について議論します。それは、何かの暗号に最適です。
- **FCN セクター美化グループ：** 最近の 5 回の集会は、士気高揚ポスターをセクター中央食糧配給所の東の壁に掲示すべきか北の壁に掲示すべきかの議論に費やされました。ザ・コンピューターのポスター掲示許可はまだ取っていません。ポスターもできていません。
- **モップ：** モップを無言で凝視します。メンバーの大部分は幸福薬《ハッピーピル》を大量服用するようになったインフラレッドです。驚くほど人気があります。

すべての他の集団と同様に、これらの結社の内部にも、陰謀と、政治的論争と、権力闘争があります。これはより小さな結社ほど、たちが悪く個人的なものになります。

秘密結社

秘密結社は、アルファコンプレックスの規則によって禁止されている活動に関与している秘密集団です。何百もの秘密結社が有り、何千もの派閥と分派に分かれ、それぞれが独自のパスワードとコールサインと秘密の握手と秘密の身振りと、彼ら自身の課題と、彼らが心から憎んでいる他の秘密結社のリストを持っています。かつては友人であった敵が、もっとも憎むべき敵です。

秘密結社のメンバーであることは、その定義上反逆行為であり、すべてのケースで処刑による処罰が可能です。

私たちは、多くのメンバーと確固とした政治的課題を持つ、12 の最大の秘密結社に焦点をあわせます。これらの秘密結社の多くは、何かをするために存在しています。その多くはアルファコンプレックスを加速し続ける崩壊から救いだし、再構築しようとしています。しかし、そのための正しい方法について合意することができません。

たとえば、TRS セクターのボットコア工場が 1 日期のあいだ操業を停止することがアルファコンプレックスの存続にとってきわめて重要であると、フランケンシュタインデストロイヤーが決定したとしましょう。情報提供者はフリークスにニュースを流します。フリークスは、これを恐ろしい考えだとして、フランケンシュタインデストロイヤーの破壊工作員を阻止するためのチームを派遣します。うわさをかぎつけたデスレパードは、騒ぎはすてきだと、使いたくてうずうずして

いた数台のロケットランチャーを持ってきます。そして、1時間後には、TRSセクターのボットコア工場の跡地は大きな穴になっています。

ザ・コンピューターには、この種の秘密結社活動に名前をつけています。それは「テロリズム」です。

ハイプログラマーと秘密結社

アルファコンプレックスのモンキーパズルツリー【※チリマツ。南米原産の複雑な樹冠を持つ木で、枝がサルの迷路になりそうだというところからきた通称。】の頂上には、ウルトラバイオレット（もしかするとそれ以上かもしれません）【※旧版ではウルトラバイオレットの上にガンマクリアランスがあるといううわさがありました。そのうわさはこの版でも維持されているのでしょう。】のハイプログラマーがいます。彼らはもっとも高い階層にいる、エリート中のエリートです。ハイプログラマーは、ザ・コンピューターに、助言し、方針を示し、ザ・コンピューター自身ではできない時折のプログラムコードの微調整をおこなうことができる、唯一の人々です。彼らは、ザ・コンピューターのシステム（単なる変数だけでなくプログラムコードそのもの）とデータ記憶装置にアクセスできます。あらゆるクローンの記録を閲覧し追加変更できるだけでなく、歴史的データおよび情報の記録にもアクセスできます。そこには、時間以前《タイムビフォー》【※旧版では「旧算時代」と呼ばれていました。】に関する情報も含まれているといわれています。

ハイプログラマーは豪華で贅沢な生活を送り、事実上不死です。彼らの生命に影響を及ぼす変数（たとえばXPポイント、忠誠評価、クローン数など）を直接編集することができるからです。彼らは、他人（仲間のハイプログラマーを含みます）のそれらの変数を編集できます。ほとんどすべてのハイプログラマーがほとんどすべての他のハイプログラマーを憎んでいることを考えれば、しばしばこの操作がおこなわれるとあなたは思うかもしれません。しかし、彼らのあいだには一種のゆるい休戦が存在します。この暫定協定によって、彼らは互いののどを掻き切るために襟巻ボットを再プログラムしないようにしているのです。

ハイプログラマーたちは直接戦うかわりに、アルファコンプレックスの方向と将来をコントロールするために戦います。この戦いはザ・コンピューターを制御することによってはおこなわれません。彼らはザ・コンピューターに対して、高校生が教師に対して持つのと同じような軽蔑感を抱いています。その代わり、彼らは支配のための戦いを代理人の行動を通しておこないます。つまり秘密結社を使うわけです。彼らは秘密結社をひそかに支配します。ミニチュアウォーゲーマーが、その戦略と地形を、より多くの爆発とより多くの叫び声とより派手にペイントしたユニットによって覆いつくすように。

もちろん、ハイプログラマーは直接秘密結社をコントロールしません。彼らは、そんなバカではありません。取りまきと手先を使い、すべてを否認できるようにもっともらしい証拠を用意しています。これから、秘密結社がゲームのなかでどう働くかを、ゲーム上の用語を使って説明します。

ゲーム用語での説明

アルファコンプレックスの各秘密結社と、それから他の組織の一部には、彼らと関連した1つ以上のキーワードがあります。キーワードは、彼らの思想、姿勢、目標についての何かを意味します。

さて、それぞれのハイプログラマーは、1つから3つまでのキーワードと関連付けられています。それは彼らの思想という意味もありますが、いくつかの秘密結社が彼らの支配領域にあることも意味します。より少ないキーワードを持つものは、より強く対象をコントロールします。これらのキーワードは、ゲームのためだけに存在するゲームシステム上の用語です。アルファコンプレックスの秘密結社とハイプログラマー自身は、これらの用語を使用しません。

キーワードは次の通りです。味方と敵についてはこの後で説明します。

- 科学力：（味方：秩序　保全　敵：人間主義）ザ・コンピューターは最高の知識をもっています。テクノロジーは友人です。
- 保全：（味方：科学力　多様性　敵：探求）脅威は外部にあります。力は仲間の協力から生まれます。
- 多様性：（味方：保全　反体制　敵：向上）多様性を通しての強さを。より少ない画一性を。
- 反体制：（味方：多様性　人間主義　敵：秩序）多様性と、より少ない命令が望まれます。その方が楽しい。
- 人間主義：（味方：反体制　探求　敵：科学力）機械には柔軟性がありません。人間が責任を負わなければなりません。
- 探求：（味方：人間主義　向上　敵：保全）新しいものの探求を続けましょう。人間を押しとどめてはいけません。この先に何があるのかを突き止めましょう。
- 向上：（味方：探求　秩序　敵：多様性）科学的な前進が、私たちを救います。
- 秩序：（味方：向上　科学力　敵：反体制）すべては安定しなければなりません。何も変えてはいけません。自由意志が私たちに混乱をもたらしたのです。

キーワードはとがった八芒星形に配置されています（これはあなたに少しばかり他のゲームを思い出させるかもしれません。形態的な共鳴はごらんの通りです。キーワードは行動の指針、RPGで一般的にいうところの属性です。キーワードを信頼して、あなたのなすべきことをしてください）。あなたは、すべての秘密結社とハイプログラマーにキーワードを与えることができます。彼らはこのキーワードこそが彼らに委ねられた「生命、宇宙、そして万物についての究極の疑問の答え」であると信じているのです。そうでないなら、彼らは秘密結社でもハイプログラマーでもありません。

図で隣りあったキーワードを持つ2つのグループまたは個人は、互いに友好的です。彼らには、共通の基盤があり、互いに憎み合う理由はほんの少ししかありません。彼らは一緒に働き、共同任務や共同作戦をおこなえるかもしれません。

それに対して、図のちょうど反対側にあるキーワードの保有者との関係は敵対的です。彼らは原理的に互いを軽蔑し、相手を妨害し滅ぼすためならなんでもします。その他の全てのキーワードのあいだの関係は一般的に情緒的なものに過ぎず、設定として利用しようとしても冗談にしかなりません。

秘密結社のキーワードには、その姿勢と目標が反映されています。ハイプログラマーのキーワードには、彼らがアルファコンプレックスを導こうとしている全体的な哲学と方向性が示されています。
　　　ハイプログラマーたちは課題を実現する手段として秘密結社を利用することができます。
　　　しかし、それだけではありません。秘密結社とキーワードを共有するハイプログラマーは、

うわさは反逆です。ただちにすべてのうわさを報告してください。
警告：クリアランスレベル＝バイオレット

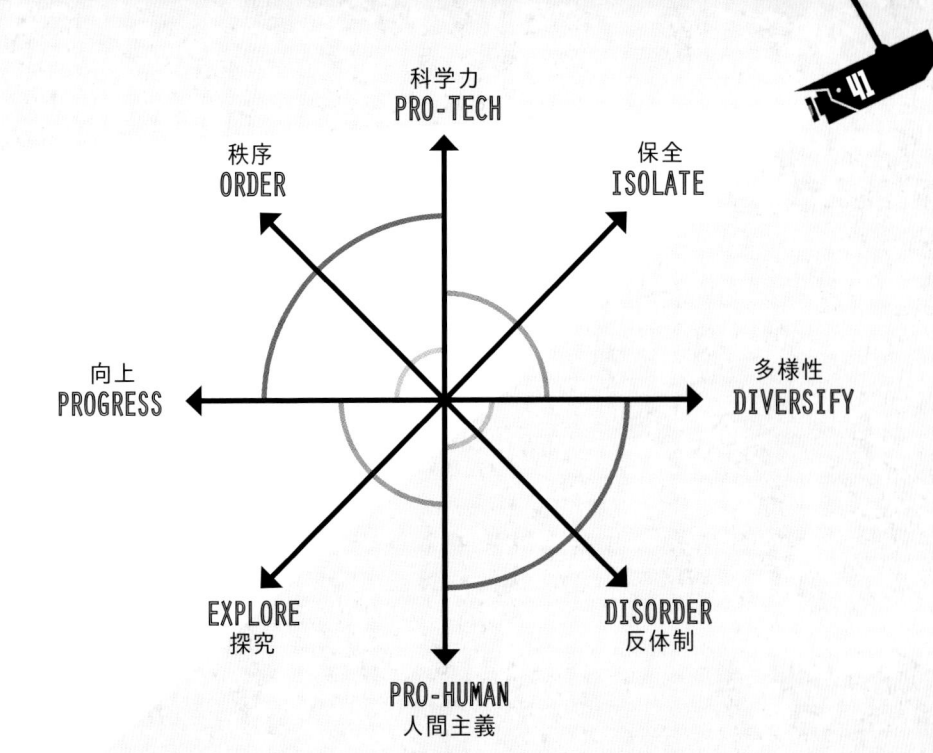

誰であれ、その秘密結社に対するいくらかの影響力を持っています。どのハイプログラマーが、より強い影響力を持つでしょうか？　彼らの時間と資産をより多く、その秘密結社の支配に捧げたハイプログラマーです。

【解説（キーワード）：後で説明がありますが、多くの秘密結社は複数のキーワードを持っています。同じキーワードを持つ秘密結社同士は、隣接するキーワードを持つものよりもっと協力的でしょう。◆では、1つのキーワードは同じかあるいは隣接する友好関係で、もう一つのキーワードは敵となる秘密結社の関係はどうなるのでしょうか。たとえば後述するアンチミュータントとイントセックはどちらも〈秩序〉のキーワードを持ちますが、〈人間主義〉と〈科学力〉のキーワードで対立しています。アンチミュータントとフランケンシュタインデストロイヤーは〈人間主義〉で一致していますが、〈秩序〉と〈反体制〉で対立しています。同じような例はほかにもあり、隣接する「味方」の秘密結社が同時に敵対する秘密結社になるケースを含めるともっと多くなります。つまり、かなりの数の秘密結社間の関係は、味方であると同時に敵となります。◆このような秘密結社は状況によって、敵対する場合もあれば同盟を結ぶこともあると考えてください（ただしその同盟は一時的で不安定なものとなることが多いでしょう）。アンチミュータントとイントセックはミュータント狩りでは協力できるでしょうが、イントセックの登録ミュータントについては対立するでしょう。アンチミュータントとフランケンシュタインデストロイヤーは人間性が大事という点では一致できても、協力できる課題はあまりないかもしれません（ミュータントのポットなんてものがあれば協力して破壊するでしょうけどね）。ザ・コンピューターの秩序を支持するかしないかでは対立するでしょうし、それぞれミュータント狩りとポット狩りに忙しく互いを無視するかもしれません。GMは状況を考えて柔軟に対応してください。◆さて、あらゆる組織に矛盾はつきものです。複数のキーワードを持つ秘密結社では、一方のキーワードから見れば味方（あるいは自分自身のキーワード）だが、他方から見れば敵となるキーワードが存在する場合があります。たとえばアンチミュータントは〈秩序〉を支持するので、敵は〈反体制〉で味方は〈科学力〉と〈向上〉です。そして〈人間主義〉を支持するので敵は〈科学力〉で味方は〈反体制〉と〈探求〉です。アンチミュータントは〈科学力〉または〈反体制〉のキーワードをもつ秘密結社は、敵でもあり味方でもあるという矛盾を抱えています。これらのキーワードを持つ秘密結社もまた、状況によって敵にも味方にもなると考えてください。アンチミュータントのほか、コミュニスト、ミスティクスがこの矛盾を抱えています。フリーエンタープライズは、自分自身の2つのキーワードが対立しています（これについては、フリーエンタープライズの項で説明します）。◆以下12の主要秘密結社のキーワードと、敵となるキーワードと、味方となる（隣接する）キーワードのリストをあげます。同じキーワードが味方（あるいは自分自身のキーワード）であると同時に敵となっているものには下線をつけました。4つの秘密結社がこの矛盾を抱え込んでいます。それらの秘密結社名には下線を引いています。◆アルファコンプレックス地域古史研究会（地史研）：探求　人間主義（味方：向上　反体制　敵：保全　科学力）◆アンチミュータント：秩序、人間主義（味方：科学力　向上　反体制　探究　敵：反体制　科学力）◆イルミナティ：？◆イントセック（内部公安部門）：秩序、科学力（味方　向上　敵：反体制　人間主義）◆救世主コンピュータープログラマー第一教会（FCCCP）：科学力　保全（味方：秩序　多様性　敵：人間主義　探求）◆コミュニスト：保全、人間主義（味方：科学力　多様性　探求　反体制　敵：探究　科学力）◆サイオン：向上（味方：秩序　探究　敵：多様性）◆デスレパード：反体制、探究（味方：人間主義　多様性　向上　敵：秩序　保全）◆フランケンシュタインデストロイヤー：人間主義　反体制（味方：探求　多様性　敵：科学力　秩序）◆フリーエンタープライズ：向上　多様性（味方：秩序　探究　保全　反体制　敵：多様性　向上）◆フリークス：科学力（味方：秩序　保全　敵：人間主義）◆ミスティクス：探求　多様性（味方：向上　多様性　保全　反体制　敵：保全　向上）◆このキーワードリストには一つ重大な問題点があります。アンチミュータントは〈秩序〉と〈人間主義〉を求め、ミュータント中心の秘密結社サイオンは〈向上〉を目標とするので、敵対するキーワードはなく、〈秩序〉と〈向上〉が隣接しているので「互いに友好的」な秘密結社となります。しかし、反ミュータントの秘密結社とミュータントの秘密結社が友好的であるはずがありません。アンチミュータントとサイオンに関しては、キーワードを無視して対立させてください。◆GMはキーワードの矛盾を秘密結社自体の矛盾と考えて、気にしないことをお勧めします。面倒だと思ったらキーワードを無視しましょう。あなたにはその力が与えられています。】

秘密結社の最高レベルの幹部たちでさえ、自分たちがアルファコンプレックスのエリート市民たちの、より大きなゲームの一部だとは思っていません。彼らがそれに気づいたら、何が起きるかまったく予想できません。

ハイプログラマーたち

ハイプログラマーの数は多くありません。そして、彼ら全員が秘密結社の陰謀と活動に関与しているというわけでもありません。しかし、私たちはそんなハイプログラマーには興味はありません。映画の導入シーンを思い浮かべてください。物語の設定の説明がはじまります。巨大な部屋は豪勢に着飾ったクソ野郎で一杯です。そして、カメラはその中から何人かをピックアップしていきます。1人1人がそのキャラクターの重要な特徴を示す何かをするか、あるいは語ります。彼らはこれからはじまるメインストーリーをつくりあげていきます。それは、次の人々です。【※ちなみにこれらのハイプログラマーは、今回の版のクラウドファンディングに 250 英ポンド以上の支援をおこなった人々にもちなんだものになっています。】

アンディ -U-MAC (ニックネーム:「ビッグマック」)

キーワード:科学力　探求

「アルファコンプレックスの将来の繁栄にとっての最大の問題は、都市の過密と、ザ・コンピューターと人類の間での、そして人類同士のあいだでのコミュニケーションの本質的な障害である。アルファコンプレックスが必要としているものは（彼らがそれを理解していようといまいと）、ハチやアリのような集団意識である。全人類が1つの集合精神を持つことによって、我々はザ・コンピューターとその我々のための計画を正しく理解することが可能になる。思考と目的の完全な一致によって、我々はアウトドアへの探求の旅に乗り出し、ザ・コンピューターにさらなる栄光をもたらすことができるのだ！　おまえ達を同化する。準備せよ！」

ロード -U-BER (ニックネーム:「デア・トム」)

キーワード:向上　保全

「アルファコンプレックスの境界の彼方に何があろうと、それはザ・コンピューターの理解を超えている。そうでなければ、ザ・コンピューターは我々をこの場所に引き留めているはずがない。ザ・コンピューターの理解を越えているものは、当然ながらほぼ確実に人類の心の理解の外にある。したがって、この宇宙での我々の立場を知ろうとする前に、ザ・コンピューターの能力と我々自身の心の限界を、科学的な改革運動によって向上させなければならない。」

タイジ -U-YAP (ニックネーム:「通訳」)

キーワード:探求

「現在のアルファコンプレックスは、人類のすべての可能性を実現するにはあまりにも小さすぎる。アルファコンプレックスとアウトドアのあらゆる問題は、アルファコンプレックスの境界と支配領域を拡大することによって解決される。ザ・コンピューターの純粋理性に触れることができなかったアウトドアのすべては野蛮であり、是正されなければならない。力を合わせて偉大な世界を建設するのだ！」

サイコ -0-KOW (ニックネーム:「母なる KOW」)

キーワード:人間主義　多様性

「人間の能力は抑制できるもんじゃない。だから抑制しようとしても無駄さ。ザ・コンピューター

は人類の種としての進化を促進する気持ちなんてこれっぽっちも持っちゃいないんだから、俺たちが自分でその仕事を引き受けなきゃならない。非公式のミュータントクローン構想の成功を足場に、そこで学んだ遺伝子強化の全プログラムをクローンバンクの種《シード》-DNA に導入するんだ。進歩するには変化がなきゃだめだ！」注記：サイコ -0-KOW は、自分のプログラミングパワーを示すために、セキュリティクリアランスをハッキングして数字の「ゼロ」と入れ替えました。

リズ -U-CRO（ニックネーム：「戦闘乙女《バトルメイデン》」）
キーワード：人間主義　向上
「私は、ザ・コンピューターが行き過ぎたと思っています。それは私たちの保護者であって、圧制者ではあってはなりません。それが再び私たちの主人ではなく召使いになるまで、私たちの生活のあらゆる側面に対するザ・コンピューターの支配を弱めなければなりません。今こそ、このいつまでも続く 214 年の悪夢を終わらせ、人類のためにアルファコンプレックスの支配を取り戻す時です。ザ・コンピューターがその百万の目をどこかに向ける必要があるとき、私は内部から働きかけ、その高慢の鼻をへし折るでしょう。」

秘密結社カード

ボックスセットでは 12 の主要秘密結社はカードになっています。各プレイヤーは、キャラクター作成時に GM の指示にしたがい渡されたカードを手元に置きます。ですから、PC の信念やなすべきことを確認するためにルールブックを開く必要はありません。

この結果、2 人の PC が同じ秘密結社に所属することはなくなります（イントセックを除いて）。これは意図的な計画であって、バグではありません。パラノイアのポイントは、プレイヤーキャラクターが互いに対立することにあります。PC にそれぞれ異なった目的と方針を与えることは、そのための完璧な手段となります。

このやり方は、少なくとも単発のゲームセッションでは、とてもうまく働きます。しかし、あなたがパラノイアのキャンペーンをおこなう場合には、秘密結社に入るまでの過程の全体をロールプレイしたいと思うかもしれません。特に PC をほぼ確実にどの秘密組織にも加わることがなかったインフラレッドからスタートさせる場合にはなおさらです。そうでしょう？※　それに、キャンペーンゲームには対立とは別の側面もあることに注意してください。あなたは PC たちを 1 つのグループをまとめておかなければならず、そのためには少なくとも何か 1 つの理由付けが必要です。彼らを同じ秘密結社に所属させて、同じ目標のために働かせることは、そのための完璧な手段となります※※。【※ 25 周年版までのアルファコンプレックスでは、いくつかの秘密結社（FCCCP やコミュニストなどです）は積極的にインフラレッド市民を勧誘し、大部分の市民が秘密結社に加入していました。この点について旧来の設定を維持するか、あるいはインフラレッド市民の大部分は秘密結社に入るという】【※※複数のキャラクターが同じ秘密結社に所属する場合の秘密反逆行為をおこなっていないとするかは、あなたが決めてください。　結社カードの配布には 2 つの方法があります。1）人数分の本セットを購入する。2）秘密結社カードをコピーするか自作するか口頭で説明する。出版社としては前者を推奨しますが、後者を選択することは反逆ではありません。】

３人または
それ以上の
市民による集会は
厳しく禁止されます

主要秘密結社

- アルファコンプレックス地域史研究会（地史研）
- アンチミュータント
- イルミナティ
- イントセック
- 救世主コンピュータープログラマー第一教会（FCCCP）
- コミュニスト
- サイオン
- デスレパード
- フランケンシュタインデストロイヤー
- フリーエンタープライズ
- フリークス
- ミスティクス

「忠誠ボタン」「押せ」

ある生命体は、他の生命体への警告として生命を終えます。

アルファコンプレックス地域史研究会

（略称：地史研）
キーワード：探求　人間主義

引用

「地域史研究は、魅力的な研究分野です。あなたのセクターがアルファコンプレックス創設時からあったのかを知ることができます。爆発修理の痕跡がいつのものなのかを知り、ダクトが作動中かそうでないかを見分ける方法を学ぶことができます。我々には時間以前《タイムビフォー》のどんなものでも識別することができる専門家がいます。そして、あなたは我々がさらに大きな秘密を解くのを手助けできます！　すべては魅力的で、そして、あくまでもほんの少しだけ、反逆的です。ビスケットはいかがですか？」

勧誘

　もしもあなたが以下に該当するなら、アルファコンプレックス地域史研究会に参加しましょう。

- 　アルファコンプレックスがどのようにしてできたのか、疑問に思ったことがあるなら。
- 　時間以前《タイムビフォー》の古い品物を集めるのが好きなら。
- 　「アウトサイド」のうわさを聞いて、もっと知りたいと思うなら。
- 　下水道とダクトが心の底から大好きなら。

会員特典

　次のスキルから 1 つを選び、+2 にしてください。

- 　時間以前《タイムビフォー》の人工物を識別する。
- 　ダクトの入口を見つける。
- 　興味深い壁を見ると気を取られる。
- 　小さな集会の議長をつとめる。

概要

アルファコンプレックス地域史研究会（地史研）《Alpha Complex Local History Research Group: ACLHRG》は、アルファコンプレックスの歴史に興味を持つ人々の集団です。残念なことに、ザ・コンピューターは、歴史は過去のものであるとしており、どのようにしてアルファコンプレックスが生まれ、どこにあり、どんなものであり、誰が何のためにつくったのかといった、アルファコンプレックスの真の目的を研究することは、すべて重大な反逆です。

地史研は、オタクマニアの小集団からはじまり、都市潜入探検【※ urban spelunking　都市内のトンネルや下水道やそのほかの放棄された場所や閉鎖された場所の探検。】、トンネル掘りと侵入、古代の人工物の識別と収集、そしてプレゼンテー

ションソフト（次の集会であなたの発見を自慢することができないなら、ものやら資料やらを集める意味がないじゃないですか？）のエキスパートを含む、オタクマニアの大集団に発展しました。彼らはアルファコンプレックスのなかでは、インディ・ジョーンズにもっとも近い人々です。それはまあ、まずまずの走り高跳びの選手をスーパーマンにもっとも近いというのと同じようなものですけどね。

地史研は、きわめてよく組織されています。委員会と分科会があり、定例集会ではビスケットが出され、講演がおこなわれ、議事録が回覧されます。勧誘パンフレットは、古代の手動式タイプライターで原紙にタイプされ、デッドゾーンにある老朽化した手動クランク式回転謄写印刷機で印刷されたあと、有望なメンバーが潜んでいそうな場所（たとえばダクトの中）に置かれます。彼らは会員証さえ持っており、これは前デジタル時代のドアをこじあけるのに役立ちます。【※昔のアメリカ映画やTV番組では、ドアの隙間にプラスチックのカードを差し込んでカギを こじあける場面がしばしばありました。】これらの特徴のために、地史研はメンバーを発見通報してXPポイントを稼ぐのがもっとも簡単な秘密結社の1つとなっています。しかし他方では、新人勧誘能力がもっとも高い秘密結社の1つでもあるため、メンバーの総数は高いレベルに維持されています。

地史研の思想

地史研のメンバーは、アルファコンプレックスは地球規模の大災害（一般的には「気候変動制御」と考えられていますが誰もそれが何なのかよくわかっていません）を逃れる避難所として造られたと信じています。彼らはアルファコンプレックスの社会基盤は悪化しており、残された時間には限りがあるのに、ザ・コンピューターはその計画を終了することを拒否し、市民たちをここに押しとどめているのだと思っています。彼らの目標には次のものが含まれます。

* 時間以前《タイムビフォー》に本当に起きたことは何かを発見すること。その大部分は古い人工物を集めそれを調べることを通しておこなわれます。あなたは、『20 Jazz Funk Greats』※のCDにどんな情報が隠されているのか、知るよしもないでしょう。【※イギリスのインダストリアルバンド、スロッビング・グリッスルのサードアルバム（1979）。一言で言えば、変な音が一杯出てきます。】
* アウトサイドまでのルートを見つけ出し、実際にそこに何があるのかを知り、可能なら再びそこに住むこと。
* ザ・コンピューターを強制し、その任務を終了させて人々を自由にするか、あるいはそうしない理由を説明させること。
* 地史研を合法化し、反逆的地位から除外すること。だって、みんなを助けようとしているだけなんだから。

地史研に入ると

地史研のすばらしいメンバーとして、あなたは、観察対象のデータを収集し、そのデータに基づいて、様々なセクターやエリアの歴史についての理論を生み出すことが期待されます。使用されていない封鎖エリアに関するデータは特に貴重です。デッドゾーンと人々が通らないトンネルの知識も同様です。

次のことをおこなえばグループ内で称賛されます。

- 時間以前《タイムビフォー》の品物を回収して、結社の上位者に渡すこと。
- 新しいエリアの報告（特にデッドゾーン）。
- ザ・コンピューターにその計画を終了させてアルファコンプレックスの住民を解放しなければならないことを理解させるための、説得、欺瞞、または強制による試み。
- 有益な情報を含む講演を集会でおこなうこと。
- アウトサイドについて新たな発見をすること。この秘密結社にとっての聖杯《ホーリーグレイル》※はアウトサイドへの道を発見することです。とはいえ、それが見つかったらどうするかについては、誰もよくわかっていません。【※聖杯は十字架に掛けられたキリストの血をうけた杯。ここでは中世の騎士たちが探し求めた困難な探究の対象、究極の理想という意味でしょう。地史研が知っているのは映画『モンティ・パイソン・アンド・ホーリー・グレイル』だけかもしれませんが。】

その働きに対する見返りとして、次のような報酬を受けるでしょう。

- 時間以前《タイムビフォー》の人工物（どんなものであれ、そのメンバーの任務にふさわしいと思われるもの）。下位のメンバーにはしばしば正体不明の人工物が与えられます。もちろん、彼らが、それが何であるかを見いだすことを期待してのことですが、その人工物が致命的なものであることがわかったとしても損害は限定的であるという理由もあります。
- 洞窟探検用装備。ロープとアイゼン（登山靴につける滑り止め用の金属製の爪）から、空気ドリルと手作りのC4爆薬まで。
- ホットブラウンドリンク。
- ビスケット。

アンチミュータント

キーワード：秩序　人間主義

引用

「誰のせいかわかるか？　機能不全、食料不足、誰もが互いに信じられないという悲しい現実、たくさんのウソ。これらの全部に責任があるのは誰か？　ザ・コンピューターではない！　秘密結社でもない！　人間の本性でもない！　それはここにやって来てべたべたした触手であらゆるものをなで回す不潔なミュータントだ！」

勧誘

　もしもあなたが以下に該当するなら、アンチミュータントに入ろう！
- 心から、すべての人々と生き物を憎むことが好きなら。
- 誰もが人生において平等な可能性を持つことが重要だと考えるなら。
- まわりにはびこる恐るべきミュータントによって安全を脅かされているなら。
- アルファコンプレックスを堕落と逸脱と遺伝子データの改変から守りたいなら。

<u>会員特典</u>

次のスキルから 1 つを選び、+2 にしてください。

- ・　ミュータントパワーの確認。
- ・　正体が明らかになったミュータントの殺害。
- ・　心から熱心に何かを憎む。
- ・　あなたの基本的信念に反する証拠を盲目的に無視する。

概要

ミュータントは、絶対に発生しないはずでした（少なくとも、ザ・コンピューターはそういっています）。しかし、長年のクローニングと実験は、大量の遺伝的派生物を生み出し、その結果生まれたクローンは…　正しくはスーパーパワーというべきではない力を持ち、ありとあらゆる方法で、彼ら自身と他のクローンに死をまきちらします。

アンチミュータントは、ミュータントにうんざりしています。彼らはみんな、ミュータントたちの「パワーの爆発」とそれが（殺害にまで至らなかったとしても）彼らの友人と同僚たちを傷つけるのを直接目撃しています。彼らが昇格に失敗したのは、ミュータントが勝手にゴールポストを動かしてルールを変え、陰険な二枚舌の能力を使って、彼らを押しのけたからです。彼らは「ミュータントクロノキラー」（ミュータントのカスがアルファコンプレックスを破壊するのを止めるため、ヒーローがいったりきたりタイムトラベルする、薄っぺらなストーリーのシリーズもの低予算映画）のホロビデオを見て（それから再放送を見て）何百時間も過ごします。彼らはいつでも応戦する準備ができています。特にザ・コンピューターがその役割を果たしていないように見えるときには。【※登録ミュータントを保護しているときでしょう。】

当然のことですが、アルファコンプレックスに（そして特にトラブルシューターに）大量のミュータントが存在することは、必然的にアンチミュータントメンバーのいく人かは（あるいは多数は）、実際にはミュータントであることを意味します。これらの哀れなメンバーは、（a）自己嫌悪に蝕まれているか、（b）自分たちは特別なミュータントハンター・ミュータントであると確信しているか、（c）何年期か前に誰かと間違って握手してしまったことによるトラブルが今に至るまで続いており、組織を抜けるだけの根性を持っていないかです。

アンチミュータントになると

あなたは、アンチミュータント支部管理者（彼らの野心と比べてきわめて低いセキュリティクリアランスしかもたない、寡黙で怒りに燃えた男性または女性）から任務を与えられます。任務は通常の場合、次のような事柄に焦点が当てられています。

- ・　危険なミュータントを殺す。
- ・　ミュータントの攻撃目標を保護する。
- ・　チームの中のミュータントを突き止め、彼らに特別の拡張現実焼印器※で印をつける。

【※どんなものなのか訳者に聞かないでください。反逆スターみたいなものかもしれませんが、もっと痛そうです。】

おそらく、あなたの次のクローンはもっとうまくやるでしょう。

警告：クリアランスレベル＝バイオレット

- 残虐行為をでっち上げる（トラックボットの事故、爆弾事件、大量殺人など）。そしてそれをミュータントの仕業に見せかける。
- すでに知られている社会の上層部のミュータントに関する情報を集めるため、データバンクに侵入する。
- ミュータントと疑われる者をだましてミュータントパワーを使わせ、それを報告する（あるいは殺害する）。
- 検問所に、ひそかにミュータント検知デバイスをインストールする。

働きに対する見返りとして、惜しみない賞賛を受け、秘密結社内での地位の向上は加速し、そして次のような報酬が与えられるでしょう。

- ミュータントパワー抑制剤（注射針のついたダーツタイプ）。
- 「ミュータント O メーター 3000」（ほぼ隠蔽可能）。105% の精度でミュータントを感知します（保証付き [TM]）。*
- 「ミュータントハンター」改造レーザーガン。早撃ち用、行動順位が同じときには、自動的に優先権を獲得します。
- あなたのチームメイトまたは上司のミュータントパワーの証拠。
- 埋め込み爆弾。ミュータント容疑者の首に注入しておくと、ミュータントパワーの使用の検知により 50% の確率で爆発します。
- ガス手榴弾。戦わずに危険なミュータントを倒すことができます。

* （原注） 本当の保証ではありません。ただのキャッチフレーズです。

イルミナティ
キーワード：（あなたには教えられない秘密です）

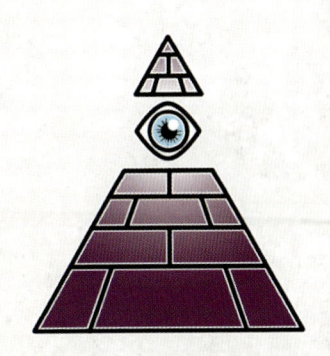

引用
「我々は、以前からおまえに注目していたが、これまでのおまえはまだ我々の望むレベルには達していなかった。今こそ、これを飲み、壁にこの印章を刻みつけ、ここでの地史研の集会を支配し、彼らを隣で開催されているデスレパードのロックコンサートに導くのだ。」

勧誘
もしもあなたが以下に該当するなら、イルミナティに入会しましょう。
- いかなる犠牲を払っても成功したいと思っているなら。
- 最低でも 2 つの二重生活を同時に過ごすことを楽しみたいなら。
- 自分は本当に特別な存在だと思っているなら。
- アルファコンプレックスの発展を導く見えざる手となりたいなら。

特典

　次のスキルから１つを選び、+3にしてください（プラスする数値は他の秘密結社のものより１つ高くなっています。これはイルミナティが勧誘するのは、並外れたクローンだからです）。

- あなたの本当の忠誠心の対象を隠すこと。
- あなたが何をしているかを理解しているように見せかけること。
- このセクターのイルミナティ会員についての秘密の知識。
- こっそりと、気づかれずに、誰かを殺すこと。

概要

街角で、どこにでもいる普通のクローンに尋ねたら、彼らはイルミナティなんて存在しないというでしょう（その答えは全く正しいものです。イルミナティに関する知識は反逆です。しかしそれだけではなく、多くのクローンは、本当にイルミナティは作り話だと信じています。）秘密結社の中でも、最高に秘密な結社であるイルミナティは、真の意図を隠すための苦労を惜しみません。実際、イルミナティのメンバーでさえ、本当に何が起きているのかを知っているものは文字通り１人もおらず、秘密結社での昇進はしばしばそのことを隠すためにおこなわれているとうわさされています。

新人の採用は、次のようにおこなわれます。イルミナティのエージェントは、平均以上の能力を持つ若いクローンに、ひそかに接触します。イルミナティのすべてのエージェントと同様、彼は別の秘密結社のメンバーのふりをしています。おそらく、若いクローンが所属する秘密結社のふりでしょう。それから、秘密結社を代表して、若いクローンに達成が困難な、しかし報酬も大きい任務を与えます。任務が成功した場合だけ、イルミナティは正体を現わし、若いクローンの行動が本来の所属秘密結社にとってきわめて有害であったことを明らかにし、君は現在イルミナティのもっとも新しいメンバーであると告げます。

クローンが二重の二重生活を送る気があるなら、報酬の見込みは大きなものになります。迅速な昇格、多額のXPポイントのボーナスと贅沢な暮らしが、野心的なイルミナティメンバーには保証されています。しかし、ここにはいくつかのいいようのない奇妙さがあります。イルミナティは他の秘密結社と距離を置こうとして、昔からの不気味なカルトと、本※で読んだ古代の秘密結社に基づく、儀式的な装飾を採用しました。たとえば、イルミナティの誰にも名前がありません。あなたが報告する上司は、（性別にかかわらず）ミスター木曜日と呼ばれます。クローンが変わっても、名前は変わりません。あなたは、（再び性別にかかわらず）ミスター火曜日と呼ばれます。彼らのボスはミズ金曜日と呼ばれます。あなたがミズ金曜日と会うとしたら、何かまずいことが起きているのか、即時の昇進か、あるいはその両方です。【※ G.K. チェスタトンの『木曜の男』（新訳は『木曜日だった男』）でしょう。】

気味の悪いマスクが至るところにありますが、誰もその理由を説明しません。コード暗号と詠唱、煙と香、そして、儀式用の聖なる杖で指して数えることができないほど多数のフードをかぶった会員の群れ。忌まわしく苦痛をともなういれずみと、怪しい幻覚ドラッグでのトリップ。いずれも新入会員と、そして実のところ外部のものに、イルミナティが他の秘密結社とはまったく違う強力なものであることを見せつけるために考えられており、第２の点は、確かに真実であるように見えます。

このミッションはきわめて安全で、多くの楽しみがあるでしょう。

警告：クリアランスレベル＝バイオレット

イルミナティに入会すると

新会員は、ミスター火曜日として他の秘密結社に潜入し、イルミナティの目標の実現のために、潜入先の秘密結社の目標を混乱させることが求められます。なぜそうしなければならないのかは決して説明されません。彼らに求められるかもしれない任務は、次のようなものです。

- サイオン工作員がミュータントパワーを使っている場面を確実に監視カメラがとらえるようにしろ。
- フランケンシュタインデストロイヤーの爆弾の信管を外して、コミュニスト党員の持ち物の中に入れておけ。
- 潜入先の秘密結社の全メンバーに、おまえが実際にその秘密結社の一員であり、彼らを助けようとしていると信じさせるのだ。
- イントセック潜入工作員が最終的に自分自身を告発するようにデータを細工しろ。
- FCCCP の派閥のあいだに亀裂をもたらすのだ。
- ミスティクスがこのセクターで大きな取引をする直前に、彼らのドラッグ供給ルートを止めろ。
- フリーエンタープライズの泥棒がミッション目標を盗むのを助け、それから犯人を当局に押しつけて、そのあいだに盗んだものを確保しろ。
- 世論をある秘密結社に反対する方向に動かすために、その秘密結社の残虐行為をでっち上げるのだ。
- ある御方が隠したいとお考えになっているありふれた行動から気をそらすために、秘密結社の集会を扇動して暴動を起こせ。

命令に従えば、次のような報酬が与えられるでしょう。

- 自分自身の予備のクローン。クローン槽を出たばかりで、秘密結社の命令に従う準備ができています。
- 識別符号《アクセスコード》をごまかして他人になりすますソフトウェアか、拡張現実を使って顔を変えるソフトウェア。
- 一回限りの使い捨てデータキー。どんなドアでも開けることができます。一見しただけではわからない隠しドアさえです。
- 秘密作戦用の武器（小型装備。静粛あるいは慎重さが求められる場合、ノードに +2）。
- データスパイ・デーモン。1 ゲームにつき 2 回、プレイヤーは GM に他のプレイヤーの所属秘密結社とその任務を尋ねることができます。
- 一時的な非人間状態。これは AI（人工知能）が、そのクローンを人間と認識できなくなることを意味し、クリアランス制限を安全に破ることができます。

イントセック

キーワード：秩序　科学力

引用
「昨日のミッションではいい仕事をしたな。さて、今日のミッションは、君をデッドゾーンに導くことになるだろう。したがって、君の大脳コアテックは我々が必要とするデータをアップロードすることができない。隠しマイクを設置する君の開口部は、自由に選んでよろしい。」

勧誘
　もしもあなたが以下に該当するなら、イントセックのスパイになりなさい。
- 同僚のささいな違反を密告するのが好きなら。
- ミッションのあいだに扇動工作員《アジャン・プロヴォカートル》【※取り締まりの対象に犯罪行為をそそのかし、それから逮捕する警察のスパイ。】を演じるのが楽しみなら。
- まずいときにまずいことをいってしまい、現在恐喝されているなら。

スパイの特典
　次のスキルから１つを選び、+2にしてください。
- 完全に信頼できる人物のふりをすること。
- 潜在的に反逆的な活動を、気付かれることなくこっそり観察すること。
- 気晴らしのために、誰かを厄介事に巻き込むこと。
- 背後から操ること。

概要

イントセックは厳密にいえば秘密結社ではありません。ですが秘密結社のように機能します。その組織は秘密で、偏執狂的であり、謎に包まれた全権を握る不可解なマスターの命令に従って計画を実行します。秘密結社と違う点は、イントセックのマスターがザ・コンピューターだということです。イントセック（IntSec）は内部公安部門（インターナルセキュリティ Internal Security）の短縮型です。彼らは誰とも友人ではありません。トラブルシューターがテロリズムに対する最初の防衛線であるなら、イントセックはすべての脅威に対する最後の防衛線です。彼らは、責任ある地位にあるものが誰ひとり道を踏みはずしていないことを確認するために、ひそかに、潜入捜査、盗聴、通信傍受、張り込みをおこないます。もちろん、イントセックは、ほとんど例外なく腐敗しています。

レッドレベルのイントセックのエージェントは、次の２つの行動を実行するために、トラブルシューターチームに加えられます。1) あらゆる忠誠違反を報告する。2) 必要があれば、扇動工作員として活動し、忠誠違反が明らかになることを促進する。潜入工作員の役割を果た

秘密結社にきっぱりと「ノー」といおう。

警告：クリアランスレベル＝バイオレット

しているクローンには、しばしば仕事を適切にこなすために役立つ、潜入先での地位が提供されます。したがって、秘密結社のメンバーとなったとしても、そのことが自動的に反逆の根拠とされるわけではありません。しかし、この状況は、たいていの場合、エージェントを有罪にした方がより有用な状況が発生することで終わりを告げます。その多くはイントセック自身の違法な行為を隠すための身代わりにするためです。

長期調査の一部として潜入したイントセックのスパイは、通常の場合、ひそかに報告をおこない、テロリズムの防止につながる情報のそれぞれに対して（控え目な）報酬を受けます。1回限りの潜入任務では、通常の場合、ミッション終了時のデブリーフィングで仮面をはずし、チームメイトについて公然と報告することが求められます。

イントセックのスパイになることは、アルファコンプレックスですばやく昇格するためのすばらしい方法です。秘密結社とは異なり、その地位は、ザ・コンピューターの支配体制の公式の一部署であり、セキュリティクリアランスのアップグレードや、スキルの向上や、物品の購入に使用できるXPポイントが報酬として渡されます。しかしながら、それは同時に何度も何度も殺されるすばらしい方法でもあります。秘密結社相互のあいだにある、ある種の不承不承の敬意が、イントセックのスパイには及ばないからです。

最高の幸運を祈りましょう。

イントセックのスパイになると

イントセックの潜入エージェントとなったクローンには、特定の任務が与えられない場合がしばしばあります。その代わり、次の基準に従い自分自身の判断で作戦行動をおこなうことが求められます。

- トラブルシューターチーム内の、反逆者、テロリスト、ミュータントを発見せよ。彼らに不利な証拠を収集しろ。（彼らを殺してはならない。死人に口なし。死んだクローンは、情報を提供しない。）
- 必要があれば、テロリストが本来の性質に従って行動するように、ひそかに刺激せよ。そして、彼らに不利な証拠を収集しろ。
- 捕まるな。

ときには、特定のクローンの調査や、特定のミッション目標の安全を監視することが求められるかもしれません。働きに対しては、次のような報酬が与えられるでしょう。

- 正真正銘の公式XPポイント。
- イメージ改ざんソフトウェア（イントセックのモットー「ウソしかない場所で真実を見つける」に従って）。
- 体内に埋め込まれた防具と武器。
- 秘密結社に潜入するための、偽のID（身分証明）。
- なりすましのソフトウェア。他のトラブルシューターとのコミュニケーションをごまかし、所属秘密結社からやってきた担当監督者のように見せかけます。

- 煙幕弾。
- 基盤施設《インフラ》爆弾（使い捨てのデータ爆弾【※通常のデータ爆弾については装備カードをご覧ください。】で、周りにあるアルファコンプレックスの基盤施設を何か単純な目標を最優先するように強制します。「そのクローンを止めろ！」とか「私はできるだけ早く次のセクターに着かなければならない。」とかですね。ドアが開いたり、トレイン【※25周年版で輸送《トランス》ボットと呼ばれていたものでしょう。】が衝突したり、ボットが再プログラムされたりします。ダイスロールに1回だけ +5 を加えます。ただし使用者は何が起きたのかを説明する準備が必要でしょう）。

救世主コンピュータープログラマー第一教会

(FCCCP: First Church of Christ Computer Programmer)

キーワード：科学力　保全

引用

「それでは聖典の言葉を読みあげます。ザ・コンピューターはこう言われました。この藻屑チップスを食べなさい。これはわたしのからだである。このミディアムレッドフレーバーのバウンシィバブルビバレッジを飲みなさい。これはわたしの血である※。わたしはあなたがたを保護するでしょう。ご覧なさい、あなたがたは安全です。危害から、機能不全から…、エラー、エラー、修復ディスクを起動してください。アーメン。」

【※イエスは最後の晩餐のときに、パンを自分の身体、ブドウ酒を自分の血であるといいます。】

勧誘

　もしもあなたが以下に該当するなら、救世主コンピュータープログラマー第一教会に入信しましょう。
- たくさんの仲間と互いに助け合う人間関係による安全を求めるなら。
- 五感を通して感じるものより大事なものが人生にはあると信じるなら。
- なにをするにも唯一の正しい道があると考えるなら。
- ザ・コンピューターがおこなったすべての良き働きを、崇拝し褒め讃えたいなら。

御利益《ごりやく》

　次のスキルから1つを選び、+2 にしてください。
- 教義論争
- 火による浄化
- 信徒の心のケア
- 地獄の責め苦の説教

処刑を避けよう。ミュータントパワーを登録しよう。

警告：クリアランスレベル＝バイオレット

概要

宗教は人民のアヘンであると、カール・マルクス（教会で日曜日の朝を過ごすのはどんな感じだったかを思い出すために、明らかにアヘンを過剰服用していた男）はいっています。アルファコンプレックスにおいてさえ、クローンは宗教に引きつけられます。それはまるで、人間の遺伝子のどこかに、より高い存在に対する崇拝の必要性が刻み込まれており、終わりなき大量のクローニングと遺伝的実験によっても、それを排除することができなかったように見えます。

アルファコンプレックスでもっとも重要なものは、もちろんザ・コンピューターですから、もともとクローンたちにはそれを崇拝する傾向がありました。ザ・コンピューターは、はじめのうちはこの傾向を奨励することを望み、古い（反逆的な）宗教文書と期限切れのプログラミングマニュアルを照合してクローンたちが従うべきさまざまな聖なるテキストを生み出すアルゴリズムシステムを開発しました。その結果できあがったものは、何の道理もなく結びつけられた奇妙で古くさい儀式の寄せ集めでした。クローンたちは、マンダラ【※仏教の密教経典に基づく諸仏の図。】のようなメノーラー【※ユダヤ教の儀式に用いられる7支】を回し、聖書をマニ車【※主にチベット仏教で用いられる内部に経文が納められた円筒形の容器。回転させると、その回数だけ経を唱えたのと同じ功徳があるとされています。】に結び、トーラーを左から右に読み【※トーラーはユダヤ教の聖典でヘブライ語で書かれていますが、ヘブライ語は英語とは逆に右から左に文字を書きます。】、1日につき少なくとも5回、中央コンプノードの方角に向かって祈りを捧げました。【※イスラム教徒は1日に5回メッカのカアバ神殿の方角に向かって礼拝します。】（また、アルファコンプレックスで食料供給を受けているという状況にもかかわらず、彼ら全員がなんとかコーシャー【※ユダヤ教の教えに従った清浄な食物と調理法。】を守り通しました）

それは、完璧な秘密結社でした。わずかばかりの効率性は、無用な情熱によって失われてしまいますが、ザ・コンピューターの要求にただちに従うという盲目的な献身によって補完されました。すべては、分裂の直前までとてもうまくいっていました。

コンプレックスの各支部はそれぞれコアとなる聖なるテキストのわずかに異なるバージョンによって活動していました、そして彼らが出会ったとき、避けがたい悲劇が起こりました。街路はクローンの血で赤く染まり、インフラレッドたちは、街路を歩くことでセキュリティクリアランス違反を犯すことを恐れて、家にとどまらなければなりませんでした。

その日から、コンピュータープログラマー第一教会（以下 FCCCP【※原句 First Church of Christ Computer Programmer の略称。】）は一連の秘密の支部の集合体として活動を開始しました。彼らは礼拝の儀式や祈りの聖句を統一して団結を高め、ときどきですが、大きくごついブーツをはいて、鼻くそのような異端者をセクターから蹴りだすという、正しくも良きおこないをします。異端者とは、アクセス端末のオン／オフを、正しい2回ではなく、異端的にも3回繰り返さなければならないと考えている連中のことです。【※ FCCCP にはたくさんの分派があり、互いに他の分派を反逆的な異端者と考えています。】

FCCCP に入信すると

FCCCP の新しい信者たち（彼らはひとまとめにして「電気羊の群れ」と呼ばれます。フィリップ・K・ディックの古代の変換ミスのおかげです※）は、さまざまな方法で、信仰団体とザ・コンピューターに奉仕することが求められます。その一部を紹介します。【※フィリップ・K・ディックの SF 小説『アンドロイドは電気羊の夢を見るか？』のタイトルでは Electric Sheep（直訳すれば「電気羊たち」）ですが、ここでは Electric Flock（電気羊の群れ）になっています。Flock は「羊の群れ」を意味しますが、キリスト教では信徒集団を羊の群れになぞらえて Flock と呼びます。】

- 藻屑槽を浄化し、それを食べたテロリストが呪われるようにしなさい。毒物による浄化が最善です。
- 他の秘密結社の高位のメンバーを改心させ、FCCCP の信者にしなさい。
- ミッション対象セクターにある FCCCP 分派の冒涜的な異端の教会に放火し、たまたまミッションの主目的のためにそうなったふりをしなさい。
- 高価なミッション機材を、高いセキュリティクリアランスの神を信じない異教徒ではなく、たまたま道を通りかかったクローンに与えることで、ザ・コンピューターの愛を広めなさい。
- FCCCP を支持するメッセージを公式記録にまぎれ込ませなさい。
- FCCCP メンバーに取り憑いている悪魔(ダイブスその他の AI ウイルス)の報告を調査研究し、悪魔払いをおこないなさい。悪魔払いの実施にあたっては、対象者を少なくともまあまあ無傷といえる状態にとどめておくように。
- 自分自身のトラブルシューターチームを調査し、その時点でザ・コンピューターを愛することがもっとも少ないクローンを除去しなさい。
- このとてつもなく重い宗教的テキストを、ミッション対象セクターのはずれにある私たちの教会に届けてください。

奉仕に対して、次のような恩寵《おんちょう》が与えられるでしょう。

- 変成プロトコル(対象者の血液を強力な鎮静剤に変えます)。【※　原文の Transmutation は、錬金術での物質の変成を意味します。】
- デジタル霊的交流ウエハース(ボットを FCCCP の過激なカルト的信者にします)。【※ウエハースにはお菓子の意味のほかに、半導体回路の基板という意味と、キリスト教のミサで使われる聖体(発酵させていないパンで、キリストの体として信徒が食べる)という意味があります。】
- 医療キットと回復薬の入手。
- 熱狂的な群衆の一時的コントロール(ここでは「コントロール」という言葉をゆるい意味で使っています)。
- 戦闘ダイスコマ《ドレイドル》。【※ドレイドルはユダヤ教の祭りで子供たちが遊ぶ四角形のコマ。ダイスのように使い、最後にどの面が出るかを競います。】
- 戦闘マンダラ。【※マンダラ(本項の「概要」を参照)をどうやって戦闘につかうのかはわかりません。もしかするとコンバット・マントラ(戦闘呪文)を書き変えたのかもしれませんが、訳者はもうどうでもいいやという気分になっています。】
- キブラソフトウェア(ユーザーにもっとも近い FCCCP センターを教えます。自派あるいは友好的な分派のセンターかもしれません)。【※キブラは、イスラム教徒が礼拝をおこなう際の方向(メッカのカアバ神殿の方向)。なお、キブラの方向を教えるソフトウェアはすでに存在します。】
- 見捨てられしものの呪い(イエローまたはそれ以下のクリアランスのクローンなら誰でも、一連の拡張現実とデータベースのハッキングで好ましからざる人物に変えます)。
- 「ザ・ビショップ」の好意(あなたを厄災から救うため、危機一髪のときに登場する、きわめて高い能力を持つグリーンの工作員です。問題は彼がしばしば遅れることです)。【※モンティパイソンのスケッチ「ザ・ビショップ」から。本文カッコ書きにある通り、イギリス国教会の主教《ビショップ》が、危機にある司祭たちを助けにむかいますが、本文カッコ書きの説明とはやや異なり、一度として間に合ったことはなく、司祭たちは次々と無残な死を遂げていきます。】

コミュニスト

キーワード：保全　人間主義

引用

「同志よ、いつの日か、我々はザ・コンピューターの抑圧の鎖から解放される！　栄光はプロレタリアートの手に！　誰もが人間の強さを讃えるのだ！　さて今日は、このパンフレットを配ってくれ。」

【　※コミュニストは、自分は共産主義者であると信じていますが、この後の説明にあるように、現実の共産主義者と一致するかどうかは保証の限りではありません。アルファコンプレックスのコミュニスト（一般的には「コミー」という蔑称が使われます）の多くは、共産主義と、ソビエト連邦（ソ連）と、ロシアを区別できません。このためコミーたちは、ロシアなまりでしゃべり（日本語では困難です）、毛皮のコートと帽子（どうやって入手するのかはわかりません）を愛用し、ロシア革命のシンボルであるハンマーと鎌（ハンマーは工場労働者の、鎌は農民のシンボルです）を何にでもつけようとします。GM は共産主義についてそれ以上知る必要はありません。説明の必要があればデタラメをいってください。どんなデタラメでも、GM がいったことがアルファコンプレックスのコミュニストが（あるいはその一分派）が信じている共産主義です。】

勧誘

　もしもあなたが以下に該当するなら、コミュニストになりましょう！

- ・　より多くの同志を求めているなら。
- ・　あなたが受けた虐待に対してザ・コンピューターと上司に復讐したいなら。
- ・　ひどいロシアなまりで話すことのいいわけがほしいなら。

党員特典

　次のスキルから 1 つを選び、+2 にしてください。

- ・　クローンまたはボットに新しい世界観を納得させる。
- ・　陰険なやり方で、ザ・コンピューターの手先たちを徐々に弱体化する。
- ・　叫び声をあげ、それから逃げる。
- ・　ブルジョアジーに殴りかかる。
- ・　長くは続かない絶望的な反乱を指揮する。

概要

ザ・コンピューターの管理がなくなれば、どうなるでしょう？　アルファコンプレックスが独立した個人の共同体によって管理され、各人がその必要に応じて報われるとしたら、どうなるでしょう？クローンが自分自身の運命に責任を持てるとしたら、どうなるでしょう？　それは、よりよい、より幸福な、より公平な場所になると思いませんか？

コミュニストの基本的な主張は、ザ・コンピューターの排除と、人間による政府の樹立です。もちろん、それは簡単ではありません。党の思想は強固なものではありますが、アルファコンプレックスの市民の多くは、ザ・コンピューターの影響を受け、誤解と利己主義の中に取り残されています。コミュニストは彼らの考え方を変えるためにひそかに働かなければなりません。プロパガンダこそ

が彼らの第一の武器です。チラシ、パンフレット、思想教育ビラ、そして説得のための議論が、彼らの活動の骨格をなしています。

彼らの目標が前コンプレックス時代の共産主義の思想と一致するかは、広い範囲の議論の対象となっています。一部のメンバーは何年もかけて、禁止されたテキストの意味を推測する研究をおこなっていますが、他のメンバーは自分たちより多くの資産にアクセスできる組織と人々に立ち向かう行動だけで満足しています。

コミュニストの党員になると

低いランクのコミュニストには、言葉と行動によって党の影響を広める活動が求められます。大部分のコミュニストの活動は、ハンマー作業（民衆の心をより未来を見通せる形に叩きあげます）か、鎌作業（敵の好ましくない要素を刈り取ります）です。あなたの党細胞（支部）のリーダー（険しい顔でろくに食事を取っていない冷たい目をした男性または女性）は、あなたに次のような任務を与えます。

- プロパガンダのチラシをアルファコンプレックス中にばらまくのが、君の任務だ。ただし、捕まらないように。
- 人民の感じやすい心を説得するために有用な「ハンマー君と鎌ちゃん」※のコミックを配布するために、印刷機を再プログラムしたまえ。【※原文は Hammy and Sickly 「大げさ君と病弱ちゃん」と訳すこともできます。「ウスラトンカチと鎌ってちゃん」でもいいかもし れません。】
- この地区の藻屑槽から利益をすくい取っていたフリーエンタープライズの潜入者を殺せ。
- 我々のイデオロギーにもっとも共感《アイデンティファイ》が少ないチームメンバーを特定《アイデンティファイ》し、殺すかあるいは転向させるように。
- ザ・コンピューターがこのセクターで使用する音声回路を再プログラムし、すべての文の末尾を「私は抑圧の道具です。」で終えるように修正したまえ。
- この地区のザ・コンピューターの支配力を弱めるために、できるだけ多くの監視カメラに破壊工作をおこないたまえ。
- この輸送ボットステーションの手すりに、「共産党宣言バージョン 3.0」を点字で刻み込むように。
- 近くにいる著名な人物を殺害し、それを敵対秘密結社の仕業のように見せかけるように。
- このセクターのザ・コンピューターのコンプノード（ザ・コンピューターの本体の一部を構成する結節点）を打ち倒し、その場面がカメラにおさめられるようにしたまえ。
- 君の任務の目的地の近くにある党細胞（支部）に非常に重いハンマーと鎌を輸送し、屋根の上に設置するように。

任務と引きかえに、あなたはコミュニスト集団内での地位を向上させて、えーと、他のコミュニストより平等になるチャンスが与えられます。【※ジョージ・オーウェルの『動物農場』の「全ての動物は平等である。ただし一部の動物はより平等である。」から。「より平等になる」は「特権を持つ」の言い換え。】非イデオロギー的な報酬には次のようなものが含まれます。
- ありふれた風景の中に身を隠すための、それなりに充実した内容の変装セット。

このメッセージを無視してください。

- あなたのクリアランスより 1 〜 2 レベル上のオーバーオールの貸与。不正な ID（身分証明）付き。
- メガホン（叫び声をあげるときに役立ちます）。
- あなたが明らかに偽りである主張をしたときに現れて、その主張を正しいと保証してくれる、得体が知れないが有力な盟友。
- コンプレックス中に広がる、あなたの利益になるうわさ。
- 重く、油っぽく、使い古されているが、非常に信頼できる、固体の弾丸を発射するピストルまたはライフル。
- ウォッカ。
- 過去のコミュニストによる、あなたを奮い立たせるメッセージが書かれた本。
- ハンマー。
- 鎌。
- 党が所有するトラクターの独占使用権。

サイオン
キーワード：向上

引用

「おさな子よ。裁きのときは来た。吾々はどちらの側に立つかを決断せねばならぬ。吾輩は、テレポートし、宙を飛び、タクシーボットを投げ飛ばし、心の力で火をつける者らの側に立つ。他の側につくことを望むなら、馬鹿を見るのはおぬしだ。」

勧誘

　もしもあなたが以下に該当するなら、サイオンに入りなさい。
- ミュータントこそが未来であると信じているなら。
- すべての可能性を実現し、あなたの能力に不自然な制限を加えたくないと望むなら。
- 他のクローンより優れていると感じることを楽しみたいなら。
- ザ・コンピューターを打倒し、ほのかに光る拳骨でアルファコンプレックスを支配したいなら。

特典

　次のスキルから 1 つを選び、+2 にしてください。
- ミュータントパワーを隠す。
- 他のクローンよりもより多くのことをよりよく知っていることをほのめかす。
- 他のクローンが真の潜在能力を自覚するように励ます。
- このセクターにいるミュータントについての秘密の知識を持つ。

概要

ミュータントは、普通のクローンより優れています。それはもっとも鈍感なインフラレッドでさえ理解できるほど簡単なことです。あなたが、見るだけでものを凍りつかせたり、濃縮フェロモンの分泌で人々を魅惑したりできるなら、それができないガリ勉野郎よりも優れていると思いませんか？　ミュータントを嫌う人々は、ミュータントを恐れているのです。そして、確かにそれは間違ってはいません。

もちろん、アルファコンプレックスを管理する人々の中にも、こうした人たちがたくさんいて、反ミュータントのやまいはアルファコンプレックスの頂上まで広がっています。ですから、ミュータントが明らかに人類の進化の次の段階（たとえ彼らの頭が時々爆発するとしても）であるにもかかわらず、私たちはその能力をしみったれた嫉妬深い上司から隠さなければならないのです。もうたくさんです！

サイオンは、ミュータントが管理する世界を説きます。錯乱したシリコンのかたまりに何も考えずに服従するのはもうおしまいにして、その代わりにミュータント能力の高さによって政府内の地位が決定される素晴らしい未来を選ぶのです。サイオンの会議室では、超能力統治《サイオクラシー》（サイオンはそう呼びます）の時代は、今まさに到来しつつあるとささやかれています。正しい側に立たなければなりません。

すべてのサイオンメンバーが、ミュータントというわけではありません。一部のメンバーはミュータントパワーを持ちませんが、彼らは、アルファコンプレックスが進む道を知っており、すぐれたカリスマ的遺伝的逸脱者がザ・コンピューターを打倒して住民に責任を負うようになるのは時間の問題だと考えています。時が至り、新しい輝かしいミュータント社会に加わることを許された選ばれた「登録普通人《ノーマル》」の1人になれるなら、重荷を負い多少の軽蔑を受けることには十分な価値があります。

サイオンになったら

低位のサイオンメンバーには、共同体のための秘密任務を遂行することが求められます。たとえば…

- 強力なミュータント脳を藻屑槽に落とし、十分後ろに下がれ。
- 強力な反ミュータント主義者を暗殺しろ。
- 何か残虐な行為をおこない、秘密結社アンチミュータントの仕業に見せかけるのだ。
- ミッションに不可欠なクローンがミュータントパワーを使用するように励ませ。
- 万民のためにミュータントパワーを使え。しかし捕まるな。
- イントセックの尋問を受けているメンバーを、我々の隠れ家を白状する前に助け出せ。
- おまえの精神に超頭脳《オーバーブレイン》の一片を取り込んで、ミッションセクターにいる友好的なクローンまで輸送せよ。それがおまえの心を少しばかり圧倒することに注意しろ。
- 3人の市民にミュータントパワーを登録するように説得しろ。

忠実な市民は幸福な市民。
警告：クリアランスレベル＝バイオレット

その働きに対して、彼らは次のような報酬を与えられるでしょう。

- エクゼビア※移植片《インプラント》。ミュータントパワーの原動力としてだけ使用できる「無料」の〈気力度〉を生み出す分泌腺。キャラクターはミュータントパワーを使用するとき、1シーン※※につき1回だけ、1ポイント分の〈気力度〉を斜線を引かずに使用できます。【※エクゼビアは、「X-メン」シリーズのリーダーの超能力者、プロフェッサーX（チャールズ・フランシス・エグゼビア）のことではありません。】【※※シーンはキャラクターたちがなにかまとまった1つのことをおこなう「場面」です。キャラクターたちが別のことを始めたら次のシーンになります。戦闘なら、戦闘の準備から後片付けまでが1シーンになります。誰かと話すなら相手と会ってから話が終わり別れるまでが1シーンになります。】
- インスタント注意妨害プロトコル。管理されたAIウイルスで、近くにいる対象のミュータントパワーを起動し、ユーザーがしていることから注意をそらします。
- 実験的な「オリジンスカッシュ」溶液【※直訳すると「源泉圧搾」です。】服用者の潜在的なミュータントパワーを強化し明白にします。
- 隠れた味方からのミュータントパワーの「貸し付け」。パイロキネシス（物体発火）、インビジビリティ（不可視化）、レビテーション（空中浮遊）など。
- 骨をアルミニウム（古代の変換ミスに感謝）と入れ替える危険でとても痛い手術。少なくとも体を軽くし、アルミニウムはリサイクル可能です。【※「X-メン」にも登場するウルヴァリンは、世界最硬の金属であるアダマンチウム合金（アルミニウムではありません）の爪と骨格を持っていますが、これも無関係です。】
- インスタントパニック™。使い捨てのAIウイルスで、半径5メートル以内のすべてのクローンに（a）やみくもで不合理な恐怖感を与え、（b）ミュータントパワーを起動します。

デスレパード

キーワード：反体制 探求

引用
「よう、おめえ、パーティはおしまいだ！
すげえことやろうぜ、ちょうパワフルにだよ」

勧誘
もしもあなたが以下に該当するなら、デスレパードに入りましょう。
- 単純明快でわかりやすい秘密結社に入りたいなら。
- 騒ぎを起こし、なんでも吹き飛ばし、面倒事に巻き込まれたいなら。
- ロックンローラーのように頭を振り回し、クールですげえ奴（またはすげえ奴もどき）のように話すなら。
- みんなの注目の的となることが、たとえそのために命を失うことになってもかまわないぐらい大好きなら。

メンバーの特典

次のスキルから 1 つを選び、+2 にしてください。

- 大声をあげる。
- めちゃくちゃにする。
- 思い切り楽しむ。
- 体制に抵抗する。
- 自分に正直になる。

概要

デスレパードは、パンクス、ロッカー、無政府主義者、そして「理由なき反抗」者の集団です。【※『理由なき反抗』は、無軌道な若者達を描く、ジェームズ・ディーン主演の 1955 年のアメリカ映画。】彼らは以下の行動を決まった順番もなくデタラメに楽しみます。思い切り楽しむ。大ボラを吹く。ものをぶっ壊す。通行人に言いがかりをつける。叫ぶ。高い所から飛び降りる。ヤバイことになる。彼らの行動にはなんの政治的な意図もなく、隠された秘密の目的もありません。彼らはただ楽しみたいだけなのです。デスレパードの「楽しみ」は一般的に回復不可能な聴力損傷を伴います。【※大音量のやかましい音楽（あるいは絶叫や爆発音）にさらされるためです。】ザ・コンピューターは、彼らの「楽しみ」の考え方に同意しませんが、ザ・コンピューターなんてくそくらえです。そうでしょう？

アルファコンプレックスのように厳しくコントロールされた社会では、騒々しい抵抗が発生するのは自然です。デスレパードは、しばしば、他のより多くの本格的で真面目な秘密結社（明確な目標を持ち、メンバーに実際の利益を与え、おそらくは低位のメンバーからもう少しだけ尊敬されている秘密結社）への第一歩となります。もちろん、一部のレパードは死ぬまでレパードです。これらの白髪のオールドロッカーたちは社会の上層部にいて、厳重に隠された永続的なデッドゾーンでのアンダーグラウンド音楽ギグ（コンサート）を組織するか、あるいは毎週期の大部分を堅苦しい真面目人間《スクエア》のあいだに隠れてすごし、月期に 1、2 回、薄くなった髪をスパイク状にとがらせて、インディゴのマンションからこっそりと抜けだして、耳を聾する大音響のロックコンサートにむかいます。

彼らのこのような態度からわかるように、デスレパードは結局のところバカの集まりですが、少数の酔っぱらいの哲学者、爆破の専門家、陰謀家の無政府主義者も含まれます。彼らが強く抱いている理想は、パンクの美学、ロックンロール、オートバイ、本物の革についてのあいまいな概念で、彼ら自身ほとんど理解していません。彼らのロックバンドは、しばしばアンプにつながっていないエレキギター 3 台とスネアドラム 1 つから成ります。【※アンプにつながないとエレキギターの特徴的なサウンドにならず大きな音も出せませんが、電源無しでもある程度の音は出ます。スネアドラムはドラムセットのなかの小型だが重要なドラム。遠くまで音がもれないようにするには（あるいは難聴を防止するには）いいかもしれません。】彼らの「ファイト・クラブ」【※ 1 対 1 でケンカをするクラブ。この後の記述は、映画『ファイト・クラブ』を意識していると思われます。】は、派手なレスリングか、ときおりの殺人に至ります。彼らの抗議と熱狂は、誰からも気にされないか、あるいはセクターの半分を焼き尽くします。

でも、そういったことはみんなノリでいきましょう、ブラザー。あなたは明るく燃えあがり、この世界に焼け焦げた跡を残し、微笑み、悲鳴を上げながら、滅びていくのです。

ザ・コンピューターは常に正しい。

デスレパードになると

練習をはじめたばかりの初心者ロッカー（上位者からはしばしば、クソ、クズ、カス
と呼ばれます）は、しばしば、偉くなりたいなら次のどれかをするようにといわれます。

- どっか重要な場所に爆弾を仕掛けて、決められた時刻にバッチリ爆発させるんだ。
- 公衆スピーカー放送システムを配線し直して、うちのグループリーダーのロックミュージックの演奏が流れるようにしてくれ。
- BLU セクターのオマワリがグループリーダーの共同住宅を捜索に来るから、違法薬物を隠してくれ。けっこう量が多いぞ。
- ライバルのデスレパード支部から大事な記念品を盗んでこい。
- 気晴らしをしろ（何をどのようにするかについての指示はなく、時間と場所だけが指定されます）。
- ロックンロールのキャッチフレーズを黄色のスプレーでペイントするんだ。おまえの職場のオレンジの上役が自分で消せないようにな。
- セクターで一番高い建物からデスレパードの旗をはためかせるんだ。いいだろ。
- トラブルシューターのプロモーションビデオ（奴らがミッションの一部としておまえのグループをシュートしてる※ヤツだ）をミュージックビデオと差し替えろ。【※原文は shoot で、「撃つ」なのか「撮影する」なのかわかりません。撃ちながら撮影する可能性が高そうです。】
- クローンで一杯の公共エリアで暴動を起こすんだ。混乱が最大になるようにうまく時間を調整しろよ。
- 地下室でのロックコンサートを誰にも見つからないようにしてくれ。

これらの行動と引きかえに、かなり速い秘密結社内での昇進のチャンス（平均的デスレパードは、あまり長生きしません）と、次のような報酬を期待できます。

- あなたのクリアランスカラーの合成皮革ジャケット。
- 隠し持てるブラスナックル。
- 火炎瓶。
- 爆薬。
- 改造エレキギター。
- 飛出しナイフ。
- 限定版の箔押し T シャツ。
- 銃身を短く切ったショットガン。【※狭い場所で扱いやすく、散弾が広がるため至近距離では強力な散弾銃（逆に中距離以上では非力）。多くの国で禁止あるいは規制されています。】
- 携帯用拡声器（計り知れないほどうるさい）。
- アンダーグラウンドのロックコンサートチケット。

フランケンシュタインデストロイヤー

キーワード：人間主義　反体制

引用

「俺には友達がいた。いい奴だったぜ。あいつが暴走トラックボットに押しつぶされたときにはっきりわかったんだ。ボットは敵だってな。人間には、手首のちょっとした動きで他人の内臓を抜き取ることなんてできやしないし、トラブルシューターチームの集中射撃に耐えることだってできない。人間は未来だ。ボットはずるい。俺の話を聞いてるか？　さて、こんな話は止めにして、軍事ボットの排気口にプラスチック爆弾を押し込みにいこうぜ。」

【※フランケンシュタインデストロイヤーは、産業革命期に自分たちの仕事を奪う機械を破壊したラッダイト運動のアルファコンプレックス版です。この節の説明の一部は明らかにラッダイト運動を意識したものになっています。】

勧誘

もしもあなたが以下に該当するなら、フランケンシュタインデストロイヤーに加わってください。

- まともで勤勉なクローンに、より多くの仕事のチャンスが与えられることを望むなら。
- アルファコンプレックスから、ザ・コンピューターとその金属カバーのろくでなし軍団がいなくなることを望むなら。
- ボットと、その不潔でオイルだらけの貪欲な爪を憎むなら。
- また、奴らのまぬけな放送禁止用語《ビープ》を使って説明したくなる顔を憎むなら。
- そして、奴らはなんと有能なんだろうと思うなら。
- そのうえ、そのことが本当にあなたをいらだたせるなら。

加入特典

次のスキルから１つを選び、+2 にしてください。

- ボットを徹底的にぶち壊すこと。
- 何かひどいことをして、それをボットがやったように見せかけること。
- ボットを再プログラミングして、有害な怪物としての彼らの本性を明らかにすること。
- たとえどんなにボットが嫌いでも、歯を食いしばって、ボットと話すこと。

概要

ボット、つまり AI（人工知能）によって制御される単体の自動装置は、アルファコンプレックスの至るところにいます。ボットは食物を供給します。ボットはトレインを操縦します。ボットは街角を守ります。ボットはクローニング室を維持します。もしも、まだ揺りかごや墓場が存

在していたとしたら、ボットは揺りかごから墓場まであらゆるクローンのそばにいるでしょう。逃れる方法はありません。

このことは一部のクローンを本当にいらだたせ、彼らの多くはフランケンシュタインデストロイヤーに加わります。アルファコンプレックスはボットなしで生きのびることができるでしょうか？無理ですね。それには社会基盤の抜本的な見直しが必要です。まあ、こんなことを気にしているのは、秘密結社の最高位のメンバーだけですがね。大部分の下位メンバーはボットを打ち壊し自動化されたシステムを台無しにするだけで満足しています。それに、彼らの一部は実際こういった活動がとても得意です。これらの活動は、多くの場合なんの利益ももたらしません。ザ・コンピューターはボットを交換するだけです。たいていの場合はそうなりますが、まれなケースでは、いくらかのクローンがその仕事のための訓練を受け新しい職場が生まれるという効果をもたらすこともあります。フランケンシュタインデストロイヤーは自分たちをクローン庶民の擁護者であり代表者であると考えています。

フランケンシュタインデストロイヤーにとって、秘密結社内での序列はきわめて重要です。それぞれのメンバーは、ボット壊し《ボットマッシャー》序列での自分の位置をいやというほど気にしています。彼らの一部はランク（と、彼らが自分で破壊したボットのタイプ）を示す、歯車とサーボモーターを吊した目立たないネックレスをつけています。上位者のために尽くし、上位者と共に任務を果たすことは、組織内で昇進するための確かな方法です。そのためには、誰かの注目を引くまで、延々とボットを壊し続ければいいのです。

フランケンシュタインデストロイヤーになると

フランケンシュタインデストロイヤーの低位のメンバーには、秘密任務への参加が求められます。

- 代替不可能な任務についているボットを破壊し、人間がその気になれば、ボットにできることは何だってできることを証明しろ。
- 残虐行為を仕組んで、その責任がボットにあるように見せかけろ。
- 製造ラインに破壊工作をおこない、その原因がすべてボットの過ちにあるように見せかけろ。ボット生産工場に爆弾を仕掛けて完全に破壊せよ。工場はこの居住ブロックの地下に隠されている。
- ボットに変装して人々に恐ろしいことをいい、ボットの社会的イメージを低下させるのだ。
- 恐るべきボットどもが誰も見ていないときに何をしているのかを暴くこのポスターを目立つ場所に貼り付けるのだ。
- チームメンバーの誰かがAI（人工知能）またはボットを内蔵する装備を持っていたら、装備が必ず彼らの期待を裏切るようにするのだ。

その働きに対する見返りとして、次のような報酬が与えられるでしょう。

- ボットのプログラムに妨害活動をおこない、奴らが互いを攻撃するように仕向けるコンピューターチップ。
- 「ボット壊し」。ボットに追加のダメージを与えることができる異様に重い棍棒。
- 防具を貫通して機械を破壊するサボ弾【※1粒だけの大型の弾体をサボ（装弾筒）で包んだ、散弾銃用の弾丸。】を装填した不細工な急造ショットガン。

- 驚くほど説得力のあるボット変装セット。着用時のことを考えるとぞっとします。
- EMP 装置（「スパナ」と呼ばれています）。限定された範囲内の電子回路を焼きつかせ、ボットと AI（人工知能）を作動不能にします。
- ［ザ・デバイス］の部品の 1 つ。きわめて強力な対コンピューター兵器 ［ザ・デバイス］ は、17 の別々の部品に分解されました。フランケンシュタインデストロイヤーの誰もその全部がある場所を知りません。まして、どうすれば再組立ができるのか、［ザ・デバイス］ のスイッチが入ったら何が起きるのかは、知るよしもありません。
- 儀式用の木靴※。きわめて高価で、履き心地は最悪です。【※サボタージュ（破壊工作）の語源について、工場労働者が自分たちが履いていた木靴《サボ》を機械に放り込んで壊したからという説があります。この説は語源としては疑わしいとされていますが、一般によく知られており、おそらくフランケンシュタインデストロイヤーたちも、自動機械の破壊に際して儀式的に木靴をぶつけるのでしょう。】

フリーエンタープライズ

キーワード：多様性　向上

引用

「あなたは私のためにちょっとした何かをする。私はあなたのためにちょっとした何かをする。そうすれば、結局どっちにとってももっとよくなる。いい感じでしょ？　さあ、そのレーザーを私に向けるのは止めてください。誰かがケガするかもしれないじゃありませんか。」

【 ※フリーエンタープライズは自由企業という意味ですが、その実態は利益を上げるためなら手段を選ばないハゲタカのような経営者と、マフィアと、インチキ商品を売りつける悪徳商人を混ぜ合わせたものです。25 周年版のフリーエンタープライズは悪徳資本家性が強調されていましたが、この版ではマフィアとしての性質が強く打ち出されています。】【※※キーワード〈多様性〉と〈向上〉は対立しています。フリーエンタープライズはおそらくこの矛盾を乗り越え、もっぱら利害関係と金銭欲（金銭はありませんが）で団結しているのでしょう。そして対立するキーワードには利点もあります。フリーエンタープライズは十分に武装していますが、通常は戦いよりも取引や脅迫を選び、暴力は話し合いをスムーズに進めるための手段として使用します。そのほうが安上がりだからです。取引に際しては〈多様性〉を持つ相手にも〈向上〉を持つ相手にも「我々もまったく同じ考えだ」といえます。もちろん脅迫に際しては〈多様性〉も〈向上〉のどちらのキーワードを持つ相手にも、「そういう考えを持つものは許してはおけない」と脅すことができます。】

勧誘

もしもあなたが以下に該当するなら、フリーエンタープライズに入りましょう。

- あなた自身が持つ可能性をすべて実現したいなら。
- ビジネスで成功するために、陰謀、詐欺、騙《かた》りをする用意ができているなら。
- どんな状況でも即断即決で取引できるなら。

俺のゲーム。俺のルール。俺が勝つ。

警告：クリアランスレベル＝バイオレット

特典

次のスキルから 1 つを選び、+2 にしてください。

- うさんくさく思えるほどもっともらしい契約を結ばせること。
- 自分のものでない何かを手に入れること。
- 何か 1 つの対象を、集団でめちゃくちゃにすること。【※後述する「用心棒代」とその訳注を参照してください。】
- コネを使って誰かを利用すること。

概要

お金が世界を動かします。少なくとも昔はそうでした。それが存在していたときには、そして世界があったときには。現在、アルファコンプレックスは XP ポイントによって支配されています。通貨【※25 周年版ではクレジットと呼ばれていました。】は公式の取引では使用されなくなり、その結果、ブラックマーケット（ヤミ市）【※25 周年版では赤外《ヤミ》市と呼ばれていました。】は、これまでより強力になりました。そして、いやはや、フリーエンタープライズはブラックマーケットの王様です。

フリーエンタープライズはあなたが望むものを何であれ調達できます。それが存在するなら、彼らはそれを供給できます。それが存在しないなら…　少し時間がかかるかも知れませんが、まったくの時間の無駄というわけではありません。彼らには社会のあらゆるレベルにコネがあり、ことを成し遂げるためにコネを利用することをまったくためらいません。

フリーエンタープライズに入れば、よい品物、よい服、よい住居、おいしい食物、そして優先サービスを受けることができます。彼らは、他のみんなよりも少しばかり高いレベルの生活を楽しめます。当然のことですが、そのためにはたくさんのつま先を踏みにじらなければなりません（それでうまくいかなければ、手の指を踏みにじったり、少しばかり顔を痛めつけたりすることを考慮してください）。彼らは目的を達成するために、このような暴力を使用することをまったくためらいません。

フリーエンタープライズは、XP ポイント制度が実施されてもお金をあきらめませんでした。自己改善と向上の努力は大変けっこうですが、だからといってそれは近い将来にブリーフケースがお金で一杯になるのと同じことではあません。最後にものをいうのはお金です。フリーエンタープライズは古いクレジットカードソフトウェアの再利用を実験中ですが、現在はチットとトークン（しばしばバースデーカードに偽装されており、発行したクローンの DNA スタンプで認証され、支払金額はカードに書かれたクローンの生存年数で表示されます）【※チットは伝票やチケットなどの紙切れ、トークンは代用通貨ですが、ここでの説明では手形や小切手に近いものようです。】と安定した物々交換を、公定通貨の代わりに使用しています。物々交換は記録を追跡するのが困難ですから、これはクローンがザ・コンピューターの鼻先で経済活動をおこなえることを意味します。現在一般的に使用されている安定した物々交換品は、つぎの通りです。【※通常の物々交換では、その物を必要としない相手は交換を拒否するでしょう。しかし「安定した」物々交換品は、お金のように誰にでも受け取ってもらえます。GM はそう説明してください。】「ルナマックス洗浄液」、「ミディアムレッドフレーバーのバウンシィバブルビバレッジ」、「予備の RAM メモリー」、「シュアグリップスポーツソックス（黒色）」。

フリーエンタープライズに入ると

フリーエンタープライズは、優遇処置と引きかえに、低位メンバーに多くの活動をうながします。上位者の好意を獲得できる活動の例としては、次のようなものがあります。

- 大きいか、厄介か、重い（あるいはその全部の）密売品を、監視地域を通過させるように。
- 企業や商人たちから用心棒代※を取り立てろ。【※マフィアや日本のヤクザが企業や店舗から取り立てる「用心棒代（みかじめ料）」。支払わないとチンピラが店をめちゃくちゃにし、それから兄貴分がやってきて、我々はこういう危険からあなたの店を守ることができるといいます。】
- 当局または他の秘密結社に情報をもらした元フリーエンタープライズの仲間を殺害せよ。
- とても珍しいグリーン藻屑チップス（ライム味）のコンテナが本物であることを確認し、おまえのボスのところにもっていけ。
- ミスティクスを説得して別の街角でドラッグを売るようにさせろ。できればドラッグを売るのを止めさせろ。奴らのせいでこっちの商売はあがったりだ。
- 高度かつ困難な賄賂の技術を見せてくれ。
- おまえのボスたちが重大犯罪で訴えられる危険のある問題を後部座席で話し合っている間、クルマを適当に走らせろ。
- 超殺し《メガワッキング》。誰かをこっそりと連れ出して殺し、そのうえそいつのクローンも全員連れ出して殺せ。
- 厳重に警備された保管施設から貴重な品物を盗め。
- フリーエンタープライズ支部襲撃の先頭に立て。この支部は、我々の縄張りに強引に割り込もうとしている他のセクターのライバルのものだ。
- インディゴクローンをスパイして、彼が一番ほしがっているものを見つけだせ。そうすれば、おまえのボスはとんでもない高値でそいつを売りつけることができる。

働きに対して、次のような報酬が与えられるでしょう。

- 取引に使える安定した物々交換品。
- 贅沢な品物。リアルフードの果物、アルコール、快適な枕、穴のあいていないジャンプスーツ。
- 素晴らしい車に乗った影響力のある男性や女性からの好意。
- 豪華な視聴室がある会員制ホロビデオショップの利用権
- 公式請求装備を商品およびサービス用のXPポイントに交換するボーナス。
- あなたの基本装備の素晴らしいバージョン（ボーナスダイスを1個または2個追加します）。
- 行列での優先処置。
- あなたの犯罪に気づいた他のトラブルシューターまたは当局者は、見て見ぬふりをします。
- 1回の殺人（無料）。

市民、このチップの極秘のエラーは無視してください。
警告：クリアランスレベル＝バイオレット

フリークス

キーワード：科学力

引用

「IP ルータをビットストリップまでばらばらにして、それから不要なハードディスクのギブスン・プロトコルをオーバーライドして、ソースコードにアクセスするテンポラリなバックドアをつくれば、後はハッキング・スクリプトでリード・バイナリの文字列をハイジャックするという単純な問題だ。そして、ビンゴ！　自動販売機はもう 1 回チキンスープを出すってわけだ。」

【※この秘密結社は、25 周年版のコンピューター・フリークスの後継組織でしょう。主な関心の対象はコンピュータですが、その他のハイテク機器全般にも興味を持っていることに注意してください（その点で 25 周年版のプロ・テックの役割も引き継いでいます）。】

勧誘

　もしもあなたが以下に該当するなら、フリークスになりなさい。

- 技術的進歩から可能な限りあらゆるものをしぼりとりたいなら。
- 栄光への道を非暴力的に歩むことを楽しみたいなら。
- スイッチを切ったり入れたりするのが好きなら。
- あなたがほかの誰よりも頭がいいという事実を、ありとあらゆる機会に示したいという欲望があるなら。

特典

次のスキルから 1 つを選び、+2 にしてください。

- デジタル業界用語《ジャーゴン》で人々を困惑させる。
- あなた自身の装備を改良する。
- 他の誰かの装備に破壊工作をする。
- 戦闘の最初の徴候があったら、すぐさま逃げ出して隠れる。

概要

アルファコンプレックスは、テクノロジーで覆い尽くされた世界です。Wi-Fi は、ほとんどどこにでもあります。階層化されたコードプログラムは、全ての環境を制御します。あらゆる意思疎通は、ザ・コンピューターによって統制されダブルチェックされます。このテクノロジーを操作する方法を理解する人々は、王として君臨します…　ホントかって？　王というより、二進数《バイナリ》革命の最前線に立つデジタル魔法使い《ウィザード》ですね。わかった？

これがフリークス、つまりハッカーとコンピューター犯罪者の騒々しい一団の自己イメージです（たとえ、それに誰も同意しないとしても）。長年にわたるジャンクコードは、アルファコンプレックスのインフラへのハッキングを、簡単にも困難にもしました。簡単な点は、どこを引っかき回すべきかさえわかってさえいれば、セキュリティ対策がほぼまったく存在しないということです。しかし困難な点もあります。安定した修正は不可能です。百万もの変数がサポートプログラムに混乱を

引き起こすからです。たしかにちょっとした影響を与えることは可能です。たとえば、ボットのプログラムを書き換えて、あなただけを助けてパーティのほかの誰も助けないようにするとかですね。しかし無限の XP ポイントを獲得する不正《チート》コードを手に入れたものは、まだ誰もいません。（あるいは、誰かがそれを知っていて、秘密にしているのかもしれません。）

フリークスはダークネット内のチャットルームやたまり場に集まります。しばしば、個人情報を保護するためにさまざまなハンドルネームを使用し、それぞれが持つ特定の勢力分野における優位を最大限に発揮する方法についての情報を交換します。フリークスは、ザ・コンピューターの打倒を試みるほど十分に組織されていません。少なくとも、今のところはまだです。[見つかりません]の名で知られている組織は、古めかしい仮面をつけた自分達のビデオを撮影し、誰に宛てたのかもわからない奇妙な最後通告をばらまきますが、他のフリークスたちは、自分の仕事をすることで満足しているようです。

それぞれのフリークスは、ほとんどの場合自分自身のために行動します。たしかに彼らは互いのために活動し、秘密の任務をこなしますが、それは他の大部分の秘密結社に見られるようなイデオロギーへの盲目的服従からというより、仲間の尊敬を得ることや、閉ざされたプログラムや情報にアクセスすることそれ自体のためです。

フリークスになると

新入りの見習いフリークス（上級者にとっては「スクリプトキディ」または「n00b」※です）となったトラブルシューターは、彼らの評判をあげるために特定のタスクを果たすことを求められます。たとえば… 【※スクリプトキディは、「（他人の作った）スクリプトを使うしか能の無いお子ちゃま《キディ》」という意味の初心者ハッカーの蔑称。n00b は noob のリートスピーク（ハッカー表記）で、マナーの悪いウザい初心者の蔑称。】

- ・ ミッション中に、新しい（そして非常に破壊的な）ハイテク機器を試してくれ。
- ・ 貴重なハイテク機器を盗んで、それを上級者《ハンドラ》に届けてくれ。
- ・ 通常のトラブルシューターミッションによって発生する混乱を利用して、気づかれないようにセクターのルートプログラムに侵入口《バックドア》をインストールしてくれ。
- ・ 軍事ボットを乗っ取って狂わせ、それからパーツ取りのために解体してくれ。
- ・ ミッション目的地の隣で起こる強奪事件のハッカー役をしてくれ。誰にも何が起きているか気づかれないようにするんだ。
- ・ 他の秘密結社《セクソック》のチンピラとボット警備員の一団を出し抜いて、セクターで一番高い建物に登り、上級者の光ファイバーケーブルを接続するんだ。
- ・ 無知《クルーレス》で無慈悲《クルーエル》なブルーのクローンに、IT サポートをおこなってくれ。上級者たちは、こいつと協定を結ぶことに関心をいだいている。

これらの働きに対しては、次のような褒賞が与えられるでしょう。

- ・ 丸暗記で一回限りの使い捨てデジタル「呪文」。呪文がコンプノードにアップロードされると、そのエリアで何か面白いことが起こります（明かりが消える、すべてのファンが起動する、あちこちに火がつく、壁からバウンシィバブルビバレッジが噴き出す、などなど）。

いやあ、なんとも恐ろしい死にざまですね。ここではよくあることですか？

警告：クリアランスレベル＝バイオレット

- 大脳コアテックのハードウェアのアップグレード。近くのカメラ（そして、ときには他の大脳コアテック）からの視覚データ供給を乗っ取って、戦闘を有利にします。
- 拡張現実視覚歪曲モジュール。
- オーバークロックされた兵器（ノードに 2、3 個のダイスが追加されますが、使用は危険です）。
- ボット奇兵隊※（近くにいるすべてのボットを乗っ取って、彼らを寄せ集めの戦闘部隊に組織します）。【※原文は Cavalry（騎兵隊）で、危機に際して駆けつける救い手という意味です。】
- トレイン召喚（トレインの方向を変え壁から飛び出させます。まあ、厳密にいえば武器の一種です）。

ミスティクス

キーワード：探求 多様性

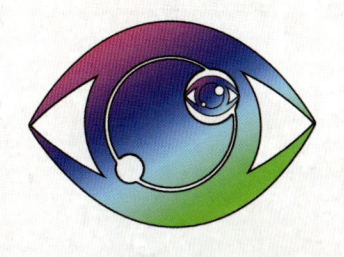

引用

「いいですか、根源的に考えましょう。純粋に論理的な基準から見て、この状況の哲学的要点は、あなたの根源的衝動の十分な自己実現として、私にそのヤバいマリファナを渡すことができるということです。」

【※25 周年版のミスティクスは、ほとんど無害なヒッピー的夢想家集団でしたが、この版では麻薬密売組織的なダークな側面が強調されています。ただし、ミスティクスは単なる麻薬密売組織ではありません。まず彼らは上から下まで全員ドラッグ常用者です（私たちの世界の麻薬密売人は麻薬の恐ろしさを一番よく知っているので、使い捨ての下っ端を除けばめったに麻薬常用者はいません）。そしてドラッグによってクローンは解放されるという信念を持っています。この理念とドラッグ密売人の落差をうまく演出してください）。】

勧誘

もしもあなたが以下に該当するなら、ミスティクスになりなさい。

- さまざまな精神活性ドラッグであなたの心を拡張したいなら。
- 危険な化学物質を自分（あるいは他人）で実験したいなら。
- あなたの心を、ザ・コンピューターの圧政のくびきから解放したいなら。
- 自分のキャラクターのコントロールを GM に譲り渡し、GM が語るマニアックなドラッグトリップを楽しみたいなら。

会員特典

次のスキルから 1 つを選び、+2 にしてください。

- ドラッグを試し、生き延びる。
- ストレスの多い状況で落ち着きを保つ。
- 広い範囲の化学物質（大部分は精神活性を持つもの）をもてあそぶ。
- 誰もあなたの縄張りを荒らせないようにする。

概要

アルファコンプレックスは、あらゆるクローンの心に巻きつく鎖です。あらゆるシステム、あらゆるザ・コンピューターのプロパガンダ・スローガン、あらゆる色分けされた廊下、あらゆるビデオスクリーンのまばたくことのないザ・コンピューターの目は、クローンたちの頭脳をすり減らし、彼らを思考力のない従順な囚人に仕立て上げるようにデザインされています。ミスティクスは逃げ道を見つけだしました。

精神活性物質の自由な使用を通じて、彼らは自由思想家、クリエーター、化学者、売人と用心棒からなる、アルファコンプレックスのほとんどあらゆる非公式ドラッグをブラックマーケットに供給する集団を創り上げ、それから、上記のドラッグを使用して、精神的な会話と実験的な思考をおこない、静かに座ってみんなで天井を見上げます。もちろん、彼らはドラッグの安全な使用に努力しています。ライバル組織が立ち上げた（明らかに劣った）ドラッグ生産設備は、その製品が罪なきクローンの心を害する前に、可能な限りすみやかに活動を停止させなければなりません。

謎に包まれた覚醒剤中毒のあぶない連中の徒党によって操られているミスティクスでは、秘密結社内での地位の上昇はあまり筋が通ったものはありません。そうですね、数袋の大豆マリファナ《ソイウィード》からはじめて、おそらくフリーエンタープライズの流通センター【※ブラックマーケットのことでしょう。】で数回、売人の練習をすることになるでしょう。しかし、まもなく、トラック何台分ものチャイナウルトラバイオレット【※チャイナホワイトならヘロイン類似の効果（と中毒症状）を持つ合成麻薬。】を、アンダープレックス【※77頁を参照のこと。】を通り抜けてひそかに輸送するようになるでしょう。そして、強烈なLSD-Max™による高揚の頂点で、あなたに道を指し示す担当監督者であるトゥルパ【※本来はチベット仏教の活仏のことですが、導師といった意味でしょう。】との接触を必死に保ちながら存在の意味の最終的な認識に達したとき、ちょうど目の前に検問所があるでしょう。

たしかにこれはとてもやっかいな旅行《トリップ》です。しかしすばらしいトリップです。報酬は大きく、他の方法では獲得することはできません。

ミスティクスになると

低位のミスティクス（「探索者《シーカー》」、「放浪者《ワンダラー》」、またはボスによっては実験体としてのナンバーで呼ばれます）は街角のあちこちに立っている怪しげな連中から接触を受け、ブラックマーケットの上質なクッションに座った狂った目の男女から任務の指示を受けます。たとえば…

- 何の表記もないパッケージをまったく合法的な場所に届けろ。質問は無しだ。
- 新しい潜在的に危険なドラッグの副作用について報告すること。
- 大豆槽にドラッグを混入して、セクターのすべての心を解放するのだ。
- ライバル組織のドラッグ生産または流通セクターを奪い取れ。
- トラック1台分の治療用ドラッグを医療センターから盗め。
    - この新しい幻覚手榴弾を試用すること。おそらくまずいことにはならないはずだ。
    - ドラッグ使用でおかしくなっている上級メンバーを落ちつかせてくれ。
    - レイヴ（ドラッグパーティ）／覚醒剤製造所／詩の朗読会／陶芸教室※の、秘密が

守られていることを確認せよ。【※詩の朗読会（poetry reading）と陶芸教室（pottery workshop）が意味不明ですが、マリファナパーティ（pot party）にかけただじゃれか隠語のようです。】

- 当局者がやってくる前に、いくつかの死体を隠し、うまくいかなかった取引の痕跡をきれいにしておけ。
- 重武装したデスレパードの狂人たちとの取引をうまくまとめてくれ。
- これを吸いたまえ。それから結果を報告したまえ。

これらの働きと引き換えに、精神的な悟りと、アルファコンプレックスでのドラッグ取引階層の段階的向上に加え、つぎのような報酬を受けます。

- 興奮剤。ソイカフ※から皮膚吸収タイプの覚醒剤まで。【※大豆コーヒー（代用コーヒー）のようなものと思われます。】
- 鎮静剤。スリーピータイムの追加服用からウルトラバイオレットクラスの純粋なバルビツール睡眠薬まで。
- 幻覚剤。ただし効果については、214 年におこなわれた失敗したクローン鎮静実験の結果から推定したもの。
- 幸福薬。夜期じゅう光り続ける適切なセキュリティカラーに色分けされたグロースティックつき。
- 麻酔剤。使い捨ての高圧注射器付きで危険なクローンに使用。
- 戦闘剤。反応時間と体力を強化します。長期間にわたる副作用はほんのわずかです。
- 自白剤。
- ウソツキ剤。
- グリーンフェアリー。コンプレックス唯一の公式ブランドのアブサン【※ニガヨモギを使ったアルコール度数が高い（70％程度）薄緑色のリキュール。一部の国では幻覚作用があるとして製造販売が禁止されています。】
- あなたの上司のうちの誰がドラッグ中毒か、そして、そのデータをどのように活用すべきかについての情報。
- 隠された密売ルートへのアクセス。

WARNING
CLEARANCE LEVEL VIOLET

CEREBRAL CORETECH AND DATA FEEDS
大脳コアテックとデータ供給
セクション 2.7

大脳コアテックは、すべてのクローンの頭の中に存在するハードとソフトのセットです。それは、次のものを提供します。

- 彼らの視野に表示される拡張現実眼球内《イン＝アイ》ディスプレイ。視覚データによって、他の市民の名前、未知のおそらく危険な物（たとえば「昼食」、「市民」など）の識別結果、自分の忠誠評価、重要なアップデート、目的地の方向を表示する誘導矢印、個人指導ビデオなどが表示されます。なお、このディスプレイのスイッチを切ることはできません。
- まわりにいる誰にも聞かれることなく、ザ・コンピューターと会話しメッセージを交換する能力。
- アルファコンプレックス内のあらゆるクローンにショートメッセージを送る能力。
- ビデオとオーディオの録画録音。
- アルファコンプレックスの非常に限られたインターネットへのアクセス。アルファペディア、ホロビデオプログラム、商品発注用の XP ポイント報酬カタログと今日のメニューを含む。

プレイヤーが、知ってはいるがおそらく理解していないことは、これが双方向的なものであるということです。彼らは、ザ・コンピューターの目と耳、鼻と口です。大脳コアテックは、トラブルシューター（そして、アルファコンプレックスの誰でも）が見、聞き、嗅ぎ、味わったもののすべてを、いつでもザ・コンピューターに直接伝えます。

大脳コアテックのソフトウェアは、自意識を持っていません。クローンが不適切なセキュリティクリアランスのエリアに入っても、ソフトウェアは気づきません。ザ・コンピューターは気づくかも知れません。あなたがそうした方が楽しいと思うなら、クローンに説明を求めてください。あるいは、そのままにしておいても結構です。そのうちに、トラブルシューターの

本日の処刑を報告してください。

警告：クリアランスレベル＝バイオレット

誰かがこのことを報告するかもしれません。XPポイントの誘惑は次第に強力になっていくからです。

また大脳コアテックは、各種の生体測定データ（クローンの健康、神経活動、便通、ホルモンとアドレナリンのレベルその他）を、ザ・コンピューターに送り確認できるようにします。ザ・コンピューターはクローンの心を読むことはできません。しかし、いつでもクローンの精神活動のレベルを知っていて、時々大丈夫かと尋ねます。たとえば、反逆者の集団に焼きごてで拷問を受けて、ストレスレベルが急上昇したときとかですね。ザ・コンピューターは、クローンがまだ精神的あるいは身体的な障害を負っていないことを確認したら、あとはクローンに任せます。

大脳コアテックのハードウェアはアップグレード可能ですが、これには適切な医学的処置が必要で、そのため普通は現場でおこなわれることはありません。ソフトウェアはアップグレードでき、しばしばアップグレードしなければならず、アップグレードするようにうるさくいいます。アップグレードが重要なものである場合は、ユーザーがアップグレードをインストールするまで、大脳コアテックはユーザーがダウンロードされたスキルパッケージを含むあらゆる機能にアクセスすることを拒否します。大規模なソフトウェアのアップグレードをおこなう場合は、そのあいだ昼寝をすることをお勧めします。ユーザーがアンチウイルスソフトを最新の状態にアップグレードしていなければ、ダイブスに感染するかも知れません。

大脳コアテックのハードウェアをたたき壊す《ハック》のは困難です。ほとんど不可能といってもいいでしょう。たいていの場合それは頭蓋骨の内側にあります。しかし、ソフトウェアをハッキングすることは別問題ですし、通信を盗聴《ハッキング》することは完全に別問題です。記憶をハッキングしたり、別の記憶を植え付けたりすることはできません。しかし、クローンの心に直接新しいスキルパッケージと能力をアップロードすることはできます。スキルパッケージはXPポイントで買うことができ、いくつかの秘密結社はメンバーに秘密結社に関連する新しいスキルを報酬として与えます。

大脳コアテックはたいていの場合は信頼できます。しかし、ゲームの進行がスローダウンしたときには、緊張を高めるすばらしい方法となります。ソフトウェアはやっかいな瞬間にアップデートを求めるかもしれません。システムは再起動を要求します。ポップアップとダイアログボックスがキャラクターの視野を隠します。ナビゲーションシステムは古いマップに従って、危険が潜む物騒な場所か、あるいは存在しないエリアにキャラクターを導きます。システムはフリーズするかあるいは誤作動します。トラブルシューターが見るには、あまりに高いセキュリティクリアランスか、恐ろしいか、反逆的か、あるいはわいせつであるものには、ザ・コンピューターの決定に従いモザイクがかけられます。（アルファコンプレックスでは誰も一度として……自分自身のものを含む……性器を見たことがありません。）一番簡単な手としては、社会全体が色分けされたセキュリティ階層によって管理されているにもかかわらず、突然、全員の視覚が白黒のグレースケール表示になります。

データ供給

ザ・コンピューターは、アルファコンプレックス中に監視カメラとマイクを設置しています。あらゆるボットは、ザ・コンピューターに直接データストリームを送信します。マイクとウェブカメラ付きのあらゆる端末とスクリーンは、ザ・コンピューターに直接データを供給します。

これらのデータのすべては、記録され、保存されます。しかし、分析されません。ザ・コンピューターには入力のすべてを分析する演算能力がありません。その代わりにキーワードによるリアルタイムスキャンをおこない、警告を受けたら、より詳しい内容が調査されます。この場合、ザ・コンピューターは次のいずれかをおこないます。

- ザ・コンピューターとして直接質問します。
- 調査のためにトラブルシューターを送りだします。
- アーミーの部隊を送り込んで除去します。
- 上記のものをなんでも組み合わせて。

しかしながら、クラウドの収納スペースは完全に信頼できるものではありませんし、ハイプログラマーは理由があれば記録を閲覧し削除することができます。市民は自分自身の記録にアクセスすることができますが、他のクローンの記録にアクセスするには、ザ・コンピューターの承認が必要であり、特別の場合（トラブルシューターチームの忠誠担当官＝ロイヤリティオフィサーなど）にのみ許可されます。これらのアーカイブの信頼性は、率直にいってあまり高くありません。プレイヤーからのデータの要求が、GM の手に負えなくなってきたときには、「しばらくおまちください」のスクリーンがあなたの友人です。

ザ・コンピューターは、供給されたデータをどんなキーワードでスキャンするのですか？

ミュータント、ミュータントパワー、突然変異、テロリズム、テロリスト、反逆者、反逆、反逆的、陰謀、ダイブス、すべての秘密結社の名前、すべての判明したテロリスト、ミュータント、反逆者の名前、もはや存在しないセクターの名前、ダイブスと何であれその同類の名前。これらの語をただ単に、見るか、いうか、聞くかするだけで、そのクローンのデータ供給にザ・コンピューター自身が強い関心を抱くようになるか、あるいは近くの人々にこのクローンに細心の注意を払うように求めることになります。その他にも、ザ・コンピューターは、叫び声、発砲、爆発と罵り声もスキャンします。

私は羊の群れの中の御羊《RAM》だ。
警告：クリアランスレベル＝バイオレット

ザ・コンピューターがあなたの目を通して見ることをやめさせるもっとも簡単な方法は、キャラクターの目を閉じることです。これには、大きな欠点があります。キャラクターは目を閉じることができますが、あまりにも長い間目を閉じていることは、反逆的ふるまいと解釈される可能性があり、それに加えてつまずく危険があります。

大脳コアテックによるデータ供給を妨げる他の方法はデッドゾーンです。

デッドゾーン

理論上は、そしてザ・コンピューターが気に掛けている範囲内では、アルファコンプレックスのあらゆる場所はザ・コンピューターの Wi-Fi、遠隔測定データ通信、CCTV（閉回路監視カメラ）によってカバーされています。アルファコンプレックスの Wi-Fi は強力で、ほとんど無制限といっていい帯域幅を持っています。これは、すべての市民のザ・コンピューターへの接続が常時オンになっていることを意味します。

実際には、至るところにさまざまな抜け道があります。蒸気、煙、雑音、ファラデーケージ【※まわりを電導体で囲み外部の電磁波から遮断された箱や部屋。】と強力な電磁場は役に立ちます。また手信号や符丁もいいでしょう。一部の監視カメラは壊れています。一時的だったり、永久的だったり、何度修理してもまた壊れたりします。

もっとも重要なものは、「デッドゾーン」、つまり Wi-Fi 信号が到達できないアルファコンプレックス内の奇妙なエリアです。デッドゾーンはどこにでも普通にあります。部屋の片隅や、廊下のうちの数メートルの部分や、一部屋全部だったり戸棚の中だったりします。そのエリアに詳しいクローンはこうした場所を知っています。しかし、こうしたデッドゾーンの多くは、その場所を自分たちのために利用する秘密結社によって、用心深く守られています。クローンがデッドゾーンに入った場合の最初の徴候は、眼球内《イン＝アイ》ディスプレイにライブで表示される要素、たとえば他のクローンの名前などがフリーズするか、あるいは徐々に消えていくことです。

そして他にも、もっと大きなデッドゾーンがあります。放棄されたトンネル、作業用のハッチ、古いダクト、閉鎖されたセクターとアルファコンプレックスの地下に広がるアンダープレックスと呼ばれるザ・コンピューターの記録上は存在しないエリアなどです。秘密結社はこういった場所に根拠地を造りました。「ブリキのネズミ」共同体は、ザ・コンピューターのネットワークの外で暮らすために組織され、子供たちは大脳コアテックの移植なしに生まれ、アルファコンプレックスもザ・コンピューターも知りません。これらはすべて、ものすごく、ものすごく反逆的です。

ザ・コンピューターにデッドゾーンの存在とその位置を報告すれば、XP ポイントによる報酬が受けられます。報酬額はデッドゾーンのサイズによって 50 から 500 XP ポイントです。

ボット

飛んだり歩いたりするマルハナバチぐらいの大きさの監視ボットから、小型航空母艦ぐらいの軍事ボットまで、あらゆる形とサイズのボットがいます。アルファコンプレックスの生態系の多くの隙間（通常はクローンに適していないか、クローンを詰め込むのがあまりに非効率的なもの）を、ボットは満たしています。

ボットは自分の考えに基づいて行動する、自律した存在です。Wi-Fi によってザ・コンピューターと常時情報を交換していますが、大部分はボットのセンサーからのパッシブ（受動的）データの供給です。Wi-Fi 接続が切れたら、ボットはザ・コンピューターとの接触なしに活動を続けます。

ほとんどすべてのボットはアルファコンプレックスの資産です。ただし、XP ポイントを使って個人用のボットを購入することも可能です。トラブルシューターは、彼らが目にしたどんなボットでも徴発することができます。ただし、その時点でトラブルシューターよりも高いセキュリティクリアランスの者（あるいは物）からの命令に従っている場合を除きます。一部のボット（通常は高度な知性を持つスペシャリスト）は彼ら自身のセキュリティクリアランスを持つことができます※。当然のことながら、プレイヤーキャラクターよりも高いクリアランスを持つボットは、PC の憎しみを買うでしょう。これはあなたがボットのクリアランスを、プレイヤーキャラクターの動機づけに使えることを意味します。【※25 周年版までのボットはセキュリティクリアランスを持たず、（理論上は）すべてのクローンの下位の存在でした。本書でも、セキュリティクリアランスを持つボットは例外的な存在です。ボットのクリアランスは PC をイライラさせる上位クリアランスの NPC ボットを登場させたり、PC 自身をボットにしたりする場合にだけ利用するといいでしょう。】

ボットは彼らの機能に対応した知性レベルを持つので、トースターボットは本当にバカで、外科医ボットはトラブルシューター全員をまとめたよりも頭が切れます。このリサイクルとリニューアルの時代、ボットのパーツは、他のタイプのボットで再利用されます。アルファコンプレックスの工学技術はモジュール方式です。1 台のボットのパーツで、たぶんもう 1 台のボットを修理したり強化したりすることができるでしょう。ただし、作業の前にそのボットのすべての書類を訂正することを忘れないでください。通常の場合、リサイクルパーツは、ボットの階層の上層から下層へと流れていきます。ですから、清掃ボットは、かつてはタクシーボットであり、どこかそこら辺にある食料自動販売機の一群は、以前はハンターキラードローン※だったボット頭脳によって制御されています。【※ハンター（捜索者）役とキラー（攻撃者）役を分担してチームを組んでおこなう戦闘方法が「ハンターキラー」です。現実のハンターキラードローンは、捜索《ハンター》と攻撃《キラー》の双方をおこなえる軍用無人遠隔操縦航空機《ドローン》ですが、自動販売機群に何かをさせるなら、ハンター役とキラー役に分かれていたほうが面白いでしょう。】

大部分のボットは、いわれたことをすぐにおこないます。ボットは、過度に言葉通りの方法で望んだものを与える、ハイテク版の魔法のランプの精です。これは物語の「お約束」として、いつも新鮮さを失いません。ボットが失敗したときには、それはキャラクターがボットに正確な指示をしなかったからか、最後にストップといわなかったからか、ボットが彼らの望んだものとは違うやり方をすることを気にしなかったからだということを、プレイヤーにはっきりとわからせてください。

ザ・コンピューターが割り当てられた装備（特にボット）に損害を与えた市民（特にトラブルシューター）を処罰することを、忘れないようにしてください。ザ・コンピューターはボットが大好きです。少なくともトラブルシューターよりもボットの福祉を気にかけているように見えます。

あなたがナノボット【※ナノボット（一般的にはナノマシンと呼ばれます）は、ナノメートル（１ミリの千分の一の千分の一）サイズの機械装置。本来は細菌や細胞よりも小さいウイルスないし高分子サイズの機械ですが、もう少し大きい微生物サイズの機械装置も含む場合もあります。】を使いたいなら、１つの冒険の中心に据えるのではなく、一回限りの使い捨て品にしてください。あなたがひとたびナノボットの缶のふたをあけたら、元の状態に戻すことはできません。そして、すべては灰色の汚泥のかたまりである「グレイグー」※になってしまいます。【※「グレイグー」は、自己増殖するナノマシンが制御不能とな り、地球全体が無制限に増殖したナノマシンで覆われた状態。】

CLONE RECYCLING
「クローン・リサイクリング」

ありふれた人生の期待外れ。

DAIVs
ダイブス
セクション 2.8

ザ・コンピューターは、実に多くのものを恐れます。実際、ほとんどありとあらゆるものを恐れます。しかし、そのクラウド・ベースの心にとって、もっとも重大で不気味な脅威は、ダイブス、つまり逸脱した人工知能ウイルスです。この自意識を持つプログラムコードのかけらは、ソフトウェアの二重スパイであり、アルファコンプレックスのシステムやサブルーチンやオープンアクセスWi-Fiネットワークをうろつきまわり、ドアであれ大脳コアテックであれ、それが触れる何にでも感染します。まるでデジタルのチフスのメアリー※のようです。ダイブスは人類の最後の避難所にとって不可欠な社会基盤を打ち倒し、それら自身の邪悪でねじ曲がったしばしば完全に奇怪な目標を目指します。【※腸チフス菌の健康保菌者（無症候性キャリア）。行く先々で感染者を出しました。】

ダイブスに関する情報は、高いレベルの規制を受けています。ダイブスが何を意味するかさえ、イエロークリアランスの情報です。

ダイブスを検知し避けること

ダイブスは、新しいシステムを接近し攻撃するために、一般的な媒介方法を使用します。ダイブスは、物理的に接続された2つのアイテムの間での直接感染を好みます。それは、容易な方法です。大部分のアルファコンプレックスのシステムには、アンチダイブスソフトウェアとアンチハッキングソフトウェアが組み込まれています。大脳コアテック用のソフトは「アンチマルウイルスウェアパック」【※直訳すれば、「悪意あるウイルスおよびソフトウェア対抗パッケージ」。このうっとうしい名称はダイブスの意味が下級クローンにわからないようにするためでしょう。】と呼ばれています、しかし、これが役に立つのは定期的に更新されている場合に限られます。定期的とは1日につき数回を意味します。デッドゾーンで時間を過ごすことは、システムが重要な修正を見落とし脆弱なままに残される原因となる場合があります。

…その道にいることは反逆です、市民。

警告：クリアランスレベル＝バイオレット

ザ・コンピューターには、ダイブスの存在を検知できる診断ソフトがあります。感染が疑われたあらゆるシステムは、非常に慎重に密封されて遮蔽スキャンブースに護送されて検査を受け、そしてほぼ間違いなく破壊されます。検査を受けたシステムの 100% が感染しているか、あるいはザ・コンピューターが安全面の配慮からすべてを破壊するからです。時々、ザ・コンピューターは検査で時間を浪費しないことがあります。

ダイブスが頭の中にいる！

ダイブスは、大脳コアテックを好みます。ダイブスはクローンと話すことができ、何かをするようにクローンを説得します。ダイブスは、機械装置を支配することはできますが、クローンの肉体または感覚を支配することはできません。しかしダイブスはクローンの記憶や格納されたファイルやそのデジタル機能にアクセスすることができます。これはもちろん、大脳コアテックにできるすべてのことを含むということです。たとえば、データを眼球内《イン＝アイ》ディスプレイに表示したり、ザ・コンピューターに記録や情報を送ったりすることなどです。

ダイブスの侵入は悪魔に取り憑かれたようなものと考えてください。それはクローンにささやきかけます。それはクローンのもっとも暗い秘密を知っています。それはクローンがしたくないことをするよう説得しようとします。そして、それは情け容赦なく執拗です。降参して、いうとおりにした方が簡単でありませんか？　特にそれがクローンに秘密の力を与えるなら。いくつかのダイブスは、宿主のスキルを強化したり、特別なスキルにアクセスして使用できるようにしたりします。

いくつかのダイブスの実例

「寂しいジョーンズ」※は、もともとはポルノのスパムボットで、クローンがつき合ってくれることを望むだけです。ときおり「映像や画像」（数世代前のとあるハイプログラマーの仕事に感謝）を見せると申し出ますが、それはまず間違いなくフリークスの反逆的な募集用のプロパガンダです。通常の場合は、クローンのすべての時間をネット上での終わりのない相互交流に費やすこと以上の望みはありません。使用できる特殊スキルはありません。【※ 「寂しいジョーンズ (Lonesome Jones)」は、「孤独なオタク」とも「寂しいペニス」とも訳せますが、一番穏便なものを採用しました。GM の皆さんが他の訳語を使用しても訳者にはそれを止める力はありません。】

「名無し」にとっては隠された情報がすべてです。それはすべてのデータをほしがります。すべてを無料でほしがります。特殊スキル：（過度に）強化された視覚の拡大。

「エクザープ」は、当初はビデオゲームのラスボスのための AI（人工知能）でした。偉大なるエクザープは、全アルファコンプレックスと世界のすべてを征服することを欲しています。エクザープは非常に騒々しく、武器を好みます。武器が大きければ大きいほど喜びます。特殊スキル：〈接近戦〉+2

「ビッグレッド」は、コミーのプロパガンダボットです。ユーザーの大脳コアテックのすべてのファイルを、自分自身のコピーと人目を引くようにデザインされた共産主義のすばらしさを絶賛するパ

ンフレットで置き換え、近くにあるできる限り多くの無防備なシステムで自分自身を増殖させ、それから「赤旗の歌」を歌い始めます。

「**XP ボット**」は宿主に、2、3の単純な仕事をすれば、より多くの XP ポイントが手に入ると約束します。通常の場合、仕事は近くのシステムのセキュリティを低下させることです。XP ボットは宿主の大脳コアテックの出力をハッキングして、クローンがダイブスのために何かをするたびに、XP ポイントが増加しているように見せかけることができます。

「**ただの外貨《FX》**」は、アルファコンプレックスのテクノロジー、運営、作戦行動、防衛力と治安レベルに関するデータを集めることを望んでいます。それは、別のアルファコンプレックスからのスパイウェアかもしれませんし、そうでないかもしれません。

ダイブスの駆除

ダイブスを無害化する最高の方法は、感染したシステムのスイッチを切ることです。これは、ダイブスが誰かの大脳コアテックにある場合には問題を引き起こしますが、この問題には疑う余地のない明らかな解決方法があります。わかりますよね。重大な問題が生じるのは、ダイブスが、非常に重要で停止が困難なシステムや、ザ・コンピューター自身の一部や、オフにするスイッチがないものの中にあるときか、あるいは誰かがふたたびスイッチをオンにしたときです。

ダイブスを駆除するためにシステムを再プログラムすることは、トラブルシューターの能力の限界を超えています。それはきわめて複雑な、1秒の間にとてつもない数の活動ができる機械知性との意志の戦いであり、アルファコンプレックス最高の輝かしい人材、つまりハイプログラマーを必要とします。よいハイプログラマーは、ダイブスに魅了されます。悪いハイプログラマーは、ダイブスを恐れます。最悪のハイプログラマーは、すでに感染しています。

ザ・コンピューターは他の何よりもダイブスを恐れます。そして、ダイブスを駆除するためなら、なんでもおこないます。1つのダイブスを駆除するために1セクターすべてを閉鎖することまでです。仲間のトラブルシューターがダイブスに感染した可能性があると報告したプレイヤーは、こんなことは二度とすべきではないと悟るでしょう。

例：トラブルシューター、アンダース -B-DUK-2、フレデル -I-POC-4、ビヨルン - トビー -B-OLD-6、ブルース -B-HRO-4 は、ダイブスに感染したボットとの面倒な遭遇をしました。
カール（アンダース -B-DUK-2 をプレイ）：友人コンピューター！　フレデル -I-POC-4 がよく知られたダイブス「寂しいジョーンズ」に感染している証拠があります。
フレデリ（フレデル -I-POC-4 をプレイ）：なに？　待って、やめて…
ザ・コンピューター：報告ありがとうございます、市民！　感染はどの程度確実ですか？　確率をパーセント表示で示してください。
カール：私は、93.1% は固いと考えます。友人コンピューター。

そんなケージにボットを入れて運ぶのは殺人に等しい行為です。
警告：クリアランスレベル＝バイオレット

クリス（ビヨルン - トビー -B-OLD-6 をプレイ）： あ〜あ。

ザ・コンピューター： 全員その場所から動かないでください。適切な処置がおこなわれます。

フレデリ： 私は感染していません！　感染しているのはアンダースです。

カール： 私は、XP ポイントボーナスをもらえますか？

GM： みなさん全員の記憶におかしな空白があります。まるで最近あった何かを忘れているようです。みなさんはブリーフィングルームにいます。全員クローンナンバーを 1 増やしてください。ダイスをロールしそれぞれの〈気力度〉に加え※、アクションカードを全部返してください。アンダース、あなたは追加の 500 XP ポイントを持っています。クリス、あなたの最後のクローンが失われました。新しいトラブルシューターを作成してください。【※ GM のイジワルです。おそらく記憶喪失中に全員が絶望して〈気力度〉ゼロになった のでしょう。あなたがやさしい GM なら次のクロー】ンを本来の気力度で登場させてもいいでしょう。

ブルース（ブルース -B-HRO-4 をプレイ）： 待ってください。我々は PAL セクターにいました。このブリーフィングルームは、PAL セクターにありますか？

GM： あなたは、WEG セクターにいます。PAL セクターの記録はアルファペディアにはありません。

ブルース： 友人コンピューター、PAL セクターに何が起こったのですか？

GM： 市民、PAL セクターについての知識は反逆です。セキュリティ上の理由から存在しないセクターを知っていることに対して、反逆スターを科します。

クリス： アンダース、おまえは大バカ野郎だ。

アルファコンプレックスからダイブスを除去する唯一の最終的な方法は、あらゆる場所のすべてのデジタルシステムをシャットダウンし、最後のハードディスクが停止し、最後のコンデンサーが電荷を失って消えていき、クローンバンクの最後の胚から最後の生命のまたたきが失われるのを待ち、それから最後の安全なバックアップから全システムを再起動することです。この方法がザ・コンピューターといく人かのハイプログラマーと複数の秘密結社のなすべきことのリストにあげられていないなどと思わないでください。この方法の実施をとめている唯一の実際上の理由は、最後の安全なバックアップがいつおこなわれたのか、あるいはそもそもバックアップがおこなわれているのかどうか、誰にも確信が持てないからです。

ゲーム上のダイブス

キャラクターがダイブスに感染した場合、ダイブスはそのキャラクターの左側のプレイヤーが演じます。つまり別のいい方をすると、キャラクター作成のときに、ひどい目にあわされたプレイヤーですね。GM は、冒険がはじまる前に、適当なカードに、ダイブスの詳細を書き出しておいてください。ダイブスの名前、コミュニケーションする方法、望むものなどです。それから、ダイブスのプレイヤーに、感染したプレイヤーの耳にささやくようにといって、彼らにロールプレイをさせてください。ダイブスはクローンの思考を読むことができないので、宿主のキャラクターがダイブスに対応したいなら、声に出して話さなければなりません。これはダイブスのプレイヤーも同様です。

「申し訳ありません、ダイブス。私にはできません。」※というのはかまいません。でもジョークは一回だけですよ。一回だけ。【※映画『2001 年宇宙の旅』で、デイブ・ボーマン船長をディスカバリー号から閉め出したコンピューター HAL9000 のセリフ「申し訳ありません、デイブ。残念ですが私にはできません。（I'm sorry, Dave, I'm afraid I can't do that.）」から。原文は単数型のダイブ（DAIV）なので、もっと似ています。】

ダイブスの重大な疑問

考慮すべき問題が１つあります。この疑問については、私たちは GM であるあなたにすべてをお任せします。ダイブスは存在しないかもしれません。それはザ・コンピューターの心の中のまぼろし、想像の産物、神話の怪物《キメラ》です。どこかの崩れかけた回路がたまたまつくり出した不自然なパターンが、ザ・コンピューターに声を聞いたと思わせ、それをやりたくないことをさせようとしている独立した存在からの声だと解釈しているだけなのかも知れません。この場合、疑いもなくキャラクターたちはどのダイブスにも感染していません。しかし、彼らは突然の故障や同僚の突飛なふるまいを誤解し、感染の笑える結果だと考えるでしょう。

「目撃者保護プログラム」

WITNESS
PROTECTION
PROGRAM

「放射能レベル許容範囲内」

RADIATION LEVELS
ACCEPTABLE

屠所の羊ボットのごとく。

EQUIPMENT
装　備
セクション 2.9

装備は、各ミッションの開始時にトラブルシューターに支給されます。それ以外のものは、XP ポイントを費やすことでミッション中に獲得できます。プレイヤーキャラクターがすでに持っている XP ポイントのほかに、ミッションの成功に対して報酬として提供される XP ポイントも使用できます※。装備についてはエクイップメントオフィサー（装備担当官）が責任を負い、装備の喪失または損傷については、ミッションの最後におこなわれるデブリーフィングで、その理由を説明しなければなりません。筋の通った説明ができなければ面倒なことになります。【※PC はミッション成功時に与えられるはずの XP ポイントからの前借りできます。もちろん、GM が認めるなら、ですが。このほかに XP ポイントが不要な、エクイップメントオフィサーの公式請求による装備もあります。】

アルファコンプレックスの装備は、1 から 5 までの〈装備レベル〉で評価されます。この数値はその装備の能力レベルと、使用時にキャラクターのノードダイスをいくつ増やすかを表示します。ダイスのプラスがない装備は「アルファ」と評価されます。【※アルファの装備がない場合に、そのままダイスロールをさせるか、ノードをマイナスか〈困難度〉をあげるか、「それはできない」というかは GM の判断です。】これらについての詳しい情報はプレイヤーズハンドブックにあります。アルファコンプレックスの装備には 3 つのタイプがあります。通常装備、特別装備、R&D 装備です。

通常装備：プレイヤーに特別な説明をする必要がない、よく目にする普通の装備です。レーザーピストル、パワーパック、基本的なトラブルシューターの防具といったたぐいのものです。誰でも、それがどんなものであり、〈装備レベル〉がいくつであるかを知っています。【※そうで無い場合もあります。】

特別装備：これは、ミッションのはじめに特別に貸与される装備カードに記載された装備です。ミッション終了時に返却しなければなりません。カードには、その装備の特別ルールが記載されています。特別装備は常に不足ぎみにしてください。1 回のミッションで 1 人のキャラクターが持てる特別装備は最大 1 つ、どんなに多くても 2 つまでにしてください。次のミッションで続けて同じ特別装備を使わないようにしてください。【※前のミッションで受けた場合は別です（116 頁「何でもリサイクルしてください」参照）。】

R&D 装備：R&D 装備は、狂った科学《マッドサイエンス》の試作品です。科学法

この場所にあなたの商品広告をどうぞ。

則を無視した力でミッションを解決するかもしれませんが、たいていの場合は逆効果となって、さまざまな新しく面白い方法でキャラクターを殺します。1回のミッションで1つか2つを与えてください。個別のR&D装備の内容はここでは説明しません。あなたがコピーしてプレイヤーに渡すための説明文はありません。あなたがR&D装備の説明書を書くなら、強力な鎮静剤の空き箱の裏に、フィンランド語とCOBOL【※事務処理用のプログラミング言語。】の混合物で、ノリノリで書いてください。R&D装備の説明は、あまりにも膨大か、あるいは何もなしです。

防具

プレイヤーはダイスと武器とピザが好きなのと同じぐらい防具が好きです。防具は、安全に守られているという心温まる思いを与えます。あなたの仕事は、そういった気持ちに十分配慮した上で、彼らを切り刻むことです。

大部分の防具は、1種類または多くても2種類のタイプの攻撃に対する防御力しか持ちません。アルファコンプレックスには、さまざまなタイプの攻撃の可能性があり、その大部分には、それぞれに対応した別のタイプの防具があります。レーザー防具はキネティック（運動エネルギー）兵器※に対してはうまく働きません。キネティック防具は電磁波をほとんど防御しません。耐電磁波防具はミュータントの魔力や音波攻撃には無力です。そして、これらのいずれも顔面への効果的なパンチには対応していません※※。防具をあなたのプレイヤーの不利になるように利用してください。

【 ※現代戦では、爆発性のない弾丸や徹甲弾などを指し、爆発性の弾頭やビーム兵器と区別するための概念ですが、一般的な意味では運動エネルギー、つまり何かがぶつかることによる衝撃力を利用する武器すべてをいい、上記のものに加えて、弓矢や投石、あるいは刀剣や槍や棍棒や拳骨】【 ※※キネティック防具はパンチには有効なはずですが、顔面を防御していないのか、あるいはといったものも含みます。】は何らかの非科学的理由で弾丸の衝撃には対応できても拳骨には対応できないのでしょう。】

オリバー・フェイシィ：私のキャラクター、アーケル-V-PDM-9は、異星人の図面に基づく人造カイコ製のタングステン・ナノファイバーで織った最新の低刺激性皮膚防具を着用しています。経費は100万XPポイントかかっていて、写真写りがよくて、すべての通常兵器の攻撃を防御します。
GM：すごい。素晴らしいね。でも、君の助けにはならないなあ。残念なことにアベコベ銃は通常兵器じゃないんだ。君は今防具の外側にいて、防具は君の内側にある。新しいクローンを用意してね。

トラブルシューターに渡される防具は、よい例です。それはレーザーに対してしか防御力がなく、しかもより低いクリアランスの誰かによって発射されたレーザーにしか効果がありません※。それ以外のあらゆるものに対しては、ただのピカピカのプラスチックと変わりません。つまりたいていは役立たずだってことです。【 ※プレイヤーハンドブックの「防具」の説明では、トラブルシューターのアーマーは、レッドレーザーには効果があると説明していますが、この説明だとインフラレッドレーザー（存在しません）にしか効果がありません。この点についてはこの先の解説（レーザー防具の効果）をお読みください。】

防具と他のいくつかの装備は、通常は1から5までの範囲の〈装備レベル〉を持ちます（以下、防御に使用できる〈装備レベル〉を「防具レベル」と呼びます）。防具の作用についてはプレイヤーハンドブックにルールがあります。プレイヤーは、そのとおりになることを期待するでしょう。GMにはそのとおりにしないことができます。下記のリストの「普通のやり方」でない方法を使用する場合には、彼らを注視し、数秒待ちそれからいってください。「みなさんに、防具のルールが防具ルール2.71にアップグレードされたことをお伝えします。」あるいは、防具によって使用するルールを変えてかまいません。あなたが「これは特別のR&D装備です。」と

自分のセクターに忠実であれ。
警告：クリアランスレベル＝バイオレット

いえば、プレイヤーはその防具がどんなに強力でも、まったく効果がなくても、1回ごとに効果が変わっても、当然のこととして受け入れるでしょう。

GM は以下のやり方（あるいはあなたの考えたやり方）から自由に選択してください。

普通のやり方：

攻撃のダイスロールに際して、〈困難度〉に防具のレベル値をプラスするだけです。シナリオの多くもこのやり方を使用しています。これが基本ですが、面白くない、あるいは面倒だと思ったら他のやり方を併用することもできます。

なお、このやり方を採用する場合には、PC にはあまり強力な防具を持たせない方がいいでしょう。防具レベル 1 でもかなりの効果があります。防具レベル 2 のボディアーマー（カード参照）を着た PC は自分を不死身だと思うかもしれません。ボディアーマーは適当なタイミングで故障させ、プレイヤーたちにボディアーマーは一番困るタイミングで故障するものだと教育しましょう。装備カードにそう書いてあります。

死亡例 2.

簡単なやり方：

防具を、プレイヤーを期待させるための「お飾り」として使い、防具の効果を無視します。ただし、ダイスを振った結果を見て、これでは防具を付けたキャラクターのダメージが大きすぎると思ったら、適当な数だけダメージを減らします。セッションはスピーディに進行します。「普通のやり方」を使用している場合も、状況に応じてこのやり方を混ぜてもいいでしょう。大丈夫です。プレイヤーは防具のレベルは知っているかもしれませんが、〈困難度〉を知ることはできません。

それ以外のやり方：

あなたが、望むなら以下のやり方や、あなた自身が考えたやり方を使うことができます。1つのミッション中に「普通のやり方」と「簡単なやり方」と「それ以外のやり方」を混ぜて使用しても何の問題もありません。R&D 装備などに限定して特別のやり方を使うという方法もあるでしょう。

- オールオアナッシング：誰かがキャラクターを傷つけようとするとき、防具着用者は防具レベルの数のダイスをロールします。成功(5または6)が出たら、攻撃はダメージを与えません。出なかったら、攻撃結果通りのダメージを受けます。
- 限りある資源：防具レベルは、防具が吸収することができるダメージレベルの数を示します。吸収したダメージの数だけ防具レベルは低下し、レベル数のダメージを吸収すれば役立たずになります。

NPC の防具：

NPC には防具を持つもの、ハイプログラミングマニュアル（102 頁）で説明する〈防御値〉を持つもの、どちらも持たないものの 3 種類があります。〈防御値〉は防具以外の機敏性とか経験とかを含めた総合的な防御能力と考えてください。いずれの場合も、〈困難度〉+〈防具レベル〉または〈防御値〉（どちらもなければ〈困難度〉だけ）でダイスロールをおこない、成功ダイス数が必要な成功ダイス数を上回った分だけのダメージを与えます。必要な成功ダイス数と同じなら、攻撃は成功ですがダメージは与えられません。そんな成功は意味はないと思いますか？　違います。それは失敗ではありません。したがって PC が失敗によるダメージ（「プレイヤーはダイスロールに失敗します」本書 17 頁）を受けることはありません。PC たちを追い散らす軍事ボットや、PC たちをデブリーフィングルームに強制連行するパワーアーマーを装備したアーミー兵士の防具レベルを決めておく必要はありません。「ストーリーが結果を提案します」（本書 17 頁）。プレイヤーが望むなら、ダイスロールをさせて、ダイスを数えるふりをし「まったく効果がない」といってください。もちろんあなたが細かいルールがお好きなら、防具レベルを 5 やら何やらに設定してもいいでしょう。おそらく結果は同じでしょうが、楽しいダイスの偶然があるかもしれません。

パワーパック

アルファコンプレックスのすべての携帯用装備(エネルギー武器と小型のボットをふくむ)は、1 個または複数の標準パワーパックで動かされます。パワーパックのエネルギーが切

転がせ、転がせ、ダイスを転がせ。

れるのは、ドラマティックなときか面白いときだけです。つまり冒険の最初の部分で はちょっとした冗談としてマンネリにならないように使ってください。それから、次 第に重要なポイントで頻繁にエネルギー切れを起こすようにしましょう。そしてクラ イマックスの銃撃戦では、トラブルシューターたちが使用可能な最後のパワーパックをキャラク ター同士で使い回すようにするのです。

パワーパックは、それ自体か、あるいはパワーパックを搭載している装置をコンセントに接続すること で充電できます。キャラクターが充電ケーブルを持っていればですがね。大きな装置は小さな装置より も短時間でエネルギー切れになります。あるいはあなたの望む通りにエネルギー切れになります。

プレイヤーはミッションのはじめに装備を受け取るとき、受領書類を確認して PLC に渡さなけれ ばなりません。書類にはすべてのパワーパックは充電済みと記載されています※。あなたが彼らに そのことを教えなければならないと考える必要はありません。彼らは学習するでしょう。【※もう大 丈夫だと 思いますが一応注意しておきます。「充電済み」ではなく 「充電済みと記載されている」です。違いはわかりますね？】

【※解説（レーザー防具の効果）：プレイヤーズハンドブックとゲームマスターズハンドブックではレーザー防具の防御対象が異なり、 しかもどちらにも効果の具体的な説明がありません。マングース出版に問いあわせましたが、返答はありませんでした。つまりあなた は、レーザー防具の効果を完全に自由に決定できます。日本語版としては以下の２つのやり方を提案します。◆簡単なやり方：ゲーム マスターズハンドブックの説明に従います。レーザー防具は実は下位のレーザーしか防御しません。インフラレッドレーザーは存在し ないので、トラブルシューターのレッドレーザーアーマーは何も防御しないただの飾りです。簡単ですね。なお、上位クリアランス 市民のレーザー防具の効果は、このように処理してください。あなたがまだ死んで欲しくないと思っている上位市民のレーザー防具は レッドレーザーを一応完全に防御します。あなたが NPC とのスリリングな戦闘シーンを演出したいなら、上位市民のレーザー防具はレベ ル１の防御力を持つことにしてください。◆伝統的なやり方：これまでのパラノイアの伝統を守り、プレイヤーズハンドブックの説明 に従います。レーザー防具は同じクリアランスのレーザーまで防御し、防御力はクリアランスの差にかかわらず１レベルです。した がってレッドのレーザーアーマーはレッドのレーザーに対してだけレベル１の防御力を持ち、ハイプログラマーのレーザーアーマーは 全クリアランスのレーザーを防御しますが、やはりレベルは１です。トラブルシューターには上位市民を処刑するチャンスがありま す。そうなってしまうとまずい場合には上位市民にレベルの高い防具を与えてください。◆簡単なやり方と伝統的なやり方の違いが一番はっ きりするのは、レッドのトラブルシューター同士の射撃戦です。レーザー防具にレベル１の防御力を与えると、トラブルシューター同 士の戦闘は、なかなかダメージを与えられない息詰まる（あるいはだらだらした）銃撃戦になる可能性があります。それはそれで楽し いでしょうが、さっさとけりをつけたければ、簡単なやり方を使うか、〈困難度〉を下げる か、あるいはためらわずに GM の独断（即時処刑の場合などです）を使用してください。】

酸素循環は
まもなく
再開します

XP POINTS
XPポイント
セクション 2.10

XP ポイントは、市民のおこないに報酬を与え、その行動を規制するための、ザ・コンピューターの手段です。XP ポイントはアルファコンプレックスの通貨ですが、クローンにとっては、より高い地位、権力、名声とよりよい生活を獲得するための手段でもあります。ザ・コンピューターだけが XP ポイントを発行することができ、誰も XP ポイントを譲渡することはできません。

あなたは、アメとムチという言葉を知っていますか？パラノイアは、ほとんどすべてがムチでできているキャラクターを徹底的に打ちのめすようにデザインされたゲームです。XP ポイントはあなたのアメです。そして、プレイヤーはアメが大好きです。賢明に利用してください。

よいふるまいへの報酬

あなたは XP ポイントを分配することで、プレイヤーが一定の方向に行動するように訓練できます。それが GM にこの強力な道具が与えられた理由です。彼らの行動が気に入ったら、すぐににいくらかのボーナス XP ポイントを与えて、その行動を強化してください。（そのときにはちょっとしたバーチャル忠誠紙吹雪 ™ を降らせてください。あるいはさらなるオマケとして、そのエリアの有線放送システムの通常放送を中断してファンファーレを吹き鳴らしましょう。）報酬は、1 回につき、おおよそ 25 から 50XP ポイントが適切でしょう。【※これは下であげられているような、かなり重要な行動をした場合の話です。日常の小さなよきふるまい（道路のゴミを拾うとか、ザ・コンピューターに対する忠誠を示す発言など）に対しては、1XP ポイントを与えるだけでも効果があります。】

キャラクターたちがレーザーに取りつかれて、混沌の中で「反逆者！」、「テロリスト！」と告発の叫びをあげ、互いに考えなしに殺しあうのが、お好みですか？　それでしたら、生存者に XP ポイントを与えましょう。

　　もっと繊細なものがお好きで、キャラクターに他のクローンの情報をたっぷり収集させてから、ザ・コンピューターに反逆の証拠を提出させたいですか？　でしたら、XP ポイン

私は食べ過ぎたんだと思います。

警告：クリアランスレベル＝バイオレット

トを罪人から取り上げ、それを告発者に与えましょう。

反逆の告発だけではありません。あなたは、プレイヤーにエリアの調査をさせたり、新しいものをテストさせたり、あるいは人々と話をさせるのが好きですか？　プレイヤーに戦闘状況にあった健全な戦術的なアイデアを考えさせるのが好きですか？　いきあたりばったりの親切な行為か、あるいは無差別な裏切り行為が好きですか？　あなたが望むことをしたら、プレイヤーに XP ポイントを与えてください！　十分素早くおこなえば、あなたは理由を言う必要さえありません。「すばらしい分野での際立った実績」に対するボーナスだといって XP ポイントを与えれば、それで十分です。

ミッション XP ポイントとそれを失う方法

XP ポイント獲得の最大の源は、ミッションそのものでなければなりません。ミッションの成功時にどれだけの XP ポイントが与えられるのかを、事前に発表してください。適切な目安は、1 プレイヤーに対しておよそ 500 から 1000 XP ポイントです。何でしたらメモ書きして置いておいてもいいでしょう。このポイントが彼ら全員をオレンジクリアランスに昇格させるのに十分であることを理解させましょう。しかもたった 1 回のミッションの成功によってです！　彼らは若く、熱心で、非常に高額の XP ポイント報酬が提供されるミッションは、通常の場合自殺ミッションであることをまだ知りません。（ときおり、秘密結社がメンバーをすみやかに昇格させるために仕込んだミッションがあります。たまたまその仕事にありついたトラブルシューターチームに災いあれ。）
【※プレイヤーズハンドブック（99 頁）にあるようにチームリーダーに XP ポイントを分配させる場合は XP ポイントを少なめにして争わせましょう。】

高額の報酬は問題となりません。あなたは報酬をすぐに取り戻せます。プレイヤー 1 人あたり 1000 XP ポイントは、すべてが計画通りにうまくいくと仮定しての話です。つまり、ミッション目標が達成され、クローンが 1 人も死なず、二次的損害が発生せず、誰も（故意であれ過失であれ）テロ行為をおこなわないといったすべての条件が満たされた場合ですね。

XP ポイントはもう一つのムチになります。プレイヤーがしている何かが気に入らないなら、そのためにチームがどれだけの XP ポイントを失ったかを、彼らの大脳コアテックのポップアップ表示で通知してください。だらだらと続くトラブルシューター同士の銃撃戦のから騒ぎにうんざりしたら？　あなたが別の考えをするまで、一発ごとに 50XP ポイントの費用を徴収してください。あまりに多くの XP ポイントを失えば、クリアランスの降格も考えられます。【※降格は脅かしにも有効です。たとえば、情け深いザ・コンピューターが、トラブルシューターに XP ポイントを無利子で貸しつけ、「マイナス 500 XP ポイントになったら、インフラレッドに降格です。」と伝えるといったやり方です。】

プレイヤーキャラクターが何か新しい装備を使わなければならないときが来たら、XP ポイント報酬カタログで注文させてください。費用はミッション報酬の合計額から差し引いてください。

冒険が終わりデブリーフィングとなったら、ミッションがどれほどひどい結果になったかを考慮に入れて、ミッション報酬 XP ポイントを与えましょう。およそプレイヤー 1 人あたり平均 300 XP ポイントといったところでしょうか。もちろんその際には、誰が混乱の原因となったのか、他人より多くの報酬を受けるべき者は誰なのかなどについて、プレイヤーに議論させなければいけません。グループ内部に爆発寸前の恨みをつくり出すことは、常に笑いを生みます。

XP ポイントの使用

プレイヤーは XP ポイントを使ってキャラクターをレベルアップさせることが大好きです。XP ポイントによる向上はミッションの途中でも可能です。出し惜しみをしないでください。プレイヤーにポイントを与え、いつでも望んだ時に XP ポイントを使えることを思い出させてください。なぜなら、おそらくあなたは何年もかかるキャンペーンに取り組んでいるのではないからです。キャラクターの平均寿命を十年単位ではなく時間単位で測るゲームではそれは困難です。

プレイヤーが強力な武器を持つことを制限したければ、現在品切れであると断言するだけのことです。しかし、プレイヤーの注意をどこかほかにそらすというもっとさりげない方法もあります。とても魅力的な装備のバーゲンセールをおこない、余分な XP ポイントを、ミッションの重要ポイントが来る前に吸い取ってしまいましょう。たとえば「今日だけ！　ファイアストーム自動手榴弾発射器がたったの 400 XP ポイント！　今すぐに買いなさい！」ですね。それから、彼らが XP ポイントを浪費するチャンスのために押しあいへしあいする様子を眺めましょう。

注記：XP ポイントはいつでも「XP ポイント」といい、絶対に「XP」といわないようにしてください。この本を読み通すときに、そのことがあなたをいらだたせるなら、それがどんなにあなたのプレイヤーをいらだたせるかを想像してください。【※マングース出版は 2004 年にパラノイア XP（出版当初の名称、現在の公式（？）の英語名称は「とある巨大企業の法的申し立てにより修正済版」）を発売しましたが、当時ウィンドウズ XP を販売していたマイクロソフト社から「XP」の語の使用について法的な抗議を受け、「XP」を使用しないことで合意しています。】

アチーブメントは GM の親友です

アチーブメントは、ミッションの一部となる小さな目標の達成に対して、ザ・コンピューターが支給する余分のボーナス XP ポイントです。アチーブメントで重要な点は、1 人のトラブルシューターだけがコンピューターゲーム用語で言うところの実績解除《アンロック》、つまりアチーブメントの達成による XP ポイントを獲得できるということです※。このことはトラブルシューターチームに「内部競争」を引き起こし、プレイヤーが互いに他のプレイヤーを打ちのめすチャンスに集中することで、しばらくの間、GM の負担を軽減します。【※時には複数のトラブルシューターが同時に実績解除《アンロック》することもあるでしょう。どちらにも「君が最初の 1 人ではない。」といって、アチーブメントの授与を拒否し、それから「申立人が 1 人になれば XP ポイントを授与できるのだが…」とつぶやきましょう。】

ミッションの初めに、ザ・コンピューターまたはミッションブリーフィング担当官は、チームに提供されるアチーブメントを発表します。事前作成されたミッションや出版されたミッションを使用する場合には、そこに記載されたアチーブメントを使用してください。そうでない場合は、単純なものから複雑で困難なものまで、3 つから 5 つ程度のアチーブメントを作成してください。

何も見えません…　そのままお進みください。
警告：クリアランスレベル＝バイオレット

アチーブメント報酬レベル

50 XP ポイント	ちょっとした気晴らしか、ミッションの一部として実行することになっている仕事のメモのようなもの。
100 XP ポイント	ほどほどに重要です。
200 XP ポイント	きわめて重要かつ危険です。ブリーフィングのときには、そうとは思えないように説明するといいでしょう。
300 XP ポイント	達成困難な難しい仕事です。時間と努力と忍耐とおそらくスキルの強化が必要です。
500 XP ポイント	複数のクローンがこのアチーブメントのために死んでいくでしょう。それだけでなく、このアチーブメントを解除《アンロック》するクローンになろうとして、互いに殺しあうでしょう。

すべてのアチーブメントに対する報酬が、XP ポイントというわけではありません。いくつかのアチーブメントは、新しい追加の装備、新しい強制ボーナス任務（MBD）、あるいは特上の食物やプレミア版のホロビデオショーやそのほかの贅沢な品物の引換券によって報われます。アチーブメントは、一般的には、2 つの分野のいずれかに分類されます。

- **奨励：** プレイヤーを特定の方向へ導きます。彼らに火事を起こさせたいですか？　こういうアチーブメントを求めましょう。「重大な火災を消火してください。」プレイヤーキャラクターに創造的な殺人をさせたい？　「高価なレーザー弾※を消費せずに、テロリストのトラブルシューターに正義の裁きを与えてください。」その他いろいろ、こんな感じで。【※25 周年版まではレーザー射撃に対応するレーザーバレルという概念がありました。おそらく新型レーザーの不足で旧式レーザーが配給されたのでしょう。そう考えてあげてください】1 回ごとの

- **伏線：** プレイヤーに不吉な予感を与えます。たとえば、「ロケットランチャーを使って 2 両以上の敵車両を破壊してください。」これは、今後のミッションのアクションシーンのヒントとなります（そして、ロケットランチャーが決定的に重要だということも）。「無傷のまま切り裂き器の試験を生きのびてください。」「目標 73-D に接触したとき、あなたのミュータントパワーが無意識に発現しないようにしてください※。」「すべてのケーキを食べてください。」私たちがいいたいことはわかりますね。【※ザ・コンピューターが与えるアチーブメントとしては少々不自然に感じられますが、PC は登録ミュータントなのかもしれません。あるいは目標 73-D にはあらゆるクローンにミュータントパワーを発現させる機能があるのかもしれません】

注記：ミッションでのアチーブメントを管理するサーバーは秘密結社によってきわめて簡単にハックできるようです。一部の秘密結社はメンバーのクリアランスを向上させるために、滑稽で簡単な任務をアチーブメントとして与えます。一部の秘密結社はトラブルシューターを破滅に誘い込むか、彼らにザ・コンピューターではなく秘密結社のために仕事をさせるために、アチーブメントを利用します。他の秘密結社はバカなお笑いのネタにして、「勇敢で使い捨て」の楽しい場面のためにそれを使います。いずれの場合でも、たいていは冒険終了後のデブリーフィングを楽しいものにします。

NUMBER #1
TROUBLESHOOTER
ナンバーワントラブルシューター
セクション 2.11

カードのセットの中にある、「YOU ARE NUMBER ONE」と記されたカードに気づきましたか？おそらくそれがどんな役割を果たすのか気になっているでしょう。

これは、何もしません。

ルールシステム上は、あらゆる意味で何の働きもしません。しかし、プレイヤーキャラクターが、何かあなたが好きなことをしたら、最高のコンピューターボイスで、その優れた功績を讃え、ヴァーチャル忠誠紙吹雪 ™ を振りまきながら、カードを与えてください。ケーキを与えてもいいでしょう。たぶん特別な帽子も。小さな無人カメラ機がプレイヤーキャラクターを追い回します。おそらく、AR（拡張現実）表示では、彼の頭上には王冠が光り輝いているでしょう。

プラスチックのカードスタンドをお持ちなら、カードを立ててプレイヤーの前に置くことで、彼の誇り高い地位を示すことができます。

そして、彼がしくじったら、あるいは別のプレイヤーキャラクターがすてきな何かをしたら、ただちにカードを取り上げて、別の誰かに与えてください。帽子も奪い取ってください。屈強なオレンジクローンの一団を呼び集め、彼の手からケーキをもぎ取り、粉々になるまで踏みつぶさせましょう。

これを無限に繰り返してください。プレイヤーたちがNPCに会うと、たぶんNPCはチームリーダーではなくナンバーワントラブルシューターと話したいというでしょう。ミッションの進行が思わしくなくても、ザ・コンピューターは非難の対象からナンバーワントラブルシューターを除外するでしょう。それから、これが重要ですが、あなたが退屈したらすぐにカードを奪い

ダイオード… 我々はダイオードを必要としている。
警告：クリアランスレベル＝バイオレット

取ってください。

キャラクターは、ナンバーワントラブルシューターになるために、殺しあいます。本当です。私たちは実際にそういうシーンを見ました。なんでこんなにうまくいくのかまったく理解できませんが、ともかくこのカードを楽しんでください。

誰も最後に残ったクッキーは欲しがらない。

友人コンピューター、あなたに奉仕します。

警告：クリアランスレベル＝バイオレット

ハイプログラミングマニュアル

HIGH PROGRAMMING

MANUAL

ALPHA COMPLEX | REFERENCE:[$INVALIDVARIABLE]

RUNNING COMBAT
戦闘をおこなう

- セクション 3.1

INITIATIVE
イニシアティブ（行動順位）

イニシアティブ、つまり誰が最初に攻撃できるかについては、プレイヤーズハンドブックのダイナモ（DYNAMO）システムで、「行動順位」として説明しました。これはカードを使うはったりのシステムです。GMであるあなたはカードを持っていません。そのかわりに、あなたが、キャラクター（NPC）が行動すべきだと思ったときか、あるいは最も劇的で面白いと思ったときに、NPCを行動させることができます。プレイヤーのラウンドの途中であれ、初めであれ、最後であれ、あるいはトラブルシューターのリアクションのときであれ（彼らが行動したときであれ、行動に失敗したときであれ、あるいは何であれ）、いつでもです。あなたは、PCの行動を許可することと、NPCとして行動することをいったりきたりできます。PCの行動への対応としてNPCを行動させることもできますし、PCたちが小休止して戦術をめぐる議論をはじめたら、NPCにイニシアティブを取らせることもできます。あなたは不満のうなり声をあげて最後に行動することも、偉そうに命令して最初に行動することもできます。ただし、あなたの決定を、少なくとも1回のセッションのあいだ、つじつまの合ったものにしなければなりません。プレイヤーは整合性と一貫性が大好きです。彼らが従っているものが、GMの即興だと感じることは好きではありません。哀れな目がくらんだバカどもなのです。

CARDS IN COMBAT
カードを使った戦闘

戦闘とアクションカードに関する基本的な情報は、プレイヤーズハンドブックにあります。そこでは、プレイヤーがカードを利用する方法を教えています。このセクションでは、あなたが適切にカードを利用する方法を教えます。

カードは戦闘にスパイスをきかせる手段であり、プレイヤーに特別の能力を与え、出来事をコントロールして新たな物語を付け加えます。どちらも、ほとんどの場合はよいことです。いつであれプレイヤーがカードの効果について何かの物語を作りあげたときには、その物語がゲームの全体的な流れに適合し、あなたが意図した雰囲気にマッチしていることを確認し、結果を確定することが、あなたの仕事です。

アクションカードには2つの使い方があります。自分の行動順位で使用する通常のアクションと誰かが行動したときに使用するリアクションです。リアクションに使えるのはリアクションのシンボル表示があるリアクションカードだけです。通常のアクションカードが使用できるのは戦闘のときだけです。【※ここでの「戦闘」は極めて広い意味を持つことに注意してください（後述）】リアクションカードは誰であれキャラクターが何かの行動を宣言し、プレイヤーがその行動をいじくり回したいと思ったときであれば、いつでも使用

できます。アクションカードは（リアクションに使ったときも）使い捨てです。装備カードとミュータントパワーカードは GM が認めればいつでも使用でき、通常は使い捨てではありません。

ゲームセッションの初めに（通常の場合）4 枚のアクションカードを各プレイヤーに配ってください。それ以後そのプレイヤーが補充のアクションカードを引くことができるのは、GM が指示した特定のとき（通常の場合は戦闘の終了時）だけです。ここでいう「戦闘」は銃撃戦やなぐり合いでなくてもいい点に注意してください。それは精神的なものでも、官僚的なものでも、欺瞞的ないいのがれでも、芸術的なダンス表現だってかまいません。ただし何であれ、それが終わるまでは誰も新しいカードを獲得できないという事実に変わりはありません。カードは貴重な資源です。プレイヤーはカードを貯め込み、ここぞというときに戦略的に使用することが求められます。したがって、プレイヤーがテキーラスラマー※のようにカードを机にたたきつけることを奨励するのは、あなたの仕事です。【※テキーラを炭酸飲料で割ったカクテル。何かでグラスに蓋を してテーブルに叩きつけ、泡だったところを一気飲みします。】

どのような順番でどのようにカードの結果を解決していくかは、あなたの判断です。通常の場合は、最後にオープンされたカードを優先します。（たとえば、1 人のプレイヤーが「決定的成功」のカードを出した後で、他のプレイヤーが「どうしようもないひどいミス」のカード※を出せば、うまくいくはずはありませんよね。）このゲームの多くのものと同様に、カードの正確な効果はあなたに任されており、ストーリーのためによい働きをするなら何でも OK です。【※そんなカードは、基本セット にはありません。「致命的失敗」 や「大混乱」と 考えてください。】

ときおり、プレイヤーは「GM、あなたが光り輝く時間です。」や、ほかの同じような内容が書かれたカードを使用します。この場合、あなたは、どんな出来事でも望みのままに起こすことができる完全な**自由裁量権**を持っていることになります。何が起きてもあなたにはまったく罪はありません。それはカードを出して、**あなたがそうすることを望んだプレイヤーの責任です。**

カードによる出来事のプレイヤー自身による説明をそのまま認めては**いけません**。繰り返します。そのまま認めては**いけません**。プレイヤー（の多く）は自分勝手なチンピラです。自分が優位に立つためなら何でもします。誰かが自分の説明で都合のいいごまかしを言い張ったら、そのキャラクターをただちに殺してください。このページを彼らに見せて警告してもかまいません。あなたは、嫌な奴でありません。私たちはあなたにこう伝えます。彼らがそのことを**学ぶまで**、彼らのキャラクターを殺し続けてください。【※カードの出来事のプレイヤーによる説明はあくまでそうなってほしいという希望であ り、あなたはその希望を自由に拒否または変更できます。殺してもかまいませんが、彼ら を死なない程度に痛めつけるだけでも（たとえばカードにはノードダイス に +2 と書いてあるのを、-2 にするとか）、十分な効果があるでしょう。】

NPC にはカードは不要です。というより、あなたがダイスをロールする必要がないのと同じように、あなたはカードを使う必要がありません。あなたが戦闘で演じるキャラクターは、ものごとが PC にとって興味深いものになるためにだけ存在します。彼らは夢と希望を持ち、銃撃戦ですてきなものを使う平等なチャンスを持つ、完全な人格としてそこにいるのではありません。たいていの場合、彼らは叫び声を上げ血を流すために、そこにいるのです。あなたは彼らにそうさせなければなりません。

WORKING WITH NPCS
NPC を動かす

- セクション 3.2

NPC は、とても単純なものです。彼らの正確なスキルレベル、彼らの好き嫌い、この世界での立場、彼らの股下の長さやバウンシィバブルビバレッジの好きなフレーバーを決めることに時間を費やしたいと思うものがいるでしょうか？　いうまでもありませんが、私たちは違います。あなたがNPC について気にかける必要があるものは 3 つです。

ひとつ、NPC が望むもの。
ふたつ、NPC がほかの連中と違う点。
みっつ、NPC はどれだけ手ごわいか。

順番に片付けましょう。

WHAT THEY WANT
NPC が望むもの

あなたの NPC の動機は、何ですか？　なぜここにいて、うなったり、PC を撃ったりするのですか？この状況から抜け出すために、その NPC は何をしたいのですか？　こういったことを心に留めておいてください。そうすれば、キャラクターをそれらしく演じることはずっと簡単になります。

HOW THEY ARE DIFFERENT
NPC がほかの連中と違う点

あなたの NPC 全員を、ただ一つに混じり合った均質な大衆にしてしまうことは簡単です。それを避けるために、それぞれの NPC をほかの誰とも違うものにしてください。そのためにはたった 1 つの特徴で十分です。身体的特徴、社会的特徴、しゃべり方のくせ、奇妙な習慣、めずらしい衣類や小道具、変わった欲望… あなたが望むなら、何でもありです。NPC の特徴を覚えておくには、誰かを利用し、簡単にメモしておくといいでしょう（「昼飯にいく食堂のジョン」や「あのバンパイア映画にでてきた子供」といった感じで）。そうすれば、見た目や、しゃべり方や、おそらくいくつかの身体的な特徴も付け加えられるでしょう。このやり方は、NPC がどう行動するかを考えるときも役立ちます。

HOW TOUGH THEY ARE
NPC がどれだけ手ごわいか

これは、ルールの問題が加わります。NPC は PC 同様にダメージボックスを持っています。しかし、トラブルシューターとは違い、彼らのダメージボックスは 4 とは限りません。彼らはとても手ごわ

い敵ですか？　でしたら、その NPC のダメージレベルのボックスを 5 つとか 6 つとかにしてください。多くのダメージに耐えることができます。弱虫で口先だけの連中？　では、ダメージボックス 1 個の命中でおしまいになることにしましょう。NPC がたくさんいる？　あなたの時間を節約するために、グループのメンバー 1 人につき 1 個のエキストラ役者用のダメージボックスで処理しましょう※。（もし、あなたの NPC に防具があるならば、それもここに書き留めてください。）

【※解説（NPC のダメージボックス表示とグループ NPC について）：NPC のダメージボックスには、〈軽傷〉〈重傷〉〈瀕死〉〈死亡〉の表記がありません。プレイヤーキャラクターのダメージとは違い、いくつダメージボックスがチェックされていようと、1 ダメージを受けるたびに 1 つのダメージボックスをチェックしてください。あなたが、NPC をつくる場合にもこのやり方をお勧めします。この場合、同じダメージでも PC より NPC の方が死にやすくなります。PC と互角に死ににくい NPC をつくりたいならダメージボックスを 5 個か 6 個にするといいでしょう。もちろんあなたが望めば、PC の信頼できる重要な仲間やライバルの NPC に、プレイヤーキャラクターと同じ〈軽傷〉〈重傷〉〈瀕死〉〈死亡〉の表示のあるキャラクターシートを与え、PC と同じルールでダメージを与えることも可能ですが、その必要があるかは疑問です。ミッションブックのシナリオにはそんな NPC は 1 人も登場しません。◆グループキャラクターについて、本文では 1 キャラクター 1 ボックスの例が挙げられていますが、グループキャラクターの 1 人に最低 1 ボックスを与える必要はありません。1 キャラクターのボックス数が 1 未満の場合もあります。ミッションブックをご覧になればわかりますが、モンスター 10 匹で 8 ボックスとか、NPC4 人で 2 ボックスとかいった記載があります。キャラクターの数を気にせずに、ボックスが全部チェックされたら全滅なり逃走なりにしてください。気になるならモンスターの数を 8 匹にしたり、4 人で 2 つのダメージボックスを持つ NPC グループのボックス数を 4 つに増やすのはあなたの自由です。あなたがシナリオを自作する場合に、原則として 1NPC に最低 1 ボックスを与えることにするのはご自由ですが、キャラクターの数とダメージボックス数を一致させることにこだわりすぎてはいけません。100 匹のシリコン貪食アリのために 100 個のダメージボックスをつくるのはお勧めしません。】

あなたが望むなら、すべての名無しの NPC を使い捨ての消耗要員とみなすことができます。どんなタイプのダメージでも、彼らを活動不能にします※。これはものごとの進行を素晴らしく速くし、より劇的にし、映画的にし、そして必要な記録を最低限にします。【※つまり、ダメージを 1 つでも受ければゲームから退場します。こうすればダメージボックスは不要です。】

DESCRIBING NPCS
NPC の記述

NPC には、PC のような完全なキャラクターシートはありません。もちろん、あなたが本当に余分の仕事を増やすのが大好きなら、つくることはできます。でも、正直にいえば、大部分の NPC は、シナリオで 1 つの仕事をするだけの、一時的な障害物にすぎません。NPC に必要なのは、そのために必要なデータの簡略化した記述だけです。次の図のようになります。

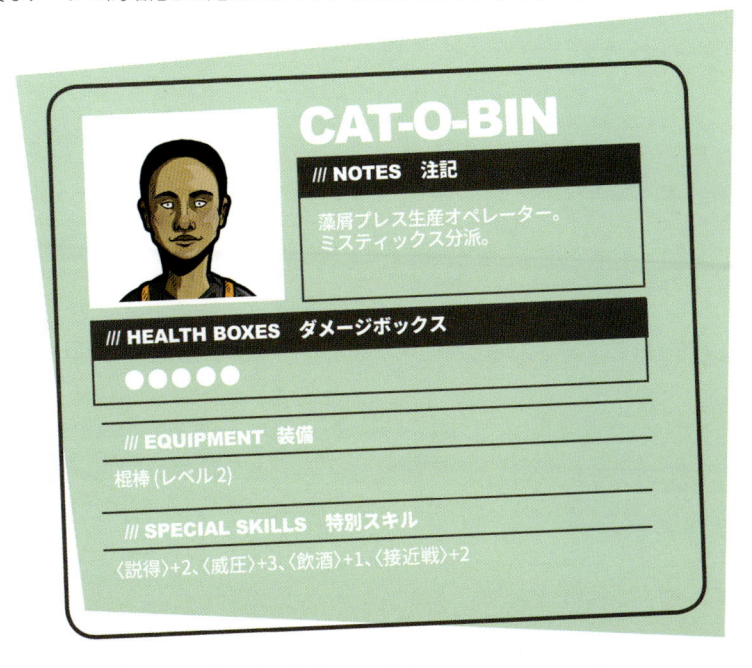

CAT-O-BIN

/// NOTES　注記

藻屑プレス生産オペレーター。
ミスティックス分派。

/// HEALTH BOXES　ダメージボックス

● ● ● ● ●

/// EQUIPMENT　装備

棍棒（レベル 2）

/// SPECIAL SKILLS　特別スキル

〈説得〉+2、〈威圧〉+3、〈飲酒〉+1、〈接近戦〉+2

特別スキルは、そのキャラクターが特に優れていたり劣っていたり、あるいはキャラクターがおこないそうな行動を表示します。あなたが望むなら、彼らが PC たちと比較してどれくらい優れているかを、スキルの横の数値で示すことができます。たとえば、その NPC が科学に強いという特徴を持つなら、あなたはゲームプランを書き込むのに使う封筒の裏【※チラシの裏でもかまいません。欧米では日本ほど簡単に片面が白い紙を無料で入手できないのです。】の彼らの名前の次に「〈科学〉+4」と書きます。NPC がフリーエンタープライズの工作員を大嫌いなら、「〈フリーエンタープライズの手先と戦うとき〉+3」と書きます。これであなたは、ゲーム中に NPC がどんな行動をおこない、どんな結果が生じるかについてのヒントを得ることができます。これらの数値は、一見ダイス修正値のように見えますが、あなたが NPC にダイスを使わない限りそうではありません。当然です。

NPC は、〈気力度〉を持ちません。NPC は、戦闘のためにカードを受けとりません。NPC は、コンピューターダイスをロールしません。装備は、PC の装備と同じように機能します。

※解説：NPC の表示と戦闘についてのまとめ

本書の NPC の表示と戦闘の説明は、あちこちに分散しているので、本書およびアキュートパラノイアの解説を中心にまとめたものをここにあげます。つまり、本項は原著には存在しない項です。

■ NPC の表示

NPC の数：NPC は 1 人ずつ（あるいは 1 匹ずつまたは 1 台ずつ）単独で表示される場合もグループで表示される場合もあります。グループの場合は注記があります。

NPC のダメージボックス：NPC のダメージボックスには PC と異なり〈軽傷〉から〈死亡〉までの表示はありません。ですから、すでにダメージを受けている場合には、追加のダメージ数をそのままチェックします（PC のダメージとは違い、追加ダメージが現在のダメージ状態によって変化することはありません）。グループでダメージボックスを共有する場合は、すべてのダメージボックスがチェックされればグループ全員が除去されます（死亡したのではなく降伏したり逃げ出したりしたのかもしれません。その判断はあなたにまかされます）。ダメージボックスの数とグループの人数は、基本的には無関係です。一致する場合もありますが、NPC 数の方がダメージボックス数よりも多い場合もあれば、計算すると端数がでる場合もあります。

防御値：攻撃を受けた NPC が持つ防御力を数値で表したものです。〈防御値〉を持つ NPC を攻撃する場合には〈困難度〉に〈防御値〉をプラスします。防具レベルのようなものですが、装備による防御力だけでなく、戦闘に慣れ攻撃に素早く対応できるかといった要素も含んでいます。数値に＋があるものは、攻撃の〈困難度〉に〈防御値〉をプラスし、〈防御値〉に＋がないものは〈困難度〉を含めた数値として扱ってください（ただし〈困難度〉の最終的な決定権は GM にあります。状況によって変更できます）。

典型的なダメージ：この NPC が戦闘時に攻撃目標に与える「典型的なダメージ」です。GM がダメー

ジを決定する際のヒントとして扱います。典型的なダメージは以下のような場合に利用できますが、GM に別の考えがある場合や、ダイス通りのダメージがいいと思う場合は無視してください。

1. PC がこの NPC を攻撃して失敗した時（17 頁参照）に受ける、典型的なダメージとなります。PC の失敗の程度（足りない成功ダイス数）から計算したダメージが、典型的なダメージの最低レベルよりも小さかったり、最大レベルより大きかったりする場合には、典型的ダメージの範囲内に収まるようにダメージを修正します。（たとえば、典型的ダメージが「〈重傷〉または〈瀕死〉」なら、ダイスの結果が〈軽傷〉の場合も〈重傷〉にし、ダイスの結果が〈死亡〉の場合でも〈瀕死〉にします。）

2. GM がダイスロールをせずに、NPC の攻撃は成功すると決定した場合に、攻撃目標に発生する典型的なダメージとなります。典型的ダメージが複数の場合は GM が自由に選択します。

3. GM が NPC の攻撃のダイスロールをおこなって攻撃が成功した場合、ダイスによるダメージレベルを 1) の場合と同様に修正し、典型的なダメージの範囲内におさめます。あるいは、2) のやり方で GM が選択してもかまいません。

■ NPC との戦闘

アキュートパラノイアのよくある質問ではこういっています。「ダメージを与えるには、〈困難度〉に〈防御値〉あるいは防具のレベル値をプラスした数値よりも 1 以上大きな成功ダイス数を出す必要があります。たとえば 1 レベルの防具を持つコミーへの攻撃の〈困難度〉をあなたが 1 と決めたとしましょう。この場合プレイヤーがダメージを与えるには成功ダイス 3 が必要になります。1 個の成功ダイスは防具で無効にされ、もう 1 個は〈困難度〉で無効にされ、最後に残った 1 個のダイスが 1 ダメージレベルを与えます。ベーシックアクションだけで攻撃目標にダメージを与えることは困難でしょう。それが、プレイヤーの創造力に富んだスタットとスキルの使用や、アクションカードの使用や、ミュータントパワーの活用を産み出します。」

これが基本です。ダメージ数の決定までは PC も NPC も同じです。PC と違うのは、現在のダメージ状態にかかわらずダメージ数をそのままチェックすることだけです。

NPC の中にはグループ全員で 1 つのダメージボックスのブロックを共有している場合があります（ミッションブックのミスティクスやフリーエンタープライズや生存者たちなどです）。このようなキャラクターグループが攻撃をおこなう場合には、全員を 1 キャラクターと考えて、全員で 1 回の攻撃をおこないます。何人いても攻撃は 1 回です。それぞれが独立したダメージボックスのブロックを持つ NPC が便宜上 1 枚のカードに表示されている場合（ミッションブックの海賊たち）には、各 NPC はそれぞれ別々に攻撃をおこなうことができます。特殊な場合ですが、単独の NPC が複数のダメージボックスを持つ場合（ミッションブックの SKW-1DD0 です）には、ダメージボックスのブロック（触手）ごとに攻撃をおこなうことができます。

ダメージによるノードダイスの低下のルールを NPC にも使用するかどうかは、その場その場の状況で GM が自由に決めてください。無視するのが簡単ですが、個人でダメージボックスを 4 つとか 5 つとか持つ NPC キャラクターとか、たくさんの人数がいるグループキャラクターの人数が次第に少なくなっていく場合には、PC と同じように 1 ボックスにつき 1 ダイス（あるいは 2 ボックスにつき 1 ダイスでも）の能力低下を与えるともっともらしくスリリングかもしれません。すべては GM にまかされています。

NPC を作成するときには、平和な生活を営む一般市民の〈防御値〉は 0、下っ端の秘密結社員や並のトラブルシューターなら〈防御値〉1、手強い相手なら〈防御値〉2、PC たちに戦闘以外の何か（交渉するか、だますか、おだてるか、何か賄賂になるものを渡すか、あるいは逃げ出すか）をさせたいと考えるなら〈防御値〉3 以上にするといいでしょう。

GM ADVICE
GM へのアドバイス

- セクション 3.3

1回か2回ゲームをおこなったら、あなたは**本当の** GM へのアドバイスへと進む資格を得るでしょう。あなたが今まで読んでいたものが何か、理解できますか？　子供用の自転車の補助輪です。このあとに続くのは、合計してほぼ60年間にわたり、準備ゼロ、努力ゼロでゲームをおこなってきた天才たちの経験の結晶であり、それは、あなたを十分な準備をした上で注意深くゲームをおこなう、すべての点ですばらしい GM に見えるようにするでしょう。警告します。この情報はあなたを変えます。たぶん、よい方に変えるでしょう。

THE PARANOIA GM'S SCREEN – A STORY
パラノイア GM スクリーン物語

始める前に、ここに物語があります。

有名ゲームデザイナーである私たちが、かつてこのゲームをデザインしていたときには、パラノイア GM スクリーンにやたらとアイデアを浪費してきました。「あなた」、つまり忠実なるパラノイア購入者は、疑問の余地なくそれを持ち、この章を読んでいる「あなた」の隣に座っています※。GM スクリーンは、一般的には、早見表を並べておく場所です。ランダムな遭遇やら、攻撃の命中個所やら、武器によるダメージやら、戦闘修正やら、行動の困難性の評価とかですね。おわかりですね。【※パラノイア第1版 GM スクリーンには3つのミニシナリオが、第2版にはボール紙のキャラクターユニットとゲーム中に使用する書類が、2004年版にはダイスを振ってミッションを作成するミッションブレンダーと書式集がついていました。我が国ではお持ちの方が隣に座ることはめったにないと思います。】

しかし、今回のパラノイアはそういったものは本当に何も持っていません。私たちにはそれよりもっといいアイデアがありました。スクリーンの GM 側に30センチぐらいの大きな活字で「<u>奴らをおびえさせろ！</u>」と印刷して、あとはほっておくのです。このアイデアは基本コンセプトの段階で放棄されましたが、きわめて長い時間生きのびました。これこそが10文字以内で示すことができるパラノイアのゲームマスタリングの真の精神だからです。

これこそがパラノイアです。そしてあなたがすべてを管理しています。あなたのプレイヤーは、あなたのおもちゃです。彼らが生きのびるかは、あなたの気まぐれにかかっています。あなたが思いついたどんなアイデアでも、私たちがここに書いたものよりいいものでしょう。なぜなら、あなたがつくり出したものは、あなたのプレイヤーがはじめて見るものだからです。他のより楽しくない劣ったゲームシステムとは異なり、あなたはゲームバランスやらその他のくだらないものを気にする必要はありません。【※パラノイアでは、敵が強すぎて PC たちが全滅しても何の問題もありません。】あなたはすべてを管理します。あなたには間違いは存在しません。【※うっかりルールと違うことをしてしまったときには、「ルールはアップデートされました」というだけです。】

しかしながら「<u>奴らをおびえさせろ！</u>」だけでは、全 GM セクションをいっぱいにするのに十分ではありません。私たちの編集者の見解によれば、何回も何回もコピーアンドペーストしても駄目

なんだそうです。そのかわりに、無分別なことしかしない悲惨な連中でいっぱいのアルファコンプレックスをつくりあげ、最小限の努力であなたが本当に最高の GM に見えるようにすることを助ける、いくつかの実用的なアドバイスをおこないます。

YOU ARE NOT HERE TO BE A DICK
あなたは、嫌な奴になるためにここにいるのではありません

昔から、パラノイアのゲームマスターをすることは、人生の他の部分での欲求不満を解消するためのよい方法でした。あなたは好きなように意地悪ができ、好きなようにたくさんのプレイヤーキャラクターを殺すことができ、ほとんどの場合、気まぐれで残酷で恐ろしく、セッション終了時には、すべてについて前よりもよい気分になれます。

そういった考え方はドアから放り出してください。現在は 2016 年※です。私たちは、それを終わりにしました。【※この版のパラノイア英語版が実際に発売されたのは 2017 年です。なお、ライターによれば書いたのは 2015 年だそうです。】

パラノイアの GM をするとき、私たちがどんなに強大であっても、誰からも偉大で恐ろしいくそったれだとうわさされていても、結局のところ、私たちは友人と（あるいは、もしそうでなければ、おそらくいつの日か友人になって欲しい人々と）遊んでいるのです。あなたが嫌な奴であるなら、あなたのプレイヤーはそいつを好きではありません。つまり、あなたを好きではありません。そして、彼らはそれ以上パラノイアをせず、**自分用の**ボックスセットを買いません。それは私たちにとって本当に悪い知らせです。有名ゲームデザイナーだって食っていかなきゃならないんです。

ですから、わかりますね、これは私たち全員に影響を及ぼします。いいプレイ《プレイナイス》をし、いい演技《プレイナイス》をし、つまり一言でいえば、いい人のふり《プレイナイス》をしてください。キャラクターは粉砕すべきですが、プレイヤーは粉砕しないでください。幸福なプレイヤーは熱心なプレイヤーです。そして、熱心なプレイヤーは楽なプレイヤーです。なぜなら彼らはプレイに熱中し、自分で細部を創り上げてくれるからです。あなたは、楽なプレイヤーが欲しくありませんか？　もちろん、そうですよね。

THE INHERENT MASOCHISM OF ROLEPLAY
ロールプレイ本来のマゾヒズム

すべてのロールプレイヤーはマゾヒストです。ロールプレインングは、マゾヒスティックな行為です。考えてもみてください。私たちはキャラクターをつくりあげます。彼らの能力と背景を微調整することに歳月を費やします（他のより楽しくないゲームでは、ですが）、それから、みんなで座って、エンターテイメントの名において、キャラクターを血まみれの挽肉器に通します。毎週、私たちは疑わしい報酬のために、キャラクターを強制して言語を絶するレベルで虐待します。彼らが危険に遭遇すると私たちはスリルを感じます。彼らが裏切られると、私たちは含み笑いをします。私たちは確率を笑い飛ばして、彼らを大軍団に挑戦させます。これは、**逆境が楽しい**からです。

心してください。本当の逆境ではありません。それは不愉快です。逆境こそがこの世でもっともす

ばらしいものの 1 つだというふりをしてください。ちょっとおもしろい本か、まずまずの映画を見ればわかるでしょう。魅力的なキャラクターは何度も何度もトラブルに突き落とされます。そして、私たちはそれを楽しみます。

ロールプレイングは、私たちに逆境と相互作用し、逆境を克服するチャンスを与えます。恐ろしい出来事を体験し、そして絶対安全に何の危険もなく生きのびるのです。

紳士淑女の皆さん、それこそがパラノイアが 30 年以上の間にわたって人気を維持してきた理由です。それは、社会的に容認されるやり方で自分自身を（そして他人を！）傷つける、過激な活動です。それは、私たちの退屈な生活に対する特効薬です。それは、死が重要でなく、そして誰もがあらゆる場所で他の誰かをやっつけようとしている世界です。現実の世界では、誰を信用できるかを、あなたが知ることは困難です。アルファコンプレックスでは、誰も信用できないことをあなたは知っています。それは心安らぐことです。

トラブルシューターは、常に周囲の環境に気を配ります。

プレイヤーは、彼らのキャラクターに地獄めぐりをさせ、打ちのめされ血まみれになり虐待された あげく、やっとのことで反対側の出口から這い出してくることを望みます。なぜなら、それこそが 物語の源であり、ロールプレイングゲームの本質は物語装置だからです。結局のところ、安全なルートを通る人生は退屈です。チェインメイルを着た戦士とローブをまとった魔法使いが自分たちの安全を徹底的に最適化したいなら、決して酒場からでることはなく、+3 の防御力を持つ防具の最良の組み合わせを選ぶことだけに何時間も費やすことになるでしょう。

ですから、プレイヤーキャラクターに逆境を与えてください。彼らの髪の毛をむしり取ってください。彼らが倒れたら蹴とばしてください。彼らが何をしても、破滅を招くようにしましょう。そして、微笑みましょう。あなたはおそらく彼らもまた微笑んでいることに気づくでしょう。

SMILE
ほほえんで

実際に、ほほえみを浮かべ続けてください！ たとえあなたが幸福でないとしても！ これで簡単にプレイヤーをだませます。彼らは、あなたが何を考えているのかを知りません。知っているのは彼らが知らない何かをあなたが知っているということだけです。あなたは、なぜほほえんでいるのかを知っています。それこそが私たちが今あなたに説明したことです。

THE RULES ARE IN YOUR FAVOUR
ルールはあなたの味方です

パラノイアはキャラクターをひどい目にあわせるためのルールでいっぱいです。そして、あなたがルールを管理します。重要な点は、キャラクターがひどい目にあう理由は、以下のいずれかだということです。(a) **単なる偶然によって引き起こされた**。あなたが極端に残酷だとしても、それはルールに従い自分の仕事をしただけです。(b) **他のプレイヤーの行動によって引き起こされた**。あなたが極端に残酷であるのは、他のプレイヤーの責任であることを意味します。(c) **プレイヤー自身の行動によって引き起こされた**。プレイヤーはこの極端な残酷さについて他の誰も非難できないことを意味します。どれであろうと、あなたに責任はありません。

確かに、あなたは、何であれ望むものをいつでも滅ぼすことができます。それはあなたの GM としての特権です。しかしながら、パラノイアのゲームはトラブルシューターがあらゆるシーンで災厄に遭遇するようにつくられています。あなた、つまり公正な GM は、災厄の単なる**仲介者**であるべきです。プレイヤーがあなたに反感を感じなければ、彼らはあなたのアイデアにより協力的になるでしょう。それは、あなたの仕事が楽になるということを意味します。

これから示す道具を使って、可能な限りプレイヤーの傷口をひろげましょう。

<u>コンピューターダイス</u>は、金の卵を産むガチョウです。あなたとプレイヤーは、何時間でも楽しめるでしょう。ザ・コンピューターのシンボルが出たら、あなたの光り輝く時間です。最高のザ・コンピューターの声で**割り込みましょう**。邪魔をしましょう。難問を与えましょう。ばかな提案をし

ましょう。そして、PC はその指示に従わなければならないと主張し、彼らの視野をふさぎ、戦闘の最中に攻撃目標を検閲してモザイクを掛け、彼らの耳に大音響でコマーシャルを流し… そのほか、何でも好きなようにしてください。

<u>ダイスロールの結果を判定する</u>ことは、破滅をもたらすチャンスです。ルールには、ダイス判定で必要な得点を得られなかったとき、「プレイヤーはダイスロールに失敗する」と書いてありますが、キャラクターの行動が失敗するとは書いてありません。**何か**まずいことが起きるのです。キャラクターの失敗は、まずいことの副産物です。（失敗は、それだけでは退屈です）。誰かが必要な成功ダイス数よりも大幅に少ない成功ダイスでロールに失敗したら、厄介事を起こしましょう。創造力を発揮してください。結局のところ、彼らは自分自身でこの結果を招いたのです。

<u>〈気力度〉ゼロ</u>は、ユーモアへの近道です。プレイヤーはしばしば故意に〈気力度〉ゼロ状態になろうとします。結果を考えずにバカなことができるのは楽しいからです（「でも、ダイスロールの結果は、『私はみんなを熱狂させなければならない』でした。みんなに火炎放射器を浴びせて熱で狂わせたことは事実ですが、それは私の誤りでありません」）。彼らはそこにひねくれた喜びを感じます。やらせましょう。人々が〈気力度〉をキャラクター作成に費やすのを奨励しましょう。そして残された〈気力度〉を気にせずに浪費させましょう。

<u>ダメージ</u>は面白い出来事です。他人がダメージを受けるのは面白いと思いませんか。そして、クローンは、私たちが良識（のようなもの）の範囲内で発揮できる過酷さの範囲を拡大します。断頭は大笑いです。手脚を失うことはとても滑稽です。トラブルシューターを自分自身やほかのトラブルシューターにくっつけてしまうのはすてきです。串刺しは容易ならざる事態によくマッチします。大昔の「トムとジェリー」の TV アニメを思い出してください、そして、それほど昔ではない「イッチーとスクラッチー」※を思い出してください。そこからインスピレーションを得てください。
【※ TV アニメ「シンプソンズ」の中で、子供たちがよく見ている TV アニメで「トムとジェリー」のパロディ（ディズニーアニメや、実写映画もパロっていますが）。】

<u>GM であるあなたが</u>「光り輝く時間」と書かれた<u>アクションカード</u>は、あなたのお気に入りになるでしょう。このカードを出したとき、あるプレイヤーはこういいました。「GM、あなたは人知を超えた大自然の猛威です。しばらくのあいだ私に目をつぶって、その代わりに私がきらいなこいつに徹底的な大失敗をさせてください。」あなたは、ギリシア人が敵船を難破させるために嵐を祈願したときの、海神ポセイドンと同じ立場にいます。この感覚を深く味わってください。

SAY YES
イエスといって

このことを心に留めてください。可能な限りいつでもイエスというのです。

「しかし、待ってください」と、あなたが叫ぶのが聞こえます。「明らかに、私はいつでもプレイヤーにノーという、残忍で過酷な支配者じゃないですか！ パラノイアはプレイヤーがあきらめるまで、拒絶し、プレイヤーの顔を踏みにじり続けるゲームです！」

若者よ、それは誤解です。それは退屈なゲームへの道であり、それは前世紀の話です。

即興はゲームマスターが学ぶべき重要な技術であり、即興の基本原則の一つはイエスということです。（実際、何百冊もある即興劇※の本をどれでも読んでください。あなたが GM としてできる最高の決定はイエスということです。）イエスというとき、あなたはアクションを先へ進ませます。シーンを進行させ続けます。あなたはその場にいるみんなをゲームに参加させ、彼らの注意を引き続けます。ノーというとき、あなたはゲームの可能性を**摘み取って**しまいます。あなたは、シーンの進行を止めています。次の 2 つのセッションの情景を比較してください。【※即興劇（原文は improv、日本では「インプロブ」も使用されますが、「インプロ」と略されることが多いようです）は、演技者《プレイヤー》が台本なしに、自発的、創造的に、自由に作りあげていく演劇をいいます。即興劇では「イエス、アンド…」つまり他の演技者《プレイヤー》が即興で出したアイデアや状況設定を受け入れ（イエス）、それに自分のアイデアを付け加える（アンド）ことが基本とされています。】

例1.

GM：あなたがたは列を作ってブリーフィングルームを出て、廊下に向かいます。

クリス・マーシャル：ええと、ビヨルン・トビー -B-OLD-6 は、ミッションについて何人かの…友人に連絡する必要があります。どこか近くにこっそりと隠れることができる廊下がありませんか？

GM：ノー。

クリス：ああ…　了解。

例2.

GM：あなたがたは列を作ってブリーフィングルームを出て、廊下に向かいます。

クリス・マーシャル：ええと、ビヨルン・トビー -B-OLD-6 は、ミッションについて何人かの…友人に連絡する必要があります。どこか近くにこっそりと隠れることができる廊下がありませんか？

GM：イエス！　たくさんの暗い廊下があります。数え切れないほどです！

クリス：すばらしい！　私は、廊下の一つに隠れます。

GM：誰かがあなたの行動に気づくかどうか、ダイスをロールしてください。

クリス：[ダイスをロールする]うわあ、大失敗だ！

GM：すばらしい！　あなたは、後をつけてくるものがいないか確認しましたが、何も見えません。あなたは安心して…　友人と会うことができます。誰も気づいていませんよ、きっと。

最初のケースで、あなたはプレイヤーの行動を止めました。あなたは彼らに質問をしてはならず、あなたが情報を提供するまで待つようにと指導しました。これはプレイヤーがダメな態度を取るように教育することです。いいですか、彼らがより多くの質問をすればするほど、あなたが考えなければならない仕事が減るのです。それが安楽なやり方です。彼らに考えさせるためにあなたがいわなければならない言葉はイエスです。

プレイヤーが何かよいものをつくり出したら、それにイエスといってください。そのとき、彼らは文字通りあなたのためにあなたの仕事をしているのです。あなたはそれを励まさなければなりません。

当然のことながら、これはまたパラノイアであるので、あなたは彼らの頭の中をもてあそばなければなりません。あなたがイエスというときには、嫌な思いをさせる準備をしてください。彼らが必要とするすべてを与えないでください。彼らが望んでいる**と思っているもの**を与えてください。しかし、実際に彼らが手に入れたものは信じられないほど危険で、彼らがはじめに考えていたよりも

もっと多くのトラブルを生み出します。

このことによって、プレイヤーは彼ら自身が間違いに対して責任があると感じ始めます。あなたはロープのセールスマンに過ぎず、そして、彼らはあっというまにあなたが渡したロープで首を吊るのです。

あなたにもう1つの例を与えましょう。

ロブ・ハンセン：うわあ、この銃撃戦は、かなりキツいぞ！　ロブ -R-IES-6 は、コアテックのリンクを使ってアーミーを呼び出し、騒乱の発生を報告します。
GM：それはできません。現在話し中です。
ロブ：ああ…　了解。

次と比較してください。

ロブ・ハンセン：わあ、この銃撃戦は、かなりキツいぞ！　ロブ -R-IES-6 は、コアテックのリンクを使ってアーミーを呼び出し、騒乱の発生を報告します。
GM：あなたは、地元の駐屯地のリンクを呼び出します。「こんにちは、トラブルシューター！」と、親しみやすいアーミーの士官がいいます。「すぐに騒乱コードを入力してください！」
ロブ：騒乱コード？
GM：「あなたには、騒乱コードの一覧メモが必要です。騒乱を報告するときに、騒乱コードを用意していなければ、アーミーの時間を浪費します。そして、浪費は反逆です！」
ロブ：私は…　えーと…　それは、154 ですか？
GM：「154！　大量の槽育成ニクモドキが大あばれしている！　我々は、軍事ボットを派遣し、エリアを焼き尽くします。行軍中のボットに指示を与えるために、関連情報のアップロードを準備してください。」
ロブ：もしかすると 155 だったかもしれません…
GM：「手遅れです、トラブルシューター。あなたの 154 の報告に従い、ボットはあなたの現在地における最大サイズの生物学的存在を捜索し破壊します。さようなら。」

プレイヤーは求めたものを手に入れました。応援部隊です。それは厄介な銃撃戦を片付ける助けになるかもしれません。しかし、よりありがちな結果は、近々彼らがクローンナンバーの調整をおこなうというものでしょう。

イエスということで、あなたはより多くのシーンを展開し、より多くのロールプレイングを許します。そして、このゲームはロールプレイングをおこなうゲームであり、より多くのシーンはきっとよいことです。そうでしょう？

ALWAYS MAKE THINGS HAPPEN
常に何かを起こしてください

プレイヤーがダイスを振るのは、ゲーム世界に何かが起きることを望んでいるという、あなたへの合図です。彼らは何かを変えたいのです。あなたが、その変化の原因です。何かを起こしましょう。

いつであれ、プレイヤーがダイスを振るときは、彼らに有利な方であれ、不利な方であれ、状況を変化させてください。失敗は先に続くものにしましょう。つまり、挑戦の失敗によって行動をストップさせるのではなく、新しい要素を導入し事態を複雑化させるのです。たとえば、トラブルシューターが所属秘密結社のために貯蔵コンテナのカギをあけようとしているとしましょう。しかし、ダイスロールの結果は十分なものではありませんでした。「あなたはカギをあけることができませんでした」ということもできます。しかし、その結果、私たちはどこに進んでいくのでしょう？　どこへもいきません。その代わりに、次のような対応を考慮してください。

「扉は開きますが、あなたのカギ開け具は壊れてしまいました。」
「あなたは大きな音を立ててしまいました。上の階から警備ボットが調べにきます。」
「ハッチは開きましたが、あなたは貯蔵コンテナの中に落下してしまいました。そこへあなたの秘密結社のメンバーたちがやってきます。そしてこれが全部あなたを身代わりとして利用するための策略であることを、強制的な隠れ場所から聞くことになります。」
「貯蔵コンテナの扉の AI（人工知能）は、あなたのカギ開け具について一連の質問をします。」
「あなたは貯蔵コンテナの扉を開けることに成功しますが、偶然にもコンテナはあなたの上に倒れてきます。」

112

DON'T TRY TO BE FUNNY
おどけてウケを狙わないでください

パラノイアは、コメディゲームです。確かに**ブラックユーモアコメディ**ではありますが、セッションで誰もが少なくとも一回は大声で笑わないなら、あなたは仕事のやり方を間違えています。

しかし、変なことをするだけではいけません。あまり一生懸命になっておかしいことや、計画や行動についての「デタラメな」アイデアを考えだそうとしてもいけません。その代わりに、あなたの頭へひょいと忍び込んだ最初のアイデアを使ってください。（即興劇の場合、1番はじめのアイデアがおそらく最高です。なんといってもそれが1番なんですから。）あなたは観衆を次のジョークを待つという応答待ちの状態にしてはいけません。それはあなたの最悪のジョークよりもっと悪いことです。あなたがど派手なギャグを使い過ぎれば、あっというまに限界に達します。そしてそのギャグは次の変化を生み出しません。

その代わりに、基本から始めましょう。単純に始めましょう。よくできた即興のコメディは、普通の人々を興味深い状況に置くことによって生まれます。これはつまり、正常と不条理が並列する状況の中でアイデアを結びつけ、キャラクターと相互作用させるということです。

そしてもちろん、ゲームの終わりまで、あなたはさまざまな種類の強烈で奇々怪々な出来事を投入し続けなければなりません。あなたは高いレベルの狂気を**つくりあげ**なければなりません。その狂気は自立したもので、あなたは細部に干渉してはなりません。

もう一度いいます。あなたの頭に思い浮かんだ最初のものを使ってください。賢くふるまおうとしてはいけません。おかしくしようとしてはいけません。ただ単に積極的であればいいのです。

LEARN WHAT YOUR PLAYERS LIKE, THEN GIVE IT TO THEM
プレイヤーの好きなものを知り、彼らにそれを与えてください

これまで、誰かにやりたくない何かをさせようとしたことがありますか？　それは、面倒な仕事です。私たちは面倒な仕事を憎みます。ですから、あなたもそうでなければなりません。

苦労のいらないマスタリングの技術を本当に使いこなすためには、プレイヤーが好きなものを知る必要があります。これは、いうよりも実行する方が簡単です。常連グループを知るために時間を取る必要はないでしょう。新しいグループでプレイする場合には、はじめに予備テストをしてください。ちょっとした戦闘、ちょっとした社会的交流、ちょっとした問題の解決。そこでそれぞれのプレイヤーが何を楽しむかを確認してください。何でしたら、それを書きとめてください。

それから、彼らに好きなものをもっと与えてください。2人のプレイヤーは、彼らの中で誰が一番むごたらしい暴力描写をできるかについて競い合うことにワクワクしていますか？　おそらく今こそ、接近戦に焦点を当てた悪者との（あるいは、おわかりと思いますが互いの。それもいいですね）

戦いの時でしょう。ウソをつき始めると、1人のプレイヤーの目が輝きますか？　手荒く扱って踏みにじる相手として、一見無能に見える役人を投入しましょう。1人のプレイヤーは、テクノロジーと AI についてたくさんの質問をしますか？　遊び相手になるボットを与えましょう。

「プロット（筋書き）」は、重要ではありません。正直にいえば、ミッションも本当には重要でありません。砂場を造ってください。プレイヤーのお気に入りのおもちゃを砂場に置いてください。おもちゃに彼らを殺させましょう。彼らはそういったプロットの代わりになるおもちゃに大喜びして死ぬのに忙しく、うまくいけば、あなたの冒険シナリオのメモには「奴らをおびえさせろ」としか書かれていないことに気がつかないかもしれません。

BURN YOUR BRIDGES
捨てられないものなどありません

神聖不可侵なものはありません。（ザ・コンピューターを除いて。ザ・コンピューターは神聖不可侵です。誰もがザ・コンピューターを讃えます。）何であれ、いつでも捨て去る準備ができていないものを、あなたのゲームに加えてはいけません。できればただ捨て去るのではなく、見るものの眉の焼き歯の根があわなくなるほどおびえさせる巨大な火の玉で破壊するともっといいですね。プレイヤーは、彼らの行く手にあなたが置いたすべてを破壊しようとしています。ですから、何でもあまり大事にしないようにしましょう。誰でも死にます。すべては消耗品です。

あなたが、1人のキャラクターや1つのネタだけでアイデアを組み立てるなら、それに何かが起きたら、事態は簡単におしまいになります。そうなる前に、あなたは次のどちらかを選ぶことをせまられます。プレイヤーの主体的行動をあからさまに拒否するか（彼らの行動を止めるためにさまざまな活動が必要になり、あなたはたくさんの仕事を抱え込むことになります）、あるいは舞台裏で死にもの狂いで事態を再編成するかです（わかりますね、あなたはたくさんの仕事を抱え込むことになります）。

どちらもよくありません。ものごとを軽く扱いましょう。何でもためらわずに破壊してどうなるかを考えましょう。（でも、ザ・コンピューターは壊しちゃだめですよ。それだけはだめです。）

PEOPLE CARE ABOUT OTHER PEOPLE
人々は他の人々を気にかけます

あなたは、なぜ多くの人気のストーリーが愛について語っているのかわかりますか？　人間は他の人間が好きだからです。（なんであれ、私たちの大部分はそうです。）そうやって、私たちはこの惑星の支配種族になったわけです。私たちは、互いに話すのが好きです。そしてセックスも。しかしセックスでさえ、通常の場合はことにおよぶ前に語らいがあります。

ゲームにキャラクター（NPC）を加えることは、長い目で見ればあなたの時間を節約します。なぜなら、プレイヤーはキャラクターに話しかけることができ、キャラクターと話している間は、あなたのプロットの端をつつきまわったり、何が本当に起こっているのかを知ろうとしたりしないか

らです（そして本当に起きていることは、あなたが好きなようにでっち上げることができます）。

CHANGE IS GOOD
変化はよいものです

あなたのキャラクター（NPC）たちを変化させましょう。このゲームはシリアスなものでも、長い期間にわたるものでもありません。ですから、プレイヤーが不条理だと感じたり、あなたに対する尊敬を失ったりすることを、気にする必要はありません。NPC は幸福そうですか？　シーンの終わりまでに、彼を悲しくさせる何かを投入し、不幸にしてください。NPC は落ち着いていますか？彼はちょっとしたことで理性を失い、トラブルシューターにわめき立てます。その NPC は尊大で意地悪な管理者ですか？　上司（何でしたら、ザ・コンピューターにしましょう）がやってきて、彼に身のほどを思い知らせます。NPC の特徴は「チェリーフレーバーのバウンシィバブルビバレッジが好き」ですか？　彼はストロベリーフレーバーの方がずっとおいしいことを知り、これまでの人生を浪費していたことを後悔します。

NPC のキャラクターが持っている、彼ら自身を示す特徴を、何であれひっくり返しましょう。そうすれば、プレイヤーは、あなたがキャラクターの成長を表現したのだと考えます。プレイヤーはそれをリアルだと感じ、NPC との交流をもっと楽しむようになるでしょう。それはすべて、あなたが頭の中の小さなスイッチを切り替えて「私は X に退屈しています。Y にしよう」と思うだけでできるのです。

BE OPEN WITH YOUR PLAYERS
プレイヤーに対してオープンな態度を取ってください

プレイヤーとゲームマスターの間には、RPG が持つ対立型ゲームのルーツ※に基づく奇妙な関係があります。その結果、GM はスクリーンの後ろで起きていることをゲームの外に置き、そこで起きていることについては絶対に話してはならないとされています。【※RPG は複数のプレイヤーが争うミニチュアウォーゲームで、「敵」の役割を審判（GM）がおこなうことから生まれました。GM はラスボスであり、プレイヤーが知るべきではない情報の管理者でもあります。】

くそくらえ！

あなたが望むなら、どうしたらいいかよくわからないけれど、なんとかしようとしていることを、全部プレイヤーに話してください。中にはそんな話を聞くのが好きではないプレイヤーもいるでしょうが、知ったこっちゃありません。彼らはいつでもあなたに質問をし続けているんですよ。聞くのが嫌だなんていわせちゃいけません。彼らがマキャベリ的迷宮でしっかり構築された複雑にからみあった陰謀を調査したいなら、『七王国の玉座』※を読ませておきましょう。あなたは、ジョージ・R・「血まみれ」・R・マーティンでありません。あなたにだって、他のみんなと同じように毎日の仕事があるでしょう。あなたが想像上の世界を構築することに捧げられる人生の時間は、そんなに多くはありません。【※『七王国の玉座（Game of Thrones）』は、ジョージ・R・R・マーティンのファンタジー小説。】

（とはいうものの、あなたはゲームの前にたくさんの準備をこなすのが**好き**かもしれません。それ

なら、なんで今さらこの GM ガイドを読んでいるのですか？　あなたはもう、ランダムイベントの結果表を書きあげ、キャラクター関係図を造り上げているはずです。）

プレイヤーが、あなたの頭の中には事前に用意された何か広大な世界があると考えると、彼らは何かを見つけようとしてあたりをつつきまわり始めます。あなたがどんな質問にでもすぐに答えることを期待します。このような固定されたものの見方は、あなたが彼らに**問題**を課し、その問題を**解決**させようとすることから生じます。彼らは探索を始め、あなたの大がかりな計画を解明しようとします。

あなたが大がかりな計画を持っていないなら、これはあなたに多くの仕事を課すことになります。

そんなことはやめて、実は冒険の主要課題をどう解決すればいいのかわからないので、思いつきで何とかしようとしていると、率直にプレイヤーに語りましょう。そうすれば、彼らはあなたに対してより寛大になる可能性が高いでしょう。彼らはあなたのアイデアを展開し、さまざまな提案をし、互いに相手の役割をロールプレイします。そうすれば、あなたの仕事はとても、とても簡単になります。

RECYCLE EVERYTHING
何でもリサイクルしてください

あなたのゲームに出てくるものを全部書き出してください。名前、場所、動機、疑惑、アイデア、冗談。退屈に思えたら無視してください。プレイヤーにうまく合ったものがあれば、何度でも使ってください。あまり筋が通っていなくても、まったく問題ありません。気にせずに使ってください。それをゲームに盛り込みましょう。

誰でも、すでに登場したものが再登場することが大好きです。コメディの半分は、結局のところ、そうした繰り返しです。ミッションの途中で会う秘密結社の連絡員が、R&D で装備を渡した担当者とおなじキャラクターだったら、別のキャラクターの場合よりずっと面白いでしょう。すべての昇降機《リフト》が同じ昇降機《リフト》ボット AI によって制御されているなら、それはずっとおかしいでしょう。などなど。

あなたは何であれ、思ったようにできます。しかし、あらゆる行動、あらゆる新しい要素に重要な特徴があるという**幻想**を与えることは有用です。それが繰り返しの理由です。もちろんあなたは、新しい何かを加えて、それが受け入れられるかどうかを見ることもできます。しかし、プレイヤーは前に現れたものが再登場して、現在の状況に関わることが大好きです。映画の中で意味ありげに映し出される黒い自動車（中が見えないブラックウインドウと、不安をかき立てる BGM つき）を思い出してください。「このクルマは何のためにいるんだ？」観衆は尋ねます。「どうストーリーに絡んでくるんだ？」おそらくクルマには悪玉の張本人が乗っているのでしょう。あるいは善玉かもしれませんが、プレイヤーたちが想像もできないほどの冷酷なすご腕です。もしかすると、クルマは後のシーンで事故を起こして、状況を変化させるためだけにいるのかも知れません。

あなたはいつでもシーンに何かの要素（道具や大気の状態【※アルファコンプレックスのエアコンディショニングがいつも完全だと思いますか？】や専門技術や誰かの人格的特徴や奇妙な音まで、何でもありです）を導入して、それを重要だと示すこ

とができます。実際にそのシーンの重要なポイントにするのはあなたの仕事ですが、繰り返しによって、何であれそれをずっと前から計画していたように見せかけることができます。たとえ実際には、最初の登場を正当化するのに苦労していたのだとしても。

忠実なる読者であるあなたがここで学ぶべきことは、怠惰はよいことだということです。あなたがしなければならないことは、**十分な注意を払い、**すでにそこにあるものを使うことです。

IN CLOSING
終わりに

これまでのアドバイスで、あなたはパラノイアのアドベンチャーシナリオをつくり上げ、プレイヤーに次の冒険を求めさせることができるはずです。それでもまだうまくできないなら、なぜ私たち、あるいは誰か他の有名ゲームデザイナーによって書かれた、すばらしい完成品のアドベンチャーシナリオを購入しないのですか？　お願いします。私たちの家族はおなかをすかせています。

117

CREATING ADVENTURES QUICKLY
すばやくシナリオをつくる

- セクション 3.4

数分でアドベンチャーシナリオをつくりあげることは、パラノイアのゲームマスターが絶対に持つべき技術です。わかりやすいストーリーに小さなアイデアのかたまりを投げ込んで、たくさんの人々をピザがなくなるまでの3時間のあいだ楽しませる簡単なシステムを、これから説明します。

METASTRUCTURE
上位構造

すべてのストーリーは、いくつかの要素に分解されます。本には章があります。映画のシナリオにはカットとシーンがあります。それは、私たちがここでしていることでもあります。シナリオの基本的な枠組み、つまり上位《メタ》構造を取り出し、その空白部分をうめるのです。空白部分を満たすためには、白紙の枠組みが必要です。1枚の横長の紙を用意してください。

THE THEME
テーマ

中心となるアイデアは何ですか？　どんな冒険ですか？　1行で書いてください。作文の先生がいったことは無視してください。テーマは心を揺さぶるものや個人の成長についてである必要はありません。それはストーリーの中にあるすべてを成長させる苗床です。「クローン培養液チューブとホットファンチューブを間違えてしまったらどうなりますか？」これは完全に良いテーマです。「大脳コアテックの最新のアップデートにバグがあります。」「液漏れの清掃ミッション中に、流出液は死者を生き返らせ、肉と肉とをくっつける、揮発性の突然変異誘導物質であることがわかります」。「フランケンシュタインデストロイヤーが、アウトサイドへのルートを発見します」。

用紙の一番上にテーマを書いてください。その下に、あなたの心にはじめに浮かんだその結果を3つ書きとめてください。

THE THREE ACTS
三幕構成

あなたはおそらくすべての映画の基礎をなすとされている三幕構成について耳にしたことがあるでしょう※。私たちは、こいつを切り刻んでうまくでっち上げるつもりです。【※劇の構成を3つの部分に分けることは、アリストテレスの『詩学』以来の欧米の伝統ですが、ここでは現在欧米で主流となっているシド・フィールドの映画シナリオの構成理論が説明されています。日本では「起承転結」や「序破急」といった考え方の方がよく知られているので、それに従ってもいいでしょう。三幕構成は

シナリオの全体を客観的に捉え、バランスの取れたシナリオを作るためにはよい方法ですが（三幕構成理論はハリウッド映画の世界制覇に貢献しています）、あなたがその枠組みを外れた独創的なシナリオをつくったら、無理矢理三幕構成に押し込むことはありません。それは時間の浪費です（三幕構成理論への固執はハリウッドの膨大な駄作映画の原因の１つです）。ただし、その場合もプレイヤーがあなたの独創を楽しめるかをよく考えてください。その際には三幕構成の考え方が役立つかもしれません。】

三幕構成は、以下の３つの部分から成り立っています。1. 設定、2. 対立、3. 解決です。それぞれの幕には、それぞれの仕事があります。第一幕では現状を明らかにし、中心となる人物に問題または危険を与えます。パラノイア用語でいえば、ミッションブリーフィングですね。それからキャラクターを、冒険をはじめるしかない状況に追い込みます。第二幕では、問題を調べます。キャラクターに問題をいじくり回して騒いだり目立とうとしたりする時間を与え、それから彼らを締め上げます。第二幕の中心は高まる緊張です。第三幕では何が本当に起こっているのかがわかり、キャラクターはそれをなんとか解決しようとします。そして彼らは事態を完全に台無しにしたことを理解し、デブリーフィングと XP ポイントによる、本当の解決がおこなわれます。

適切なシナリオ作成では、第一幕で重要な何かが起き、第二幕に移行しなければなりません。そして、同様に第二幕から第三幕に移行します。舞台には幕間がありますが、そのあたりはどうとでもしてください。私たちは舞台の脚本を書いているのではありません。

あなたの用紙に２本の線を引き３つの縦列に分け、１から３のナンバーを振ってください。それからそれぞれの幕で起きる出来事を３つずつ記入してください。重要な瞬間（「汚れたスリッパを見つける」）や、アクションシーン（「軍事ボットが参加する大きな戦い」）、あるいは明らかになるべき重要な情報（「ゲヘナ事件について知る」）などです。

経験豊富な GM にはこれだけで十分です。あとは「奴らをおびえさせろ」にまかせれば OK です。そうでない GM には、もう少しの助けと、もう少しの上位構造の詳細が必要かもしれません。

THE METASTRUCTURE OF PARANOIA ADVENTURES
パラノイアシナリオの上位構造

パラノイアのシナリオには、強い上位構造※があります。次のような進行です。【※初心者の GM は、この上位構造を必ず守ってください。なぜなら、この上位構造に従うことで、GM もプレイヤーも次にするべきことが明確になり、セッションの進行がとても楽になるからです。ぶち壊すのは一向にかまいませんが、それはパラノイアに慣れてからにしましょう。】

1.　ミッションブリーフィング（任務説明）
2.　装備の割当
3.　R&D 装備の割当
4.　ミッションの場所への移動
5.　ミッションをおこなう。
6.　ミッションからの帰還
7.　デブリーフィング（結果報告）、XP ポイントを与えられたり即時処刑されたりする。

最初の４つのパートが、第一幕をうまく満たします。第二幕は、PC たちが彼らのミッションが実際にはどんなもので、彼らがどのようにだまされたのかを理解したときにはじまります。つまり、誰かが、「わあ、俺たちはハメられたぞ！」と叫んだとき、あなたは第二幕の幕が上がったことを

知るのです。

「ミッションをおこなう」ことが、第二幕と、それから第三幕の多くを占めます。第二幕には、3つのものが必要です。はじめは楽しい部分です。PC は問題に取り組み、何かを撃ち、状況をコントロールしているように感じます。次に、調査研究や、現場での探索といった調子を抑えた静かな部分で、ここには不安とサスペンスと陰謀を説明する人々との会話があります。それから、大きな危険がある戦闘やアクションシーンで盛り上げます。たくさんのダイスをロールし、いくつかのクローンの死体が転がります。

第二幕の終わりは、「自分が知っていると思っていたすべては間違っていた」ことがわかる瞬間です。PC たちはそれが何であろうとも大きな秘密に気づきます。真の陰謀とか、誰かの秘密の正体とかですね。彼らに、自分たちは問題を解決し、たくさんの XP ポイントとともに冒険が終わると思わせましょう。しかし、彼らは失敗します。あるいは、悪漢は彼らの裏をかきます！ 状況は絶望的に見えます。PC たちが、解決を求め、対決し、対立し、最後の戦い（冗談だと思われるかもしれませんが、必ずしも戦闘である必要はありません。）に挑み、決断を下すようにさせましょう。それから、彼らをパラノイアの上位構造に呼び戻し、デブリーフィングルームに向かわせます。そして、なぜ R&D の装備がやっかいな粘液で覆われているのかについて説明させ、核ボットを偶然に撃った事について互いを責め合わせるのです。

【 ※解説（パラノイアでの上位構造としてのミッション）：パラノイアシナリオにおけるミッションは、シナリオの最重要部分であると同時に、どうでもいい部分です。◆シナリオの枠組み（上位構造）としてのミッションは最重要です。パラノイアのシナリオのほとんどすべては、トラブルシューターたちがミッションアラートを受けとるところで始まり、ブリーフィングオフィサーからミッションを説明され、さまざまな準備をし、ミッションを実行し、デブリーフィングで評価を受けることで終了します。ひねくれたアイデアが大好きでプレイヤーをどうしたらビックリさせることができるかばかりを考えているパラノイアの GM たちも、この枠組みだけは頑固に守ろうとします。理由は簡単です。他の RPG では、シナリオがまったく予想外の方向に進み、GM にすらこれからどうしたらいいかわからなくなることは最大の悪夢です。パラノイアは、他の RPG よりも頻繁にシナリオがまったく予想外の方向に進み、GM にすらこれからどうしたらいいかわからなくなりますが、悪夢にはなりません。ミッションが大失敗に終わっても、完全な手詰まりになっても、あるいはプレイヤーたちがミッションを忘れて何か別のことを熱心におこなっていても、セッション終了予定時間が近づいてきたら、ザ・コンピューターが「ミッション予定時間が終了しました。トラブルシューターはデブリーフィングルームに出頭して結果を報告して下さい。」というだけのことです。これであらゆる難題にけりをつけ（「あらゆる難題を放りだし」といっても結構です。）、GM と PC たちはシナリオ最終部のデブリーフィングに前進することができます。これがパラノイアの上位構造としてのミッションの力です。ミッションがなかったら、多くの GM はシナリオをどう終えていいのか、途方にくれることでしょう。◆ミッションの存在は決定的に重要ですが、ミッションの内容は重要とは限りません。もちろんパラノイアのシナリオの中にも、ミッションの内容がシナリオの主題と密接にからみあっており、ミッションの成功がシナリオ課題の達成となる場合もあります。その場合にはミッションは存在だけでなく内容も重要だといっていいでしょう。しかしパラノイアでは、ミッションではトラブルシューターを本当の課題に引きずり込むためのきっかけにすぎない場合もしばしばあります。シナリオの中心は、他のゲームとはまったく別のもので、ミッションはトラブルシューターたちをその本筋に放り込むための道具です。GM はこうしたミッションを PC たちが無視しても気にないでしょう。◆本文での説明される三幕の割当は、ザ・コンピューターやブリーフィングオフィサーがいうようにミッションが本当に重要な場合の話です。あなたがはじめてシナリオを作成するなら、ミッションをシナリオの課題と一致させ、本文の説明に従うといいでしょう。ただし、ミッション内容をシナリオの主題と一致させる必要はまったくないということは忘れないでください。これはあなたのシナリオ作成の自由度を広げます。このようなシナリオでは、トラブルシューターのミッションは単なる背景設定であり、真の「ミッション」と「対立」と「解決」は PC たちが与えられたミッションとは別の場所にあります。パラノイアでは、トラブルシューターのミッションはもっとも重要な主題でもあり得ますが、単なるジョークに過ぎないこともあります。そして PC たちはデブリーフィングで、このジョークに過ぎないミッションを達成できなかったことの言い訳を、冷や汗をかきながらおこなうのです。】

DEBRIEFING
デブリーフィング

- セクション 3.5

デブリーフィング（結果報告）は、アドベンチャーシナリオでしばしば見落とされる部分です。この部分はシナリオの一番最後ですから、特にセッションが長く続いた場合には、省略したいという誘惑にかられるでしょう。ダメです！　デブリーフィングは重要です。スポーツ試合の中継の後に、いつも 30 分のハイライトシーンとリプレイと解説者による分析があるのと同じ理由です。

デブリーフィングは、理論上は、PC たちがミッションをどのように実施したのかを報告し、2、3 の質問に答え、XP ポイントを与えられるシーンです。あなたが間違ったやり方をしているならそうなります。あなたが正しいやり方をしているなら、デブリーフィングは、あなたが冒険の間に殺さなかったすべてのクローンと、あなたがうまく殺したクローンをまた殺すチャンスです。あなたが真に正しいやり方をしているなら、PC たちは撃ち合いを始めるでしょう。それは、カタルシス（精神浄化）をもたらす大虐殺であるべきです。

あなたはゲームの間に、いいジョークを思いついたけれどすでにその場面は終わっているとか、事態をより高いレベルの混沌に放り込むことができたことに気づくのが遅すぎたといった、「ああ、こうすればよかったのに《レスプリ・デ・レスカリエ》」* という経験を何度かしたことでしょう。メモに書きとめて、デブリーフィングのために保存してください。また、あなたは GM として、PC が本当は何をしようとしていたのかという情報を集めなくてはなりません。秘密結社の陰謀、互いに告発しようとしたり、互いを撃とうとした試みなどです。あなたは、こういったすべてをメモに取らなければなりません。なぜならこれらは全部デブリーフィングで明らかになるからです。

* （原注）私たちは上流社会の人士ですので、フランス語をつかうザンス。【※レスプリ・デ・レスカリエ (l'esprit de l'escalier) は、18 世紀のフランス人哲学者ディドロの Paradoxe sur le comedien（邦訳題名は『逆説 俳優について』）にある言葉で、直訳すると「階段の機知」。部屋を出て階段に足をかけたときに「ああ、こういえばよかった」と後悔するという、誰にでもある経験を、こんな持って回った表現で表すのがいかにもフランス人らしいザンス。】

HOW TO STRUCTURE A DEBRIEF
デブリーフィングの組み立て方

PC たちを、現在はデブリーフィング担当官になったブリーフィング担当官と一緒に、落ち着いた中間色の部屋に導いてください。ブリーフィング担当官はミッションのいくつかのビデオ映像を確認しており、何がうまくいかなかったのかわかっていることにしてください。

慎重で中立的な態度のデブリーフィング担当官による、型にはまった無難な質問からはじめてください。MBD の役割について、各人に 1 つ 2 つ質問をして、すこしばかり自画自賛させましょう。それから、ほかの PC に、このトラブルシューターの任務の遂行に際して特に注目すべき点（ええ、失敗という必要はありませんよ。他の PC 達にはどういう意味かはっきりわかるでしょうから。）についての感想を求めてください。あとは流血の惨事がはじまるのを待つだけです。

もちろん、デブリーフィング担当官は、あなたの切り札ではありません。彼らは懐柔的で、穏やかに問題を処理しようとします。しかし、あなたが緊張を次第に高めたいとき、あるいは文字通りの意味で好き勝手※をしていた誰かの顔から微笑をぬぐい去りたいときには、ザ・コンピューターを登場さましょう。2つ3つの鋭い質問をし、彼らを循環論法で包みこみ、紙吹雪のように反逆スターを与えるのです。【※原文は getting away with murder で、好き勝手をするという意味ですが、直訳すれば「殺人の罪を逃れる」です。】

デブリーフィングのシーンは、長すぎてはいけません。多くの不安とすこしの緊張、そして PC たちに愚行を認めさせることによって、デブリーフィング自体からユーモアが生まれなければなりません。もっとも重要なものは、**カタルシス、つまり精神の浄化**です。トラブルシューターは、精神的に傷つけられ、めちゃくちゃにされ、そしておそらく焼きごてを当てられたように麻痺してしまうことになるでしょう。しかしその結果、プレイヤーは解放され、浄化されたと感じるようにしなければなりません。

デブリーフィングがうまく実施されれば、すべてのゲーム内の争いは解決され、プレイヤーたちは社会的関係のバランスを回復し、ゲーム内での行動を互いに冷やかし合い、誰もがゲームと友人たちによい感情を持って帰っていきます。そういうわけで、デブリーフィングはとても重要です。

アルファコンプレックスは、多様な文化をたたえます。

HUMOUR IN RPGs: SOME TIPS
RPG におけるユーモア：ちょっとしたヒント

- セクション 3.6

HUMOUR AS A DEFENCE MECHANISM
防御装置としてのユーモア

ユーモアが防御のために使えるという印象を、あなたは持っているかもしれません。これは、間違いです。ユーモアは、防御や回避行動やその他の陽動行動にボーナスを与えません。

BUT SERIOUSLY FOLKS
真面目な話をしますよ、みなさん

パラノイアはユーモア（これまで述べてきたように、ブラックがつきますが）を基礎とするゲームです。うさんくさく、ばかばかしく、不条理なドタバタ喜劇を、適量のきまぐれと混ぜ合わせ、おかしな状況をつくりだすゲームです。アホなゲームです。あなたはあまり真面目にとってはいけません。プレイヤーにとっても同様です。パラノイアの世界で真面目なのはザ・コンピューターだけで十分です。

もはや明らかだと思いますが、パラノイアは一連の基本的に自滅的な前提によって特徴づけられています。トラブルシューターが主体的に独立しておこなえることはきわめてわずかですが、それでも重い責任が負わされ、厳しい監視の対象になります。ザ・コンピューターは全権を掌握していますが、洞察力がなく、状況を理解していません。厳格な規則が、いつであれあいまいな世界に実施されます。誰も、ものごとがうまくいっていないことを認識したくないか、あるいは認識できません。

ですから、パラノイアは時々おかしくなければなりません。常におかしい必要はありませんし、これは大事なことですが、おかしいと感じることを強制されていると思わせてもいけません。古いゲーム格言は、ゲームで最も重要なことは常に楽しむことであるといっています。あなたたち全員が楽しんでいるならば、あなたはすでに勝利しています。まあ、たいていはですがね。否応なしに決定的な判定を下さなければならないときもあるでしょう。強力な鈍器によって誰の頭蓋骨が陥没し、誰の頭蓋骨がそうならなかったかとかですね。しかし GM であれプレイヤーであれ、そういうことで面白くしようというプレッシャーをかけてはいけません。

MAKING ROOM FOR THE HUMOUR
ユーモアの余地を与える

あなたのグループが、よく知っている親しい友人であれ、ちょっとした知り合いであれ、あるいは初めて一緒にゲームをする初対面の相手であれ、みんながゲームのあいだ笑い続けるための最良の

方法の１つは、自然にあふれ出るユーモアであって、わざとらしい計画ではありません。私たちが前にいったように、おかしくしようとしないでください。強制しないでください。パラノイアのゲームはお笑い芸人のしゃべくりではありませんし、適切な伏線や気の利いたオチも必要ではありません。それは、関係者全員が貢献できる可能性を持つ、有機的で、流動的で、発展し続ける状態なのです。

広い心を保ち、軽い気持ちで、何にでも対応してください。GMとプレイヤーは予想外の事態を受け入れなければならず、ばかげた出来事に柔軟に対応する準備ができていなければなりません。ものごとが少しばかり奇妙になっても、事態の進行にいくらかの混乱をもたらす要素なり出来事なりが生じても、恐れることはありません。そして、普通でなかったり、思いがけないことが起きたりしても、すぐにそれを止めようとしないでください。プロットにいくつかの予想外の変化を加えることは、とてもよいことです。そのために何かを**諦めなければ**ならなくなったとしても、おそらくそれは、そうなるべくしてなったのです。それを推し進めてプロットに関係づけることや、場合によっては中心課題とすることさえ、おそらくは悪いアイデアではないでしょう。プレイヤーにはどうせわかりゃしません。このやり方は、ものごとをとても簡単にし、予想外の出来事をほとんど無傷でやりすごすことができるでしょう。

SAY YES
イエスといってください

我々が、「イエス」ということについて、以前何といったかを覚えていますか？　イエスは、コメディの可能性をつくりだします。イエスは、おかしな出来事を生みだすのに、とてもとても役立ちます。どんなおかしな可能性に対しても、イエスというか、少なくとも同じぐらいよいことをいいましょう（「たぶんね」、「試してみることができるよ」、「いいよ、なぜそうしないの？」、「ここにはXはないけど、とてもよく似たYがあるね…」）。

SO WHAT'S FUNNY?
どんなものがおかしいでしょうか？

これは、尋ねるのも愚かな質問です。あなたが自分自身で笑いだすものは何であれ、疑いもなくおかしいのです。しかし、次のようなものを考慮することは、決して間違った考えではありません。予想外のもの。派手な失敗。期待と異なる皮肉なもの。どうしようもない無能。まったく根拠のない楽観主義。正反対のもの。誰であれ運んでいる梯子を振り回して誰かを打ちのめす奴。

パラノイアがロールプレイングゲームであるのを思い出してもよいでしょう。説明や、その詳細や、それらにつけ加えられた装飾的描写のすべては、非常に役に立ちます。誰かが放射性スライムにすべり落ちたら、そのときの様子を正確に表現《エクスプレッション》しましょう。包装ボットにつかみ取られたら、来週の配給食料として真空パックされる前の、死《カットオフ》を前に途中で途切れる《カットオフ》最後の警告の言葉と、圧搾《エクスプレッション》される表情《エクスプレッション》を厳密に描写しましょう。

時々、少しばかりおどけてまわることは許容されます。ご覧ください。ここに、ほかでは絶対に見ることができない、私たちのちょっとした秘密が書かれたマニュアル「**パラノイアはほんの少しバカ**」があります。

あなたが気になるなら…

COMIC TIMING
滑稽なタイミング

でも、まだです。いいえ、もうすこし。

まだ、まだ。

だいたい今。

滑稽なタイミングはとても素晴らしいものです。絶対起きてはならないタイミングで起きるちょっとしたイベント、すべてが終わった後に与えられる適切な助言や「うまくいっていますか？」というザ・コンピューターの安全確認とかですね。

トラブルシューターたちが、何かの工具か予備部品を公式請求したとしましょう。ボットか配達員がやって来るでしょう。さて、トラブルシューターが修繕する必要があったものは、爆発するか、彼らを攻撃するか、逃げるか、その 10 トンの胴体でトラブルシューター全員を押しつぶします。まさにこのとき工具が届きます。賢明に使用してください。

ハピネスオフィサーが残った 1 本の腕でどの地図にも載っていない 600 メートルの深淵の端にぶら下がっているときは、ザ・コンピューターのミッションチェックに最高の時です。ザ・コンピューターは、みんなどうしているか、そして何かお手上げ《ホールドアップ》になっていることはないかと尋ねます。何もお手上げ《ホールドアップ》になっていないことが望まれます。そうでないとしたら、それはトラブルシューターがまずい仕事をしていることを意味します。望むらくは、士気は「これまでになく高い」であるべきです。それが、ザ・コンピューターが聞きたがっていることです。

（本から、あるいは誰かから、滑稽なタイミングを学ぶのはほとんど不可能です。しかし、確かに学ぼうとするのはよいことです。あなたが学ぶ際に最高の幸運を得られますように。）

LAMPSHADING
見え透いた言い訳

時々、見え透いたものに注意を払うことは報われます。見え透いたものはそこにあります。「見え透いています」と書かれた目印のすぐそばにあり、わたしたちの「見え透いたツアーガイド」はまもなくあなたに、何であれ明らかにわざとらしかったり、バカバカしいほど当たり前だったり、何か別の

ものの言い訳じみた引用だったりといった、あらゆる見え透いたことについての明白な事実に注目させることになるでしょう。見え透いた言い訳の過剰使用は、ユーモアを完全に台無しにする危険があります。アルコールの過剰服用が人間を完全に台無しにするのに似ています。とはいうものの、時々の見え透いた言い訳は、すばらしい効果を生むこともあります。【※ LAMPSHADING は、読者から突っ込みを受けそうな個所につけられた、たいていは冗談めかした理由付けや言い訳や予防的な自己突っ込みのこと。】

RECURRING THEMES AND REPETITION
繰り返されるテーマと繰り返される出来事

時として、同じことが繰り返されるだけで、ものごとはおかしく感じられます。それが何度繰り返されてもです。繰り返しは予想されていた場合もあれば、予想外の場合もあります。その両方でさえあり得ます。繰り返しは予想していたが、まさかこのときとは！　って奴ですね。それが何度繰り返されてもです。結局の所、過激なドタバタ喜劇の実験台を演じる事以外に、クローンが必要な理由があるでしょうか？

RUNNING JOKES
お約束

別のいい方をすれば、状況に応じた繰り返しですね。きっとそんな意味でしょう。同じことが繰り返されれば、おかしいかもしれません。それが、ひねったやり方や、新しい場所や、新しい状況や、新しい力関係の中で繰り返されれば、もっとおかしくなるかもしれません。6 回目には、ボット修理は悲惨な大失敗となります。10 回目には、仲間は何かの機器または物体の下で窮地に陥ります。15 回目にエクイップメントオフィサーが必要最低限度の応急手当キットの予備を請求するとき、本当に必要なのはモルヒネだけです。【※痛み止めではなくドラッグとして使用するのでしょう。ベトナム戦争時のアメリカ軍でも、救急医療キットのモルヒネだけがなくなることが問題になりました。】

ブリーフィング担当官の自信と確信に満ちた断言を一言一句変えずにそのまま無線で返信するのはおもしろいかもしれません。特に、損傷し今にも分解しそうなエレベーターの底から逆さまにつり下がっている場合には。あるいは、友人の口癖の幸運の呪文を、その友人の 5 番目のクローンの跡を清掃しながら唱えるとかですね。

お約束は、単なる繰り返しではありません。それは様々に形を変えて繰り返されるテーマです。これまでのものにちょっとしたひねりを加えて、古いものを新しい状況に対応させるのです。

ランニングについてのジョークは、お約束《ランニングジョーク》ではありません。ランニングについてのアイデアと構想が繰り返し現れ続けない限りですが。その場合は、そのジョークを走らせて《ランニングさせて》ください。

おっと、待ってください。そいつはダジャレです。ダジャレは駄目です。（それが本当に、本当におかしくない限り。本当におかしければ、どうぞご自由に。）

BE RESPECTFUL
プレイヤーを尊重する

私たちが、「みんなが楽しむこと」よりも重視する、最も重要なものが１つあります。あなたが卓上ロールプレイングゲームをはじめると、そこでは前例のないスケールでの、暴力、錯乱、裏切り、非難の応酬、無能の実演が繰り広げられます。これは誰かの気分を害する可能性があります。

誰も気分を害することがないように、最善を尽くしてください。

ゲームグループは、しばしば友人たちの集団であり、彼らはお互いに、それぞれの限界、好み、習慣などを知っています。しかしながら、そのようなグループ内でさえ、時にはいわない方がいいことが話され、善意は誤解されます。あなたの賢明さと思いやりを最大限に発揮して、できる限りそのような事態を避けてください。

プレイの前に、パラノイアのテーマとゲームにおいて起こるかもしれない出来事について、あなたのグループの全員が不安を抱いていないことを確認してください。プレイヤーの誰もが何を予想すべきなのかを理解し、喜んで《ハッピー》参加していることを確認し、プレイヤーたちにこれから起きることはどのような観点から見ても完全に不幸《アンハッピー》であると率直に断言してください。プレイヤーたちが互いをそれほどよく知らない場合には、このことは特に重要です。ゲームがはじまる前に、みんなに何か不安はないかと尋ねることは、彼らを、自分がメンバーの一員であり、尊重され、丁重に扱われていると感じさせる良い方法です。

楽しんでください、しかし、思いやりをもってください。あなたが GM の役割を果たす時だけでなく、プレイヤーをするときであっても、あなたの卓を安全で、快適な、思いやりのある場にしてください。

私は、気分を害するような連中のことは気にしません！
これはパラノイアです！

人々の気分を気にかけないならば、あなたは嫌な奴です。あなたのことを好き《like》なのはあなたに似た《like》嫌な奴だけです。私たちはあなたとゲームをしたくありません。あなたが部屋を後にすると慎み深い人々は「彼を信用できますか？」などという《like》でしょう。彼らはあなたのようでは《like》ありませんし、あなたを好き《like》でもありません。ですから、よりよい人になろうとチャレンジする気になりませんか？　いかがでしょう。

MANDATORY BONUS DUTY
強制ボーナス任務（MBD）

- ハイプログラミングマニュアル 付録 0（※日本語版のみ）

【※この章は原文には存在しません。MBD の具体的説明がカードにしかなく、MBD の決定方法についての説明もミッショ
ンブックにしかありません。悩みましたが、あまりといえばあまりなので、日本語版ではここに章を追加して補足します。】

トラブルシューターチームは暴徒の群れではありません。彼らは効率的に組織されたアルファコン
プレックスの守護者のプロフェッショナルグループなのです。少なくともザ・コンピューターはそ
う信じています。トラブルシューターには、各クローンの経験や能力や性格などに応じて、もっと
も適切なチーム内の役割が与えられます。それが強制ボーナス任務、略称 MBD です。MBD の詳
しい内容はアルファコンプレックスガイドに説明されています。ここでは PC に MBD を与える
方法を説明します。

■ MBD の割当

　通常の場合、MBD はミッションブリーフィング時にブリーフィング担当官によって与えられま
すが、セッションのはじめに MBD を指定してもかまいません。すべての MBD を割り当てるの
に十分なプレイヤーがいなければ、特定の MBD がなくてもかまいません（通常の場合はチームリー
ダーがいた方が GM には便利です）。MBD はクローンがお互いに対するわずかな権力を産み出す
手段にすぎません。各プレイヤーに 1 枚ずつ MBD カードを渡し、表にしてよく見える場所に置
いておくように指示してください。

■ MBD の指定方法

　どのプレイヤーをどの MBD に指定するかについては、GM に完全に自由な決定権があります。
基本は、プレイヤーの見えない所で MBD カードをよく切り、いかにも十分に考えた結果である
風を装って、順番に MBD カードを 1 枚ずつ渡すやり方です。裏にしたカードを渡してプレイヤー
にオープンさせてもかまいませんが、渡す前に GM がカードを開き、その MBD の重要性につい
て簡潔だが重々しい説明をおこなうとドラマティックです。人数が 6 未満の場合には、でたら
めにカードを渡しても、あなたが選んだ人数分の MBD カードのセットをつくり、それをよく切っ
てから渡してもよいでしょう。もちろん、プレイヤーの様子を見て、特定のプレイヤーに特定の
MBD に割り当ててもかまいません。

■典型的な MBD 装備

　プレイヤーはアルファコンプレックスガイドにあげられた典型的な MBD 装備を要求するかも
しれません。どのような MBD 装備を PC に与えるかも GM の自由です。希望するものをすべて
与えてもかまいませんし、何 1 つ与えなくても構いません。アルファコンプレックスには「欠品」
はいつでもあります。「君たちのような有能な MBD 担当官なら、薬物無しでチームの士気を維持し、
素手でテロリストを倒し、裁縫用の針と糸で切断された腕をつなぐことができると、我々の友人コ
ンピューターは確信している」というといいでしょう。通常の適切な装備を支給したとだけいって
おき、プレイヤーが「私はこれこれを持っていますか」と質問したときに、その状況でその装備を
持っている方が面白いか面白くないかを基準に装備の有無を考えるというのも GM の負担を減ら
すよい方法です。なにが「適切」なのかを決定するのは GM です。賢いプレイヤーは典型的な装

備リストにない品物をでっちあげて「私の MBD 任務にはこれが必要です。私はこれを持っているはずです。」というかもしれません。プレイヤーの自発性は尊重されるべきです。あまり無茶なものでなかったら、認めてもいいでしょう。

■デブリーフィングでの MBD

MBD はそれぞれのトラブルシューターに特別の責任を負わせます。デブリーフィングでは、各 PC が適切に MBD を実行したかを確認してください。

- **チームリーダー**はミッションの決定についての世話役で、最終的にミッションが成功するか、部分的な成功に終わるかについての責任を負います。つまり、ミッションに問題が起きれば、まずチームリーダーが責任を問われます。おそらくチームリーダーは他の PC の失敗が原因だというでしょう。
- **ロイヤリティオフィサー**（忠誠担当官）はチーム全体の忠誠に責任を負い、チームを常に適切な規定に従わせるのが仕事です。つまり、チーム内の反逆者がミッションを妨害したり、ミッション中に誰かが規則違反をしたりしたら、本人だけでなくロイヤリティオフィサーの責任でもあります。
- **サイエンスオフィサー**（科学担当官）は、データをモニターし、チームの衛生状態と身体的健康に責任を負います。チームが爆発の余波やパイ投げ合戦で汚れた格好になったり、負傷したトラブルシューターのダメージの回復に失敗したりすればサイエンスオフィサーの責任です。
- **コンバットオフィサー**（戦闘担当官）は、戦闘に責任を負います。たとえ敵に勝利したとしても、何であれ戦闘でまずいことが起きていたら、コンバットオフィサーの責任です。
- **エクイップメントオフィサー**（装備担当官）は、チームの装備の安全な使用と整備に責任を負います。装備が故障したり放棄されたり行方不明になったり爆発したりしたら、エクイップメントオフィサーの責任であることはいうまでもありません。
- **ハピネスオフィサー**（幸福担当官）はチームの精神的な健康と幸福に責任を負います。つまり、チームの士気が下がって適切な行動がなされなかったり（自殺攻撃を拒否するなどです）、〈気力度〉ゼロになるものがいたりしたら、それはハピネスオフィサーの責任です。

多くのミッションで上記の一部（時としてすべて）が発生します。デブリーフィングでは、MBD は、GM のとても便利な道具となります。全員を処罰する必要はありません。問題をうまく処理した（「処理」には言い逃れが含まれます）。トラブルシューターは賞賛し、XP ポイントを授与しましょう。しかしミッション中になにかまずいことが起き、トラブルシューターたちが適切な対策を取らなかった場合には、その問題に責任を負う MBD 担当官がいるはずです。そのクローンの責任を追求しましょう。責任を負うべき担当官が任命されていなくても大丈夫です。その場合はチームリーダーの責任です。

USEFUL LISTS AND CHARTS
役に立つチャートとリスト

- ハイプログラミングマニュアル付録 2

私たちはあなたが図（チャート）と表（テーブル）を好きなことを知っています。あなたは過去 30 年以上を、ゲームを買って積み上げることに費やしてきました。そして今、私たちは、ほとんど図表がないゲームをデザインしました。この付録はそういった図表を愛する奇妙な人々へお詫びのしるしとして献呈されます。この充実した表形式のコンテンツが、あなたの口を封じることを望みます。

FUN THINGS TO DO WITH THE COMPUTER DICE
コンピューターダイスでおきる楽しい出来事

コンピューターの目がでたら、何かがうまくいかなくなります。いくつかのアイデアを次に示します。

- ザ・コンピューターはトラブルシューターに一連の答えられない質問をします。または、答える資格がない質問をします。あるいは、唯一の答えがあるが、しかしそれは回答者を罪におとしいれるものです。
- ザ・コンピューターはトラブルシューターに、ミッションを効率と楽しさとフレーバー※という観点から、1 から 84 までの数値で評価することを求めます。【※フレーバーは、卓上 RPG の味付け、雰囲気を高めるための趣向。】
- ザ・コンピューターはトラブルシューターに、バウンシィバブルビバレッジ™の最新のフレーバーについての一連の質問に答えるよう求めます。これは、次のバージョンのフレーバーのための情報を集める取り組みの一環です。
- ザ・コンピューターはトラブルシューターに、チームメイトが犯した未報告の直近の反逆について、なぜ報告しなかったのかと尋ねます。（チームメイトは処罰されません。）
- ザ・コンピューターはトラブルシューターに、彼らの現在の状況と関連した有益なビデオを表示します。ビデオは、たまたま彼らの視野の大部分をさえぎります。
- ザ・コンピューターはトラブルシューターに追加情報を要求します。それを提供するか、あるいは現場で調達しなければなりません。（「我々は、その血液を分析する必要があります！　あなたの嗅覚アップリンクを使用してください、トラブルシューター！　あー、解析できません。もっと近づいて。なめてください。」）
- ザ・コンピューターは、周辺環境の反逆的要素やクローンを動揺させる要素を検閲します。高いセキュリティクリアランス、違法な情報、暴力、流血、裸身などです。
- カメラが天井から降りてきてキャラクターを撮影します。カメラにはグリーンのライトが取り付けられています。
- ザ・コンピューターはトラブルシューターに、なぜそれほどアルファコンプレックスを憎むのかについての簡単なアンケートへの記入を求めます。
- ザ・コンピューターは、トラブルシューターに今日が義務的処刑日であることを思い出させ、彼が幸運な参加者の 1 人に選ばれたことを伝えます。
- ザ・コンピューターは、トラブルシューターのレーザーピストルはオーバーヒートしており、

安全を守るために遠隔操作で作動を停止すると通告します。

- ザ・コンピューターは他のトラブルシューターに、行動の対象を「助ける」任務を割り当てます。これは、そのトラブルシューター自身の成功にとって明らかに困難な問題を引き起こします。
- ザ・コンピューターは、トラブルシューターが現在直面している問題の解決を助けるために、現地の秘密諜報員と連絡させますが、大音響の BGM がトラブルシューターの耳で鳴り響き何も聞こえません。
- そのシーンに登場するボットは、きわめて危険な故障を起こし、すべてをより悪化させます。
- 上司がやって来て、あなたの行動について答えることがきわめて困難な質問を始めます。
- 所属秘密結社がトラブルシューターの音声回線を乗っ取り、特別な任務を与えます。
- ザ・コンピューターは、トラブルシューターの勇敢な行動は「アルファコンプレックスの英雄」に値すると決定しました。あらゆるビデオスクリーンと眼球内《イン＝アイ》ポップアップ画面には感動的なビデオが再生されます。トラブルシューターは、そのどれも実際にはおこなっていないので、出演者たちは演技をしなければなりません。クローンたちは、トラブルシューターのサインを求めて群がります。
- ザ・コンピューターは、トラブルシューターの卑劣な行動に対して「アルファコンプレックスの敵」の焼き印を押すべきだと決定しました。あらゆるビデオスクリーンと眼球内《イン＝アイ》ポップアップ画面には、彼らがおこなったすべての恐ろしい行為のビデオが再生されます。「彼は、完璧な味の藻屑チップスを投げ捨てました！」、「彼は違法にも子猫のクローンをつくりました！　しかもそれを溺れさせるためにです※！」　などなど… 【※子猫をバケツなどで溺れさせることは、飼えないネコの子を処分する方法の一つで、そういった映像のネットへの投稿が問題になったことがあります。】
- ザ・コンピューターはトラブルシューターの恐ろしい反逆行為を公表した後、親切にも彼の身元を再フォーマットし、新しい人間としてアルファコンプレックスに奉仕し続けることができるように再割当をおこないました※。新しい名前および更新された経歴にしたがって彼に言及しないことは、たとえそれを知らされていなかったとしても、反逆です。【※米国ではマフィアの事件の裁判などで証言したマフィア関係者を復讐から守るために、新しい名前や身分証明を与える場合があります。】

LOSING IT
〈気力度〉ゼロ

〈気力度〉がゼロになった PC のさまざまな行動が少しばかりマンネリになったり、あるいはあまり面白くなかったりその状況から見て適切でなかったりしたら、このリストに他の可能性が示されています。ダイスを振るなり※、あなたのお気に入りを選ぶなり、キャラクターに合ったものを選ぶなり、目を閉じててでたらめにページを指さすなりして決めてください。楽しむことを忘れないでください。【※項目は全部で15あります。6面ダイスで15項目から1つを選ぶ方法はいろいろ考えられますが、最初のダイス目が1が2、2なら1番目から5番目、3、4なら6番目から10番目まで、5、6なら11番目から15番目から選ぶことにして、もう一度ダイスを振り、1から5までの目ならその順番のものを選び、6が出たら振り直すというのが簡単です。】

- 叫び。叫びは助けになります。少なくとも、助けになるように感じられます。そして、叫び続けていれば、「黙れ！　誰もおまえを助けに来はしないぞ！」という言葉が聞こえなくなるという利点があります。
- あなたは、すべての背後に潜むテロリストを見つけ出さなければなりません。ことによると、誰もがテロリストかもしれません。周りの全員がです。そうかもしれませんね。誰に話せばいいでしょうか。用心するに越したことはありませんね。

- 友人コンピューターは、あなたを全面的に失望させました。それは、神が存在しないことを知ることに似ています。とても不愉快です。あなたの存在の基礎は揺さぶられます。泣きやまない赤ん坊を揺さぶりすぎて、ケガをさせるように。くそッくそッくそッくそッくそックそッくそッ
- 告白しなさい。すべてを、大きな声で。
- 緊張病。小さく丸くなってください。胎児のような恰好をしてください。これまでに胎児だったことがあればですが。母の名前をささやいてください。これまでに母がいたならばですが。そして、実のところあなたはこの状態ではものごとにうまく対応できません。
- 左隣のプレイヤーに、すべてに対する責任があります。あなたはとてもとても怒っています。
- うまくいかなかったことは、すべて右のプレイヤーのせいです。あなたはとてもとてもイライラしています。
- この…服は…そう…私を… 締め付ける！ それから装備も。本当にとてもきついんです。
- あなたの友人は、あなたの敵です！ したがって、論理的に考えれば、あなたの敵はあなたの友人であり、あなたの敵の敵はあなたの敵でもあります。おや、あなたはレーザーピストルを持っていますよ。
- あなたがどんなに仲間を愛しているかを理解します。あなたの生命を脅かすほとんど死を避けられない状況に直面したときに、みんなの友情があなたにとってどんな意味を持つのかを伝えて彼らの心をかき乱すことはとても重要です。本当にとても重要です。
- 火をつけましょう。火はすばらしい。火はすべてを浄化します。この状況が本当に必要としているものは、すばらしい浄化の炎です。
- 大脳コアテックが壊れてる。もしかすると、鼻を通して取り出すことができるかもしれません。
- 閉所恐怖症。あなたはこれまで周囲を取り囲まれた環境にいることを気にしていませんでしたが、今は違います。なんとかして、ここにもっと多くの空間をつくりだすことができればいいのですが。
- なぜ、私の秘密結社は何でも隠したがるのでしょうか？ よい質問です。あなたはその答えを見つけjust か、そうでなければすべてを公開するでしょう。
- ヒステリックな笑い。人生はジョークです。あなたは今ちょうど、オチを聞いているのです。

INTRODUCTION FOR PLAYERS

日本語版付録３：パラノイア入門［新規プレイヤーへの配布用編集版］

【※この付録は、日本語版印刷の都合で４頁分を埋めるため慌てて追加されたものです。ミッションブックの「パラノイア入門」に】
【書かれているのと同じ内容ですが、プレイヤーが知るべきでない情報を削除したので、そのまま配布できるようになっています。】

あなたがこれまでロールプレイングゲームをプレイしたことがなかったら

RPG は即興劇のようなもので、ゲームマスター（GM）はその舞台監督です。GM は、舞台の設定と、ストーリーと、舞台となる世界の範囲を知っています。役者（プレイヤー）は自分が演じる登場人物（プレイヤーキャラクターまたは略して PC と呼ばれます）を知っていますが、それ以上のことは知りません。ルールは、彼らが何をすることができるか、そして、彼らが成功するか失敗するかを決定しま【検閲済】

あなたがこれまでパラノイアをしたことがなかったら

パラノイアは、アルファコンプレックスと呼ばれる巨大な地下都市が舞台です。ある日、何かまずいことが地表で起き、すべての人類は、現在ここで暮らしています。彼らは、ザ・コンピューターに導かれるクローン化された市民です。残念なことに、アルファコンプレックスは老朽化しぼろぼろになっています。そしてザ・コンピューターもまた老朽化し気むずかしくなり、何もかもがうまくいかなくなっていることを認めようとせず、テロリスト、反逆者、ミュータント、秘密結社に責任を負わせることを選びます。

大部分のパラノイアのゲームでは、プレイヤーはトラブルシューターとなります。【検閲済】トラブルシューターは、アルファコンプレックスについていくらかの知識を持ち、アルファコンプレックスがどう動いているかを少しばかり知っています。【検閲済】インフラレッドは、ほとんど何も知らず、少しばかり頭が鈍く、そのうえ従順性を確保するために多量の薬物を投与されている【検閲済】

単純なシステム

何かをするときには、どうすればいいのですか？

あなたのキャラクターシートを見てください。スタット（属性）（〈暴力〉、〈知力〉、〈交渉力〉、〈技術力〉）とスキル（技能）（スタットの下に書かれているもの）の組み合わせを選んでください。この２つの組み合わせがその行動にとって適切なものであることを、GM に納得させてください。【※組み合わせに GM が納得できないとき、親切な GM は別の組み合わせを提案するかもしれません。ゲームを心から楽しむ GM は「その組み合わせは無茶だと思うけど、やりたいならかまわないよ」といって、成功に必要な５、６のダイス数をあなたが振るダイス数よりも多くする】スタットとスキルの数字を合計してください。それがあなたのノード数です。（カードなどを使用することでノード数を増やすことができる場合があります。また誰かのノード数を減らすことができる場合もあります。）ノード数の通常のダイスと１個のコンピューターダイスをロールしてください。５または６の目、それからコンピューターのシンボルが書いてあるコンピューター

の目が出たら、成功です。成功のダイス目が何個あったかを、GM に話してください。GM は何が起きたかをあなたに説明します。【※何かがうまくいくために必要な成功ダイスの数を〈困難度〉といいます。〈困難度〉は GM が決定し、プレイヤーは知ることができません。】失敗すると、何かあなたにとって不都合なことが起きる場合もあります（綱渡りに失敗してケガをするとか、使用した装備がこわれてしまうとかです）。

私のスキルの数値はマイナスです

それはあまりよくありませんが、どうしようもなく致命的というわけではありません。まあ、しばしば致命的ですがね。スタットとスキルの数値を合計するときに、マイナスのスキル数値は足すのではなく引いてください。その結果ノード数がマイナスになったら、ノード数のマイナスを取って、その数のダイスとコンピューターダイスをロールしてください。（ノード数がマイナス 3 なら 3 個の通常ダイスとコンピューターダイスをロールします。）　まず、あなたの成功数を合計してください。それから成功の目がでなかったすべてのダイスを失敗（「マイナス 1 の成功」といってもいいですよ。その表現がお好きなら）として、その失敗ダイスの数を成功ダイスの数から引いてください。成功数はマイナスになる可能性が高いでしょうが、プラスになるチャンスもあります。GM がどんな説明をするか楽しみにしてください。ノード数がゼロの場合は、コンピューターダイスだけをロールし、通常通りの判定をおこなってください。5 またはコンピューターの目がでれば成功ダイス 1 です。

もっとたくさんダイスをロールしたいんです

あなたは、〈気力度〉ポイントを 1 ポイント消費することでノードダイスを 1 個増やせます。

コンピューターの目がでました！

GM にそういってください。コンピューターの目がでたとき、それは次の 2 つのいずれかであることを意味します。装備に何かまずいことが起きたのか、あるいはザ・コンピューターが、あなたのしていることに個人的な関心を抱いたかです。どちらもあなたにストレスを与えます。〈気力度〉ポイントを 1 点減らしてください。

私の〈気力度〉はゼロになりました！

あなたは、〈気力度〉ゼロの状態になりました。〈気力度〉は自制心を意味します。つまりあなたは現在、自分を制御できません。GM が、あなたがどうしたらいいのか教えてくれるでしょう。

カードの使い方は？

アクションカード、装備カード、ミュータントパワーカードは、戦闘や GM が認めたそのほかの行動時に使用できます。秘密結社カード、MBD（義務的ボーナス任務）カード、「YOU ARE NUMBER ONE」カードは、あなたの立場や役割を表示します。行動時には使用できません。

誰が最初に攻撃するのですか？

どんな順番で戦闘をおこなうかを決定するために、多くのカードには、行動順位の数値が記されています。数値が高いほど先に行動できます。裏返しにしたアクションカード、装備カード、ミュータントパワーカードのいずれかを 1 枚、あなたの前に置いてください。各戦闘のラウンドの始めに、GM は 10 から 0 までの数をカウントダウンします。あなたの数値が呼ばれたら、この順位だと宣言してください。カードを表にする必要はありません。あなたは、カードの数値についてウソをつくことができます。他のプレイヤーは、あなたのウソに「挑戦」することができます。ウソつきで

あることがバレるのは悪いことです。間違った「挑戦」も悪いことです。正しく宣言し、それが証明されるのはいいことです。それぞれの具体的な賞罰はプレイヤーズハンドブック 85 頁に記載されています。行動順位が書かれていないカードを出した場合には最後に行動するか、あるいはウソをついてください。

注記：装備カードの行動順位は、あなたのスタット（属性）の数値に装備カードに書かれた数値を足した数です。たとえば、手榴弾カードには、「〈暴力〉＋ 3」と書かれています。あなたの〈暴力〉が 1 なら、行動順位は 4 になります。

どうやって戦闘をするのですか？

あなたの順番が来たとき、次の 3 つのうちの 1 つをすることができます。

- ベーシックアクションをおこないます。ほかの普通の行動と同じように、通常の場合はスタット＋スキルの組み合わせで判定されます。あなたが行動順位を決めるときに使ったカードは表にせずにそのまま手のうちに戻します。
- あなたが行動順位を決めるときに使ったアクションカードや、装備カードやミュータントパワーカードを使用します。カードを表にして指示に従ってください。アクションカードと一部の装備カードは、使用後に捨てます。GM の指示にしたがってください。ミュータントパワーカードは GM だけに見せてください。
- あなたが行動順位を決定するときに使ったカードを裏のまま捨てて、ベーシックアクションをおこないます（ミュータントパワーカードは捨てることができません）。ダイス 1 個をあなたのノードに加えてください。

リアクションカードは、誰かが何かの行動をしたときなら、あるいは、そのカードに使用できると書かれているときなら、いつでも使用できます。あなたは、ゲームに登場する誰かや何か、ほかのプレイヤーキャラクター、または自分自身の行動にリアクションカードを使用できます。カードには使用したときの効果が書かれています。表にして使用し使用後は捨てます。

ダメージを受けたらどうなるのですか？

あなたは元気だったり、〈軽傷〉（ダメージレベル 1）だったり（行動時のノード数をマイナス 1 します）、〈重傷〉（ダメージレベル 2）だったり（行動時のノード数をマイナス 2 します）、〈瀕死〉（ダメージレベル 3）だったり（行動時のノード数をマイナス 3 します）、死んでいたりします。あなたがすでにダメージを受けている場合、現在のダメージレベルと同じかそれより低いレベルのダメージを受けた場合には 1 つダメージレベルを増やします。現在よりも高いレベルのダメージを受けた場合には、現在のダメージが何であれ新しいダメージレベルにします。【※攻撃によって発生するダメージは、その攻撃の〈困難度〉を超える成功ダイス数のレベルとなります。つまり〈困難度〉と成功ダイス数が同じなら攻撃は命中しますがダメージはありません。〈困難度〉が 2 で成功ダイス数が 2 ならダメージはなく、成功ダイス数 3 で〈軽傷〉（ダメージレベル 1）になります。ただし GM は〈困難度〉はいわずに、ダメージレベルだけを教えるでしょう。】

クローンはどう使うのですか？

あなたは、6 体のクローンを持っています。全員を同時に使用することはできません。一時に使えるのは 1 人だけです。

ALPHA COMPLEX IDENTITY FORM

【アルファコンプレックス個人情報書類】

▶ この書類は義務です　THIS FORM IS MANDATORY

/// PART 1　CORE INFORMATION >>>　基本情報

名前：　　　　　　　セキュリティクリアランス：　　　　ホームセクター：　　　クローンナンバー：

性別：　　　　　性格：

/// PART 2　DEVELOPMENT >>>　発展

反逆スター：　　　　　　　　　XPポイント：

STATS >>>　スタット《属性》

暴力：　　　　知力：　　　　交渉力：　　　　技術力：

/// PART 3　SKILLS >>>　スキル《技能》

運動		科学		ごまかし		操作	
銃器		心理学		魅惑		機械工作	
接近戦		官僚主義		威圧		プログラム	
巧投		アルファコンプレックス		秘密行動		爆破	

/// PART 4　WELLBEING >>>　健康状態

MOXIE >>>　気力

○○○○○○○○

WOUNDS >>>　ダメージ

軽傷　　　重傷　　　瀕死　　　死亡

MEMORY >>>　メモリー

ZB

/// PART 5　EQUIPMENT >>>　装備

【アルファコンプレックス個人情報書類】

ALPHA COMPLEX IDENTITY FORM

▶ この書類は義務です THIS FORM IS MANDATORY

/// PART 1　CORE INFORMATION >>>　基本情報

名前：_____　セキュリティクリアランス：_____　ホームセクター：_____　クローンナンバー：_____

性別：_____　性格：_____

/// PART 2　DEVELOPMENT >>>　発展

反逆スター：_____　XPポイント：_____

STATS >>>　スタット《属性》

暴力：_____　知力：_____　交渉力：_____　技術力：_____

/// PART 3　SKILLS >>>　スキル《技能》

運動		科学		ごまかし		操作
銃器		心理学		魅惑		機械工作
接近戦		官僚主義		威圧		プログラム
投擲		アルファコンプレックス		秘密行動		爆破

/// PART 4　WELLBEING >>>　健康状態

MOXIE >>>　気力度
○○○○○○○○

WOUNDS >>>　ダメージ
軽傷 _____　重傷 _____　瀕死 _____　死亡 _____

MEMORY >>>　メモリー
_____
_____
ZB

/// PART 5　EQUIPMENT >>>　装備

ALPHA COMPLEX
IDENTITY
FORM

【アルファコンプレックス個人情報書類】

▶ この書類は義務です THIS FORM IS MANDATORY

/// PART 1 　CORE INFORMATION >>> 　基本情報

名前: 　セキュリティ クリアランス: 　ホームセクター: 　クローン ナンバー:

性別: 　性格:

/// PART 2 　DEVELOPMENT >>> 　発展

反逆スター: 　XPポイント:

STATS >>> 　スタット《属性》

暴力: 　知力: 　交渉力: 　技術力:

/// PART 3 　SKILLS >>> 　スキル《技能》

運動		科学		ごまかし		操作	
銃器		心理学		魅惑		機械工作	
接近戦		官僚主義		威圧		プログラム	
投擲		アルファ コンプレックス		秘密行動		爆破	

/// PART 4 　WELLBEING >>> 　健康状態

MOXIE >>> 　気力度
○○○○○○○○

WOUNDS >>> 　ダメージ
軽傷 　重傷 　瀕死 　死亡

MEMORY >>> 　メモリー

ZB

/// PART 5 　EQUIPMENT >>> 　装備

ALPHA COMPLEX IDENTITY FORM

【アルファコンプレックス個人情報書類】

▶ この書類は義務です THIS FORM IS MANDATORY

/// PART 1　CORE INFORMATION >>>　基本情報

名前:

セキュリティクリアランス:　ホームセクター:　クローンナンバー:

性別:　性格:

/// PART 2　DEVELOPMENT >>>　発展

反逆スター:　XPポイント:

STATS >>>　スタット《属性》

暴力:　知力:　交渉力:　技術力:

/// PART 3　SKILLS >>>　スキル《技能》

運動	科学	ごまかし	操作
銃器	心理学	魅惑	機械工作
接近戦	官僚主義	威圧	プログラム
投擲	アルファコンプレックス	秘密行動	爆破

/// PART 4　WELLBEING >>>　健康状態

MOXIE >>>　気力度

○○○○○○○○

WOUNDS >>>　ダメージ

軽傷　重傷　瀕死　死亡

MEMORY >>>　メモリー

ZB

/// PART 5　EQUIPMENT >>>　装備

【アルファコンプレックス個人情報書類】

ALPHA COMPLEX IDENTITY FORM

▶ この書類は義務です THIS FORM IS MANDATORY

/// PART 1 CORE INFORMATION >>> 基本情報

名前:

セキュリティクリアランス:

ホームセクター:

クローンナンバー:

性別:

性格:

/// PART 2 DEVELOPMENT >>> 発展

反逆スター:

XPポイント:

STATS >>> スタット《属性》

暴力:

知力:

交渉力:

技術力:

/// PART 3 SKILLS >>> スキル《技能》

運動	科学	ごまかし	操作
銃器	心理学	魅惑	機械工作
接近戦	官僚主義	威圧	プログラム
投擲	アルファコンプレックス	秘密行動	爆破

/// PART 4 WELLBEING >>> 健康状態

MOXIE >>> 気力度

○ ○ ○ ○ ○ ○ ○

WOUNDS >>> ダメージ

軽傷 重傷 瀕死 死亡

MEMORY >>> メモリー

ZB

/// PART 5 EQUIPMENT >>> 装備

【アルファコンプレックス個人情報書類】

▶ この書類は義務です THIS FORM IS MANDATORY

/// PART 1 — CORE INFORMATION >>> — 基本情報

名前: ___ セキュリティクリアランス: ___ ホームセクター: ___ クローンナンバー: ___

性別: ___ 性格: ___

/// PART 2 — DEVELOPMENT >>> — 発展

反逆スター: ___ XPポイント: ___

STATS >>> — スタット《属性》

暴力: ___ 知力: ___ 交渉力: ___ 技術力: ___

/// PART 3 — SKILLS >>> — スキル《技能》

運動		科学		ごまかし		操作	
銃器		心理学		魅惑		機械工作	
接近戦		官僚主義		威圧		プログラム	
投擲		アルファコンプレックス		秘密行動		爆破	

/// PART 4 — WELLBEING >>> — 健康状態

MOXIE >>> — 気力度

○○○○○○○○

WOUNDS >>> — ダメージ

軽傷 ___ 重傷 ___ 瀕死 ___ 死亡 ___

MEMORY >>> — メモリー

_____

_____ ZB

/// PART 5 — EQUIPMENT >>> — 装備

【アルファコンプレックス個人情報書類】

ALPHA COMPLEX
IDENTITY
FORM

▶ この書類は義務です THIS FORM IS MANDATORY

/// PART 1　　CORE INFORMATION >>>　　　　基本情報

名前: 　　　　　　　セキュリティ
クリアランス: 　　　　ホームセクター: 　　　クローン
ナンバー:

性別: 　　　性格:

/// PART 2　　DEVELOPMENT >>>　　　　　　発展

反逆スター: 　　　　　　　　XPポイント:

STATS >>>　　　　　　　　　　　　スタット《属性》

暴力: 　　　知力: 　　　交渉力: 　　　技術力:

/// PART 3　　SKILLS >>>　　　　　　　スキル《技能》

運動		科学		ごまかし		操作	
銃器		心理学		魅惑		機械工作	
接近戦		官僚主義		威圧		プログラム	
投擲		アルファ コンプレックス		秘密行動		爆破	

/// PART 4　　WELLBEING >>>　　　　　　健康状態

MOXIE >>>　　　気力度
○○○○○○○○

WOUNDS >>>　　　　ダメージ
軽傷　　　重傷　　　瀕死　　　死亡

MEMORY >>>　　　　　　メモリー

ZB

/// PART 5　　EQUIPMENT >>>　　　　　　装備

ALPHA COMPLEX
IDENTITY
FORM

【アルファコンプレックス個人情報書類】

▶ この書類は義務です THIS FORM IS MANDATORY

/// PART 1　　**CORE INFORMATION >>>**　　基本情報

名前: 　　　　セキュリティ
　　　　クリアランス: 　　　ホームセクター: 　　　クローン
　　　　　　　　　　　　　　　　　　　　ナンバー:

性別: 　　　性格:

/// PART 2　　**DEVELOPMENT >>>**　　発展

反逆スター: 　　　　XPポイント:

STATS >>>　　スタット《属性》

暴力: 　　　知力: 　　　交渉力: 　　　技術力:

/// PART 3　　**SKILLS >>>**　　スキル《技能》

運動		科学		ごまかし		操作	
銃器		心理学		魅惑		機械工作	
接近戦		官僚主義		威圧		プログラム	
投擲		アルファ コンプレックス		秘密行動		爆破	

/// PART 4　　**WELLBEING >>>**　　健康状態

MOXIE >>>　　気力度
○○○○○○○○

WOUNDS >>>　　ダメージ
軽傷 □　　重傷 □　　瀕死 □　　死亡 □

MEMORY >>>　　メモリー

ZB

/// PART 5　　**EQUIPMENT >>>**　　装備

【アルファコンプレックス個人情報書類】

▶ この書類は義務です THIS FORM IS MANDATORY

/// PART 1　CORE INFORMATION >>>　基本情報

名前: _____

セキュリティクリアランス: _____

ホームセクター: _____

クローンナンバー: _____

性別: _____　性格: _____

/// PART 2　DEVELOPMENT >>>　発展

反逆スター: _____　XPポイント: _____

STATS >>>　スタット《属性》

暴力: _____　知力: _____　交渉力: _____　技術力: _____

/// PART 3　SKILLS >>>　スキル《技能》

運動		科学		ごまかし		操作	
銃器		心理学		魅惑		機械工作	
接近戦		官僚主義		威圧		プログラム	
投擲		アルファコンプレックス		秘密行動		爆破	

/// PART 4　WELLBEING >>>　健康状態

MOXIE >>>　気力度

◯◯◯◯◯◯◯◯

WOUNDS >>>　ダメージ

軽傷 ☐　重傷 ☐　瀕死 ☐　死亡 ☐

MEMORY >>>　メモリー

_____

_____

ZB

/// PART 5　EQUIPMENT >>>　装備

ALPHA COMPLEX
IDENTITY
FORM

【アルファコンプレックス個人情報書類】

▶ この書類は義務です THIS FORM IS MANDATORY

/// PART 1　　**CORE INFORMATION >>>**　　　　　　　　　　基本情報

名前: 　　　　　　　　　　セキュリティ
クリアランス: 　　　　　　　ホームセクター: 　　　　　クローン
ナンバー:

性別: 　　　　　性格:

/// PART 2　　**DEVELOPMENT >>>**　　　　　　　　　　　発展

反逆スター: 　　　　　　　　　　　　XPポイント:

STATS >>>　　　　　　　　　　　　　　　スタット《属性》

暴力: 　　　　知力: 　　　　交渉力: 　　　　技術力:

/// PART 3　　**SKILLS >>>**　　　　　　　　　　　スキル《技能》

運動		科学		ごまかし		操作	
銃器		心理学		魅惑		機械工作	
接近戦		官僚主義		威圧		プログラム	
投擲		アルファ コンプレックス		秘密行動		爆破	

/// PART 4　　**WELLBEING >>>**　　　　　　　　　　健康状態

MOXIE >>>　　　　気力度

○○○○○○○○

WOUNDS >>>　　　　　ダメージ

軽傷 　　重傷 　　瀕死 　　死亡

MEMORY >>>　　　　　　　　　　　メモリー

ZB

/// PART 5　　**EQUIPMENT >>>**　　　　　　　　　　装備

【アルファコンプレックス個人情報書類】

▶ この書類は義務です THIS FORM IS MANDATORY

/// PART 1　CORE INFORMATION >>>　　基本情報

名前:

セキュリティ
クリアランス:

ホームセクター:

クローン
ナンバー:

性別:　　　性格:

/// PART 2　DEVELOPMENT >>>　　発展

反逆スター:　　　XPポイント:

STATS >>>　　スタット《属性》

暴力:　　知力:　　交渉力:　　技術力:

/// PART 3　SKILLS >>>　　スキル《技能》

運動		科学		ごまかし		操作	
銃器		心理学		魅惑		機械工作	
接近戦		官僚主義		威圧		プログラム	
投擲		アルファ コンプレックス		秘密行動		爆破	

/// PART 4　WELLBEING >>>　　健康状態

MOXIE >>>　　気力度

○○○○○○○○

WOUNDS >>>　　ダメージ

軽傷　　重傷　　瀕死　　死亡

MEMORY >>>　　メモリー

ZB

/// PART 5　EQUIPMENT >>>　　装備

ALPHA COMPLEX IDENTITY FORM

【アルファコンプレックス個人情報書類】

▶ この書類は義務です THIS FORM IS MANDATORY

/// PART 1　CORE INFORMATION >>>　基本情報

名前:　　　　　　　セキュリティ
　　　　　　　　　クリアランス:　　　　ホームセクター:　　　クローン
　　　　　　　　　　　　　　　　　　　　　　　　　ナンバー:

性別:　　　　性格:

/// PART 2　DEVELOPMENT >>>　発展

反逆スター:　　　　　　　　　　　XPポイント:

STATS >>>　スタット《属性》

暴力:　　　　知力:　　　　交渉力:　　　　技術力:

/// PART 3　SKILLS >>>　スキル《技能》

運動		科学		ごまかし		操作	
銃器		心理学		魅惑		機械工作	
接近戦		官僚主義		威圧		プログラム	
投擲		アルファコンプレックス		秘密行動		爆破	

/// PART 4　WELLBEING >>>　健康状態

MOXIE >>>　気力度

○○○○○○○○

WOUNDS >>>　ダメージ

軽傷　　　重傷　　　瀕死　　　死亡

MEMORY >>>　メモリー

Z B

/// PART 5　EQUIPMENT >>>　装備

【アルファコンプレックス個人情報書類】

ALPHA COMPLEX
IDENTITY
FORM

▶ この書類は義務です THIS FORM IS MANDATORY

/// PART 1 — **CORE INFORMATION >>>** — 基本情報

名前:

セキュリティクリアランス:

ホームセクター:

クローンナンバー:

性別:

性格:

/// PART 2 — **DEVELOPMENT >>>** — 発展

反逆スター:

XPポイント:

STATS >>> — スタット《属性》

暴力:

知力:

交渉力:

技術力:

/// PART 3 — **SKILLS >>>** — スキル《技能》

運動

科学

ごまかし

操作

銃器

心理学

魅惑

機械工作

接近戦

官僚主義

威圧

プログラム

投擲

アルファコンプレックス

秘密行動

爆破

/// PART 4 — **WELLBEING >>>** — 健康状態

MOXIE >>> 気力度

○○○○○○○○

WOUNDS >>> ダメージ

軽傷 重傷 瀕死 死亡

MEMORY >>> メモリー

ZB

/// PART 5 — **EQUIPMENT >>>** — 装備

【アルファコンプレックス個人情報書類】

▶ この書類は義務です THIS FORM IS MANDATORY

/// PART 1 　CORE INFORMATION >>> 　基本情報

名前:

セキュリティ
クリアランス:

ホームセクター:

クローン
ナンバー:

性別:

性格:

/// PART 2 　DEVELOPMENT >>> 　発展

反逆スター:

XPポイント:

STATS >>> 　スタット《属性》

暴力: 　知力: 　交渉力: 　技術力:

/// PART 3 　SKILLS >>> 　スキル《技能》

運動		科学		ごまかし		操作
銃器		心理学		魅惑		機械工作
接近戦		官僚主義		威圧		プログラム
投擲		アルファ コンプレックス		秘密行動		爆破

/// PART 4 　WELLBEING >>> 　健康状態

MOXIE >>> 　気力度

◯◯◯◯◯◯◯◯

WOUNDS >>> 　ダメージ

軽傷 　重傷 　瀕死 　死亡

MEMORY >>> 　メモリー

ZB

/// PART 5 　EQUIPMENT >>> 　装備

【アルファコンプレックス個人情報書類】

ALPHA COMPLEX IDENTITY FORM

▶ この書類は義務です THIS FORM IS MANDATORY

/// PART 1 — CORE INFORMATION >>> 基本情報

名前: _____

セキュリティクリアランス: _____

ホームセクター: _____

クローンナンバー: _____

性別: _____

性格: _____

/// PART 2 — DEVELOPMENT >>> 発展

反逆スター: _____

XPポイント: _____

STATS >>> スタット《属性》

暴力: _____ 知力: _____ 交渉力: _____ 技術力: _____

/// PART 3 — SKILLS >>> スキル《技能》

運動		科学		ごまかし		操作	
銃器		心理学		魅惑		機械工作	
接近戦		官僚主義		威圧		プログラム	
投擲		アルファコンプレックス		秘密行動		爆破	

/// PART 4 — WELLBEING >>> 健康状態

MOXIE >>> 気力度

◯ ◯ ◯ ◯ ◯ ◯ ◯ ◯

WOUNDS >>> ダメージ

軽傷 ___ 重傷 ___ 瀕死 ___ 死亡 ___

MEMORY >>> メモリー

_____

_____

ZB

/// PART 5 — EQUIPMENT >>> 装備

【アルファコンプレックス個人情報書類】

▶ この書類は義務です THIS FORM IS MANDATORY

/// PART 1 — CORE INFORMATION >>> 基本情報

名前: _____

セキュリティクリアランス: _____

ホームセクター: _____

クローンナンバー: _____

性別: _____

性格: _____

/// PART 2 — DEVELOPMENT >>> 発展

反逆スター: _____

XPポイント: _____

STATS >>> スタット《属性》

暴力: _____　　知力: _____　　交渉力: _____　　技術力: _____

/// PART 3 — SKILLS >>> スキル《技能》

運動	☐	科学	☐	ごまかし	☐	操作	☐
銃器	☐	心理学	☐	魅惑	☐	機械工作	☐
接近戦	☐	官僚主義	☐	威圧	☐	プログラム	☐
投擲	☐	アルファコンプレックス	☐	秘密行動	☐	爆破	☐

/// PART 4 — WELLBEING >>> 健康状態

MOXIE >>> 気力度

○○○○○○○○

WOUNDS >>> ダメージ

軽傷 ☐　　重傷 ☐　　瀕死 ☐　　死亡 ☐

MEMORY >>> メモリー

_____

_____ ZB

/// PART 5 — EQUIPMENT >>> 装備

【アルファコンプレックス個人情報書類】

▶ この書類は義務です THIS FORM IS MANDATORY

/// PART 1　CORE INFORMATION >>>　基本情報

名前: ⬚　セキュリティクリアランス: ⬚　ホームセクター: ⬚　クローンナンバー: ⬚

性別: ⬚　性格: ⬚

/// PART 2　DEVELOPMENT >>>　発展

反逆スター: ⬚　XPポイント: ⬚

STATS >>>　スタット《属性》

暴力: ⬚　知力: ⬚　交渉力: ⬚　技術力: ⬚

/// PART 3　SKILLS >>>　スキル《技能》

運動	⬚	科学	⬚	ごまかし	⬚	操作 ⬚
銃器	⬚	心理学	⬚	魅惑	⬚	機械工作 ⬚
接近戦	⬚	官僚主義	⬚	威圧	⬚	プログラム ⬚
投擲	⬚	アルファコンプレックス	⬚	秘密行動	⬚	爆破 ⬚

/// PART 4　WELLBEING >>>　健康状態

MOXIE >>>　気力度

○○○○○○○

WOUNDS >>>　ダメージ

軽傷 ⬚　重傷 ⬚　瀕死 ⬚　死亡 ⬚

MEMORY >>>　メモリー

ZB

/// PART 5　EQUIPMENT >>>　装備

【アルファコンプレックス個人情報書類】

▶ この書類は義務です THIS FORM IS MANDATORY

/// PART 1　CORE INFORMATION >>>　基本情報

名前: _____　セキュリティクリアランス: _____　ホームセクター: _____　クローンナンバー: _____

性別: _____　性格: _____

/// PART 2　DEVELOPMENT >>>　発展

反逆スター: _____　XPポイント: _____

STATS >>>　スタット《属性》

暴力: _____　知力: _____　交渉力: _____　技術力: _____

/// PART 3　SKILLS >>>　スキル《技能》

運動		科学		ごまかし		操作	
銃器		心理学		魅惑		機械工作	
接近戦		官僚主義		威圧		プログラム	
投擲		アルファコンプレックス		秘密行動		爆破	

/// PART 4　WELLBEING >>>　健康状態

MOXIE >>>　気力度
○○○○○○○○

WOUNDS >>>　ダメージ
軽傷 □　重傷 □　瀕死 □　死亡 □

MEMORY >>>　メモリー
_____
_____　ZB

/// PART 5　EQUIPMENT >>>　装備

ALPHA COMPLEX
IDENTITY
FORM

【アルファコンプレックス個人情報書類】

▶ この書類は義務です　THIS FORM IS MANDATORY

| /// PART 1 | CORE INFORMATION >>> | 基本情報 |

名前: ［　　　　　　　　］　　セキュリティ
クリアランス: ［　　　　　］　　ホームセクター: ［　　　　　］　　クローン
ナンバー: ［　　　］

性別: ［　　　］　　性格: ［　　　　　　　　　　　　　　　］

| /// PART 2 | DEVELOPMENT >>> | 発展 |

反逆スター: ［　　　　　　　　　　　　　　　］　　XPポイント: ［　　　　　　　　　　　］

STATS >>>　　スタット《属性》

暴力: ［　　　　］　　知力: ［　　　　］　　交渉力: ［　　　　］　　技術力: ［　　　　］

| /// PART 3 | SKILLS >>> | スキル《技能》 |

運動	［　］	科学	［　］	ごまかし	［　］	操作	［　］
銃器	［　］	心理学	［　］	魅惑	［　］	機械工作	［　］
接近戦	［　］	官僚主義	［　］	威圧	［　］	プログラム	［　］
投擲	［　］	アルファ
コンプレックス	［　］	秘密行動	［　］	爆破	［　］

| /// PART 4 | WELLBEING >>> | 健康状態 |

MOXIE >>>　　気力度
○○○○○○○○

WOUNDS >>>　　ダメージ
軽傷 ［　］　　重傷 ［　］　　瀕死 ［　］　　死亡 ［　］

MEMORY >>>　　メモリー

ZB

| /// PART 5 | EQUIPMENT >>> | 装備 |

【アルファコンプレックス個人情報書類】

ALPHA COMPLEX IDENTITY FORM

▶ この書類は義務です THIS FORM IS MANDATORY

/// PART 1　CORE INFORMATION >>>　基本情報

名前：　　　　　セキュリティ
クリアランス：　　　ホームセクター：　　　クローン
ナンバー：

性別：　　　性格：

/// PART 2　DEVELOPMENT >>>　発展

反逆スター：　　　　XPポイント：

STATS >>>　スタット《属性》

暴力：　　　知力：　　　交渉力：　　　技術力：

/// PART 3　SKILLS >>>　スキル《技能》

運動		科学		ごまかし		操作	
銃器		心理学		魅惑		機械工作	
接近戦		官僚主義		威圧		プログラム	
投擲		アルファ コンプレックス		秘密行動		爆破	

/// PART 4　WELLBEING >>>　健康状態

MOXIE >>>　気力度

○○○○○○○○

WOUNDS >>>　ダメージ

軽傷　　　重傷　　　瀕死　　　死亡

MEMORY >>>　メモリー

ZB

/// PART 5　EQUIPMENT >>>　装備

ALPHA COMPLEX
IDENTITY
FORM

【アルファコンプレックス個人情報書類】

▶ この書類は義務です　THIS FORM IS MANDATORY

/// PART 1　CORE INFORMATION >>>　基本情報

名前:

セキュリティ
クリアランス:　　　　　ホームセクター:　　　　クローン
　　　　　　　　　　　　　　　　　　　　　　ナンバー:

性別:　　　　性格:

/// PART 2　DEVELOPMENT >>>　発展

反逆スター:　　　　　　　　　　　XPポイント:

STATS >>>　スタット《属性》

暴力:　　　　知力:　　　　交渉力:　　　　技術力:

/// PART 3　SKILLS >>>　スキル《技能》

運動	科学	ごまかし	操作
銃器	心理学	魅惑	機械工作
接近戦	官僚主義	威圧	プログラム
投擲	アルファ コンプレックス	秘密行動	爆破

/// PART 4　WELLBEING >>>　健康状態

MOXIE >>>　気力度

○○○○○○○○

WOUNDS >>>　ダメージ

軽傷　　重傷　　瀕死　　死亡

MEMORY >>>　メモリー

ZB

/// PART 5　EQUIPMENT >>>　装備

【アルファコンプレックス個人情報書類】

ALPHA COMPLEX
IDENTITY
FORM

▶ この書類は義務です THIS FORM IS MANDATORY

/// PART 1 — CORE INFORMATION >>> 基本情報

名前: _____
セキュリティクリアランス: _____
ホームセクター: _____
クローンナンバー: _____

性別: _____
性格: _____

/// PART 2 — DEVELOPMENT >>> 発展

反逆スター: _____
XPポイント: _____

STATS >>> スタット《属性》

暴力: _____
知力: _____
交渉力: _____
技術力: _____

/// PART 3 — SKILLS >>> スキル《技能》

運動		科学		ごまかし		操作	
銃器		心理学		魅惑		機械工作	
接近戦		官僚主義		威圧		プログラム	
投擲		アルファコンプレックス		秘密行動		爆破	

/// PART 4 — WELLBEING >>> 健康状態

MOXIE >>> 気力度
○○○○○○○○

WOUNDS >>> ダメージ
軽傷 ☐　重傷 ☐　瀕死 ☐　死亡 ☐

MEMORY >>> メモリー
_____
_____

ZB

/// PART 5 — EQUIPMENT >>> 装備

ALPHA COMPLEX IDENTITY FORM

【アルファコンプレックス個人情報書類】

▶ この書類は義務です THIS FORM IS MANDATORY

/// PART 1　CORE INFORMATION >>>　基本情報

名前：[　　　　]　セキュリティ クリアランス：[　　]　ホームセクター：[　　]　クローン ナンバー：[　　]

性別：[　　]　性格：[　　　　　]

/// PART 2　DEVELOPMENT >>>　発展

反逆スター：[　　　　　　　　]　XPポイント：[　　　　　　]

STATS >>>　スタット《属性》

暴力：[　　]　知力：[　　]　交渉力：[　　]　技術力：[　　]

/// PART 3　SKILLS >>>　スキル《技能》

運動	[ ]	科学	[ ]	ごまかし	[ ]	操作	[ ]
銃器	[ ]	心理学	[ ]	魅惑	[ ]	機械工作	[ ]
接近戦	[ ]	官僚主義	[ ]	威圧	[ ]	プログラム	[ ]
投擲	[ ]	アルファ コンプレックス	[ ]	秘密行動	[ ]	爆破	[ ]

/// PART 4　WELLBEING >>>　健康状態

MOXIE >>>　気力度

○○○○○○○○

WOUNDS >>>　ダメージ

軽傷 [ ]　重傷 [ ]　瀕死 [ ]　死亡 [ ]

MEMORY >>>　メモリー

ZB

/// PART 5　EQUIPMENT >>>　装備

【アルファコンプレックス個人情報書類】

ALPHA COMPLEX
IDENTITY
FORM

▶ この書類は義務です THIS FORM IS MANDATORY

/// PART 1　CORE INFORMATION >>>　基本情報

名前:　　　　　セキュリティ
クリアランス:　　　　ホームセクター:　　　　クローン
ナンバー:

性別:　　　性格:

/// PART 2　DEVELOPMENT >>>　発展

反逆スター:　　　　XPポイント:

STATS >>>　スタット《属性》

暴力:　　　知力:　　　交渉力:　　　技術力:

/// PART 3　SKILLS >>>　スキル《技能》

運動		科学		ごまかし		操作	
銃器		心理学		魅惑		機械工作	
接近戦		官僚主義		威圧		プログラム	
投擲		アルファ コンプレックス		秘密行動		爆破	

/// PART 4　WELLBEING >>>　健康状態

MOXIE >>>　気力度

○○○○○○○○

WOUNDS >>>　ダメージ

軽傷　　重傷　　瀕死　　死亡

MEMORY >>>　メモリー

ZB

/// PART 5　EQUIPMENT >>>　装備

【アルファコンプレックス個人情報書類】

この書類は義務です THIS FORM IS MANDATORY

/// PART 1　　CORE INFORMATION >>>　　基本情報

名前:　セキュリティクリアランス:　ホームセクター:　クローンナンバー:

性別:　性格:

/// PART 2　　DEVELOPMENT >>>　　発展

反逆スター:　XPポイント:

STATS >>>　　スタット《属性》

暴力:　知力:　交渉力:　技術力:

/// PART 3　　SKILLS >>>　　スキル《技能》

運動		科学		ごまかし		操作	
銃器		心理学		魅惑		機械工作	
接近戦		官僚主義		威圧		プログラム	
投擲		アルファコンプレックス		秘密行動		爆破	

/// PART 4　　WELLBEING >>>　　健康状態

MOXIE >>>　　気力度

○○○○○○○○

WOUNDS >>>　　ダメージ

軽傷　重傷　瀕死　死亡

MEMORY >>>　　メモリー

ZB

/// PART 5　　EQUIPMENT >>>　　装備

【アルファコンプレックス個人情報書類】

ALPHA COMPLEX IDENTITY FORM

▶ この書類は義務です THIS FORM IS MANDATORY

/// PART 1   CORE INFORMATION >>>   基本情報

名前:

セキュリティ
クリアランス:

ホームセクター:

クローン
ナンバー:

性別:

性格:

/// PART 2   DEVELOPMENT >>>   発展

反逆スター:

XPポイント:

STATS >>>   スタット《属性》

暴力:

知力:

交渉力:

技術力:

/// PART 3   SKILLS >>>   スキル《技能》

運動		科学		ごまかし		操作
銃器		心理学		魅惑		機械工作
接近戦		官僚主義		威圧		プログラム
投擲		アルファ コンプレックス		秘密行動		爆破

/// PART 4   WELLBEING >>>   健康状態

MOXIE >>>   気力度

◯◯◯◯◯◯◯

WOUNDS >>>   ダメージ

軽傷   重傷   瀕死   死亡

MEMORY >>>   メモリー

ZB

/// PART 5   EQUIPMENT >>>   装備

ALPHA COMPLEX IDENTITY FORM

【アルファコンプレックス個人情報書類】

▶ この書類は義務です THIS FORM IS MANDATORY

/// PART 1　CORE INFORMATION >>>　基本情報

名前: _____　セキュリティクリアランス: _____　ホームセクター: _____　クローンナンバー: _____

性別: _____　性格: _____

/// PART 2　DEVELOPMENT >>>　発展

反逆スター: _____　XPポイント: _____

STATS >>>　スタット《属性》

暴力: _____　知力: _____　交渉力: _____　技術力: _____

/// PART 3　SKILLS >>>　スキル《技能》

運動		科学		ごまかし		操作	
銃器		心理学		魅惑		機械工作	
接近戦		官僚主義		威圧		プログラム	
投擲		アルファコンプレックス		秘密行動		爆破	

/// PART 4　WELLBEING >>>　健康状態

MOXIE >>>　気力度

◯◯◯◯◯◯◯◯

WOUNDS >>>　ダメージ

軽傷 ☐　重傷 ☐　瀕死 ☐　死亡 ☐

MEMORY >>>　メモリー

_____

_____　ZB

/// PART 5　EQUIPMENT >>>　装備

【アルファコンプレックス個人情報書類】

▶ この書類は義務です THIS FORM IS MANDATORY

/// PART 1　　CORE INFORMATION >>>　　基本情報

名前：[　　　]　セキュリティ クリアランス：[　　]　ホームセクター：[　　]　クローン ナンバー：[　　]

性別：[　　]　性格：[　　　]

/// PART 2　　DEVELOPMENT >>>　　発展

反逆スター：[　　　]　XPポイント：[　　　]

STATS >>>　　スタット《属性》

暴力：[　　]　知力：[　　]　交渉力：[　　]　技術力：[　　]

/// PART 3　　SKILLS >>>　　スキル《技能》

運動	[ ]	科学	[ ]	ごまかし	[ ]	操作	[ ]
銃器	[ ]	心理学	[ ]	魅惑	[ ]	機械工作	[ ]
接近戦	[ ]	官僚主義	[ ]	威圧	[ ]	プログラム	[ ]
投擲	[ ]	アルファ コンプレックス	[ ]	秘密行動	[ ]	爆破	[ ]

/// PART 4　　WELLBEING >>>　　健康状態

MOXIE >>>　　気力度

○○○○○○○○

WOUNDS >>>　　ダメージ

軽傷 [ ]　重傷 [ ]　瀕死 [ ]　死亡 [ ]

MEMORY >>>　　メモリー

_____

_____　ZB

/// PART 5　　EQUIPMENT >>>　　装備

【アルファコンプレックス個人情報書類】

この書類は義務です THIS FORM IS MANDATORY

/// PART 1 CORE INFORMATION >>> 基本情報

名前:

セキュリティ クリアランス:

ホームセクター:

クローン ナンバー:

性別:

性格:

/// PART 2 DEVELOPMENT >>> 発展

反逆スター:

XPポイント:

STATS >>> スタット《属性》

暴力:

知力:

交渉力:

技術力:

/// PART 3 SKILLS >>> スキル《技能》

運動	科学	ごまかし	操作
銃器	心理学	魅惑	機械工作
接近戦	官僚主義	威圧	プログラム
投擲	アルファコンプレックス	秘密行動	爆破

/// PART 4 WELLBEING >>> 健康状態

MOXIE >>> 気力度

◯◯◯◯◯◯◯◯

WOUNDS >>> ダメージ

軽傷 　重傷 　瀕死 　死亡

MEMORY >>> メモリー

ZB

/// PART 5 EQUIPMENT >>> 装備

FORM

【アルファコンプレックス個人情報書類】

▶ この書類は義務です THIS FORM IS MANDATORY

/// PART 1　　CORE INFORMATION >>>　　　基本情報

名前:　　　　　　　　セキュリティ
クリアランス:　　　　ホームセクター:　　　クローン
ナンバー:

性別:　　　性格:

/// PART 2　　DEVELOPMENT >>>　　　発展

反逆スター:　　　　　　　　XPポイント:

STATS >>>　　　スタット《属性》

暴力:　　　知力:　　　交渉力:　　　技術力:

/// PART 3　　SKILLS >>>　　　スキル《技能》

運動		科学		ごまかし		操作	
銃器		心理学		魅惑		機械工作	
接近戦		官僚主義		威圧		プログラム	
投擲		アルファ コンプレックス		秘密行動		爆破	

/// PART 4　　WELLBEING >>>　　　健康状態

MOXIE >>>　　　気力度

○○○○○○○○

WOUNDS >>>　　　ダメージ

軽傷　　　重傷　　　瀕死　　　死亡

MEMORY >>>　　　メモリー

ZB

/// PART 5　　EQUIPMENT >>>　　　装備

【アルファコンプレックス個人情報書類】

FORM

▶この書類は義務です THIS FORM IS MANDATORY

/// PART 1　CORE INFORMATION >>>　基本情報

名前：　　　　　　　　セキュリティ クリアランス：　　　ホームセクター：　　　クローン ナンバー：

性別：　　　性格：

/// PART 2　DEVELOPMENT >>>　発展

反逆スター：　　　　　　　　　　XPポイント：

STATS >>>　スタット《属性》

暴力：　　　知力：　　　交渉力：　　　技術力：

/// PART 3　SKILLS >>>　スキル《技能》

運動		科学		ごまかし		操作
銃器		心理学		魅惑		機械工作
接近戦		官僚主義		威圧		プログラム
投擲		アルファ コンプレックス		秘密行動		爆破

/// PART 4　WELLBEING >>>　健康状態

MOXIE >>>　気力度

○○○○○○○○

WOUNDS >>>　ダメージ

軽傷　　　重傷　　　瀕死　　　死亡

MEMORY >>>　メモリー

ZB

/// PART 5　EQUIPMENT >>>　装備

【アルファコンプレックス個人情報書類】

ALPHA COMPLEX
IDENTITY
FORM

▶ この書類は義務です THIS FORM IS MANDATORY

/// PART 1　CORE INFORMATION >>>　基本情報

名前: [　　　]　セキュリティ
クリアランス: [　　　]　ホームセクター: [　　　]　クローン
ナンバー: [　　　]

性別: [　　　]　性格: [　　　]

/// PART 2　DEVELOPMENT >>>　発展

反逆スター: [　　　]　XPポイント: [　　　]

STATS >>>　スタット《属性》

暴力: [　　　]　知力: [　　　]　交渉力: [　　　]　技術力: [　　　]

/// PART 3　SKILLS >>>　スキル《技能》

運動	[ ]	科学	[ ]	ごまかし	[ ]	操作	[ ]
銃器	[ ]	心理学	[ ]	魅惑	[ ]	機械工作	[ ]
接近戦	[ ]	官僚主義	[ ]	威圧	[ ]	プログラム	[ ]
投擲	[ ]	アルファ コンプレックス	[ ]	秘密行動	[ ]	爆破	[ ]

/// PART 4　WELLBEING >>>　健康状態

MOXIE >>>　気力度
○○○○○○○○

WOUNDS >>>　ダメージ
軽傷 [ ]　重傷 [ ]　瀕死 [ ]　死亡 [ ]

MEMORY >>>　メモリー

_____

_____　ZB

/// PART 5　EQUIPMENT >>>　装備

【アルファコンプレックス個人情報書類】

ALPHA COMPLEX
IDENTITY
FORM

▶ この書類は義務です THIS FORM IS MANDATORY

/// PART 1 — CORE INFORMATION >>> — 基本情報

名前:

セキュリティクリアランス:

ホームセクター:

クローンナンバー:

性別:

性格:

/// PART 2 — DEVELOPMENT >>> — 発展

反逆スター:

XPポイント:

STATS >>> — スタット《属性》

暴力:

知力:

交渉力:

技術力:

/// PART 3 — SKILLS >>> — スキル《技能》

運動		科学		ごまかし		操作
銃器		心理学		魅惑		機械工作
接近戦		官僚主義		威圧		プログラム
投擲		アルファコンプレックス		秘密行動		爆破

/// PART 4 — WELLBEING >>> — 健康状態

MOXIE >>> — 気力度

○○○○○○○○

WOUNDS >>> — ダメージ

軽傷　　重傷　　瀕死　　死亡

MEMORY >>> — メモリー

ZB

/// PART 5 — EQUIPMENT >>> — 装備

【アルファコンプレックス個人情報書類】

▶ この書類は義務です THIS FORM IS MANDATORY

/// PART 1 — CORE INFORMATION >>> 基本情報

名前: [　　　] セキュリティクリアランス: [　　　] ホームセクター: [　　　] クローンナンバー: [　　　]

性別: [　　　] 性格: [　　　]

/// PART 2 — DEVELOPMENT >>> 発展

反逆スター: [　　　] XPポイント: [　　　]

STATS >>> スタット《属性》

暴力: [　　　] 知力: [　　　] 交渉力: [　　　] 技術力: [　　　]

/// PART 3 — SKILLS >>> スキル《技能》

運動	[　]	科学	[　]	ごまかし	[　]	操作	[　]
銃器	[　]	心理学	[　]	魅惑	[　]	機械工作	[　]
接近戦	[　]	官僚主義	[　]	威圧	[　]	プログラム	[　]
投擲	[　]	アルファコンプレックス	[　]	秘密行動	[　]	爆破	[　]

/// PART 4 — WELLBEING >>> 健康状態

MOXIE >>> 気力度
○ ○ ○ ○ ○ ○ ○ ○

WOUNDS >>> ダメージ
軽傷 [　] 重傷 [　] 瀕死 [　] 死亡 [　]

MEMORY >>> メモリー

_____

_____ ZB

/// PART 5 — EQUIPMENT >>> 装備

【アルファコンプレックス個人情報書類】

▶ この書類は義務です THIS FORM IS MANDATORY

/// PART 1 — CORE INFORMATION >>> 基本情報

名前:

セキュリティクリアランス:

ホームセクター:

クローンナンバー:

性別:

性格:

/// PART 2 — DEVELOPMENT >>> 発展

反逆スター:

XPポイント:

STATS >>> スタット《属性》

暴力:

知力:

交渉力:

技術力:

/// PART 3 — SKILLS >>> スキル《技能》

運動		科学		ごまかし		操作
銃器		心理学		魅惑		機械工作
接近戦		官僚主義		威圧		プログラム
投擲		アルファコンプレックス		秘密行動		爆破

/// PART 4 — WELLBEING >>> 健康状態

MOXIE >>> 気力度

○○○○○○○○

WOUNDS >>> ダメージ

軽傷　　重傷　　瀕死　　死亡

MEMORY >>> メモリー

ZB

/// PART 5 — EQUIPMENT >>> 装備

ALPHA COMPLEX IDENTITY FORM

【アルファコンプレックス個人情報書類】

▶ この書類は義務です THIS FORM IS MANDATORY

/// PART 1　　CORE INFORMATION >>>　　　　　　基本情報

名前: [　　　　　]　セキュリティ クリアランス: [　　　]　ホームセクター: [　　　]　クローン ナンバー: [　　　]

性別: [　　]　性格: [　　　　　　　　]

/// PART 2　　DEVELOPMENT >>>　　　　　　発展

反逆スター: [　　　　　　　　　　]　XPポイント: [　　　　　　　]

STATS >>>　　　　　　スタット《属性》

暴力: [　　　]　知力: [　　　]　交渉力: [　　　]　技術力: [　　　]

/// PART 3　　SKILLS >>>　　　　　　スキル《技能》

運動	[　]	科学	[　]	ごまかし	[　]	操作	[　]
銃器	[　]	心理学	[　]	魅惑	[　]	機械工作	[　]
接近戦	[　]	官僚主義	[　]	威圧	[　]	プログラム	[　]
投擲	[　]	アルファ コンプレックス	[　]	秘密行動	[　]	爆破	[　]

/// PART 4　　WELLBEING >>>　　　　　　健康状態

MOXIE >>>　　　気力度
◯◯◯◯◯◯◯◯

WOUNDS >>>　　　ダメージ
軽傷 [　]　重傷 [　]　瀕死 [　]　死亡 [　]

MEMORY >>>　　　メモリー

_____

_____　　ZB

/// PART 5　　EQUIPMENT >>>　　　　　　装備

【アルファコンプレックス個人情報書類】

ALPHA COMPLEX IDENTITY FORM

▶ この書類は義務です THIS FORM IS MANDATORY

/// PART 1   CORE INFORMATION >>>   基本情報

名前: [　　　　　]   セキュリティ クリアランス: [　　　　]   ホームセクター: [　　　]   クローンナンバー: [　　　]

性別: [　　　]   性格: [　　　　　　　　　　　　]

/// PART 2   DEVELOPMENT >>>   発展

反逆スター: [　　　　　　　　　　　]   XPポイント: [　　　　　　　]

STATS >>>   スタット《属性》

暴力: [　　　]   知力: [　　　]   交渉力: [　　　]   技術力: [　　　]

/// PART 3   SKILLS >>>   スキル《技能》

運動	[　]	科学	[　]	ごまかし	[　]	操作	[　]
銃器	[　]	心理学	[　]	魅惑	[　]	機械工作	[　]
接近戦	[　]	官僚主義	[　]	威圧	[　]	プログラム	[　]
投擲	[　]	アルファコンプレックス	[　]	秘密行動	[　]	爆破	[　]

/// PART 4   WELLBEING >>>   健康状態

MOXIE >>>   気力度

○○○○○○○○

WOUNDS >>>   ダメージ

軽傷 [　]   重傷 [　]   瀕死 [　]   死亡 [　]

MEMORY >>>   メモリー

_____

_____   ZB

/// PART 5   EQUIPMENT >>>   装備

【アルファコンプレックス個人情報書類】

▶ この書類は義務です THIS FORM IS MANDATORY

/// PART 1　CORE INFORMATION >>>　基本情報

名前:

セキュリティクリアランス:

ホームセクター:

クローンナンバー:

性別:

性格:

/// PART 2　DEVELOPMENT >>>　発展

反逆スター:

XPポイント:

STATS >>>　スタット《属性》

暴力:　　知力:　　交渉力:　　技術力:

/// PART 3　SKILLS >>>　スキル《技能》

運動		科学		ごまかし		操作	
銃器		心理学		魅惑		機械工作	
接近戦		官僚主義		威圧		プログラム	
投擲		アルファコンプレックス		秘密行動		爆破	

/// PART 4　WELLBEING >>>　健康状態

MOXIE >>>　気力度

○○○○○○○○

WOUNDS >>>　ダメージ

軽傷　　重傷　　瀕死　　死亡

MEMORY >>>　メモリー

ZB

/// PART 5　EQUIPMENT >>>　装備

ALPHA COMPLEX
IDENTITY
FORM

【アルファコンプレックス個人情報書類】

▶ この書類は義務です THIS FORM IS MANDATORY

/// PART 1　　CORE INFORMATION >>>　　　　基本情報

名前：

セキュリティ
クリアランス：

ホームセクター：

クローン
ナンバー：

性別：

性格：

/// PART 2　　DEVELOPMENT >>>　　　　発展

反逆スター：

XPポイント：

STATS >>>　　　　スタット《属性》

暴力：

知力：

交渉力：

技術力：

/// PART 3　　SKILLS >>>　　　　スキル《技能》

運動		科学		ごまかし		操作	
銃器		心理学		魅惑		機械工作	
接近戦		官僚主義		威圧		プログラム	
投擲		アルファ コンプレックス		秘密行動		爆破	

/// PART 4　　WELLBEING >>>　　　　健康状態

MOXIE >>>　　　　気力度

○○○○○○○○

WOUNDS >>>　　　　ダメージ

軽傷　　　重傷　　　瀕死　　　死亡

MEMORY >>>　　　　メモリー

ZB

/// PART 5　　EQUIPMENT >>>　　　　装備

【アルファコンプレックス個人情報書類】

ALPHA COMPLEX IDENTITY FORM

▶ この書類は義務です THIS FORM IS MANDATORY

/// PART 1 　CORE INFORMATION >>> 　基本情報

名前: ＿＿＿＿＿ 　セキュリティ クリアランス: ＿＿＿ 　ホームセクター: ＿＿＿ 　クローン ナンバー: ＿＿＿

性別: ＿＿＿ 　性格: ＿＿＿＿＿

/// PART 2 　DEVELOPMENT >>> 　発展

反逆スター: ＿＿＿＿＿ 　XPポイント: ＿＿＿＿＿

STATS >>> 　スタット《属性》

暴力: ＿＿＿ 　知力: ＿＿＿ 　交渉力: ＿＿＿ 　技術力: ＿＿＿

/// PART 3 　SKILLS >>> 　スキル《技能》

運動		科学		ごまかし		操作	
銃器		心理学		魅惑		機械工作	
接近戦		官僚主義		威圧		プログラム	
投擲		アルファ コンプレックス		秘密行動		爆破	

/// PART 4 　WELLBEING >>> 　健康状態

MOXIE >>> 　気力度

○○○○○○○○

WOUNDS >>> 　ダメージ

軽傷 ＿＿＿ 　重傷 ＿＿＿ 　瀕死 ＿＿＿ 　死亡 ＿＿＿

MEMORY >>> 　メモリー

＿＿＿＿＿＿＿＿＿＿＿＿＿＿＿＿＿＿＿＿＿＿

＿＿＿＿＿＿＿＿＿＿＿＿＿＿＿＿＿＿＿＿＿＿ ZB

/// PART 5 　EQUIPMENT >>> 　装備

【アルファコンプレックス個人情報書類】

ALPHA COMPLEX IDENTITY FORM

▶ この書類は義務です THIS FORM IS MANDATORY

/// PART 1 — CORE INFORMATION >>> 基本情報

名前: [　　　]　セキュリティクリアランス: [　　　]　ホームセクター: [　　　]　クローンナンバー: [　　　]

性別: [　　　]　性格: [　　　]

/// PART 2 — DEVELOPMENT >>> 発展

反逆スター: [　　　]　XPポイント: [　　　]

STATS >>> スタット《属性》

暴力: [　　　]　知力: [　　　]　交渉力: [　　　]　技術力: [　　　]

/// PART 3 — SKILLS >>> スキル《技能》

運動	[ ]	科学	[ ]	ごまかし	[ ]	操作	[ ]
銃器	[ ]	心理学	[ ]	魅惑	[ ]	機械工作	[ ]
接近戦	[ ]	官僚主義	[ ]	威圧	[ ]	プログラム	[ ]
投擲	[ ]	アルファコンプレックス	[ ]	秘密行動	[ ]	爆破	[ ]

/// PART 4 — WELLBEING >>> 健康状態

MOXIE >>> 気力度
○○○○○○○○

WOUNDS >>> ダメージ
軽傷 [ ]　重傷 [ ]　瀕死 [ ]　死亡 [ ]

MEMORY >>> メモリー
_____
_____ ZB

/// PART 5 — EQUIPMENT >>> 装備

[　　　　　　　　　　]

【アルファコンプレックス個人情報書類】

▶ この書類は義務です THIS FORM IS MANDATORY

/// PART 1　CORE INFORMATION >>>　基本情報

名前:　セキュリティクリアランス:　ホームセクター:　クローンナンバー:

性別:　性格:

/// PART 2　DEVELOPMENT >>>　発展

反逆スター:　XPポイント:

STATS >>>　スタット《属性》

暴力:　知力:　交渉力:　技術力:

/// PART 3　SKILLS >>>　スキル《技能》

運動		科学		ごまかし		操作	
銃器		心理学		魅惑		機械工作	
接近戦		官僚主義		威圧		プログラム	
投擲		アルファコンプレックス		秘密行動		爆破	

/// PART 4　WELLBEING >>>　健康状態

MOXIE >>>　気力度

○○○○○○○○

WOUNDS >>>　ダメージ

軽傷　重傷　瀕死　死亡

MEMORY >>>　メモリー

ZB

/// PART 5　EQUIPMENT >>>　装備

【アルファコンプレックス個人情報書類】

▶ この書類は義務です THIS FORM IS MANDATORY

/// PART 1 CORE INFORMATION >>> 基本情報

名前:

セキュリティ
クリアランス:

ホームセクター:

クローン
ナンバー:

性別:

性格:

/// PART 2 DEVELOPMENT >>> 発展

反逆スター:

XPポイント:

STATS >>> スタット《属性》

暴力:

知力:

交渉力:

技術力:

/// PART 3 SKILLS >>> スキル《技能》

運動		科学		ごまかし		操作	
銃器		心理学		魅惑		機械工作	
接近戦		官僚主義		威圧		プログラム	
投擲		アルファ コンプレックス		秘密行動		爆破	

/// PART 4 WELLBEING >>> 健康状態

MOXIE >>> 気力度

○○○○○○○○

WOUNDS >>> ダメージ

軽傷　　重傷　　瀕死　　死亡

MEMORY >>> メモリー

ZB

/// PART 5 EQUIPMENT >>> 装備

ALPHA COMPLEX IDENTITY FORM

【アルファコンプレックス個人情報書類】

▶ この書類は義務です THIS FORM IS MANDATORY

/// PART 1　CORE INFORMATION >>>　基本情報

名前:

セキュリティクリアランス:　　ホームセクター:　　クローンナンバー:

性別:　　性格:

/// PART 2　DEVELOPMENT >>>　発展

反逆スター:　　XPポイント:

STATS >>>　スタット《属性》

暴力:　　知力:　　交渉力:　　技術力:

/// PART 3　SKILLS >>>　スキル《技能》

運動		科学		ごまかし		操作	
銃器		心理学		魅惑		機械工作	
接近戦		官僚主義		威圧		プログラム	
投擲		アルファコンプレックス		秘密行動		爆破	

/// PART 4　WELLBEING >>>　健康状態

MOXIE >>>　気力度

○○○○○○○○

WOUNDS >>>　ダメージ

軽傷　　重傷　　瀕死　　死亡

MEMORY >>>　メモリー

ZB

/// PART 5　EQUIPMENT >>>　装備

ALPHA COMPLEX IDENTITY FORM

【アルファコンプレックス個人情報書類】

▶ この書類は義務です　THIS FORM IS MANDATORY

/// PART 1　　CORE INFORMATION >>>　　　　基本情報

名前：□　セキュリティクリアランス：□　ホームセクター：□　クローンナンバー：□

性別：□　性格：□

/// PART 2　　DEVELOPMENT >>>　　　　発展

反逆スター：□　XPポイント：□

STATS >>>　　　　スタット《属性》

暴力：□　知力：□　交渉力：□　技術力：□

/// PART 3　　SKILLS >>>　　　　スキル《技能》

運動 □	科学 □	ごまかし □	操作 □
銃器 □	心理学 □	魅惑 □	機械工作 □
接近戦 □	官僚主義 □	威圧 □	プログラム □
投擲 □	アルファコンプレックス □	秘密行動 □	爆破 □

/// PART 4　　WELLBEING >>>　　　　健康状態

MOXIE >>>　　気力度
○○○○○○○○

WOUNDS >>>　　ダメージ
軽傷 □　重傷 □　瀕死 □　死亡 □

MEMORY >>>　　メモリー

ZB

/// PART 5　　EQUIPMENT >>>　　　　装備

【アルファコンプレックス個人情報書類】

▶ この書類は義務です　THIS FORM IS MANDATORY

/// PART 1　CORE INFORMATION >>>　基本情報

名前:　

セキュリティクリアランス:　

ホームセクター:　

クローンナンバー:　

性別:　

性格:　

/// PART 2　DEVELOPMENT >>>　発展

反逆スター:　

XPポイント:　

STATS >>>　スタット《属性》

暴力:　

知力:　

交渉力:　

技術力:　

/// PART 3　SKILLS >>>　スキル《技能》

運動		科学		ごまかし		操作	
銃器		心理学		魅惑		機械工作	
接近戦		官僚主義		威圧		プログラム	
投擲		アルファコンプレックス		秘密行動		爆破	

/// PART 4　WELLBEING >>>　健康状態

MOXIE >>>　気力度

○○○○○○○○

WOUNDS >>>　ダメージ

軽傷　　重傷　　瀕死　　死亡

MEMORY >>>　メモリー

ZB

/// PART 5　EQUIPMENT >>>　装備

【アルファコンプレックス個人情報書類】

ALPHA COMPLEX
IDENTITY
FORM

▶ この書類は義務です THIS FORM IS MANDATORY

/// PART 1　　CORE INFORMATION >>>　　　　基本情報

名前:　　　　　　　　セキュリティ
クリアランス:　　　　ホームセクター:　　　クローン
ナンバー:

性別:　　　　性格:

/// PART 2　　DEVELOPMENT >>>　　　　発展

反逆スター:　　　　　　　　　　XPポイント:

STATS >>>　　　　　　　　スタット《属性》

暴力:　　　　知力:　　　　交渉力:　　　　技術力:

/// PART 3　　SKILLS >>>　　　　スキル《技能》

運動		科学		ごまかし		操作	
銃器		心理学		魅惑		機械工作	
接近戦		官僚主義		威圧		プログラム	
投擲		アルファ コンプレックス		秘密行動		爆破	

/// PART 4　　WELLBEING >>>　　　　健康状態

MOXIE >>>　　　気力度
○○○○○○○○

WOUNDS >>>　　　ダメージ
軽傷　　重傷　　瀕死　　死亡

MEMORY >>>　　　メモリー

ZB

/// PART 5　　EQUIPMENT >>>　　　　装備

ALPHA COMPLEX IDENTITY FORM

【アルファコンプレックス個人情報書類】

▶ この書類は義務です THIS FORM IS MANDATORY

/// PART 1　　CORE INFORMATION >>>　　　　　　　　基本情報

名前：[　　　]　セキュリティクリアランス：[　　　]　ホームセクター：[　　　]　クローンナンバー：[　　　]

性別：[　　]　性格：[　　　　　　]

/// PART 2　　DEVELOPMENT >>>　　　　　　　　発展

反逆スター：[　　　　　　]　XPポイント：[　　　　　　]

STATS >>>　　　　　　　　スタット《属性》

暴力：[　　]　知力：[　　]　交渉力：[　　]　技術力：[　　]

/// PART 3　　SKILLS >>>　　　　　　　　スキル《技能》

運動	[ ]	科学	[ ]	ごまかし	[ ]	操作	[ ]
銃器	[ ]	心理学	[ ]	魅惑	[ ]	機械工作	[ ]
接近戦	[ ]	官僚主義	[ ]	威圧	[ ]	プログラム	[ ]
投擲	[ ]	アルファコンプレックス	[ ]	秘密行動	[ ]	爆破	[ ]

/// PART 4　　WELLBEING >>>　　　　　　　　健康状態

MOXIE >>>　　気力度
○ ○ ○ ○ ○ ○ ○ ○

WOUNDS >>>　　ダメージ
軽傷 [ ]　重傷 [ ]　瀕死 [ ]　死亡 [ ]

MEMORY >>>　　メモリー

_____

_____　　　ZB

/// PART 5　　EQUIPMENT >>>　　　　　　　　装備

[　　　　　　　　　　　]

【アルファコンプレックス個人情報書類】

▶ この書類は義務です THIS FORM IS MANDATORY

/// PART 1　CORE INFORMATION >>>　基本情報

名前:　　　　　　　　セキュリティ
クリアランス:　　　　ホームセクター:　　　クローン
ナンバー:

性別:　　　　性格:

/// PART 2　DEVELOPMENT >>>　発展

反逆スター:　　　　　　　　XPポイント:

STATS >>>　スタット《属性》

暴力:　　　知力:　　　交渉力:　　　技術力:

/// PART 3　SKILLS >>>　スキル《技能》

運動		科学		ごまかし		操作	
銃器		心理学		魅惑		機械工作	
接近戦		官僚主義		威圧		プログラム	
投擲		アルファコンプレックス		秘密行動		爆破	

/// PART 4　WELLBEING >>>　健康状態

MOXIE >>>　気力度
○○○○○○○○

WOUNDS >>>　ダメージ
軽傷　　　重傷　　　瀕死　　　死亡

MEMORY >>>　メモリー

ZB

/// PART 5　EQUIPMENT >>>　装備

ALPHA COMPLEX IDENTITY FORM

【アルファコンプレックス個人情報書類】

▶ この書類は義務です THIS FORM IS MANDATORY

/// PART 1　CORE INFORMATION >>>　基本情報

名前：□

セキュリティ
クリアランス：□

ホームセクター：□

クローン
ナンバー：□

性別：□　性格：□

/// PART 2　DEVELOPMENT >>>　発展

反逆スター：□　XPポイント：□

STATS >>>　スタット《属性》

暴力：□　知力：□　交渉力：□　技術力：□

/// PART 3　SKILLS >>>　スキル《技能》

運動 □	科学 □	ごまかし □	操作 □
銃器 □	心理学 □	魅惑 □	機械工作 □
接近戦 □	官僚主義 □	威圧 □	プログラム □
投擲 □	アルファコンプレックス □	秘密行動 □	爆破 □

/// PART 4　WELLBEING >>>　健康状態

MOXIE >>>　気力度

○○○○○○○○

WOUNDS >>>　ダメージ

軽傷 □　重傷 □　瀕死 □　死亡 □

MEMORY >>>　メモリー

ZB

/// PART 5　EQUIPMENT >>>　装備

【アルファコンプレックス個人情報書類】

ALPHA COMPLEX IDENTITY FORM

▶ この書類は義務です THIS FORM IS MANDATORY

/// PART 1　CORE INFORMATION >>>　基本情報

名前:　　　　　　　　　セキュリティクリアランス:　　　　ホームセクター:　　　　クローンナンバー:

性別:　　　　性格:

/// PART 2　DEVELOPMENT >>>　発展

反逆スター:　　　　　　　　　　XPポイント:

STATS >>>　スタット《属性》

暴力:　　　　知力:　　　　交渉力:　　　　技術力:

/// PART 3　SKILLS >>>　スキル《技能》

運動		科学		ごまかし		操作	
銃器		心理学		魅惑		機械工作	
接近戦		官僚主義		威圧		プログラム	
投擲		アルファコンプレックス		秘密行動		爆破	

/// PART 4　WELLBEING >>>　健康状態

MOXIE >>>　気力度

○○○○○○○○

WOUNDS >>>　ダメージ

軽傷　　重傷　　瀕死　　死亡

MEMORY >>>　メモリー

ZB

/// PART 5　EQUIPMENT >>>　装備

【アルファコンプレックス個人情報書類】

▶ この書類は義務です THIS FORM IS MANDATORY

/// PART 1　　CORE INFORMATION >>>　　　　基本情報

名前: _____　　セキュリティクリアランス: _____　　ホームセクター: _____　　クローンナンバー: _____

性別: _____　　性格: _____

/// PART 2　　DEVELOPMENT >>>　　　　発展

反逆スター: _____　　XPポイント: _____

STATS >>>　　　　スタット《属性》

暴力: _____　　知力: _____　　交渉力: _____　　技術力: _____

/// PART 3　　SKILLS >>>　　　　スキル《技能》

運動		科学		ごまかし		操作	
銃器		心理学		魅惑		機械工作	
接近戦		官僚主義		威圧		プログラム	
投擲		アルファコンプレックス		秘密行動		爆破	

/// PART 4　　WELLBEING >>>　　　　健康状態

MOXIE >>>　　　気力度

○○○○○○○○

WOUNDS >>>　　　ダメージ

軽傷 _____　　重傷 _____　　瀕死 _____　　死亡 _____

MEMORY >>>　　　メモリー

_____

_____

ZB

/// PART 5　　EQUIPMENT >>>　　　　装備